LA TRIADE ÉCONOMIQUE ET FINANCIÈRE

Ouvrages de Bernard Keizer

Le Modèle économique allemand :
mythes et réalités
Notes et Études documentaires, n°s 4549-4550
Documentation française, 1979

La République fédérale d'Allemagne :
le modèle dans l'impasse ?
Hatier, 1981

Les Grandes Économies :
États-Unis, Japon, Allemagne fédérale,
France, Royaume-Uni, Italie
(en collaboration avec Yves Barou)
Seuil, 1984

BERNARD KEIZER
LAURENT KENIGSWALD

LA TRIADE ÉCONOMIQUE ET FINANCIÈRE

Amérique du Nord, Asie de l'Est,
Europe de l'Ouest

ÉDITIONS DU SEUIL
27, rue Jacob, Paris VIe

COLLECTION DIRIGÉE PAR EDMOND BLANC

ISBN 2-02-023548-X

LE BON, LA BRUTE ET LE TRUAND

A la fin du film *Le Bon, la Brute et le Truand* de Sergio Leone, trois tireurs se retrouvent confrontés.
Le premier tire mieux que le deuxième qui lui-même est meilleur que le dernier.
Le premier a donc intérêt à tirer sur le deuxième, mais le deuxième et le troisième ont, pour la même raison, tous deux intérêt à tirer sur le premier dont la probabilité d'être tué est donc finalement supérieure à celle du dernier…
Amérique, Asie, Europe : il reste évidemment à établir qui est respectivement le bon, la brute et le truand.

Préface

Des grandes économies à la Triade économique et financière

L'ouvrage *Les Grandes Économies : États-Unis, Japon, Allemagne fédérale, France, Royaume-Uni, Italie*[1] décrivait quarante années d'évolutions économiques après la Seconde Guerre mondiale et montrait comment l'ordre économique mondial instauré à Bretton Woods en 1944 et reposant sur la quadruple domination économique, financière, politique et militaire des États-Unis s'est trouvé progressivement mis en cause, le centre de gravité de l'économie mondiale se déplaçant lentement, mais sûrement, vers le Pacifique.

Il présentait successivement les six principaux pays du monde occidental comme six joueurs disputant, depuis plusieurs siècles, une partie interminable et acharnée où les alliances se font et se défont en permanence, où tous les coups semblent permis, où les règles ne sont pas clairement établies et où, de ce fait, le rôle du meneur de jeu apparaît primordial. Il soulignait que cette confrontation des pays se déroulait dans un village planétaire de plus en plus petit, la forte imbrication des économies accélérant les transmissions internationales et limitant les marges de manœuvre nationales. Il s'achevait sur le constat d'une crise ouverte née précisément du décalage croissant entre la disparition de la domination économique américaine et le maintien de l'hégémonie financière du dollar qui permet aux États-Unis d'opérer un vaste plan Marshall à rebours et de mettre la planète en coupe réglée en drainant l'épargne mondiale dégagée par les politiques de rigueur mises en œuvre dans le reste du monde.

Depuis la parution de l'ouvrage, une triple mutation est venue bouleverser les données politiques, économiques et financières.

1. Paris, Éditions du Seuil, collection « Points Économie », 1988.

Sur le plan politique d'abord, trois changements majeurs sont intervenus. Le premier est la mort du communisme, la tentative de Gorbatchev d'organiser une réforme limitée du système soviétique se heurtant à la fois à la résistance des conservateurs et à l'impatience des réformateurs ; il doit laisser la place à Eltsine et l'URSS devient la CEI (Communauté d'États indépendants). Le deuxième est la chute du mur de Berlin et l'unification[1] allemande, la RFA absorbant la RDA et reconnaissant définitivement la frontière Oder-Neisse avec la Pologne. Le pacte de Varsovie et le Comecon sont dissous. Le troisième enfin est, après la partition de la Tchécoslovaquie, l'éclatement de la guerre civile en Yougoslavie et l'impuissance de l'Europe à y mettre bon ordre ; la différence est flagrante avec la détermination avec laquelle l'OTAN est intervenue dans la guerre du Golfe pour empêcher l'annexion du Koweït par l'Irak.

Sur le plan économique ensuite, deux accords majeurs ont été signés. Le premier est celui de Maastricht qui fixe les étapes de l'Union économique et monétaire avec ouverture du grand marché unique européen le 1er janvier 1993 et passage à la monnaie unique au plus tard en 1999. Le second est celui de l'ALENA, Accord de libre-échange nord-américain, entré en vigueur le 1er janvier 1994, qui institue une zone de libre-échange entre les États-Unis, le Canada et le Mexique.

Sur le plan monétaire enfin, deux événements sont venus troubler la sérénité des experts. Le premier est la faiblesse persistante du dollar ; après l'envolée de la première moitié des années quatre-vingt, les accords du Plazza et du Louvre avaient permis une redescente plus ou moins contrôlée. Aujourd'hui, le dollar est, à moins de 5 francs, économiquement fortement sous-évalué, sa parité de pouvoir d'achat se situant plutôt aux alentours de 6,50 francs ; il est non moins fortement surévalué financièrement, dans la mesure où les États-Unis sont aujourd'hui le premier débiteur mondial et continuent à creuser allégrement leur dette. Aussi le dollar, incapable de trouver un équilibre stable, se comporte un peu comme un ludion, tentant quelques essais de remontée lors de tensions internationales (crise du Golfe, événements à Moscou...) ou replongeant dès l'annonce d'un mauvais indicateur de commerce extérieur. Le second événement financier majeur est le dégonflement de la bulle financière spéculative constituée au milieu des années quatre-vingt. Krach de 1987, mini-krach de 1989, chute ininter-

1. Il s'agit bien d'unification et non de réunification, dans la mesure où l'union de la RFA et de la RDA ne rétablit pas l'Allemagne d'avant la guerre.

rompue de la Bourse de Tokyo, autant de manifestations d'inquiétude des marchés financiers. Ces derniers ne font que refléter les incertitudes liées aux dérèglements financiers de la planète et à l'accumulation de dettes publiques et extérieures dont le financement s'avère de plus en plus difficile et dont la nécessaire résorption n'ira pas sans remise en cause brutale des rapports entre groupes sociaux ou entre pays (actifs-inactifs, créditeurs-débiteurs...).

Il a paru tentant de tirer les conséquences des mutations observées et de voir dans la tripolarisation des échanges internationaux une tentative de recomposition sur une base continentale de l'ordre économique mondial. L'Amérique du Nord, l'Asie du Sud et de l'Est et l'Europe de l'Ouest représentent aujourd'hui 90 % des échanges mondiaux de marchandises, dont plus de 50 % constituent des échanges internes à chacun des trois pôles, et le reste se partage en relations bilatérales entre eux.

L'Amérique du Nord réalise un tiers de son commerce à l'intérieur de la zone et reste globalement déséquilibrée ; les accords de l'ALENA permettent la constitution d'une zone économique de taille comparable à celle de l'Union européenne à quinze et l'assainissement financier réalisé auprès des principaux débiteurs d'Amérique du Sud (plans Brady pour le Mexique, l'Argentine et le Brésil) permet le redémarrage des échanges avec l'autre moitié du continent.

L'Asie du Sud et de l'Est voit désormais le Japon entraîner dans son sillage les « quatre dragons » (Corée du Sud, Hong Kong, Singapour et Taiwan), suivis par de « nouveaux » dragons (Indonésie, Malaisie, Thaïlande). Le vaste marché chinois semble s'ouvrir au commerce international. La moitié des échanges est interne à la zone, dont l'excédent compense le déficit de la zone américaine.

L'Europe occidentale réalise l'ouverture du grand marché européen ; 75 % du commerce européen est interne à la zone qui est globalement équilibrée. La perspective de la monnaie unique laisse entrevoir dans l'ECU[1] une alternative crédible au dollar. La CEE hésite encore entre élargissement et approfondissement, mais envisage déjà des accords spé-

1. L'*European Currency Unit* (ECU) est le nom de la monnaie commune actuellement en circulation, qui se compose d'un panier de monnaies européennes pondéré selon le PIB et les exportations des États membres. La future monnaie unique devait à l'origine garder le même nom mais les Allemands s'y sont opposés, arguant notamment de la dépréciation passée de l'ECU par rapport au DM. Dans l'incertitude du choix final, la terminologie d'ECU a été utilisée, tant pour la monnaie commune actuelle que pour la future monnaie unique. Le Conseil européen de Madrid de décembre 1995 vient d'adopter l'appellation « euro ».

cifiques avec les pays de l'Est et surtout avec la CEI, étendant sa zone d'influence de l'Atlantique à l'Oural et de la Baltique à la Méditerranée.

Le grand absent reste le continent africain, pratiquement exclu des échanges commerciaux et largement évincé des marchés financiers. La remise totale des dettes à la plupart des pays semble la seule solution, déjà appliquée pour les plus pauvres d'entre eux.

Certes, rien n'est encore joué. Les plus optimistes imaginent déjà un gouvernement mondial qui prendrait en charge la direction des affaires ou un nouveau système monétaire international inspiré du système monétaire européen avec un retour aux parités fixes et des mécanismes de fonctionnement adaptés. Les pessimistes voient cependant dans la partition tchécoslovaque ou dans la tragédie yougoslave des forces centrifuges à l'œuvre aussi puissantes que les forces centripètes mentionnées ci-dessus. Les débats passionnés en France autour du traité de Maastricht rappellent même, si besoin était, que la notion de souveraineté nationale est une coquille vide pour certains, mais demeure bien vivace pour d'autres.

L'espace national est désormais trop étroit pour l'analyse, le champ du monde est encore trop vaste. Place donc à la Triade[1].

Paris, 1er avril 1995.

---

1. Terme qui désigne un groupe de trois ; utilisé notamment dans les rapports de la CEE, il a paru préférable à ceux de « Trilatérale » ou de « Tricontinentale ».

Introduction

Ordres économiques et désordres financiers

> Les miroirs feraient bien de réfléchir un peu avant de renvoyer les images.
>
> JEAN COCTEAU, *Essai de critique indirecte*.

Le monde économique actuel est d'une grande complexité ; les échanges internationaux augmentent sans cesse et font intervenir des pays toujours plus nombreux. A la fois course à la richesse et volonté de puissance, la compétition mondiale est bien étrange. Aucun joueur ne peut l'emporter seul, le plus fort étant à coup sûr défait par une coalition. Mais y a-t-il vraiment une règle du jeu et un arbitre en mesure de la faire respecter ?

En théorie, le jeu commercial était censé être régi par le *General Agreement on Tariffs and Trade* (GATT) et le jeu financier par la Banque mondiale et le Fonds monétaire international. Certes, le GATT a permis de faire progresser le libre-échange dans des pays ou des secteurs dont il était jusque-là absent ; l'*Uruguay Round*, conclu en 1993, a ainsi consacré l'inclusion progressive de l'agriculture, de la sidérurgie et du textile dans le champ des échanges non réglementés. En pratique toutefois, l'Organisation mondiale du commerce, appelée à jouer le rôle d'arbitre des (nombreux) litiges, reste dans les limbes et chaque pays réagit unilatéralement et en fonction de ses intérêts. Dans ces conditions, le GATT ressemble à un accord de non-prolifération nucléaire dont le signataire le plus influent (les États-Unis) n'hésiterait pas à lancer une petite bombe atomique (article super-501) sur des pays contrevenants.

En matière financière, le désordre est encore plus flagrant. Aucune nation ne détient cette fois l'arme absolue ; les marchés financiers peuvent donc, en toute impunité, jouer les terroristes. Les institutions de

Bretton Woods (FMI et Banque mondiale) ont vu leurs missions se transformer avec la fin de la libre convertibilité du dollar en or en 1971. Devenues aujourd'hui deux grandes banques de développement, qui ne diffèrent que par leur domaine de prédilection – les grands équilibres macro-économiques pour l'une, les grands projets d'infrastructures et de développement pour l'autre –, elles ont totalement abandonné leur rôle initial de stabilisation financière.

Mais la palme de l'impuissance revient sans conteste aux sommets économiques, dits G7, que tiennent entre eux, depuis 1975, les sept pays les plus industrialisés du monde. Le faste et le décorum qui entourent ces réunions pluriannuelles sont sans commune mesure avec la minceur de leurs résultats. La sécheresse des communiqués traduit brutalement l'existence de rapports de forces ou l'incapacité à répondre aux défis des marchés financiers. Malgré la volonté récurrente des États-Unis de transformer le G7 en directoire politique du monde, en adjoignant la Russie à ces réunions, cette institution paraît vouée à disparaître, consacrant ainsi l'émergence d'un monde non plus heptapolaire mais tripolaire, les pôles n'étant dorénavant plus des pays, mais des sous-continents.

La complexification de l'économie mondiale a en effet contribué à la création de trois blocs : Europe de l'Ouest, Amérique du Nord et Asie de l'Est pour aller du plus formel au plus informel. Depuis la fin de la Seconde Guerre mondiale, deux périodes bien distinctes se sont succédé. Jusqu'en 1975, la croissance a été forte et créatrice d'emplois, les tensions sont restées passagères et les déséquilibres ont pu se résorber aisément. Six grandes économies se partageaient le monde (le Canada rejoint le G6 en 1976) ; les États-Unis et le Japon assuraient l'hégémonie sur leur continent respectif. L'Europe, institutionnellement réduite à six pays, émergeait lentement et son intégration économique, pour ne rien dire des aspects monétaires ou politiques, restait embryonnaire.

Depuis 1975, l'économie mondiale est entrée dans une crise profonde générant, au-delà des cycles conjoncturels, croissance faible, montée du chômage et apparition de déficits publics structurels.

Dans le même temps, au-delà des réponses nationales à la crise, des logiques régionales sont apparues, se concrétisant à terme par des accords commerciaux plus ou moins contraignants. Complémentaires ou concurrents des accords commerciaux multilatéraux, ces accords visent à dynamiser le commerce intra-zone et à renforcer le pouvoir de négociation des pays concernés dans le jeu économique mondial. La cohésion de ces blocs régionaux dépend à l'évidence du degré de convergence des intérêts des pays membres. Cela est notamment vrai de l'Europe, dont l'exécutif commun (la Commission) est tiré à hue et à dia entre les options souvent contradictoires des États membres. La mondialisation de l'économie fait qu'il est de plus en plus difficile à un seul pays de faire entendre sa voix et de défendre une position. C'est pourquoi le pouvoir d'attraction des trois grands blocs qui constituent la Triade – Amérique du Nord, Asie de l'Est, Europe de l'Ouest – devrait croître et embellir.

Aujourd'hui, l'Europe de l'Est et l'Afrique du Nord ambitionnent de rejoindre l'Europe, les pays les plus avancés de l'Amérique du Sud (Argentine, Chili) sont candidats à l'Accord de libre-échange nord-américain (ALENA), la Chine et les pays du Pacifique essayant d'améliorer leur insertion dans le jeu économique asiatique.

Pour mieux comprendre l'économie mondiale, cet ouvrage propose d'appréhender les caractéristiques de ces trois grands blocs et des principaux pays qui les composent. Cette démarche, qui relève en quelque sorte de l'économie comparée, diffère fondamentalement d'une démarche de géographie comparée ; la connaissance des phénomènes de vases communicants, de capillarité ou d'osmose est ici plus appropriée, tant les phénomènes économiques et sociaux, budgétaires et monétaires, nationaux et internationaux sont liés par d'étroites interdépendances. L'objet de l'ouvrage est donc de comprendre le jeu, de décrire les joueurs aux prises et d'analyser la partie en cours. Une grille de lecture commune a été appliquée aux économies étudiées, chacune étant située dans sa logique propre et dans son interaction avec les autres.

L'héritage historique, économique et social et les conditions précises du redémarrage de l'après-guerre sont d'abord analysés ; les atouts et les handicaps dans la dotation initiale en facteurs – appareil productif, force de travail, matières premières et géographie du pays – apparaissent souvent déterminants. Les choix de politique économique en matière sociale et industrielle, budgétaire et fiscale, financière et monétaire font ensuite apparaître l'étroitesse des marges de manœuvre et les limites des cercles vertueux et vicieux du change et des finances publiques.

Enfin, les performances nationales sont mesurées à l'aune du carré magique de la croissance, de l'inflation, de l'emploi et de l'équilibre extérieur ; le rapprochement des caractéristiques structurelles en matière d'investissement, d'industrialisation, de spécialisation ou de commerce extérieur montre que les différentes stratégies possibles sont beaucoup moins éloignées qu'il n'y paraît souvent.

L'exposition suivra, pour chaque pays, l'ordre des trois niveaux auxquels s'opère la division du travail (cf. schéma 1, page suivante). Le premier explique sur le plan social la manière dont s'est noué, transformé et régulé le rapport salarial, dont le consensus a été géré selon les parti-

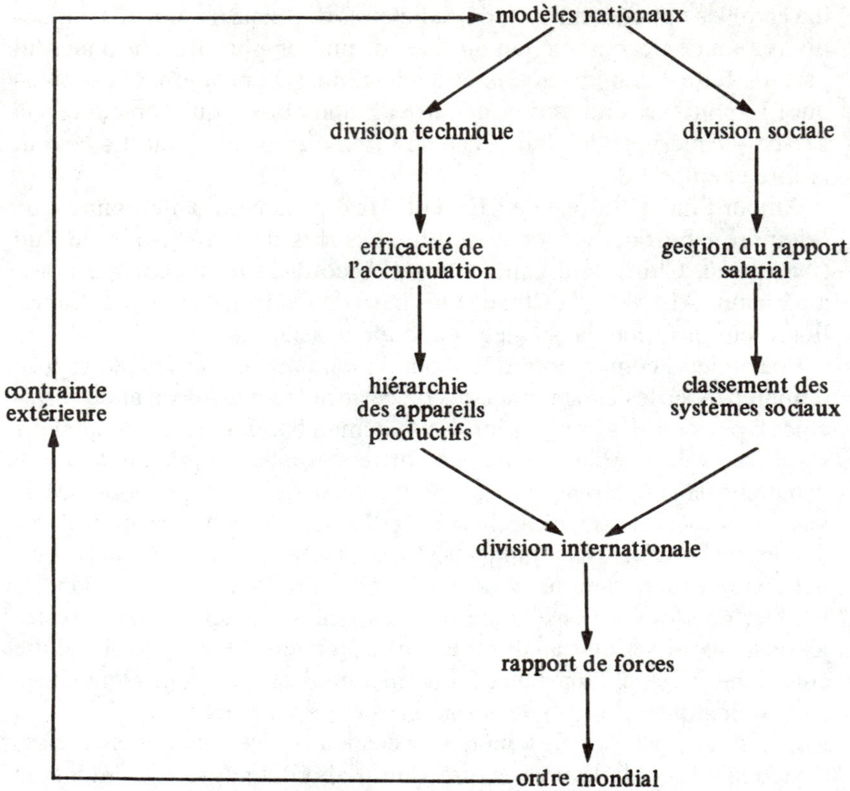

Schéma 1
Les trois niveaux de la division du travail

cularismes propres à chaque pays et dont l'organisation du travail s'est progressivement modifiée. Le deuxième met en évidence, sur le plan technique, le rythme et les modalités de l'accumulation nationale dans ses aspects économiques de développement d'un appareil productif et financier de dégagement des fonds nécessaires en précisant le rôle respectif de l'État et des agents privés. Enfin, le dernier exprime, à l'échelle mondiale, la hiérarchie qui s'établit lors de la confrontation des économies nationales ou continentales selon leur cohésion sociale et leur efficacité technique. La contrainte extérieure traduit une inégale capacité des pays et des blocs commerciaux à préserver leurs choix intérieurs et à tailler leur part du marché mondial ; elle véhicule l'obligation de conformité à la norme mondiale.

Fondée sur de nombreux travaux analytiques antérieurs, la synthèse proposée par cet ouvrage est à triple entrée. Des monographies montrent d'abord la cohérence intrinsèque de chaque économie, sa spécificité résultant de l'interaction de ses caractéristiques politiques et historiques, économiques et sociales, monétaires et financières, internes et externes.

Cette première partie, qui forme l'ossature de l'ouvrage, se décompose en trois sous-parties correspondant à chacune des composantes de la Triade. Dans chacune, les économies sont étudiées dans l'ordre des PIB décroissants, et une petite synthèse illustre le fonctionnement économique et financier de la zone et les principaux défis auxquels elle est confrontée.

Une synthèse globale et continentale analyse ensuite l'articulation des stratégies nationales dans l'économie mondiale, le passage progressif de la complémentarité à l'antagonisme et les voies d'une sortie de crise.

Enfin, une annexe statistique détaillée établit une comparaison horizontale entre les États-Unis, le Japon et l'Union européenne d'une part et les quatre grands pays de la Communauté (République fédérale d'Allemagne, France, Italie et Royaume-Uni) de l'autre, dans leurs choix, leurs structures et leurs performances ; elle est complétée par une chronologie sommaire des principaux événements politiques, économiques et sociaux intervenus depuis 1945 et par une abondante bibliographie.

PREMIÈRE PARTIE

L'Amérique du Nord

Entre l'ALENA et le multilatéralisme

Où va l'Amérique ?

« *America is back !* » déclarait George Bush le matin de l'intervention militaire en Irak. De fait, pour des observateurs atteints de myopie, la conjoncture n'a jamais été aussi brillante, les États-Unis connaissent le cycle de croissance le plus long de l'après-guerre et le Dow Jones vole de record en record.

Pourtant, dès que l'on chausse des lunettes de long terme, il apparaît que l'insuffisance structurelle de l'épargne nationale (qui semble caractériser l'Oncle Sam et les cousins d'Amérique – Mexique, Argentine et Brésil, notamment) a pour conséquences un gonflement régulier de la dette extérieure et un affaiblissement tendanciel du dollar.

Il faut sans doute relire l'ouvrage célèbre de Gibbon sur le déclin et la chute de l'Empire romain : « … la chute de Rome fut l'effet naturel et inévitable de l'excès de sa grandeur. Sa prospérité mûrit, pour ainsi dire, les principes de décadence qu'elle renfermait dans son sein […]. L'histoire de sa ruine est simple et facile à concevoir. Ce n'est point la destruction de Rome, mais la durée de son empire qui a le droit de nous étonner. »

Avec 21 300 000 km², 380 millions d'habitants et un PIB total de 7 650 milliards de dollars en 1994, l'Amérique du Nord, composée des États-Unis, du Canada et du Mexique, représente une zone sept fois plus étendue que l'Europe des Quinze, à peine plus peuplée et un peu plus riche ; la densité de population y est donc sept fois plus faible et le PIB par tête très légèrement supérieur. La zone est toutefois très inégale, l'écart de PIB par tête étant de 1 à 6 entre le Mexique et les États-Unis. L'étude détaillée des États-Unis sera suivie d'une présentation simplifiée du Canada et du Mexique et d'une analyse de l'ALENA.

Données 1994

Pays	*Superficie* (*milliers de km²*)	*Population* (*millions d'hab.*)	*PIB* (*milliards de dollars*)	*PIB par tête* (*dollars*)
États-Unis	9 363	260,2	6 735	25 880
Canada	9 976	28,2	546	19 360
Mexique	1 972	93,9	370	3 940
Total	**21 311**	**382,3**	**7 651**	**20 013**

1

États-Unis

De l'hégémonie à la primauté

> La politique des États-Unis, c'est l'extension de leur commerce.
>
> MICHEL CHEVALIER,
> *Lettres sur l'Amérique du Nord.*

Introduction : déclin ou renouveau ?

Première puissance économique de la planète, les États-Unis réalisent environ 30 % du « produit mondial brut ». La difficulté de porter un jugement serein sur ce pays tient à l'opposition irréductible des thèses en présence.

Selon les uns, l'inflation, le chômage, les déficits public et extérieur, la baisse de la productivité et la chute du dollar seraient autant de manifestations d'un déclin irréversible des États-Unis, directement mesurable à la baisse de leur part dans le produit intérieur ou le commerce extérieur du globe. La crise de l'économie mondiale serait précisément liée au décalage entre la disparition progressive de la domination économique américaine et le maintien de l'hégémonie financière du dollar.

Selon les autres, le poids économique américain reste formidable ; en outre, le déclin relatif de l'économie du territoire des États-Unis est compensé en partie par la production délocalisée et réalisée par les filiales étrangères des firmes multinationales. Les États-Unis seraient entrés dans une ère de transition inachevée ; seule l'ampleur des mutations technologiques et organisationnelles rendues possibles par les découvertes biologiques et électroniques les ferait encore hésiter à s'engager résolument dans la troisième révolution technologique.

La chute du dollar au début des années soixante-dix sanctionnait le déclin économique des États-Unis, mais permettait de jeter les bases d'une réindustrialisation. A l'inverse, la politique monétaire restrictive suivie depuis la fin de la même décennie a provoqué une envolée des taux d'intérêt et une vive remontée du dollar jusqu'à la mi-1985. Depuis, la monnaie américaine, dont la volatilité par rapport aux monnaies européennes reste très forte, se situe plutôt en deçà de sa parité de pouvoir d'achat (PPA), estimée à 6,50 francs.

Les États-Unis ont inauguré, durant les deux mandats du président Reagan, une combinaison de politique économique particulièrement originale (laxisme budgétaire, rigueur monétaire complétés sur le plan micro-économique par une dérégulation audacieuse), qui leur a permis de connaître une croissance vigoureuse entre 1983 et 1989, mais n'a pas su leur éviter l'écueil de la surchauffe inflationniste. Depuis, à l'occasion des mandats des présidents Bush et Clinton, la politique économique a accompli un recentrage vers plus de rigueur budgétaire, une politique monétaire accommodante et un certain retour de l'État ; ce recentrage traduit à la fois les impératifs de la gestion de la dette et les souhaits d'une opinion publique hésitant entre l'État et le libéralisme.

1. *Pax americana*

Pays neuf, les États-Unis d'Amérique ont établi, au lendemain de la guerre, une hégémonie absolue ; ils disposent d'un territoire immense et de ressources géographiques et humaines considérables.

Constitution des États-Unis d'Amérique

Les treize colonies britanniques, comptant 3,5 millions d'habitants, déclarent leur indépendance le 4 juillet 1776 et, après huit années de guerre, l'obtiennent, en 1783, par le traité de Versailles. L'expansion vers l'ouest se fait alors par migrations internes et immigration en provenance d'Europe, colonisation (Nord-Ouest, Mississippi) ou acquisition de territoires (Louisiane à la France, Floride à l'Espagne), fondation d'États nouveaux ou conquêtes militaires (Californie après la victoire sur le Mexique en 1848).

De 1861 à 1865, la guerre de Sécession oppose les États du Nord-Est, industriels et partisans de la protection douanière et de l'abolition de l'esclavage, et les États confédérés du Sud, agricoles, libre-échangistes et esclavagistes. La guerre civile sanctionne la ruine du Sud, la domination du Nord-Est et l'abolition de l'esclavage. De 1865 à 1914, les États-Unis connaissent un essor industriel formidable.

Les États-Unis connaissent, après la Première Guerre mondiale, une ère de prospérité économique brutalement interrompue par la crise de 1929. Les mesures énergiques du *New Deal*, prises par le président Roosevelt en 1933, relancent la machine économique jusqu'en 1937. En 1941, la déclaration de guerre des États-Unis au Japon après l'attaque de Pearl Harbor est suivie de celles de l'Allemagne et de l'Italie et ils entrent dans la Seconde Guerre mondiale.

Les États-Unis fédèrent cinquante États, dont quarante-huit sur le territoire métropolitain et deux en dehors (l'Alaska et Hawaii). Un collège de grands électeurs de ces États élit, tous les quatre ans, le président des États-Unis. Depuis la guerre, l'alternance des démocrates plus progressistes et des républicains plus conservateurs a été régulière (Truman, Eisenhower, Kennedy et Johnson, Nixon et Ford, Carter, Reagan, Bush, Clinton).

Une quadruple domination

Au lendemain de la guerre, les États-Unis établissent une quadruple domination, politique et militaire lors du partage de Yalta, économique et financière au moment des accords de Bretton Woods et du plan Marshall.

La conférence de Yalta (Churchill, Roosevelt et Staline), les capitulations sans condition de l'Allemagne, de l'Italie et du Japon et les accords de Potsdam marquent la fin de la Seconde Guerre mondiale, le début de la guerre froide et la constitution d'un monde bipolaire autour des États-Unis et de l'URSS. Seule puissance à ne pas avoir connu de combats sur son sol, les États-Unis sortent indemnes du conflit (300 000 morts américains pour 20 millions de russes et 5 millions d'allemands) et imposent leur leadership politique à l'Occident.

Le plan Marshall (Programme de redressement européen) couvre la période 1948-1952. Souvent présenté comme un programme d'aide économique désintéressée des États-Unis à l'Europe ruinée, il constitue surtout une nécessité pour assurer à l'économie américaine les débouchés nécessaires ; il entraîne la création de l'OECE, devenue ultérieurement l'OCDE. Il a été complété par les fonds GARIOA (aide spécifique aux territoires occupés) en Allemagne et au Japon, et par une aide militaire importante, les deux formes fusionnant dans le Programme économique d'assistance mutuelle. Au total, les États-Unis ont distribué, de 1946 à 1964, près de 100 milliards de dollars dont deux tiers sous forme d'aide économique (40 milliards de dons et 40 milliards de prêts dont une moitié seulement a été remboursée) et un tiers sous forme d'aide militaire.

La conférence de Bretton Woods, tenue en 1944, marque la suprématie du dollar sur la livre sterling. Contre les avis de J. M. Keynes, qui prônait une monnaie internationale gagée sur l'or, le bancor, les États-Unis imposent le dollar comme instrument de réserve du système monétaire international. « Aussi bon que l'or », le dollar est convertible en or au prix de 35 dollars l'once. Les banques centrales sont tenues d'intervenir pour respecter des parités fixes à plus ou moins 1 % vis-à-vis du dollar ou les modifier en cas de nécessité.

En 1949, les États-Unis détiennent 80 % du stock d'or des banques centrales ; ils sont créditeurs du reste du monde et émettent la monnaie de réserve du système monétaire international. Le dollar est alors une monnaie rare et recherchée comme celle du pays qui exporte à la fois ses produits et ses procédés de fabrication. La parité fixée traduit toutefois une forte surévaluation dont les effets bénéfiques sont immédiats, mais dont les effets néfastes mettront vingt ans à se manifester.

Un territoire immense aux ressources considérables

Les États-Unis d'Amérique recensent, en 1994, 260 millions d'habitants ; leur territoire comprend une partie métropolitaine s'étendant sur 4 500 km de l'Atlantique au Pacifique et sur 2 500 km du Canada au Mexique, et les terres de l'Alaska et des îles Hawaii. La superficie totale est de 9,4 millions de km^2 et la densité de 28 habitants au km^2.

Une première originalité de l'économie américaine tient à la place des différents secteurs. Les États-Unis, dont la production est tertiarisée aux deux tiers, sont la première puissance agricole et industrielle du monde. L'agriculture américaine compte parmi les premiers producteurs mondiaux de soja, maïs, blé, orge, céréales, fruits et légumes ; grenier du monde, les États-Unis assurent près de la moitié des exportations mondiales de céréales. L'arme verte est un moyen de pression considérable sur les pays dépendants. Mais l'industrie manufacturière américaine est aussi la première du monde, représentant près du quart de la production mondiale ; la proportion serait du reste encore supérieure si l'on ajoutait la production des filiales étrangères des firmes multinationales américaines.

Une seconde originalité tient à sa dépendance énergétique malgré la grande richesse de son sol. Deuxième puissance minière, les États-Unis font partie des premiers producteurs mondiaux de charbon, gaz naturel, pétrole, cuivre, uranium, or, plomb et fer ; mais ils sont le plus gros consommateur d'énergie et le premier importateur mondial de pétrole brut.

Le territoire continental des États-Unis comprend, d'est en ouest, quatre grandes régions : les plaines littorales de l'Atlantique, berceau des États-Unis, le massif des Appalaches, les grandes plaines du Centre, allant des Grands Lacs au Missouri et au Mississippi, enfin les montagnes Rocheuses bordant la côte Pacifique.

Des vagues d'immigration successives

La population des États-Unis atteignait 5 millions d'habitants en 1800, 75 en 1900, 150 en 1950, 225 en 1980 et 260 en 1994. Avant la Seconde Guerre mondiale, l'immigration s'est faite par vagues successives, au rythme de 500 000 à 1 million par an. Aussi la réglementation est-elle devenue de plus en plus sévère : interdictions diverses (prostituées, Asiatiques, anarchistes) et contingentement par nationalité. Aujourd'hui, l'immigration traduit la recherche de cerveaux et de bras (pour une bonne part clandestins) pour l'économie américaine. La caractéristique de cette population d'immigrants est d'être déracinée et mobile (mythe de la Frontière, déplacement vers la Ceinture du Soleil) et de préférer l'intégration au mode de vie américain à sa contestation.

Le résultat de près de deux siècles de mélanges ethniques est un extraordinaire creuset racial : 230 millions de Blancs, dont 15 millions d'hispanisants (Cubains, Mexicains, Portoricains), 25 millions de Noirs, 3,5 millions d'Asiatiques et 1,5 million d'Indiens et d'Esquimaux ; la société américaine est un amalgame hétérogène soudé par la solidarité des natifs face aux nouveaux immigrants.

2. L'État en tenaille entre capitalisme et syndicalisme

Les principes de la démocratie en Amérique confèrent au capitalisme une légitimité absolue et font jouer au syndicalisme un rôle très particulier ; la remise en cause de l'État semble être une tendance lourde malgré l'élection de Bill Clinton en 1992.

La démocratie et le capitalisme en Amérique

Les États-Unis se présentent volontiers comme la terre d'élection de la démocratie. La Déclaration d'indépendance du 4 juillet 1776 affirme : « Nous tenons pour évidentes par elles-mêmes les vérités suivantes : tous les hommes sont créés égaux ; le Créateur les a dotés de certains droits inaliénables, parmi lesquels la vie, la liberté et la recherche du bonheur. Les gouvernements sont établis par les hommes pour garantir ces droits et leur juste pouvoir émane du consentement des gouvernés. »

L'idéologie clairement affichée de l'égalité des chances conduit au libéralisme économique et à l'individualisme social. L'équité de la compétition assure la légitimité du résultat et les *self made men* de l'âge d'or du capitalisme sauvage, Carnegie, Morgan, Rockefeller, restent célèbres.

L'histoire originale des États-Unis fait coïncider sur le sol américain la guerre d'Indépendance et la révolution bourgeoise, la constitution de la nation et la naissance du capitalisme. La lutte économique contre le Royaume-Uni se fait rapidement sur la base des économies d'échelle permises par l'immensité du territoire américain grâce à un protectionnisme étroit sur le marché intérieur et à un expansionnisme actif (économiquement et militairement) sur les marchés extérieurs. Les principes adoptés et les succès enregistrés confèrent au mode de production en vigueur aux États-Unis une légitimité absolue.

Le capitalisme américain a poussé le plus loin l'application du machinisme, du taylorisme et du fordisme. L'utilisation des machines est améliorée par l'« organisation scientifique du travail » due à Taylor. L'industrialisation et la course au rendement accélèrent la croissance des secteurs fabriquant des machines ou situés en amont (aciéries) ou en aval (production en série). Le problème des débouchés est levé, depuis la guerre, grâce à l'abaissement du prix relatif des produits banalisés et à l'élévation corrélative du pouvoir d'achat des salariés, par le développement d'une consommation de masse très stéréotypée : logement périphérique, automobile (Ford T) et équipement ménager. A la norme de production efficace correspond une norme de consommation adéquate.

AFL-CIO : du Wagner Act *à la loi Taft-Hartley*

Le premier syndicat connu de l'histoire des États-Unis a été créé en 1792 à Philadelphie ; la première grève générale éclate en 1827 pour obtenir la semaine de 6 jours et la journée de 8 heures.

Accompagnant les mesures de relance de l'économie du *New Deal*, les lois sur le travail visent à améliorer le climat social. L'article 7 du *National Industry Recovery Act* de 1933, confirmé par le *Wagner Act* de 1935, reconnaît le droit des travailleurs à se syndiquer librement et à négocier collectivement. La même année, le *Social Security Act* crée un système de retraites et un régime d'assurance-chômage ; en 1937, le *Fair Labor Act* introduit le salaire minimal et la durée légale du travail. La Seconde Guerre mondiale voit un renforcement du pouvoir des syndicats qui contrôlent les licenciements et les conditions de travail en échange d'une limitation tacite des grèves et des revendications salariales. En 1947, dès le lendemain du conflit, la loi Taft-Hartley abolit le monopole de l'embauche, réglemente la syndicalisation obligatoire et limite sévèrement le droit de grève (contrats pluriannuels, préavis de deux ans, procédures de médiation et de conciliation, interdiction de conflits dangereux pour la sécurité publique).

Les négociations salariales portent aux États-Unis à la fois sur le salaire de base et les autres paiements (heures supplémentaires et salaires indirects diminués des rémunérations pour heures non effectives et des cotisations sociales). L'influence des syndicats sur la fixation du niveau général des salaires est bien moindre qu'il n'est généralement admis. Seuls 16 % des salariés environ sont syndiqués, soit un des taux les plus faibles de l'OCDE, en contraste avec les autres pays anglo-saxons (Canada 36 %, Royaume-Uni 39 %). Le taux de couverture des conventions collectives n'est que de 18 %, soit beaucoup moins que dans les autres pays anglo-saxons, plus syndiqués, et que dans les pays latins d'Europe, malgré la faible audience des syndicats. Le cadre juridique des négociations est clairement délimité. Le principe d'exclusivité exige l'investiture du syndicat par un service gouvernemental, le *National Labor Relations Board*, pour représenter un ensemble de salariés ou unité de négociation. L'obligation de négocier en toute bonne foi impose aux deux parties un jeu loyal, dans lequel le recours à la grève et au *lock-out* est autorisé. Les accords sont parfois assortis d'une clause interdisant le recours à la grève durant la période d'application et imposant le recours à un médiateur, professeur ou avocat, dont la décision ne peut être cassée par un tribunal que dans des cas exceptionnels de corruption. Le droit de grève est reconnu généralement aux travailleurs du secteur privé, les conflits d'importance nationale devant toutefois être précédés d'un délai de réflexion. En revanche, les grèves sont interdites dans le secteur public ; ainsi douze mille aiguilleurs du ciel ont été licenciés en août 1981 par le président Reagan pour avoir transgressé cette règle.

De Keynes à Friedman et Laffer, l'État en question

Plusieurs écoles de pensée se sont succédé aux États-Unis : aux keynésiens des années soixante et soixante-dix ont succédé les monétaristes, les économistes de l'offre et les (vieux) nouveaux économistes des années quatre-vingt. La reaganomie s'inspire des divers courants et emprunte aux économistes de l'offre et à la réaction antikeynésienne la réduction simultanée des dépenses et recettes de l'État, aux monétaristes la lutte contre l'inflation par un contrôle strict de la masse monétaire et aux nouveaux économistes la dérégulation. Comme le *New Deal* avait constitué une réplique à la Grande Dépression, l'Ère nouvelle voulait, par un vigoureux Programme de redressement économique, venir à bout de la Grande Inflation.

Durant les années cinquante, les finances publiques jouent un rôle limité. Au milieu des années soixante, le financement des dépenses militaires du Viêt-nam et des dépenses sociales liées à la mise en œuvre de la Grande Société a nécessité conjointement l'apparition d'un déficit structurel des finances publiques et la montée des prélèvements obligatoires. Les autorités pratiquent alors un réglage fin keynésien. Cette évolution a entraîné un phénomène de rejet brutal de l'impôt, illustré en particulier par le mouvement de la proposition 13 en Californie, réclamant la réduction de l'impôt foncier local, et par le projet de loi Kemp-Roth, repris dans la campagne électorale de Ronald Reagan, proposant l'abaissement de 30 % de l'impôt fédéral sur le revenu. Arthur Laffer, conseiller du président, chef de file des économistes de l'offre, est surtout connu pour sa fameuse courbe. Au-delà d'un certain taux de prélèvement, les agents économiques sont découragés et préfèrent réduire leur activité ; le rendement de l'impôt suit une courbe en cloche, la réduction de l'assiette finissant par l'emporter sur l'augmentation du taux. En outre, les dépenses publiques s'avèrent inefficaces en raison d'un effet d'éviction des entreprises sur le marché financier pouvant amener une crise des liquidités. Le remède préconisé, allégements fiscaux et coupures sociales, implique une liquidation des acquis de la Grande Société et un déplacement des objectifs de l'État de la justice sociale vers l'efficacité économique.

Les conceptions « lafferiennes » avaient guidé la première réforme de Reagan en 1981. Une deuxième réforme fiscale a été mise en œuvre en 1986 après un long débat dans l'administration américaine. Beaucoup plus ambitieuse que la première, cette réforme a en effet consisté, non seulement à alléger l'impôt sur le revenu, mais aussi à en élargir l'assiette, en supprimant de multiples déductions et exonérations (intérêts sur emprunts pour achat de biens durables notamment).

Les taux d'imposition ont été baissés dans une proportion telle (nombre de tranches d'imposition sur le revenu ramené de 14 à 2 avec taux maximal à 33 % au lieu de 50 % et taux d'impôt sur les sociétés abaissé de 46 % à 34 %) que les coûts correspondants ont été largement supérieurs aux économies générées par l'élargissement de l'assiette. Dans le même temps, le recul des dépenses à caractère social a été largement compensé par la montée des dépenses militaires. Malgré la vigueur de la croissance, le déficit budgétaire n'a donc cessé de se creuser.

La loi sur l'équilibre du budget, dite loi Gramm-Rudman-Hollings ou GRH, prévoyait initialement un retour progressif à l'équilibre en 1991 et un mécanisme automatique de compression généralisée des dépenses en cas d'écart entre les prévisions annuelles de déficit et les objectifs intermédiaires fixés. La loi définitive votée en 1985 stipule l'adoption d'une résolution par le Congrès et donne au président un droit de veto dont le président Bush, confronté à la récession, n'a pas hésité à se servir. Pour sa part, le président Clinton a présenté un plan quinquennal prévoyant une réduction de moitié en quatre ans du déficit. L'adoption de ce plan témoigne d'une prise de conscience du caractère structurel du déficit public.

Durant les années cinquante et soixante, la politique monétaire a joué un rôle relativement effacé. Durant les années soixante-dix, elle s'est montrée plus active ; les interventions se faisaient dans le cadre des opérations d'achat et de vente de titres de la dette publique fédérale sur l'*open market*. A la fin des années soixante-dix, la politique monétaire s'est fixé pour but de briser les anticipations inflationnistes. Milton Friedman, conseiller du président et chef de file de l'école monétariste de Chicago, est convaincu d'une liaison étroite entre la masse monétaire et le PIB nominal. Il suffit de régler l'émission de monnaie en fonction des objectifs de croissance et d'inflation souhaités. La prise en compte des thèses de Milton Friedman à l'occasion de l'arrivée à la présidence de Paul Volcker conduit la *Federal Reserve Bank*, à partir de la fin 1979 (c'est-à-dire avant l'élection de Reagan), à laisser fluctuer librement les taux d'intérêt en fonction d'un objectif quantitatif de masse monétaire. Les taux d'intérêt ont ainsi connu des niveaux et une volatilité sans précédant, dépassant 20 % en 1980. Ce schéma s'est modifié durant la seconde moitié des années quatre-vingt ; les taux directeurs de la banque centrale (taux d'escompte, taux objectif des *Fed funds*), fixés par celle-ci en fonction de ses anticipations en matière d'inflation et d'activité, ont retrouvé leur rôle de boussole des taux courts ; la politique monétaire est ainsi devenue plus stable et plus accommodante.

La discussion aux États-Unis sur l'engagement ou le désengagement de l'État est souvent obscurcie par une globalisation dommageable à la perception du phénomène. La recherche d'un meilleur fonctionnement de l'économie semble justifier un allégement de la législation et de la réglementation pesant sur les firmes. La législation antitrust – *Sherman Act* de 1890 (concentrations horizontales), *Clayton Act* de 1914 (concentrations verticales), *Bank Holding Act* en 1970 – contre le cumul des activités bancaires et industrielles a été rendue très contraignante sous la poussée du mouvement consumériste

Ainsi, la dérégulation dans les services publics (transports aériens, télécommunications, transports routiers), entamée par Richard Nixon, a été reprise par Jimmy Carter et renforcée par Ronald Reagan (fin du contrôle du prix du pétrole et du gaz naturel). De même, la responsabilité des opérations financières du système bancaire dans le krach de Wall Street et dans la faillite de quelque dix mille banques durant la crise des années trente avait notamment conduit à édicter, en 1933, la réglementation Q, empêchant les banques de dépôt d'intervenir sur le marché financier et limitant géographiquement l'activité des institutions de crédit, afin d'éviter à l'avenir la contagion des faillites. Cette réglementation s'est toutefois révélée contre-productive lors de la récession de 1990 : les banques de Nouvelle-Angleterre ont subi de plein fouet un ralentissement économique particulièrement violent dans la région, alors qu'une diversification géographique les en aurait, en partie, protégées.

Les marchés financiers ont connu une libéralisation considérable durant les années quatre-vingt ; de nouveaux produits financiers sont apparus et ont permis une expansion des marchés. Probablement favorable à l'efficacité globale de l'économie américaine, dont elle a contribué à abaisser le coût des ressources financières, la dérégulation a néanmoins connu au moins un avatar coûteux pour l'État. Certains gestionnaires de dépôts de caisses d'épargne ont ainsi placé une part importante des dépôts confiés par les épargnants dans les *junk bonds*, ces obligations à risque (et taux d'intérêt) élevé. Les pertes ainsi accumulées ont provoqué la faillite de certaines caisses d'épargne ; elles ont coûté 130 milliards de dollars à l'État.

D'une façon générale, le bilan des déréglementations apparaît aujourd'hui positif aux yeux des Américains. Ainsi, dans les transports aériens, l'accroissement de la concurrence a largement profité aux consommateurs, même si cela s'est réalisé en partie au détriment de la sécurité de l'emploi du personnel des compagnies.

Après avoir enregistré une déroute électorale en fin 1994, le président Clinton a fait siennes les promesses d'une baisse des impôts de la « classe moyenne ». Entamé sous le signe du retour du peuple (et de l'État), avec notamment la promesse d'une couverture sociale universelle, le mandat du président démocrate semble ainsi devoir s'achever en entérinant un nouveau recul de l'État. Le risque est grand de voir désormais s'instaurer aux États-Unis un consensus pour cantonner l'État à ses tâches régaliennes (sécurité, défense, justice), alors même qu'un nombre croissant de citoyens sont exclus du « rêve américain », faute d'un accès réel à l'éducation et à la santé.

3. Essor et crise du fordisme

L'économie américaine a connu quatre phases distinctes depuis la guerre : les années cinquante voient la mise en place progressive d'un mode de croissance original, le fordisme, qui s'épanouit pleinement durant la première moitié des années soixante et s'épuise lentement jusqu'au milieu des années soixante-dix ; les vingt années suivantes, jusqu'au milieu des années quatre-vingt-dix, sont marquées par une fuite en avant, le coup d'arrêt brutal donné par la reaganomie étant suivi d'un rebond.

Mise en place

La croissance des États-Unis durant les années cinquante est relativement modeste et atteint 3,1 % l'an. La substitution capital-travail est relativement forte, 3,1 % l'an, et compense la diminution de la productivité du capital de 11 % l'an. Le rythme de la productivité du travail est de 2 % l'an. L'emploi progresse de 1,2 % l'an ; le taux de chômage est de 5,5 % en 1960 comme en 1950, cette stabilité étant due à une baisse de 2 points du taux d'activité. Le rythme d'inflation est de 2,6 % l'an.

La part des salaires, corrigée de la salarisation croissante dans le produit national, est assez stable aux États-Unis dans les années cinquante. Le taux d'épargne y est, comme au Royaume-Uni, très faible. Aussi, la part du produit national consacrée à la consommation est plus importante et le taux d'investissement nettement plus faible dans les deux pays anglo-saxons. La productivité du capital est plus élevée aux États-Unis que dans les autres pays étudiés, mais elle diminue régulièrement et fortement.

La croissance des États-Unis présente un caractère plus heurté que dans les autres pays étudiés. Les années cinquante connaissent trois cycles : 1949-1954 ; 1955-1958 ; 1959-1961. Le point caractéristique est l'aspect périodique de la productivité du capital qui s'enroule autour de sa tendance à la diminution. Tout se passe comme si des vagues successives d'innovation venaient régulièrement relancer l'efficacité du capital et épuiser progressivement leurs effets bénéfiques.

La période des années cinquante a vu la levée progressive des obstacles qui s'opposaient à la réalisation d'une extension durable sur la base des axes directeurs de la croissance, taylorisme et fordisme, apparus dans la première moitié du XXe siècle. Elle a enregistré également la mise en place des processus économiques, sociaux et institutionnels nécessaires à ce mode de production.

L'avance des États-Unis sur les autres pays dans le processus d'accumulation intensive décrit renvoie : à l'absence de tradition paysanne, permettant la mécanisation précoce et la productivité élevée de l'agriculture ; à la dimension importante, accrue par une progression rapide, du marché intérieur, sous l'effet de générations rapprochées d'immigrants, impulsant les recherches d'économies d'échelle et accélérant l'industrialisation ; à la mobilité de la force de travail ; enfin, à une ascension internationale rapide sur la base d'une expansion protégée.

Age d'or

Le début des années soixante marque un cycle d'une durée exceptionnelle de six années et voit le plein épanouissement de l'expansion de l'économie américaine sur la base du fordisme. Les dépenses publiques liées à la guerre du Viêt-nam et aux réformes sociales (les canons et le beurre) stimulent efficacement l'activité.

La croissance est de 4,7 % l'an, à peine inférieure à celles de la RFA et de l'Italie. La substitution capital-travail est faible, 2,4 % l'an ; la productivité du travail enregistre les effets bénéfiques de la remontée temporaire de la productivité du capital de 0,7 % l'an et croît au rythme de 3,1 % l'an. L'emploi progresse de 1,6 % et le taux de chômage baisse de 5,5 % à 4,5 %, le taux d'activité restant stable. L'inflation n'est que de 1,6 % l'an.

Au milieu des années soixante, l'agriculture représente 3 % du PIB des États-Unis, l'industrie et la construction 38 % et les services 59 %.

Le secteur tertiaire crée une valeur ajoutée égale à 1,5 fois celle du secondaire et occupe 2,5 fois plus de salariés. Tertiaire, l'économie des États-Unis n'en est pas pour autant au stade post-industriel.

Crise

Les mécanismes de croissance antérieurs semblent ensuite s'épuiser : récessions en 1970 et 1975, apparition d'un déficit extérieur, accélération de l'inflation et chute du dollar. La croissance moyenne ralentit et retombe à 2,8 % l'an. La substitution capital-travail reste au rythme faible de 2,5 % l'an, mais se trouve en outre amputée de la diminution de 1,3 % de la productivité du capital. Aussi, la productivité du travail croît au rythme très faible de 1,2 % l'an. L'emploi progresse de 1,6 %, mais le taux de chômage augmente de 4,5 % en 1965 à 8,5 % en 1975, à cause de la remontée de 5 points du taux d'activité.

L'inflation passe d'un rythme annuel de 4 % à une tendance à 7 %. Cette accélération s'explique par la baisse du dollar et la modestie des gains de productivité. La surévaluation de la devise disparaît, offrant ainsi à l'industrie, prise auparavant en tenaille entre dollar cher et épuisement de la productivité, un sursis.

Fuite en avant, arrêt brutal et rebondissement

La fin des années soixante-dix marque une évolution très spécifique aux États-Unis. La reprise a été plus marquée qu'ailleurs, mais les tensions inflationnistes conduiront à un resserrement très brutal de la politique économique et à un nouvel effondrement de l'activité.

La croissance remonte au rythme annuel de 3,6 %. La substitution capital-travail est très faible, 0,4 % l'an, mais la productivité du capital marque à nouveau une faible, mais significative, progression de 0,6 %. Aussi les gains de productivité sont faibles : 1 % l'an. L'emploi progresse de 2,7 % l'an à un rythme très supérieur à celui de la moyenne de la période 1950-1980 et le taux de chômage retombe à 7,1 % en 1980, malgré une augmentation de 2,5 points du taux d'activité. L'inflation s'accélère encore et atteint 7,1 % l'an.

La baisse de la productivité du travail aux États-Unis a fait l'objet de multiples études et explications ; ainsi Denison, pour ne citer qu'un exemple célèbre, n'en dénombre pas moins de dix-sept, dont l'épuisement du progrès technique, le ralentissement de la substitution capital-travail, la complexité croissante des règlements et contraintes de sauvegarde de l'environnement, la baisse relative des dépenses de recherche et développement, la modification des structures de population et de production, la baisse de qualification des travailleurs, la modification des attitudes face au travail (absentéisme et taux de défectuosité croissants), la hausse du prix de l'énergie, la montée d'une économie noire... L'explication la plus intéressante rapproche les évolutions relatives du prix et de la productivité des facteurs de production capital et travail. La modération des salaires réels ou la stagnation du pouvoir d'achat abaisse le prix relatif du travail vis-à-vis de celui du capital et entraîne un déplacement de la croissance vers un mode riche en emploi et pauvre en capital. La substitution capital-travail cesse de s'effectuer et la productivité du travail s'aligne sur celle du capital. Son ralentissement entraîne alors une accélération de l'inflation par les coûts, qui lamine les profits des entreprises, freine les investissements et conduit à l'épuisement du progrès technique.

La logique du plan Reagan relevait d'un raisonnement assez simple. La politique monétaire avait pour tâche de casser les anticipations inflationnistes, et la politique budgétaire devait assurer une réduction simultanée des recettes et des dépenses de l'État tout en rétablissant progressivement l'équilibre. L'enchaînement prévu était vertueux et autoentretenu. La désinflation permettait une baisse des taux d'intérêt et créait un pouvoir d'achat qui alimentait la reprise de la croissance ; l'accroissement des recettes fiscales et la diminution des charges de la dette entraînaient une diminution du déficit public, permettant une détente sur le marché financier ou des réductions d'impôts (cf. schéma 2).

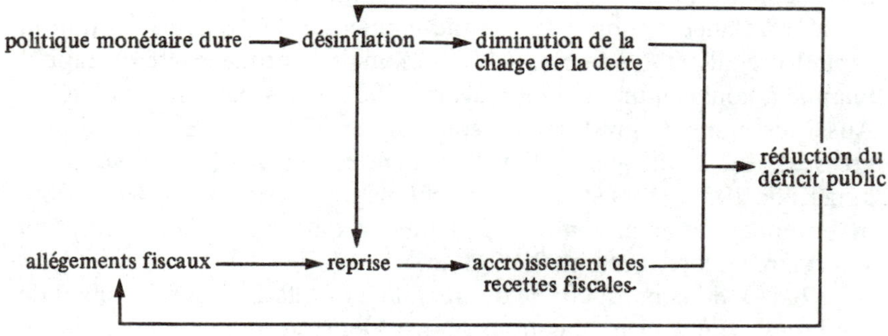

Schéma 2
Cercle vertueux de la politique monétaire (reaganomie)

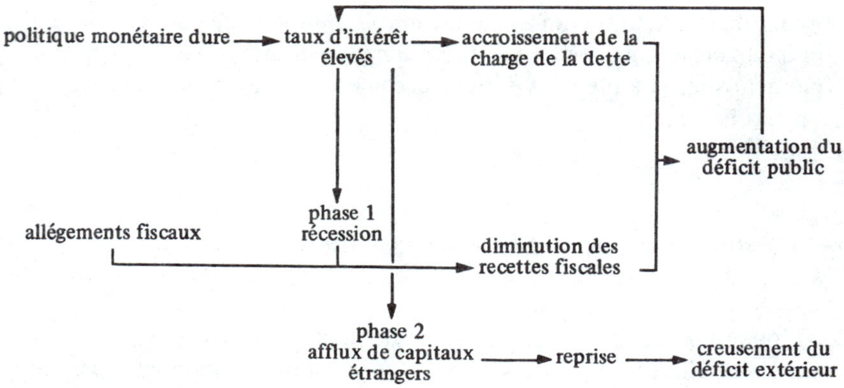

Schéma 3
Cercle vicieux de la politique monétaire et déficits jumeaux

La mise en place de ce plan a, en fait, entraîné un double cercle vicieux et conduit à l'apparition des déficits jumeaux, public et extérieur.

Dans la première phase, la permanence de taux d'intérêt élevés accroît les charges de la dette et entretient la récession qui ampute l'assiette des recettes ; le creusement du déficit public provoque des coupes claires dans les dépenses sociales qui alimentent la dépression, et des tensions sur le marché financier qui maintiennent les taux d'intérêt élevés. Le taux de chômage est monté de 7,5 % à 9,5 % de 1980 à 1982.

Dans la seconde phase, les taux d'intérêt élevés ont attiré aux États-Unis une masse formidable de capitaux à court terme qui ont stimulé, avec la montée des dépenses militaires, la croissance intérieure et financé le déficit extérieur qui en résultait. L'effet d'éviction exercé par le déficit public sur le marché des capitaux est ainsi, grâce au statut de monnaie de réserve du dollar, reporté sur le reste du monde. Le taux de chômage redescend au-dessous de 7 % en 1986 (cf. schéma 3).

Le ralentissement prévisible depuis 1986 a effectivement eu lieu en 1990, après que le dollar fut revenu à des cours « raisonnables ». Toutefois, cette récession s'est révélée beaucoup moins sévère que celles que les États-Unis avaient connues dans le passé, et notamment en 1981. De même, la reprise de l'activité, qui a naturellement suivi, a été, dans un premier temps, molle et incertaine, faisant croire à certains moments à un retour en récession. Finalement, la reprise a pris de l'ampleur au cours de l'année 1993 et se poursuivait en 1994 et 1995 sans que les tensions inflationnistes redoutées ne se manifestent. Malgré ce scénario favorable, l'économie américaine semble plutôt vouée au *stop and go* qu'à une croissance soutenue et régulière, les reprises butant systématiquement sur la montée des déficits commerciaux, en raison de l'insuffisance d'épargne.

4. Le dollar et l'impérialisme américain

La dégradation de la balance des paiements et le rattrapage de l'économie des États-Unis par celles de ses partenaires sanctionnent la perte d'efficacité progressive du capitalisme américain ; à l'inverse, l'hégémonie financière du dollar permet la poursuite de l'impérialisme.

Dégradation de la balance des paiements

La balance des paiements américaine connaît un retournement spectaculaire à la fin des années soixante.

De 1950 à 1969, les États-Unis maintiennent un solde positif de leur balance commerciale représentant un total cumulé de 70 milliards de dollars. Le solde des services et transferts étant négatif de 30 milliards, la balance courante cumulée est excédentaire de 40 milliards. Les sorties nettes de capitaux à long terme se montent à 80 milliards et la balance de base est négative de 40 milliards. Aussi, malgré une entrée nette de capitaux à court terme de 30 milliards, les réserves des États-Unis diminuent de 10 milliards.

De 1970 à 1979, au contraire, les États-Unis enregistrent un solde négatif de leur balance commerciale, représentant un total cumulé de 105 milliards ; cette fois, le solde des services et transferts est positif et compense exactement le déficit commercial, et le solde de la balance courante est nul. Les sorties nettes de capitaux à long terme et les entrées nettes de capitaux à court terme se montent également à 100 milliards et se compensent exactement ; la variation de réserves est nulle.

De 1980 à 1984, le déficit commercial atteint 265 milliards et celui de la balance courante 150 milliards. Ce dernier est financé par des entrées massives de capitaux à court terme et, pour la première fois depuis 1950, à long terme. Au début de l'année 1984, les États-Unis étaient encore le premier créancier net mondial. Leur déficit courant représentant une dizaine de milliards par mois, ils sont passés dès la fin de l'année 1984 en situation d'équilibre et ils occupent, depuis la fin de l'année 1985, la position de premier débiteur net mondial, devant le Brésil et le Mexique.

De 1985 à 1994, le déficit commercial dépasse 1 200 milliards et celui de la balance courante 1 000 milliards (plus de 100 milliards par an). Malgré d'importantes entrées de capitaux, tant à court qu'à long terme, leurs réserves en devises ont fondu. A ce rythme, leur dette pourrait atteindre, à la fin de la décennie, le montant total de la dette de l'ensemble des pays en voie de développement, de l'ordre de 1 000 milliards de dollars.

Le retournement de la balance commerciale américaine en 1970 marque la fin de la suprématie technologique incontestée des États-Unis depuis le début du siècle. Il est toutefois contenu en germe dans la période précédente. La détérioration limitée à 5 % du taux de couverture en valeur de 1950 à 1970 est le résultat d'une forte détérioration de 20 % en volume et d'une amélioration de 15 % des termes de l'échange. A l'inverse, la nouvelle détérioration de 15 % du taux de couverture en valeur de 1970 à 1980 cache une amélioration de 25 % en volume et une détérioration des termes de l'échange de 40 %. La détérioration de 25 % de 1980 à 1985 résulte à nouveau de la combinaison d'une amélioration des termes de l'échange de 25 % et d'une détérioration en volume de 50 %. De 1985 à 1991, le taux de couverture s'est fortement redressé, grâce à un très fort dynamisme à l'exportation. Depuis, il a eu tendance à reculer avec la reprise.

La dégradation du solde est liée à l'aggravation de la facture pétrolière et à un retournement de la situation des produits manufacturés. Le renforcement de la position des États-Unis dans les biens d'équipement est plus lent que l'abandon, au profit des importations, de la production de marchandises banalisées dans les biens de consommation et les produits intermédiaires. Le retournement inverse du solde des services et transferts est dû, en particulier, à l'accélération formidable des revenus tirés des investissements à l'étranger et rapatriés. Ce mouvement est d'abord l'expression d'une contrainte extérieure pour les États-Unis. Il est ensuite lié à l'évolution du dollar, l'investissement national redevenant, après la dévaluation du dollar en 1971, plus rentable que l'exportation de capitaux.

Enfin, la spectaculaire dégradation du solde courant – 100 milliards de déficit annuel depuis 1985 – pose un problème de compatibilité avec le rôle de monnaie de réserve du dollar. En compensant par des entrées de capitaux à court terme les sorties de capitaux à long terme, les États-Unis affirment jouer leur rôle de banquier de l'économie mondiale. Pour les experts européens, ils financent en réalité des dettes à long terme par des crédits toujours renouvelés à court terme ; en particulier, leurs investissements à l'étranger ne leur coûtent que le prix du papier sur lequel sont imprimés les dollars émis.

La remontée du dollar à partir de 1981 a eu pour effet de ruiner les efforts américains de rétablissement des équilibres extérieurs ; elle ramène au mode antérieur d'investissements à l'étranger au détriment des exportations de marchandises et des investissements nationaux. De plus, l'appréciation de la monnaie américaine améliore immédiatement la balance des paiements des États-Unis en diminuant le prix des importations, la détérioration par les pertes de parts de marché en volume à l'exportation étant plus tardive. A l'inverse, la baisse du dollar entamée depuis 1986 restaure la compétitivité des États-Unis, mais aggrave leur situation extérieure (effet bien connu de la courbe en J).

Rattrapage économique

De 1950 à 1971, la monnaie américaine est restée la base du système des taux de change fixes. Après le passage aux taux de change flottants en 1973 et la fin du système de Bretton Woods, entérinée par les accords de la Jamaïque en 1976, le dollar s'est dévalué sensiblement par rapport au yen, au Deutsche Mark (DM) et au franc français. Il est passé progressivement d'une forte surévaluation en 1950 à une sous-évaluation importante en 1980 ; après l'envolée de 1981 à 1985 dans la zone de surévaluation, il est retombé depuis nettement en dessous de sa parité de pouvoir d'achat.

En termes de croissance internationale du PIB, les États-Unis connaissent, avec le Royaume-Uni, la progression la plus faible des six pays étudiés ; le taux de croissance annuel moyen sur quarante-cinq ans est égal à la moitié de celui du Japon. Aussi, en termes de PIB, les États-Unis sont-ils rattrapés par la CEE en 1978. En termes de PIB par tête, les États-Unis sont dépassés par la RFA en 1978, la France en 1979 et le Japon en 1987. Au-delà des vicissitudes du change, l'écart est à nouveau à l'avantage des États-Unis vis-à-vis de l'Europe en 1994, mais tend à se réduire.

La surévaluation initiale du dollar en 1950 était massive, de l'ordre de 30 à 40 % vis-à-vis des monnaies européennes et de 60 % vis-à-vis du yen. Une inflation plus faible aux États-Unis a entamé progressivement cette avance dans le système de taux de change fixes qui prévalait jusqu'en 1971. Le Deutsche Mark atteint sa parité de pouvoir d'achat avec le dollar en 1972, le franc français en 1973, le yen en 1974, la livre sterling en 1978 et la lire en 1979. La dévalorisation du dollar durant les années soixante-dix avait rétabli la compétitivité américaine ; son envolée au début des années quatre-vingt produit l'effet inverse. La sous-évaluation du dollar est, en début 1995, de l'ordre de 40 % vis-à-vis du yen et de 15 % à 30 % à l'égard respectivement de l'ECU, du franc français et du Deutsche Mark.

La part des États-Unis dans le marché des biens et services de l'OCDE a connu une baisse régulière de 27 % en 1950 à 18 % en 1985 (elle s'est arrêtée depuis grâce à la forte dépréciation du dollar). Curieusement, malgré cette tendance à la dégradation du commerce extérieur et à la stratégie récurrente de dépréciation du dollar pour tenter d'y remédier, les « fondamentaux » de la spécialisation américaine apparaissent plutôt favorables – moins que ceux du Japon mais meilleurs que ceux du commerce extra-communautaire (cf. tableau 2, p. 249).

Ainsi, les États-Unis sont bien placés à l'exportation sur les produits à forte demande et sur les zones géographiques les plus dynamiques, notamment Amérique latine et « nouveaux pays industrialisés » (NPI) d'Asie. Ce constat conduit à rejeter la responsabilité des déficits américains sur l'insuffisance chronique d'épargne nationale plus que sur des difficultés d'adaptation au commerce mondial.

Durant vingt ans, les firmes américaines ont bénéficié de la suprématie économique des États-Unis. L'avance technologique, la différence des modes de consommation et la domination du dollar ont opposé à la concurrence étrangère une triple barrière technique, commerciale et financière. De puissants oligopoles et conglomérats se sont partagé le vaste marché intérieur en laissant aux multinationales et à leurs filiales le soin de pénétrer les marchés européens et japonais en pleine expansion.

La perte de l'avance technologique et l'alignement des modes de consommation ont remis en cause l'ordre économique mondial. L'émergence d'une concurrence étrangère accrue sur les marchés étrangers et capable de prendre pied sur le marché intérieur conduit les firmes américaines à un redéploiement autonome autour de nouvelles stratégies de spécialisation indépendantes du rôle économique mondial des États-Unis.

La transformation des équipements, des produits et des technologies implique la mise en œuvre d'une véritable politique industrielle et l'allongement de l'horizon de décision des firmes, aujourd'hui obscurci par l'incertitude pesant sur la durée de la reprise et le développement des activités d'intermédiation commerciales et financières.

Hégémonie financière

L'institution du système de Bretton Woods en 1944 ouvrait l'ère de l'étalon-dollar ; tout au long des années cinquante, le dollar valait de l'or et les États-Unis détenaient alors 75 % du stock mondial du précieux métal. Ces réserves ont diminué très fortement au cours des années soixante, à la fin desquelles les États-Unis ne possédaient plus que 25 % de l'or du monde. Les accords de la Jamaïque de 1976 entérinent l'abandon du système de Bretton Woods et le passage aux taux de change flottants.

Depuis vingt ans, l'asymétrie entre les États-Unis pratiquant allégrement la négligence bénigne en laissant flotter leur monnaie et le reste du monde soumis aux dures lois des marchés des changes demeure forte. Pour une nation quelconque, la contrainte monétaire est liée à l'égalisation des flux d'entrée et de sortie de monnaie internationale. Les États-Unis peuvent, au contraire, créer de la monnaie internationale par émission monétaire de leur propre système bancaire et exercent ainsi le « droit du seigneur ». Le bon fonctionnement du système impliquait que la progression des réserves en dollars des banques centrales se fasse proportionnellement à celle du commerce mondial ; les États-Unis auraient dû connaître une inflation inférieure ou égale à celle de leurs partenaires et dégager l'excédent annuel de la balance courante nécessaire au financement de leurs investissements à l'étranger. La transgression de ces deux règles a conduit à une incompatibilité entre le rôle international du dollar et l'endettement croissant des États-Unis vis-à-vis des autres nations ; elle a entraîné l'éclatement du système de Bretton Woods, la dévalorisation du dollar et la suppression de la convertibilité-or qui confère à la monnaie une forme scripturale pure et à l'institution financière un pouvoir de monétisation indéfinie.

Toutefois, faute d'alternative, l'importance du dollar comme monnaie de réserve n'a guère diminué et la part du dollar dans le montant des réserves des banques centrales dépasse toujours 50 %. Elle est à peine moins marquée comme monnaie de transaction : la moitié des échanges commerciaux se fait en dollars, grâce notamment au marché des matières premières et au commerce bilatéral avec les États-Unis. Enfin, la monnaie des États-Unis joue un rôle de monnaie-refuge en période d'incertitude politique (par exemple, lors de la guerre du Golfe en 1991). A l'inverse, les États-Unis possèdent, à la fin de l'année 1993, un montant de devises étrangères dérisoire : 30 milliards de dollars sur plus de 700 milliards dans le monde. En revanche, ils détiennent près du tiers du stock d'or mondial. L'envolée du prix de l'or en dollars a eu pour effet de décupler la valeur de l'or par rapport à son prix de référence de 35 DTS l'once, de quadrupler le montant des réserves totales et de rétablir ainsi la solvabilité de la dette américaine. Le bouclage du circuit international de la monnaie des États-Unis joue un rôle essentiel dans le recyclage des capitaux à l'échelle mondiale. Les dollars sont créés par le déficit de la balance de base des États-Unis et par les crédits bancaires privés américains aux pays industrialisés déficitaires et aux pays en voie de développement. Les opérateurs privés n'en conservant que le strict nécessaire, ils aboutissent dans les réserves des banques centrales des pays industrialisés et des instituts des pays pétroliers. Une partie de ces dollars et pétrodollars est replacée, en bons du Trésor américain, aux États-Unis, mais le reste alimente le marché de l'eurodollar et gonfle la liquidité mondiale de manière autonome et incontrôlée.

Conclusion : une monnaie et trois économies

Au lendemain de la guerre, la parité du dollar a été fixée, sur la quadruple domination des États-Unis en matière économique, financière, politique et militaire, à un niveau nettement surévalué. Sur le plan interne, la surévaluation privilégie la consommation et l'importation au détriment de l'investissement et de la production. En créant, par le biais des prix relatifs, un différentiel de rentabilité entre les secteurs industriel concurrencé et tertiaire abrité, elle entraîne un déplacement de la production du premier vers le second. Le faible niveau de l'investissement et la tertiarisation ralentissent alors les gains de productivité. Dans ces conditions, la dévaluation du dollar s'est avérée nécessaire, au prix d'une accélération de l'inflation, pour rétablir la compétitivité interne du secteur industriel.

Sur le plan externe, la surévaluation favorise les importations de marchandises au détriment des exportations et les sorties de capitaux aux dépens des entrées et contribue à l'apparition progressive d'une balance commerciale et courante déficitaire. Le retournement de la balance des paiements américaine à la fin des années soixante entraîne alors les dévaluations du dollar de 1971 et 1973 et sa dévalorisation ultérieure. La tertiarisation de l'économie américaine a créé une dissymétrie croissante entre le mode de consommation interne et la norme de production dominante à l'échelle mondiale ; la stratégie de délocalisation des activités vers l'étranger reposant sur un dollar fort a dû faire place à une volonté de reconquête des marchés extérieurs nécessitant une monnaie faible.

L'envolée du dollar de 1981 à 1985 correspondait à un phénomène de « dollarisation ». D'une part, l'asymétrie fondamentale du système monétaire international permet à la monnaie nationale d'un seul pays de servir de monnaie mondiale pour les échanges de tous. D'autre part, la multiplication des innovations financières et les déréglementations nationales ont conduit à une mondialisation accélérée du marché des capitaux. Le plus vaste et le plus moderne marché financier du monde s'est trouvé durant cinq ans le principal utilisateur et le plus rémunérateur. Les États-Unis ont ainsi pu drainer l'épargne dégagée par les politiques de rigueur suivies dans le reste du monde et libérée par les mesures de dérégulation.

La baisse du dollar orchestrée par les grands pays industrialisés après les accords du Plazza à New York en 1985 traduit la reprise du mouvement antérieur de « dédollarisation » ou de diversification des actifs monétaires et le passage progressif à un système multidevise : dollar-yen-Deutsche Mark. Cette tendance ne s'est pas démentie depuis et le dollar semble durablement engagé sur une tendance baissière à cause de l'insuffisance chronique de l'épargne nationale.

Mais chaque record à la baisse du dollar traduit un appauvrissement des États-Unis ; les nouveaux jobs obtenus par le dumping monétaire sont autant d'emplois au rabais…

Créditeurs du reste du monde au lendemain de la Seconde Guerre mondiale, les États-Unis sont aujourd'hui lourdement débiteurs. Si la dévaluation du dollar avait eu pour effet de revaloriser l'or et de rétablir la solvabilité de l'économie américaine, la non-convertibilité entraîne la monétisation indéfinie de la dette accumulée dans les réserves des banques centrales européennes et japonaises. Les États-Unis ne sont plus assez puissants pour imposer, par le jeu des termes de l'échange ou par un transfert réel, le prélèvement d'un tribut sur le reste du monde, mais ils demeurent en mesure d'exiger de leurs partenaires le consentement d'un crédit illimité.

Après l'épisode cartérien (politique industrielle ambitieuse et recherche d'un nouveau consensus social), puis le double mandat du président Reagan (caractérisé par le désengagement de l'État), l'élection de deux présidents plus « centristes » (Bush puis Clinton) illustre l'ambiguïté des desiderata du corps électoral, partagé entre aversion pour les impôts en tout genre et peur d'une société de chômage et de violence, exacerbée par les violentes émeutes de 1992 à Los Angeles.

L'économie du territoire des États-Unis ne représente qu'une partie de leur puissance mondiale ; la remise en cause de l'hégémonie nationale américaine a pu conduire les multinationales à mener une stratégie autonome. Surtout, le continent américain voit la coexistence de trois économies : un Royaume-Uni au nord poursuivant son déclin économique, une Italie ou une Espagne au sud reproduisant dans des zones à bas salaires le schéma éprouvé et épuisé au nord, un Japon enfin sur la côte ouest, porteur des nouveaux axes de la croissance. Cependant, le dollar reste la monnaie reconnue du nord au sud et de l'Atlantique au Pacifique. Si la « grande transition » constitue, après la période de « grande croissance », une ère de recherche d'une nouvelle cohérence entre les modes de production et de consommation à l'échelle mondiale, force est de constater que les États-Unis ne sont plus le pays où la division technique et sociale du travail paraît la plus efficace, ce qui permet de douter de leur capacité à conduire la troisième révolution industrielle. Ils conservent toutefois intacte la faculté de reporter vers l'extérieur une partie de leurs difficultés.

2

Canada

Entre richesse et déclin

Introduction : la prospérité en danger

Le Canada est le cinquième pays le plus riche du monde en PIB par habitant et, malgré sa faible population, la septième économie du monde, ce qui lui permet de participer au G7.

Mais cette puissance et cette richesse ne seraient-elles que des miroirs aux alouettes ? Les signes de déclin sont en effet nombreux : croissance lente, déficits extérieurs récurrents, faiblesse du dollar canadien, même contre le dollar US, risque d'éclatement de la Confédération.

Pour répondre aux interrogations que suscite l'avenir économique du Canada, la comparaison avec les États-Unis permet de jauger les atouts et les faiblesses structurelles de la deuxième économie de l'Amérique du Nord, le voisin du sud restant la référence incontournable.

Une réflexion sur le « cercle vicieux du déclin » nous éclairera sur les chances d'une sortie de crise.

1. Entre les États-Unis et l'Europe

Le Canada se présente comme un compromis peu satisfaisant entre deux modèles bien typés. Avec le voisin du sud, il a en commun la grande taille, un développement précoce… et une insuffisance d'épargne. Il partage avec les pays européens un marché du travail peu performant, des dépenses publiques élevées et une préoccupation marquée de filet social minimal. Sa population est plus faible que celles des pays européens et la décentralisation y a été plus poussée qu'en RFA.

Un développement économique précoce

Avec 28 millions d'habitants, le Canada est le moins peuplé des pays du G7 ; c'est aussi le plus vaste : 9,98 millions de km^2. La population canadienne se répartit pour l'essentiel dans les centres urbains du Sud-Est (Montréal, Toronto, Ottawa), qui font corps avec le nord-est des États-Unis, et au sud-ouest du pays (Vancouver), laissant le centre et le nord du pays pratiquement désertiques.

Ces caractéristiques géographiques constituent un handicap pour le Canada, puisqu'elles génèrent des besoins d'infrastructures élevés et détournent ainsi de précieuses ressources financières de l'investissement productif.

Une fédération très décentralisée

Sur le plan administratif, le pays compte neuf provinces : leur autonomie, logique au regard de la taille du pays, a toutefois été poussée très loin. Sur le plan budgétaire, l'État fédéral maîtrise à peine 60 % des dépenses totales, les provinces s'étant notamment arrogé un rôle de premier plan dans la stabilisation macro-économique.

Par ailleurs, il existe des obstacles interprovinciaux aux échanges, par exemple en matière agricole, de réglementation des transports, de politiques d'achat public ou de règles de mobilité de la main-d'œuvre. Ces obstacles, qui s'ajoutent aux barrières plus « classiques » érigées entre les États-Unis et le Canada, réduisent encore la taille du marché intérieur.

Enfin, l'existence d'un mouvement indépendantiste fort au Québec fait peser des menaces récurrentes d'éclatement sur la Fédération.

Des politiques publiques inefficaces

Comme en Europe, le poids des dépenses publiques a progressé de façon continue, passant de 28,8 % du PIB en 1980 à 51,1 % en 1991, un taux proche de celui constaté sur le Vieux Continent. Malheureusement, les résultats ne sont pas toujours à la hauteur des moyens.

L'éducation en fournit un bon exemple, le Canada y consacrant une part du PIB élevée. Si l'on regarde les taux de participation au système d'enseignement secondaire et supérieur, les résultats semblent très satisfaisants, les États-Unis étant le seul pays à faire mieux. Toutefois, ce bilan quantitatif doit être tempéré par le constat d'un recul des « aptitudes de base » : langue, lecture, calcul. Ainsi, 30 % des diplômés du secondaire s'efforcent d'éviter toute situation les obligeant à lire et 36 % ne peuvent pas effectuer les opérations arithmétiques simples les plus utiles pour la vie courante. La médiocrité de l'enseignement secondaire canadien est par ailleurs aggravée par l'attention insuffisante qui est accordée à la formation continue.

La recherche-développement illustre également les carences des politiques publiques. Le Canada n'y consacre qu'une part modeste de la richesse nationale : 1,3 % contre environ 3 % aux États-Unis, au Japon et en RFA et 2,5 % en France. Les dépenses publiques de R & D, au demeurant comparables à celles des autres pays du G7, n'ont qu'un faible effet d'entraînement sur les dépenses privées, l'accent n'étant pas assez mis sur la diffusion des technologies et la collaboration entre laboratoires publics, les organismes provinciaux, les universités et le secteur privé.

Un modèle social « à l'européenne »

En 1990, la part des dépenses sociales dans le PIB s'élevait à 20,2 %. C'est moins qu'en France (28,7 %), en Italie ou en RFA (22 %), mais plus qu'au Royaume-Uni (16,9 %), au Japon (14,4 %) et surtout aux États-Unis (12,4 %). Par ailleurs, le Canada est le pays du G7 où cette part a le plus augmenté lors des années quatre-vingt.

La modicité de la part dévolue aux retraites contraste avec la générosité de l'aide sociale et surtout la part très élevée accordée à l'indemnisation du chômage. Or, ces deux dernières caractéristiques du système sont très critiquées par les économistes, qui les rendent responsables du fort taux de chômage qui règne au Canada (11,3 % en 1993).

Toutefois, la part du chômage de longue durée dans le chômage total atteint encore à peine 15 %, même si elle progresse de façon continue, alors qu'elle est de l'ordre du tiers dans certains pays européens. La responsabilité des politiques sociales dans le problème du sous-emploi n'est donc pas totale. Une autre cause pourrait résider dans la trop faible mobilité régionale de la main-d'œuvre due à des réglementations provinciales contraignantes, qui tranche avec le constat qui peut être fait aux États-Unis. Cette faible mobilité du travail expliquerait, comme en Europe, l'importance des écarts de taux de chômage entre régions.

2. Le cercle vicieux du déclin

Les difficultés du Canada viennent du contraste entre le ralentissement très marqué de la productivité et la pérennité des aspirations de la population à un meilleur niveau de vie. Elles sont aggravées par le jugement négatif que les marchés financiers portent sur le pays.

Des gains de productivité modestes

Certes, depuis la guerre, le Canada a affiché des progrès plus rapides que les États-Unis en matière de productivité du travail, l'écart étant ramené de 32 % en 1950 à 12 % en 1985 ; depuis, cet écart s'est de nouveau un peu élargi. Par ailleurs, les progrès ont été plus lents que ceux des autres pays du G7, de sorte que ceux-ci (y compris le Royaume-Uni) rattrapent progressivement le Canada, la France le dépassant même en 1984.

Aspirations sociales et dégradation de la compétitivité

De 1984 à 1993, la rémunération des salariés a progressé en moyenne de 4,6 % l'an, alors que les gains de productivité du travail n'étaient que de 1,1 %, ce qui a provoqué un glissement important des coûts salariaux unitaires.

Mais la compétitivité de long terme du pays est surtout menacée par la faible efficacité des politiques publiques, qui grèvent le revenu disponible et ne contribuent guère à l'attractivité du « site économique canadien », et par une trop faible propension à épargner, tant de la part des ménages (taux d'épargne de 10,7 % contre plus de 15 % en Europe continentale) que des entreprises et surtout de l'État.

L'insuffisance de l'épargne nationale rejaillit sur l'investissement, également trop faible et insuffisamment orienté vers l'activité productive – ce qui pèse sur la productivité et la compétitivité future –, et sur l'équilibre extérieur, le déficit d'épargne par rapport à l'investissement générant des déficits récurrents des paiements courants. En 1993, le déficit représentait 3,4 % du PIB.

Dans le collimateur des marchés financiers

Le Canada réalisant environ 70 % de ses échanges avec les États-Unis, sa politique économique dépend étroitement des options suivies à Washington. Comme la crise mexicaine de fin 1994 l'a montré, l'impérialisme des États-Unis sur l'Amérique du Nord est probablement plus fort que celui de la *Bundesbank* sur ses voisins européens. En l'occurrence, toutefois, le Canada n'a pas à souffrir d'une politique monétaire exagérément restrictive de la Banque centrale américaine, mais des jugements comparés des marchés financiers. Les conséquences s'en font surtout sentir sur les taux d'intérêt à long terme et sur le taux de change.

Ainsi, malgré des performances remarquables sur le front de l'inflation (un meilleur score qu'aux États-Unis depuis 1991), les obligations canadiennes doivent supporter un taux d'intérêt supérieur de 1,5 à 2 points aux taux des obligations américaines, les taux d'intérêt réels à long terme étant par conséquent les plus élevés du G7. Or, cette prime de risque, qui découle d'un jugement sévère porté par les marchés sur l'aptitude des pouvoirs publics à lutter contre le déficit budgétaire, augmente les charges d'intérêt, rendant ainsi la tâche du gouvernement plus difficile.

Par ailleurs, la tension sur la prime de risque Canada-États-Unis va de pair avec une dépréciation du dollar canadien contre le dollar US, qui n'est pourtant pas une monnaie forte, appauvrissant ainsi le Canada…

Conclusion : la voie étroite

Bien que le Canada soit encore un pays riche, sa prospérité apparaît aujourd'hui bien menacée. La tâche qui incombe aux autorités n'est pas mince : il s'agit d'en finir avec le cercle vicieux du déclin.

Cela passe en premier lieu par une résorption des déficits publics, que les marchés financiers attendent de pied ferme. La baisse des dépenses fédérales, à laquelle les provinces devront s'associer, doit par ailleurs s'accompagner d'une restauration de l'efficacité de la dépense publique.

Un tel effort d'austérité, qui passera par une remise en cause partielle du filet social, permettrait également de tirer le meilleur parti de la libéralisation des échanges extérieurs, grâce aux accords interprovinciaux et à l'ALENA.

C'est donc la condition *sine qua non* d'un nouveau départ de l'économie canadienne.

3

Mexique

Au-dessus du volcan

Introduction : des choix courageux ou téméraires ?

Août 1982, décembre 1994 : nombreuses ont été les comparaisons entre les dates des deux derniers séismes qu'a connus l'économie mexicaine : crise de la dette, crise de confiance dans le peso.

Pour certains commentateurs, les progrès dont on a crédité le Mexique dans l'entre-deux crises, qui recouvre presque exactement les sexennats de Miguel de la Madrid et de Carlos Salinas, n'ont été qu'apparents, les choix économiques effectués restant insupportables sur le long terme en raison des archaïsmes dont souffre le pays : fortes inégalités sociales, cohésion ethnique encore mal assurée, incapacité à exporter suffisamment et gonflement de la dette extérieure.

D'autres observateurs, plus optimistes, estiment que la crise de décembre 1994 n'est qu'un accident de parcours, que les succès enregistrés depuis douze ans sont bien réels (modification structurelle de l'économie, meilleure maîtrise de la politique budgétaire) et qu'il serait dommage d'arrêter le processus de modernisation engagé.

Les choix préconisés découlent de ce diagnostic : rompre avec une politique condamnée à l'échec parce que trop téméraire ou persévérer dans une voie courageuse ?

1. Les caractéristiques d'un pays sous-développé

Unité nationale et pérennité de la question agraire

C'est au XIXe siècle que s'est construit le Mexique actuel entre guerres d'Indépendance et interventions américaines ou européennes ; la France a apporté une pierre à l'édifice en occupant le pays et en installant à sa tête Maximilien, cousin de Napoléon III, qui permettra à l'armée mexicaine dirigée par Benito Juárez d'obtenir une de ces victoires retentissantes qui forgent l'unité et l'orgueil d'un pays.

Le territoire s'est figé en 1853 après la perte du Texas et du Nouveau-Mexique ; il est ainsi ramené à 2 millions de km^2, ce qui est peu au regard des États-Unis et du Canada, mais équivaut à plus de trois fois la France. Porfirio Díaz, qui dirige le pays presque sans interruption de 1877 à 1910, construit un important réseau ferré (20 000 km) destiné à donner au territoire mexicain une certaine unité et à en permettre le développement industriel et urbain. La révolution de 1910 va trouver un pays marqué par le problème agricole et les inégalités sociales et régionales. Si le Parti révolutionnaire institutionnel s'est maintenu au pouvoir depuis soixante-quinze ans, la réforme agraire semble aussi éternelle que lui : les *latifundios* n'ont jamais été totalement démantelés, ils subsistent à côté des *ejidos* (terres cultivées collectivement), des terres communales d'État et des petites propriétés privées. Le monde agricole reste ainsi fortement inégalitaire et source de révoltes paysannes ou indiennes fréquentes, tout en affichant une productivité médiocre : 20 % environ de la population active pour 8 % du PIB.

Mines et pétrole : une fausse bénédiction

Avec ses réserves d'argent (premier producteur mondial), de cuivre, de plomb, de soufre et de zinc, entre autres, le Mexique est l'un des premiers pays miniers du monde. Toutefois, la part du secteur dans le revenu national tend à devenir négligeable en raison d'une faible rentabilité liée au recours à une technologie surannée et à une main-d'œuvre pléthorique.

Les ressources pétrolières sont longtemps restées inexploitées. Jusqu'aux années soixante-dix, l'autosuffisance énergétique restait l'objectif national, qui cesse d'ailleurs d'être atteint en 1971, car la tarification de l'énergie est beaucoup trop faible et conduit à une utilisation inefficace. Après 1976, le président López Portillo prit donc acte de la hausse des prix mondiaux du pétrole et décida d'accroître fortement la production afin d'amener le Mexique à devenir un pays exportateur. Cette décision, apparemment judicieuse, allait conduire le pays à la crise de la dette.

Comme la plupart des pays disposant d'une rente liée à l'exploitation de matières premières, le Mexique a été victime du « syndrome hollandais » : gaspillage d'une partie de la rente lié à une tarification toujours inadaptée de l'énergie, confiscation d'une autre partie de la rente par les dirigeants et les salariés du secteur pétrolier tirant l'ensemble des salaires du pays vers le haut, montée de la parité réelle de la monnaie qui condamne encore un peu plus le secteur industriel, alors même que la rente pétrolière (qui représentait en 1982 près de 80 % des exportations) sert à gager un endettement extérieur censé permettre le décollage économique !

Une transition démographique encore inachevée

Après avoir atteint 50 ‰ lors des années trente, le taux de natalité a entamé un lent reflux, revenant à 28 ‰. La mortalité ayant reculé de façon plus radicale, la population s'est accrue de pratiquement 3 % par an, passant de 16 à 95 millions. La transition démographique mexicaine est en retard sur celle de pays à revenu par tête équivalent voire plus faible : l'Indonésie, la Thaïlande, l'Argentine, le Chili et le Brésil affichaient, en 1994, des taux de natalité compris entre 20 ‰ et 25 ‰.

La répartition très inégalitaire du revenu est également typique d'un pays sous-développé : sans atteindre le niveau brésilien (32), le ratio entre revenus des 20 % les plus riches et des 20 % les plus démunis est de 14, soit plus qu'en Malaisie (12), en Thaïlande (8) et surtout en Indonésie (5).

2. Orthodoxie économique et sacrifices sociaux

Redevenant le bon élève du FMI, le Mexique mène, sous la houlette des présidents de la Madrid et Salinas, une politique économique résolument orthodoxe : lutte contre l'inflation avec pression sur les salaires, restauration de l'équilibre budgétaire, ouverture progressive de l'économie.

Un combat sans merci contre l'inflation

Les années Portillo (1976-1982) avaient été celles de l'argent facile. L'inflation permettant de résoudre en douceur les conflits de répartition du revenu national, son accélération jusqu'à plus de 100 % par an n'avait guère fait l'objet de grandes préoccupations. Elle conduisait toutefois à

Crise de la dette et plan Brady

Après la crise de la dette, le gouvernement de Miguel de la Madrid s'est efforcé de rechercher un règlement négocié et d'éviter toute répudiation, cette solution de facilité conduisant tout droit à une « mise en quarantaine » du pays par les prêteurs.

La reconquête par le Mexique de sa qualité d'emprunteur fiable a ainsi nécessité, jusqu'en 1985, l'obtention de financements d'urgence et le plan Baker a consisté en un rééchelonnement de la dette extérieure privée, doublé d'un octroi de prêts supplémentaires (environ 8 milliards de dollars) par des bailleurs de fonds étrangers privés et publics pour faciliter la transition.

Toutefois, l'étape la plus importante est probablement la mise en œuvre du plan Brady en 1989, qui a permis un allégement partiel de la dette envers les créanciers privés (48 milliards de dollars, soit la moitié de la dette totale) et le retour du Mexique sur les marchés de capitaux. Aux termes de l'accord, les créanciers se voyaient offrir trois options :

– échange de titres de la dette avec une décote de 35 % contre des obligations aux conditions du marché (*discount bonds*) ;

– échange de titres de la dette sans décote, mais contre des obligations à trente ans et seulement 6,25 % d'intérêt (*par bonds*) ;

– apport d'argent frais (*new money*) pour quatre ans, à hauteur de 25 % des créances remboursables, aux conditions du marché sur quinze ans avec un délai de grâce de sept ans.

Les créanciers ont massivement opté pour les deux premières solutions, où les obligations émises sont garanties par des zéro-coupons du Trésor américain souscrits par l'État mexicain, avec, du reste, une préférence marquée pour la deuxième, qui permet un étalement de la perte. Ils ont marqué une certaine réticence pour la troisième, qui se traduisait par de nouveaux crédits non garantis. Au total, la valeur actualisée de l'allégement est estimée à 14 milliards, soit 15 % du nominal, mais 36 % de la valeur boursière. Le Mexique en a retiré des avantages considérables : baisse des taux d'intérêt domestiques, retour de la confiance, rentrées de capitaux.

D'autres accords Brady ont par la suite été conclus avec l'Argentine, le Venezuela, le Pérou, la Pologne, le Brésil.

une surévaluation quasi permanente du peso, les dévaluations n'étant effectuées qu'en dernier ressort.

La lutte contre l'inflation fut promue au premier rang des priorités après 1982. Trois instruments ont été principalement utilisés à cette fin. La politique salariale s'est attachée à la désindexation, avec, comme conséquence, une forte baisse (30 à 40 %) du pouvoir d'achat des salaires ; en 1991, les rémunérations ne représentaient que 21 % de la valeur ajoutée contre 27 % en Malaisie ou en Thaïlande et 33 % à 60 % dans les pays développés. La politique monétaire, en deuxième lieu, s'est attachée à restaurer des taux d'intérêt réels positifs, afin d'en finir avec l'argent facile et la préférence collective pour l'inflation et l'endettement. Enfin, la politique cambiaire avait pour tâche d'accompagner le reflux de l'inflation. Fondée sur le principe d'une dévaluation glissante préannoncée (*crawling peg*), dont le rythme a diminué au cours des ans, elle vise à la fois à importer de la désinflation, *via* une légère appréciation tendancielle du peso en termes réels, et à contraindre les entreprises – du moins celles qui travaillent avec l'étranger – à ralentir progressivement l'inflation.

Les résultats ont été plutôt satisfaisants : la hausse des prix a pu être ramenée à 7 % en 1994.

Marche forcée vers l'excédent budgétaire

L'assainissement des finances publiques, dont le déficit représentait en 1982 près de 17 % du PIB, était à l'évidence une condition nécessaire au retour de la confiance. Vigoureusement entamé en 1983 avec une réduction de 8 points de l'impasse budgétaire, le processus a marqué le pas jusqu'en 1988, avant de reprendre sous le gouvernement Salinas, qui l'a conduit jusqu'à l'apparition d'un excédent budgétaire. Ce résultat est d'autant plus remarquable que les recettes liées au pétrole n'ont pratiquement pas cessé de s'effriter.

Le volet « recettes » s'est limité à contrecarrer l'impact de ce recul en alourdissant la ponction fiscale, les recettes non pétrolières représentant toutefois à peine 20 % du PIB. L'effort a donc surtout porté sur les dépenses, dont la part dans le PIB a reculé de 15 points. L'austérité n'a pas épargné les dépenses courantes, mais a surtout concerné les investissements publics, ramenés dans la norme OCDE grâce à une rationalisation des dépenses... et à la privatisation des entreprises publiques, qui décharge le gouvernement de leurs dépenses en capital.

Ouverture et modernisation

Le volet micro-économique des réformes menées entre 1982 et 1993 comprend une baisse des subventions, mais aussi une ouverture progressive de l'économie vers l'extérieur (démantèlement progressif des barrières à l'importation).

L'industrie est sommée de se rapprocher des normes internationales de qualité, sous peine de voir ses produits boudés ; la modernisation passe également par l'acquisition de biens d'équipement permettant des gains de productivité plus substantiels que par le passé. De ce point de vue toutefois, la baisse des salaires réels n'incite guère à remplacer des hommes par des machines.

En fait, la réussite majeure de cette politique d'ouverture/modernisation est probablement la création de *maquiladoras* à la frontière américano-mexicaine ; la production de ces usines d'assemblage connaît une croissance spectaculaire, qui permet à la fois des embauches nombreuses et des salaires sensiblement plus élevés que dans le reste du pays.

Si l'on excepte ce volet, le bilan de l'ouverture de l'économie mexicaine est décevant : les exportations n'ont que modestement progressé – 1,6 % par an entre 1980 et 1992 –, traduisant une modernisation insuffisante et des difficultés à résister à la surévaluation croissante du peso. Dans le même temps, les importations ont progressé à un rythme soutenu (3,8 % par an) ; le déficit commercial s'est creusé pour atteindre 25 milliards de dollars en 1994, plus de 7 % du PIB.

A un tel niveau, la question du financement devient cruciale. Or, malgré l'arrivée de 5 milliards de dollars par an d'investissements directs entre 1991 et 1993, soit 40 % du total de l'Amérique latine, le bouclage des comptes extérieurs reposait, avant la crise de décembre 1994, de plus en plus sur les capitaux à court terme, par nature instables.

Conclusion : un pari risqué, mais nécessaire

Le Mexique est aujourd'hui au-dessus du volcan. Sur le plan politique tout d'abord, la contestation du PRI, qui a régulièrement recours à la fraude électorale pour conserver le pouvoir, est récurrente. Les émeutes indiennes du Chiapas menacent également la stabilité politique du Mexique. Enfin, sur le plan social, les salariés sont las des sacrifices qui leur ont été imposés : baisse du pouvoir d'achat et austérité budgétaire. C'est en fait sur le front économico-monétaire que le séisme a eu lieu : la montée du déficit courant n'est plus apparue supportable aux investisseurs étrangers, compte tenu des hypothèques politiques et sociales.

Le Mexique mettra sans doute longtemps pour se remettre du traumatisme que représente la dévaluation de plus de 40 % du peso. La pression de ses partenaires de l'ALENA, et notamment des États-Unis, devrait toutefois le convaincre de ne pas renoncer à poursuivre dans la voie ouverte en 1982.

Obligatoire, car l'exemple asiatique montre que le développement durable passe par une maîtrise de l'inflation, une économie extravertie, un investissement et une épargne nationale forts, la poursuite du pari entamé en 1982 est une stratégie dont les risques resteront bien sûr présents, mais qui doit pouvoir réussir.

Les capitaux étrangers joueront, à n'en pas douter, un rôle décisif. Après une période de doute, ils pourraient retrouver le chemin du Mexique et se consoler des pertes provoquées par le krach monétaire en considérant les gains passés et les potentialités nouvelles liées à une parité du peso plus adaptée au niveau de développement actuel de l'économie mexicaine.

4

ALENA

Les incertitudes d'un ménage à trois

Introduction : événement commercial majeur ou simple péripétie de la politique américaine ?

Signé le 18 décembre 1992 par le Canada, les États-Unis et le Mexique et ratifié par la suite par les parlements nationaux (aux États-Unis, Bill Clinton a dû s'engager personnellement), l'Accord de libre-échange nord-américain (ALENA) est entré en vigueur le 1er janvier 1994.

Comme son nom l'indique, l'accord n'institue, entre les pays qui l'ont signé, qu'une zone de libre-échange, mais pas une union douanière et encore moins un marché commun. Avant même que cet accord ne soit signé, le commerce entre les trois pays était d'ailleurs largement déréglementé, avec des droits de douane relativement faibles en général.

Que faut-il penser de l'ALENA ? Est-ce un événement majeur pour le commerce mondial ou une simple péripétie permettant à la fois aux États-Unis de jouer la carte du régionalisme en plus de celle du GATT et de sécuriser leur frontière méridionale, et au Mexique d'acquérir ses galons de puissance économique ?

Pour répondre à cette question, il convient d'examiner les intérêts de chacun des trois signataires du traité.

1. États-Unis : mise en pratique de la doctrine Monroe

C'est aux États-Unis que le débat sur l'opportunité de l'ALENA a été le plus vif, les opposants, parmi lesquels figurait Ross Perot (candidat aux élections présidentielles de 1992), brandissant le spectre de la désindustrialisation du pays. Pourtant, il semble que l'impact potentiel de l'accord sur les États-Unis doive être limité, tant en termes d'emploi que de revenu :

– l'effet sur l'emploi a été largement débattu, les délocalisations vers le Mexique étant appelées à générer des pertes, alors que l'impact du « grand marché » devrait au contraire être positif. Le signe du solde est ambigu, son ampleur devant de toute façon être inférieure à 500 000, soit 0,5 % de la population active ;

– en termes de revenu réel, on s'accorde à penser que l'impact de l'accord sera positif, mais très faiblement (0,1 % du PIB américain).

En revanche, l'ALENA présente des intérêts évidents pour la politique étrangère américaine, tant du point de vue des négociations du GATT, encore très incertaines au moment de la conclusion de l'accord, que du point de vue du soutien au gouvernement mexicain.

Il était en effet tactiquement intéressant pour les États-Unis de consolider leur position dans les négociations du GATT par l'instauration d'une dose de régionalisme dans leur discours économique. Par ailleurs, l'ALENA permet de consolider le pouvoir mexicain et d'y garantir la pérennité des réformes économiques, c'est-à-dire d'une certaine stabilité économique et sociale. Les promesses de prospérité que contient l'accord permettent au département d'État de rêver à la banalisation de la frontière sud des États-Unis.

Mieux encore, comme l'ont prouvé les demandes d'adhésion du Chili et d'association de l'Argentine et des pays andins (entre autres), l'ALENA apparaît, dans tout le continent américain, comme la grande locomotive du développement, remettant ainsi à l'ordre du jour le leadership des États-Unis sur « leur » continent.

2. Canada : la stratégie du moindre mal

C'est peu dire que le Canada n'a joué dans la conclusion de l'ALENA qu'un rôle assez effacé. Comment aurait-il pu réagir avec enthousiasme à l'idée de devoir partager avec le Mexique l'accès privilégié au marché américain ? Espérant sans doute secrètement que les négociations américano-mexicaines échouent, le Canada n'a toutefois pas voulu courir le risque – dès lors que les chances de succès de l'accord étaient élevées et que d'autres pays latino-américains souhaitaient s'en rapprocher – de se trouver exclu d'une « zone de coprospérité » s'étendant du nord au sud du continent.

En tout état de cause, le Mexique ne menace les marchés traditionnels du Canada aux États-Unis que de façon assez limitée et circonscrite aux secteurs de l'automobile, de l'énergie et du textile. Pour le reste, les avantages comparatifs du Canada et du Mexique sont assez largement complémentaires.

Par ailleurs, les exportations canadiennes vers le Mexique pourraient progresser plus rapidement que celles des États-Unis, notamment dans les secteurs de la banque, des télécommunications, des transports et de l'électronique à haute technologie.

Globalement, toutefois, l'impact de l'ALENA sur l'économie canadienne ne saurait être que mineur.

3. Mexique : la suite logique d'une décennie d'ouverture

On a souligné précédemment à quel point la crise de la dette avait marqué un tournant dans la politique économique mexicaine : efforts répétés pour restaurer les grands équilibres macro-économiques et volonté d'ouverture de l'économie vers l'extérieur. Le désir d'ancrage au commerce mondial s'est traduit par l'adhésion au GATT en 1986 et par la participation à plusieurs traités et accords commerciaux avec d'autres pays d'Amérique latine et d'Asie ainsi qu'avec la Communauté européenne.

En matière de commerce extérieur, les efforts d'ouverture du gouvernement mexicain n'ont toutefois pas abouti à des résultats aussi satisfaisants que dans le domaine de la stabilisation macro-économique : la stratégie de peso fort et la libéralisation quasiment sans contrepartie des exportations américaines ont conduit à un boom des importations mexicaines, alors même que les exportations plafonnaient.

Dans ces conditions, la stratégie mexicaine ne pouvait passer que par une poursuite de ce processus d'ouverture afin d'en retirer, cette fois, plus d'avantages que d'inconvénients. L'ALENA offre de ce point de vue l'intérêt de fixer les règles du jeu et de garantir la pérennité des réformes entreprises.

Par ailleurs et surtout, l'intérêt en matière commerciale est double : faciliter aux produits mexicains l'accès des marchés canadien et américain et donc permettre un décollage des exportations mexicaines ; accélérer la modernisation de l'économie grâce notamment aux investissements étrangers.

Les premières observations montrent que l'accord a eu plutôt pour conséquence jusqu'à présent de dégrader le solde commercial mexicain ; le pari des autorités repose donc en grande partie sur des arrivées massives de capitaux à long terme, en particulier sous forme d'investissements directs.

Bien que le Mexique soit devenu, en 1992, le premier pays d'accueil des investissements étrangers dans le monde, grâce notamment aux *maquiladoras*, et que ses émissions d'obligations aient attiré des sources importantes, les capitaux à long terme n'ont néanmoins pas suffi à équilibrer le déficit de la balance courante. Ce sont donc des capitaux à court terme qui ont assuré l'équilibre. Or, ces capitaux, comparables à des parapluies qui ne s'ouvriraient que par beau temps, présentent une instabilité élevée ; lorsque le temps se met à l'orage, il faut considérablement relever les taux d'intérêt – ce qui est très coûteux pour l'économie – pour les retenir. Là réside sans doute une des principales faiblesses du Mexique post-ALENA.

Par ailleurs, en matière de politique intérieure, l'accord est porteur de risques nouveaux. Il condamne en effet certains secteurs (agriculture vivrière, services financiers ou de transports) à disparaître ou à s'adapter de façon drastique. Si les créations d'emplois industriels à attendre de la mise en place de la zone de libre-échange sont chiffrées à 600 000 par certains experts, il est probable que les restructurations dans ces secteurs feront disparaître un nombre d'emplois beaucoup plus élevé. Or le taux de chômage atteint déjà officieusement 30 % au Mexique.

Toutefois, les autorités disposent d'une arme maîtresse pour amortir le choc social des restructurations : elles peuvent en effet puiser dans les marges de manœuvre budgétaires, qu'elles ont largement reconstituées ces dernières années.

Conclusion : succès politique et incertitudes économiques

Sur le plan politique, l'ALENA peut d'ores et déjà être qualifié de réussite. Aux États-Unis, l'accord a transcendé les divergences politiques, permettant de faire échec aux lobbies des syndicats et de l'environnement qui en souhaitaient le retrait. Au Mexique, il a contribué au prestige du président Salinas et conforté l'assise politique du Parti révolutionnaire institutionnel. Et, dans le reste du continent américain, les multiples demandes d'adhésion et d'association constituent un plébiscite pour l'ALENA.

Sur le plan économique, un certain *wait and see* semble de mise. La gestion de la grande mutation structurelle que va provoquer au Mexique l'accord de libre-échange promet d'être difficile, dans un contexte politique relativement troublé (révoltes indiennes, fraudes électorales et contestation structurelle du pouvoir par l'opposition).

La crise de change intervenue en décembre 1994 et le flottement du peso (avec dévaluation d'environ 40 %) est venue illustrer les risques liés à une très forte dépendance à l'égard des capitaux étrangers à court terme. L'avenir de l'ALENA s'annonce incertain, au moment même où l'Argentine et le Chili frappent à la porte. Il y a néanmoins lieu de penser que l'intérêt bien compris de chacun des partenaires prévaudra et que l'Amérique n'abandonnera pas, même si elle en ralentit la mise en œuvre, ses projets de grand marché à l'échelle du continent.

DEUXIÈME PARTIE

L'Asie de l'Est

Dragons et fourmis

> Observateurs, voyageurs, spectateurs, au lieu de faire des réflexions triviales sur les nations de l'Europe, qui se ressemblent à peu près toutes, méditez sur tout ce qui tient à l'Asie, si vous voulez trouver du neuf, du beau, du noble, et très souvent du raisonnable.
>
> PRINCE DE LIGNE, 1788.

La force tranquille de l'Asie

A l'inverse des États-Unis, dont la santé conjoncturelle et boursière restait éclatante fin 1995, le Japon peine à sortir de récession et le Nikkei plafonne loin de ses records de 1989. Des observateurs particulièrement myopes ajouteraient que, à l'aune des marchés boursiers, les autres pays asiatiques sont généralement loin de leur grande forme des années quatre-vingt.

Est-ce donc la revanche de l'Amérique sur l'Asie, thèse cautionnée par un article (voir p. 105) selon lequel l'idée d'un rattrapage asiatique n'est pas plus fondée aujourd'hui que ne l'était le fantasme de la puissance économique du Comecon hier ?

Cette comparaison est à l'évidence abusive : c'est l'insertion dans le marché mondial qui a fait de l'Asie ce qu'elle est, à rebours de la logique autarcique qui fondait le Comecon.

Dragon par sa puissance de travail, et sa volonté de réussite et d'enrichissement, et fourmi par sa propension à épargner, l'Asie a probablement le destin le moins incertain des trois blocs qui forment la Triade. Loin des incertitudes européennes du combat entre forces centrifuges des politiques nationales et forces centripètes de l'intégration dans l'Union, loin des débats américains sur le déclin probable du Nord anglo-saxon et l'émergence possible du Sud latin, l'Asie se contente d'avancer à grands pas vers la prospérité.

En 1994, l'Asie de l'Est, composée du Japon et des sept dragons, quatre « anciens » (Corée du Sud, Taiwan, Hong Kong et Singapour) et trois nouveaux (Indonésie, Malaisie et Thaïlande), représente une population de 475 millions d'habitants, un PIB de 5 875 milliards de dollars et un PIB par tête de 12 385 dollars. L'Inde est deux fois plus peuplée et la Chine trois fois plus.

La zone est très inégale, l'écart étant quasiment de 1 à 100 entre le Japon, pays le plus riche du monde, et la Chine et l'Inde, qui comptent parmi les plus pauvres. L'étude détaillée du Japon est suivie d'une présentation simplifiée des anciens et des nouveaux dragons, de la Chine et des accords au sein de la zone Asie-Pacifique.

Données 1994

Pays	*Superficie* (*milliers de km²*)	*Population* (*millions d'hab.*)	*PIB* (*milliards de dollars*)	*PIB par tête* (*dollars*)
Japon	**372,3**	**125,8**	**4 700**	**37 360**
Corée du Sud	98,5	44,4	376	8 470
Taiwan	36,2	20,8	240	11 550
Hong Kong	1,0	5,8	125	21 500
Singapour	0,1	2,9	65	22 400
Sous-total 4 dragons	**135,8**	**73,9**	**806**	**10 905**
Indonésie	2 027,1	196,3	157	800
Malaisie	329,5	19,2	73	3 800
Thaïlande	514,0	59,3	140	2 360
Sous-total 3 nouveaux dragons	**2 870,6**	**274,8**	**370**	**1 345**
Total Japon + 7 dragons	**3 378,7**	**474,5**	**5 876**	**12 385**
Chine	9 597,0	1 212,5	485	400
Inde	3 287,2	873,3	262	300

1

Japon

Le bon élève

Introduction : simple rattrapage ou nouveau pays dominant ?

Au hit-parade de la croissance, le Japon est longtemps resté en tête : elle y a été de 7 % l'an en moyenne depuis 1950.

Dans bien des domaines, l'Archipel fait mieux que les autres : plus d'investissements, meilleure spécialisation internationale, moins de chômage, excédents internes et externes. Ainsi, le Japon fait-il, aux yeux de certains, figure de modèle : modèle économique, synonyme d'innovation et d'adaptation permanente ; modèle social, synonyme de consensus.

Malgré quelques accrocs – les grèves de mineurs des années soixante, le 68 étudiant, les réactions contre le traité de sécurité nippo-américain, les difficultés du logement ou encore les problèmes de pollution –, l'économie japonaise s'était, jusqu'à la fin des années quatre-vingt, développée sans à-coups notables. Bon élève ? A coup sûr. Mais modèle ? Il s'agit de savoir si les fondements de cette croissance sont transposables ou si ce bon élève ne s'est pas contenté de rattraper, voire de recopier les autres.

Atteint comme les autres pays de l'OCDE et peut-être même plus par le premier choc pétrolier, le Japon va cependant manifester une étonnante capacité d'adaptation, renforçant ainsi jusqu'en 1991 sa performance relative par rapport au reste de l'OCDE.

Depuis le début des années quatre-vingt-dix, toutefois, la thèse d'un modèle nippon, d'une hégémonie japonaise à venir, a largement perdu de sa crédibilité au fur et à mesure que le ralentissement de l'économie devenait récession, qu'il apparaissait clair que le cours du yen se décidait à Washington et que la vie politique de l'Archipel se délitait.

Néanmoins, malgré une chute spectaculaire du prix des actifs, le déclin du Japon n'est pas à l'ordre du jour. La question à se poser est plutôt : la crise actuelle n'est-elle qu'un à-coup conjoncturel sur la voie de l'hégémonie ou illustre-t-elle les limites d'un élève simplement consciencieux et appliqué ?

1. Deux révolutions en un siècle

Longtemps isolé du monde, sans être favorisé par la nature, le Japon a connu deux révolutions en un siècle : l'ère Meiji à la fin du XIXe siècle et l'après-Seconde Guerre mondiale.

Du bon usage de l'isolement

Le Japon est un des seuls pays qui, jusqu'à la Seconde Guerre mondiale, n'a jamais connu l'occupant étranger. D'ailleurs, après la défaite de Harusonko contre la Chine en 663, il n'y eut pratiquement plus d'incursion japonaise sur le continent.

Enfin, après 1634, cet isolement fut codifié : il fut désormais interdit sous peine de mort à tout Japonais de se rendre à l'étranger, à tout étranger de se rendre au Japon, à tout pays étranger d'accueillir un Japonais, même naufragé !

Au milieu du XIXe siècle, l'isolement du Japon était devenu insupportable aux grandes puissances industrielles naissantes, et cela d'autant plus que ce pays possédait une agriculture développée, un niveau d'instruction élevé, des circuits de commerce et d'épargne efficaces. Les Occidentaux obtinrent de fait l'ouverture des ports japonais.

Une volonté générale de résistance aux Occidentaux se développe : xénophobie diffuse ou terroriste, mais surtout patient développement du potentiel militaire, ou missions d'étude aux États-Unis, en Angleterre ou en France. Il s'agissait en quelque sorte de gagner du temps en acquérant les techniques des étrangers sans leur laisser prendre trop de place. Cette ouverture soudaine n'était que le moyen de tenir tête au « péril blanc ».

Cette stimulation externe est la toile de fond d'un mouvement de modernisation qui s'approfondit alors dans le prolongement des traditions antérieures : les féodaux sont mis sur la touche ; la classe politique se réorganise autour de l'empereur ; de profondes réformes sont entreprises ; l'enseignement est rénové ; les taxes foncières vont faciliter l'industrialisation.

L'essor économique va aller alors de pair avec l'expansion militaire. Victorieux contre la Chine, puis contre la Russie, le Japon étend son influence sur l'Extrême-Orient, la concentration économique s'accélère autour des secteurs lourds. Un empire se construit autour d'une économie de guerre. La Chine, la Corée, Formose fournissent au Japon produits textiles et alimentaires, la Mandchourie des céréales, du bois, du soja… En échange, le Japon vend ses machines et ses cotonnades. La Seconde Guerre mondiale sera l'occasion de nouvelles conquêtes. Mais les Japonais iront trop loin. Et Hiroshima marquera la fin de ce rêve nippon.

Isolement, puis ouverture maîtrisée vis-à-vis de l'Occident, domination économique et militaire de l'Extrême-Orient : le Japon aura quand même su tirer le maximum de ses relations extérieures.

L'occupation américaine

Plus qu'ailleurs, la guerre et l'après-guerre vont se traduire par une nouvelle donne radicalement différente.

Après les forts investissements et la vive croissance des années trente, l'expansion ralentit ; à peine 1 % entre 1936 et 1944. Mais le trait le plus marquant de cette période est en fait la très forte ponction sur le revenu des ménages opérée au profit des dépenses publiques – qui vont croître durant la même période de 18,8 % à 41,5 % du PNB – et, en premier lieu, des dépenses militaires ; le poids de l'impôt sur les revenus passe ainsi de 5,4 % à 15,4 % du PNB. En 1944, les salaires réels ne sont plus qu'à environ la moitié de leur niveau de 1936.

Parallèlement, les syndicats japonais ont été démantelés et la durée journalière du travail s'est accrue de près d'une heure.

Les années 1945 et 1946 vont alors être marquées par une chute très vive de la production qui, en deux ans, est divisée par 2 environ, et par un effondrement des exportations. Les destructions de la guerre ont certes été importantes dans certains domaines (le quart des logements résidentiels, 90 % de la flotte, plus des trois quarts des raffineries de pétrole, 15 % des aciéries, et certaines usines textiles), mais elles ne sont pas les seules responsables de ce recul qui s'explique aussi par l'apparition de goulots d'étranglement.

Les mouvements de main-d'œuvre sont aussi énormes ; 4 millions de personnes quittent les industries d'armement, 2,3 millions sont remobilisées sur place, 2,6 millions à l'étranger, 1,2 million de civils sont rapatriés. Le pays vit en état de traumatisme sur fond de famine et de rationnement.

L'économie et le pays étaient déstabilisés. Les occupants américains vont rétablir à leur manière des structures cohérentes. Cette « restructuration à l'américaine » tentait d'éviter un double écueil : un Japon trop fort et impérialiste d'un côté, un Japon trop faible tenté de s'allier avec l'URSS de l'autre. D'où une politique subtile faite de réformes, d'aides économiques et de répression.

Les syndicats se réorganisent, mais les plus combatifs seront brisés. Les syndicats de tendance socialiste sont doublés par un second syndicat ; la pratique du syndicat maison auquel l'affiliation est obligatoire est importée des États-Unis ; ils se substituent progressivement aux syndicats structurés à l'européenne qui avaient été interdits en 1940. Un tiers des travailleurs est syndiqué ; trois grandes fédérations (Sohyo, Domei et Churitsuroren) regroupent les deux tiers des syndiqués.

La réforme agraire conduit à ce que, dès 1950, 90 % des fermiers possèdent au moins la moitié des terres qu'ils cultivent.

L'investissement et son financement sont, pour l'essentiel, le fait du gouvernement (60 % des investissements fixes non résidentiels sont directement réalisés par l'État et de nombreux prêts sont octroyés par l'intermédiaire de la *Reconstruction Finance Bank*).

Le prix de la rareté

Si l'archipel japonais a 372 000 km^2, les terres arables n'en représentent que le sixième. Il n'y a pas d'autosuffisance agricole, sauf pour le riz. Pauvre en terres, le Japon l'est aussi en charbon, en pétrole et en minerai qu'il doit, pour l'essentiel, importer. Les énormes réserves qui s'étendent en Chine, en Sibérie et en Inde font ici défaut. En 1994, les trois quarts de la consommation d'énergie sont couverts par du pétrole importé, le plus souvent du Moyen-Orient, et les importations de pétrole et de matières premières représentent plus des trois quarts des importations totales.

Cette contrainte, le Japon l'a transformée en opportunité. L'insuffisance de la production agricole l'a forcé à s'intéresser à la mer, pour la pêche et le commerce. La faiblesse des ressources énergétiques lui a fait consentir un énorme effort sur l'équipement hydroélectrique, puis sur les économies d'énergie. Plus généralement, la nécessité de s'approvisionner à l'étranger l'a conduit à économiser les importations tant alimentaires qu'énergétiques et à développer les exportations. Le Japon est le premier importateur mondial de produits agricoles et de pétrole.

Un vieillissement inquiétant

Autre conséquence de cette rareté naturelle à la fois en espace et en ressources, la crainte périodique d'une surpopulation. Dès l'après-guerre, la loi contribue à la diffusion de la contraception, autorise la stérilisation, libéralise l'avortement. De 1947 à 1957, le nombre moyen d'enfants par femme passe de plus de quatre à deux.

Après une stabilité d'une quinzaine d'années, ce chiffre régresse à nouveau. Comme ce déclin de la fécondité s'accompagne d'un rapide allongement de la durée de vie, le vieillissement de la population a été longtemps favorable ; mais, à l'avenir, le Japon devra supporter la charge croissante des inactifs. Entre 1950 et 1980, le nombre de personnes âgées a plus que doublé : il y avait en 1950 une personne de plus de 65 ans pour sept de moins de 14 ans, mais en 1980 ce rapport tombe à un pour trois et, en 2025, il sera vraisemblablement de un pour un. Le vieillissement du Japon, plus tardif que celui des autres grandes économies, s'effectue à une vitesse supérieure. Dans ce domaine au moins, l'adaptation à court terme a peut-être hypothéqué la croissance à long terme ! La croissance, mais pas l'avenir du système de retraites, que le Japon a réformé plus tôt et plus largement que les autres...

En 1994, le Japon compte une population de 125 millions d'habitants, soit la moitié de celle des États-Unis ou le tiers de celle de la CEE pour un territoire respectivement vingt-cinq fois et six fois moins étendu. La densité est ainsi de 335, soit douze fois celle des États-Unis et plus de deux fois celle de l'Europe.

2. La société nippone et le modèle dual

Les performances des quarante-cinq dernières années sont incontestables. Pour mesurer tant l'exemplarité que la pérennité de ces résultats, il faut cependant savoir quel a été leur prix. Avant de s'extasier sur l'endroit, il convient de s'arrêter un peu sur l'envers de la croissance.

Le dualisme, les « garantis » et les autres

Avec la montée du chômage, la tentation du dualisme est aujourd'hui présente dans tous les pays. Pour retrouver une flexibilité nouvelle, les entreprises tentent de gérer autrement la main-d'œuvre autour de deux idées-forces : extériorisation des tâches et précarisation des statuts. Mais, bien avant la crise, le Japon avait inventé le dualisme.

Celui-ci découle directement du mode de développement choisi : une stratégie fondée sur le textile, les industries à base d'acier, puis les industries à base d'électronique, secteurs en forte expansion, sur une intégration verticale, chaque grand groupe ou *zaibatsu* (Mitsui, Mitsubishi...) contrôlant les diverses étapes d'une même filière. Autour de cette ossature industrielle foisonnent de multiples petites entreprises sous-traitantes.

Ce découpage de l'économie entre un secteur moderne et concentré et un secteur archaïque et épars ne s'est pas heurté à un syndicalisme unifié à l'européenne, mais aux multiples syndicats maisons mis en place dans l'après-guerre.

Pas étonnant, dès lors, qu'il ait induit des modes très différents de gestion de la main-d'œuvre. Un emploi à vie garanti où la stabilité est échangée contre la mobilité, où le salaire progresse à l'ancienneté, un peu comme dans la fonction publique française, pour le tiers environ des salariés. Ni paternalisme ni concession, cette garantie a été la meilleure réponse des grands groupes à la pénurie des travailleurs qualifiés et au *turnover* élevé du démarrage de l'économie japonaise. Pour les autres travailleurs (parmi lesquels les femmes sont nombreuses) salariés des PME sous-traitantes – temporaires, saisonniers, journaliers ou occupant un emploi à domicile –, le statut est, par définition, précaire et la rémunération inférieure.

Le dualisme du marché du travail se reflète d'ailleurs dans la géographie même. Le classique phénomène d'urbanisation se double ici d'une concentration sans cesse croissante sur la façade Pacifique. De ce côté, un Japon industrialisé surpeuplé, hyperurbanisé ; de l'autre, un arrière-Japon encore peu développé, au mode de vie plus traditionnel.

Avec la crise, ce fossé ne fait d'ailleurs que s'accentuer. Les grandes et moyennes entreprises ont certes licencié les hors-statut, notamment les femmes, mais ont réussi à préserver l'essentiel, à savoir le salaire de base de la main-d'œuvre garantie. Pour cela, il a fallu user de toutes les souplesses. Moduler la durée du travail d'abord : baisse de la durée normale et réduction drastique des heures supplémentaires ; faire partir ensuite beaucoup de travailleurs en préretraite, avec un simple pécule de départ, et dégrader, dans le même mouvement, la situation des salariés à partir de 50 ans ! Reporter enfin les difficultés sur les sous-traitants, chez lesquels l'ajustement se fait par la baisse des salaires.

Les années soixante où les PME élevaient leurs salaires pour attirer des jeunes sont loin. Jusqu'en 1975, la croissance des salaires était déterminée au niveau national par les « offensives de printemps » (*shunto*). Depuis, la hausse récurrente du yen est venue limiter la portée de ces négociations. Par ailleurs, aujourd'hui, le salaire négocié ne représente plus que 60 % du total, le reste étant lié aux nombre d'heures supplémentaires effectuées et aux résultats de l'entreprise. La flexibilité salariale, aujourd'hui balbutiante en Europe, a donc un long passé au Japon, y compris dans les grandes entreprises où, en contrepartie, l'emploi reste garanti.

En revanche, dans les PME, la tendance est à la précarisation de l'emploi : contrats à durée déterminée, dont le public est constitué d'hommes âgés et de femmes.

L'envers de la compétitivité

Ce dualisme sans cesse approfondi se double de normes de travail et de vie très décalées par rapport aux autres pays industrialisés. En d'autres termes, les souplesses essentielles pour l'adaptation des entreprises n'ont pas toujours trouvé de contrepartie, notamment en ce qui concerne le pouvoir d'achat.

Les salaires japonais effectuent certes un bond fantastique depuis 1950, et sont aujourd'hui devenus apparemment plus élevés que ceux des autres pays. Apparemment, puisque, correspondant à une durée du travail plus élevée, ils conduisent en fait à un pouvoir d'achat globalement plus faible, une fois corrigée la surévaluation du yen par rapport à la parité de pouvoir d'achat, qui atteint aujourd'hui 60 %. Par ailleurs, les priorités de dépenses ne sont pas les mêmes. L'éducation est la priorité absolue. Pour les études universitaires (suivies par près de la moitié des jeunes), un salarié dépensera 1 % de son salaire sur l'ensemble de sa vie. Si, de plus, l'épargne ou l'assurance sont les plus répandues au monde, malgré des taux d'intérêt réels plus faibles qu'ailleurs, c'est en partie pour pallier la faiblesse du système de protection sociale maladie, accident, et surtout vieillesse ; les ressources liées à la retraite ou à la préretraite sont si squelettiques que beaucoup de salariés débutent alors une seconde carrière.

De même, faute d'une politique du logement, qui aurait certes fait courir le risque de retenir une partie de l'épargne si précieuse pour l'industrie, mais qui était indispensable du fait des destructions de la guerre et de la rapide urbanisation, c'est de pénurie qu'on a pu parler dans ce domaine. Coûteux à louer, difficile à acheter du fait de la faiblesse des prêts et de la spéculation urbaine, le logement reste souvent exigu. La surpopulation a conduit de la même manière à un encombrement durable des transports urbains.

Autre point noir, la pollution. Si l'inventivité japonaise pour résoudre des problèmes d'environnement est souvent magnifiée, elle renvoie bien à une nuisance permanente. La puissance du mouvement antipollution et la concentration des usines sur une faible portion du territoire expliquent pourquoi les normes sont devenues les plus sévères après avoir été extraordinairement laxistes.

La croissance, le progrès ont été chèrement payés, par un effort du Japon tout entier. Mais cet effort est-il vraiment le fruit d'une adhésion volontaire, d'un consensus de toutes les couches de la population ?

Un consensus obligé

« Responsabilité envers la société, intégrité, honnêteté et compréhension internationale au travers des activités commerciales » : la devise de Matsushita illustre à l'extrême la recherche d'un consensus dans l'entreprise. Il s'agit néanmoins d'un cas quelque peu spécifique, la plupart des Japonais ne commençant pas la journée, comme chez elle, par une gymnastique collective, un petit discours idéologique et un chant à la gloire de l'entreprise !

Mais les liens entre salariés et entreprise demeurent très forts au Japon. On cite souvent le cas des salariés qui, malades, préfèrent se déclarer en congé pour ne pas pénaliser l'entreprise… alors, tout simplement, qu'ils refusent une indemnisation qui ne débute qu'au quatrième jour et qui ne correspond en moyenne qu'à 40 % du salaire réel moyen. En fait, il ne faut pas s'étonner de l'attachement des salariés à leur firme puisque, dans un marché du travail pratiquement fermé pour ceux qui sont déjà engagés dans la vie active, la démission ne peut conduire qu'à des emplois précaires, voire au chômage.

Au-delà des clichés, se manifeste la prédominance du fait économique. Fermetures et faillites sont élevées ici au rang de mode de gestion pour s'adapter à une demande changeante. Au lieu de lier l'économique et le social et de fonder les progrès de l'un sur l'avancée de l'autre, « une vieille tradition japonaise est », comme le note Christian

Sautter, de « chercher une solution à une situation grave en faisant un bond économique en avant et un bond social en arrière ». Consensus peut-être, mais consensus organisé, et surtout obligé, cette adhésion collective à un mode de croissance étant considérée par la plupart des Japonais comme naturelle, sans alternative possible. L'acceptation de la mobilité géographique et l'absence de pression réelle pour un développement des infrastructures et des équipements sociaux s'expliquent par ce « consensus de l'effort ». Peu de Japonais se sentent riches ; presque tous estiment faire partie d'une classe moyenne laborieuse.

La fin des années quatre-vingt a pourtant laissé croire à un changement de mentalité : développement de modes de consommation occidentaux, tassement de l'excédent commercial. Mais le ralentissement économique mondial a bien vite remis à l'ordre du jour les valeurs de frugalité et d'autarcie, comme en témoigne le recul des importations.

Aujourd'hui, plus que jamais, la réconciliation de l'économique et du social reste à faire.

3. Les vertus du rattrapage

Si le Japon n'est pas un modèle, c'est aussi parce que ses performances doivent d'abord s'analyser comme un rattrapage à marche forcée.

En 1950, le Japon produisait un PIB quasi égal à celui de l'Italie, représentant 10 % de celui des pays européens et 4 % de celui des États-Unis ; son revenu par tête était la moitié de celui de l'Italie, le tiers de celui de la RFA, le cinquième de celui du Royaume-Uni, le douzième de celui des États-Unis. Il assurait, comme l'Italie, 3 % du marché des biens et services de l'OCDE, trois fois moins que la France, six fois moins que le Royaume-Uni et huit fois moins que les États-Unis.

Le Japon rattrape progressivement ses partenaires européens : en termes de PIB, l'Italie dès le début des années cinquante, le Royaume-Uni et la France en 1967, la RFA en 1968 ; en termes de PIB par tête, l'Italie en 1971, le Royaume-Uni en 1973, la France en 1983 et la RFA en 1986 ; en termes de marché mondial enfin, il distance l'Italie en 1968 et la France et le Royaume-Uni au début des années quatre-vingt. Mieux encore, en termes de PIB par tête, il rattrape les États-Unis en 1987 et la Suisse en 1993, devenant ainsi le pays le plus riche du monde.

Ses progrès commerciaux ne sont pas moins impressionnants, sa part du marché mondial hors échanges intra-communautaires passait de 4 %

à plus de 20 %, la percée s'effectuant par moitiés égales aux dépens des États-Unis et de la CEE.

Deux taux confirment cette évolution. Le taux de salarisation d'abord. A peine 40 % en 1950, alors que la plupart des autres pays se situent entre 60 % et 90 % : dans presque toutes les activités, les entrepreneurs individuels gardent un poids important ; le Japon n'est pas encore tout à fait capitaliste ! En quarante ans, la part des salariés doublera et l'industrie japonaise bénéficiera de ce large réservoir de main-d'œuvre.

Le taux de recours au travail posté ensuite. Très bas dans l'après-guerre, il rattrape la France dans les années quatre-vingt. La rentabilisation des investissements est ainsi facilitée, ceux-ci étant utilisés de plus en plus longtemps par la multiplication des horaires alternants. Des limites sont cependant atteintes avec les années soixante-dix, notamment dans les grandes entreprises où les travailleurs ont de très longs temps de transport : pour recourir au travail de nuit, elles doivent résoudre les problèmes de logement et de transport de leurs salariés et voient ainsi se réduire l'intérêt financier de la réorganisation.

L'histoire du rattrapage japonais peut se raconter en trois épisodes : la simple imitation des années cinquante, le fordisme à marche forcée des années soixante, la crise comme les autres à partir des années soixante-dix.

La simple imitation

Alors que la révolution Meiji de la fin du XIXe siècle avait correspondu au plein essor des méthodes de production traditionnelles, la croissance japonaise va se fonder sur l'application des techniques modernes déjà expérimentées aux États-Unis et en Europe. En acquérant et en transposant les brevets des autres, le Japon transforme radicalement ses structures de production et le mode de production capitaliste se généralise.

Si les techniques sont souvent les mêmes qu'en Europe, le fonctionnement de l'économie dans les années cinquante reste très original. La très vive croissance (8,5 % l'an) ne s'explique d'abord pas par l'effort d'investissement, le capital par tête ne croissant pas plus vite qu'ailleurs, mais par l'ampleur des gains de productivité.

L'imitation permet en effet de doubler la mise de l'investissement. Chaque pourcentage de croissance du capital par tête a un effet plus que double sur la productivité par tête. Ces gains alimentent plus l'investissement que la consommation, les dépenses militaires restant, elles, limitées. Mais le progrès reste concentré sur les secteurs lourds et le mode de consommation assez archaïque et peu porteur pour l'industrie qui ne représente qu'un tiers du PIB. Le textile qui représente, en 1960, 30 % des exportations est le fer de lance de l'économie japonaise.

Le poids de l'investissement passe de 20 % du PIB en 1950 à 30 % en 1960 ; cela renvoie évidemment dès cette période au fort taux d'épargne des ménages. Celui-ci couvre 90 % des besoins du secteur privé et des administrations locales et s'explique par les caractéristiques du mode de vie japonais : fringale de propriété du logement ; limites du système de retraite et de sécurité sociale ; coût élevé de l'enseignement supérieur ; faiblesse du crédit à la consommation ; importance des primes liées aux résultats de l'entreprise… Ainsi, plus que l'expression d'une vertu particulière, d'un patriotisme destiné à développer le pays, l'épargne est tout d'abord une prudence élémentaire.

Le fordisme à bouchées doubles

Le fordisme – développement de la consommation et de la production de masse – s'était développé aux États-Unis à partir de l'élévation rapide du pouvoir d'achat ouvrier, permettant l'ouverture de marchés de masse. Le scénario se retrouve au Japon à partir de 1960. Les salaires se fixent désormais en référence aux gains de productivité ; leur croissance, rythmée par les grandes offensives syndicales de printemps, alimente le marché intérieur.

On imagine mal, de toute façon, comment une croissance tout entière fondée sur les biens de production aurait pu se poursuivre. L'essor de la consommation intérieure, en particulier celle des biens d'équipement durables et du tertiaire, devait ancrer l'accumulation et la régulariser. Les investissements ne pouvaient en effet continuer à absorber une part croissante des ressources (35 % du PIB en 1970) sans que naisse le risque d'une surproduction ou d'un excédent de capacités.

Cette décennie bénéfique pour toutes les économies l'est particulièrement pour le Japon. Le taux de croissance qui dépasse les 10 % est le double de celui de l'OCDE. Le développement, d'abord concentré dans le secteur moderne, se généralise. Les gains de productivité bénéficient à tous les secteurs.

Car les industries japonaises prennent alors appui sur un marché intérieur relativement dynamique et développent des installations de grande taille. Le bouleversement du mode de consommation lié à la diffusion des biens de consommation durables est en effet brutal. Leur objectif permanent est d'accroître leur part de marché.

Encore fallait-il orchestrer et financer cette accumulation accélérée. La forte épargne des ménages, recyclée par les banques, qui sont au Japon étroitement contrôlées par l'État, servira précisément aux entreprises. Compte tenu du coût élevé du financement boursier, celles-ci préféreront s'endetter, souvent au-delà de ce qui aurait été considéré en Europe comme raisonnable. L'endettement n'est pas perçu comme un risque majeur, un déséquilibre préoccupant tant que la croissance est là, car, comme en bicyclette, l'équilibre est trouvé en dynamique.

Cette course de vitesse n'est cependant pas devenue fuite en avant, car elle est restée très organisée. L'activité du MITI, ministère du Commerce extérieur et de l'Industrie, créé après la guerre pour développer les secteurs clés, en témoigne. Chargé de la libération des échanges, il va tenter, dans les années soixante, de synchroniser l'ouverture du pays avec la restructuration de l'appareil productif.

Garant de l'intérêt général, il intervient aussi bien pour organiser des fusions que pour adapter des capacités de production ou pour accélérer et faciliter l'introduction de nouvelles technologies ; dans tous les cas, il veille à ce qu'aucune entreprise japonaise ne soit écrasée par l'opération et à ce que les stratégies soient diversifiées. S'il existe une loi antimonopole, l'importance de celle-ci réside en fait dans les multiples dérogations que le MITI gère. Libéralisme certes, mais libéralisme organisé, sinon planifié. Essor du marché intérieur, standardisation à outrance, endettement et restructuration… ce passage dans la logique fordiste sera symbolisé par l'entrée en 1964 dans l'OCDE.

Crise et restructuration

Ayant adopté le modèle dominant, l'ayant poussé à son paroxysme, le Japon ne pouvait en éviter la crise.

Le scénario est simple. A partir de 1970, malgré une poursuite de l'effort d'investissement, la progression de la productivité du travail ralentit soudain. De gains atteignant presque 10 % l'an, on passe à une hausse annuelle de 4 %. Le gâteau se rétrécit, des limites au développement fordiste ayant été atteintes. Ainsi, les conditions objectives de la forte croissance des revenus sont-elles remises en cause. La progression des salaires se poursuit au rythme antérieur jusqu'en 1973. Les entreprises, dont la situation se dégrade, réagissent par l'accroissement des prix. Comme ailleurs, ces années sont marquées par le ralentissement de la croissance et l'accélération de l'inflation.

Difficultés communes, mais réponses différentes. Pour gérer au mieux cette crise, le Japon va en effet utiliser au maximum ses traditions, ses spécificités. Ce qu'il va tenter est à l'opposé de la réponse classique de sortie par le bas en se contentant de restaurer les grands équilibres. Des réformes structurelles sont engagées : le dualisme s'adapte et s'approfondit ; l'énergie devient soigneusement économisée ; la structure industrielle est à nouveau remodelée.

Premier front, l'énergie. Vital car, si la dépendance en produits de base est générale, l'organisation des pays producteurs est dans ce domaine déterminante. La riposte est ici plus marquée par la recherche d'économies que par le développement d'énergies de substitution. Ainsi, la sidérurgie, la chimie, les métaux non ferreux, les matériaux de construction, *a priori* voraces, ont multiplié les investissements d'économie. Au total, les quantités de pétrole importées ont baissé de 4 % par an après 1973.

Second domaine, l'appareil productif, où le rôle de chef d'orchestre du MITI a été confirmé. Celui-ci bénéficie, il est vrai, du « pantouflage » des hauts fonctionnaires qui gardent toutefois, après leur départ, des contacts étroits avec l'État.

Réactions défensives d'abord, puisque ces années ont été marquées par la suppression brutale avec mises au rebut et licenciements des capacités de productions excédentaires, en particulier dans les aciéries, les industries textiles et la construction navale ; la loi de 1976 sur les mesures temporaires pour les secteurs en difficulté autorise d'ailleurs le MITI à former un cartel pour organiser un plan de sauvetage. Mais surtout interventions offensives pour promouvoir les nouvelles technologies. Gardant ses points forts traditionnels – construction électrique et industrie automobile notamment –, le Japon a misé sur les applications de l'électronique, des machines-outils à commande numérique à l'électronique domestique. Dans l'automobile, les installations de soudage de la carrosserie ont été de plus en plus automatisées, ces opérations étant réalisées par des robots soudeurs, des machines-outils à commande numérique et des presses automatiques. Le Japon possède aujourd'hui plus de robots que toute l'Europe réunie, plus de robots que les États-Unis.

La fin du rattrapage ?

Depuis la mi-1991, la belle machine semble s'être enrayée : la croissance est très faible et due exclusivement au commerce extérieur, les bénéfices des entreprises en chute libre ainsi que le prix des actifs boursiers et immobiliers, les finances publiques reviennent dans le rouge :

tabou suprême, on évoque même la fin de l'emploi à vie dans les grandes entreprises. Est-ce la fin du modèle (ou, du moins, de la spécificité) japonais ? Le processus de rattrapage (qui n'a pas atteint son terme, le niveau de vie des Nippons étant encore, en standard de pouvoir d'achat, nettement inférieur à celui des Américains, voire même à celui de nombreux pays européens) a-t-il atteint ses limites ?

Certes, les difficultés actuelles du Japon contrastent avec l'aisance relative dont l'Archipel avait su faire preuve lors des deux chocs pétroliers ou lors de l'*endaka* (forte montée du yen) de 1986, d'autant que, au départ, ces difficultés étaient d'origine exclusivement interne. Il ne s'agissait que de l'éclatement de la « bulle spéculative » sur les actions et l'immobilier (qui avait atteint son apogée en 1987) et de la saturation des consommateurs après les « folies » de la fin des années quatre-vingt.

D'« aventuriers », les Japonais sont devenus « pantouflards » : ils ont plus épargné, moins investi. Résultat : une demande qui ne progresse plus, des importations qui reculent, des excédents commerciaux qui explosent... et des partenaires en colère, qui décident (et les marchés leur obéissent) que le yen devrait monter jusqu'à la parité de 100 pour 1 dollar. Au moment où le Japon entrevoyait le bout du tunnel, une nouvelle *endaka*, intervenant cette fois dans un contexte où entreprises et salariés ont déjà souffert d'une crise interne, prend le pays à revers. Pour corser le tout, une crise morale secoue l'Archipel, la corruption ébranle le PLD, au pouvoir depuis 1954, qui perd les élections de 1993.

Malgré ce tableau, inhabituellement sombre il est vrai, il faut se garder de tout diagnostic à l'emporte-pièce et constater que le paysage social japonais n'a pas été bouleversé, le chômage touchant à peine 3 % des actifs. Aucune des caractéristiques « structurelles » de la société japonaise ne semble, jusqu'ici, avoir disparu dans la crise du début des années quatre-vingt-dix. Par ailleurs, l'Archipel profite toujours de la proximité de la zone de croissance la plus dynamique du monde.

Paradoxalement, si le Japon semble pouvoir, à court ou à moyen terme, reprendre le processus de rattrapage (toutefois, à un rythme très ralenti), sa faiblesse, que la crise récente a bien mise en exergue, est sans doute la dissymétrie de son commerce extérieur (dynamisme à l'exportation et comportement autarcique à l'importation), qui aboutit à des crises récurrentes avec ses partenaires commerciaux.

4. Conquête du monde ou autarcie ?

Bien gérées, l'économie et les finances japonaises le sont certainement ! Mais la simple rentabilité n'est pas tout et l'autre grand objectif des entreprises nippones est l'accroissement de la part de marché au Japon et à l'étranger. Sans désavouer cet objectif, les partenaires du Japon aimeraient qu'il s'accompagne d'un abandon de la stratégie d'autarcie suivie traditionnellement par l'Archipel et ils font pression pour que le yen s'apprécie. La création de filiales à l'étranger peut-elle permettre au Japon de contourner le dilemme entre conquête du monde et autarcie ?

Du contrôle du marché intérieur...

Le premier exploit du Japon est d'avoir réussi à croître à un rythme double de celui de ses partenaires sans déséquilibrer son commerce extérieur. Certes, jusqu'en 1965, la balance des opérations courantes n'a connu qu'un équilibre précaire, mais elle dégage ensuite, de 1966 à 1994, un excédent cumulé de 900 milliards de dollars. Dans le même temps, le solde commercial s'améliore constamment. La tenaille du commerce extérieur est largement desserrée, car l'élasticité moyenne des exportations japonaises à la croissance mondiale est de 3, soit le double de l'élasticité des importations à la croissance intérieure, 1,4. Cette particularité du Japon lui permet une évolution parallèle de ses exportations et de ses importations avec une croissance double de celle de ses partenaires.

Cela n'était pourtant guère évident. D'une part, le mode de consommation allait, durant les années cinquante, se modifier brutalement ; resté, en 1950, très archaïque, avec une part de l'alimentation dans le total de la consommation de plus de 55 %, contre moins de 40 % en France et moins de 30 % au Royaume-Uni, il devait rattraper la norme européenne en une dizaine d'années. D'autre part, en matière agricole, énergétique ou technologique, importer était une nécessité. La production japonaise allait-elle suivre aussi rapidement cette évolution de la demande ? Les résultats sont là : le Japon n'a importé que ce qu'il ne pouvait pas produire et il a très vite appris à tout produire !

Le Japon est resté en dehors des unions douanières et des zones de libre-échange qui ont accru et diversifié les échanges. Au lendemain de la guerre, il a mené une politique délibérée de contrôle, de rationnement des importations et n'a démantelé ses dispositifs qu'avec retard et de façon incomplète. La politique commerciale a limité à l'indispensable les achats à l'extérieur et a opéré une sélection précise des investissements étrangers acceptables. Ainsi, Fiat s'est-elle vu purement et simplement interdire la construction d'une usine dans les années cinquante, alors même que l'industrie automobile était inexistante. Et ce comportement fut durable. La libération des échanges de la fin des années soixante n'a pas produit ici ses pleins effets : seuls les pays en voie d'industrialisation ont pu, en vendant plus de produits peu élaborés, bénéficier du système de droits de douane qui a succédé aux barrières quantitatives à l'importation. Sur l'essentiel – les biens d'investissement et les biens de consommation durables –, le Japon a tenu bon.

Quels furent les instruments de ce protectionnisme ? Sans revenir sur la clairvoyance des choix industriels, il faut évoquer le poids des barrières non tarifaires et l'originalité du système japonais.

Les formalités douanières sont longues et onéreuses. Les règles concernant les normes, les textes, la sécurité sont complexes et changeantes. Les cahiers des charges exigés sont véritablement inquisiteurs. Mais vendre suppose surtout d'arriver au contact des consommateurs et donc de se frayer un chemin dans le dédale du réseau de distribution japonais, composé de deux à trois fois plus de points de vente que les autres grands pays industriels. Structure archaïque, mais aussi structure contrôlée par les producteurs. Ce sont les fameuses maisons de commerce, les *sogo shosha*, sociétés commerciales de chacun des grands groupes, qui contrôlent près de deux tiers des importations comme des exportations. Car le protectionnisme n'a jamais signifié isolationnisme. C'est la même stratégie qui conduit à maîtriser ou reconquérir son marché et à pénétrer celui des autres. Les sociétés commerciales contrôlent la distribution et les prix du groupe, au Japon et à l'étranger, réunissent et analysent l'information, coordonnent les initiatives, qu'il s'agisse d'importer des techniques ou de décider d'implantations outre-mer. En bref, elles sont l'outil d'une stratégie de conquête.

… au boom des exportations…

Stratégie efficace puisque la part du marché OCDE détenue par le Japon, qui n'était que de 3 % en 1950 et 4 % en 1960, dépasse 10 % depuis 1980, la hausse du yen ayant stoppé mais pas inversé le mouvement de conquête du monde. Ainsi, le Japon a-t-il, jusqu'en 1973, régulièrement amélioré les termes de ses échanges ; ainsi a-t-il pu financer en deux ans le premier choc pétrolier. Le Japon s'est servi du marché intérieur à la fois comme test et comme tremplin, abordant chaque fois le marché international avec des coûts et des produits adaptés. 95 % de ses importations sont des matières premières, tandis que 70 % des exportations sont des équipements, des machines et des produits électroniques.

Ces exportations se concentrent sur les États-Unis et sur certains secteurs : textiles, électronique grand public, automobile, chantiers navals, chaussures, produits plastiques, équipement, sidérurgie. Le Japon est devenu, en 1984, le premier exportateur mondial de produits manufacturés. La hausse des coûts de production a été plus lente qu'ailleurs, puisque les salaires sont restés en retard sur les gains de productivité.

Cet avantage aurait pu être gommé par une réévaluation permanente du yen. Il n'en a rien été. La parité de 1949 (1 dollar = 360 yens) était très fortement sous-évaluée, de l'ordre de 60 % vis-à-vis du dollar et de 35 % vis-à-vis des monnaies européennes. Elle a été maintenue jusqu'en décembre 1971 par une sorte de dumping d'État, fournissant aux industriels japonais un atout supplémentaire pour conquérir des positions de force sur le marché international. L'évolution du prix des exportations est restée inférieure à celle du prix des produits manufacturiers, permettant des gains de compétitivité, tout en restant supérieure à celle du prix des matières premières importées, induisant en même temps une amélioration des termes de l'échange. Cette situation doublement avantageuse n'existe plus après 1972, la montée du prix des matières premières venant alors nettement détériorer les termes de l'échange. D'ailleurs, la forte réévaluation de 1977-1978, si elle a été bénéfique du point de vue de l'inflation, a fait perdre aux exportateurs, malgré une forte contraction de leurs marges, des marchés significatifs. Le yen atteint en 1974 seulement sa parité de pouvoir d'achat vis-à-vis du dollar ; il est surévalué entre 1975 et 1981 et repasse sous sa parité de pouvoir d'achat jusqu'en 1985, à cause de la poussée de la monnaie américaine. Depuis 1986, la surévaluation du yen par rapport à son pouvoir d'achat ne cesse de s'amplifier, dépassant 60 % en 1994. Ce fait, contraire à l'intuition et à l'existence de surplus commerciaux considérables, ne préjuge toutefois pas de ce que devrait être la « bonne » parité du yen (voir encadré p. 85).

Longtemps sous-évalué, le yen s'est avancé modestement sur la scène internationale : l'isolement des marchés financiers internes a facilité une politique systématique de bas taux d'intérêt ; le contrôle des changes a limité les mouvements spéculatifs. Le Japon s'est au total dispensé des contraintes liées à la gestion d'une monnaie de réserve. Quant à l'assouplissement du contrôle des changes et à l'ouverture du marché financier, ils restent limités. Le yen représente aujourd'hui plus de 10 % des réserves des pays déclarants du FMI et occupe le troisième rang derrière le dollar et le Deutsche Mark et devant la livre sterling. Au milieu des années quatre-vingt, les excédents records de la balance commerciale renforcent le Japon comme premier créancier mondial devant la RFA et le Royaume-Uni.

Mais les résultats spectaculaires sont aussi et surtout liés à des choix judicieux de produits, à une stratégie d'adaptation permanente à la demande internationale. A la différence de la RFA, le Japon ne bénéficiait pas en 1950 d'un acquis sur les marchés qui allaient s'avérer décisifs. Il a dû et su progressivement s'engager sur les produits dont la demande internationale était très forte, en particulier dans la filière métallurgique, et se dégager des secteurs moins dynamiques comme la filière agrochimique. Il a ainsi acquis des positions dominantes dans l'automobile, l'électronique ou l'appareil photographique. Il est ainsi capable d'« encaisser » des périodes de forte montée du yen ou des poussées protectionnistes de ses partenaires. Mais cette politique a eu un revers : ce développement volontariste des capacités de production, le Japon l'a pratiqué aussi dans la sidérurgie et la construction navale où il détient la moitié des capacités de production mondiales. Plus que tous les autres, il a donc souffert de la crise sévissant depuis 1975 dans ces deux secteurs.

Le boom à l'exportation tous azimuts ne s'est guère ralenti. Mais, pour pouvoir rester acceptable par les autres pays, il devra porter sur une gamme suffisamment large de produits et sur un nombre suffisamment grand de pays. Parallèlement, le Japon devra s'ouvrir plus, notamment aux exportations américaines. Et c'est là que le bât blesse : contrairement aux autres pays étudiés, la part des importations dans le PIB stagne. Cette dissymétrie est responsable d'un excédent structurel des échanges commerciaux et de la balance courante. Le principal déséquilibre bilatéral concerne les États-Unis, où il suscite régulièrement l'ire des responsables économiques et l'appréciation récurrente du yen contre le dollar. Une des solutions à cette « *endaka* rampante » consiste à délocaliser la production à l'étranger.

... et à la poussée des filiales étrangères

Dernière étape logique de cette conquête, l'ouverture de filiales à l'étranger et leur développement : le Japon fait preuve d'un dynamisme remarquable en matière d'investissements directs.

Cette stratégie d'expansion répond à une double motivation : se rap-

Quelle est la bonne parité du yen ?

Au début 1993, le président Clinton, inquiet de la montée des excédents extérieurs japonais, avait dénoncé publiquement une sous-évaluation du yen et avait appelé de ses vœux une appréciation de la monnaie nippone (les marchés l'ont exaucé). Pourtant, avant même la montée du yen, lorsque celui-ci se situait encore à 130 pour 1 dollar, le coût de la vie était déjà particulièrement élevé pour les étrangers se rendant au Japon.

Ce paradoxe s'explique par un écart très important entre prix à l'exportation et prix domestiques, en particulier pour ce qui concerne les biens et les services qui ne font pas l'objet d'échanges internationaux. Cet écart, que l'on peut interpréter comme une subvention du consommateur domestique aux exportateurs, est dû à la faible efficacité du système de distribution, souvent contrôlé par les entreprises de production (ce qui ne facilite pas la concurrence), et au caractère souvent archaïque des services de proximité (peu productifs selon les normes occidentales), dont les prix sont par conséquent élevés.

Ainsi, la parité de pouvoir d'achat (taux de change qui permettrait d'égaliser les prix des biens et services japonais et étrangers) s'établissait-elle en 1992 selon l'OCDE à :

– 190 yens pour 1 dollar pour les prix à la consommation finale ;

– 125 yens pour les produits manufacturés importés (prix de production sortie d'usine) ;

– 81 yens pour les produits manufacturés exportés (prix de production sortie d'usine).

Cet écart du simple au double entre les parités de pouvoir d'achat à la consommation et à l'échange extérieur explique bien la difficulté déjà évoquée à apprécier le niveau de vie du Japon par rapport aux autres pays industrialisés.

Si l'on ne prend en compte que les biens manufacturés échangés par le Japon, la parité du pouvoir d'achat des prix de production (PPP) s'établirait donc, par moyenne import et export, à environ 100 yens par dollar, qui était la parité de fin 1994.

Il faut remarquer d'ailleurs que, comme le cours effectif du yen, cette parité « idéale » tend à s'apprécier au cours du temps. En effet, au Japon comme ailleurs, la productivité des secteurs exposés progresse plus rapidement que celle des secteurs abrités (plus de progrès technique et d'intensité capitalistique).

Toutefois, jusqu'au ralentissement récent, l'écart de productivité était sensiblement plus marqué au Japon (3 points de plus qu'ailleurs), ce qui nécessite une correction permanente à la hausse (3 % par an) de la monnaie nippone.

procher des marchés que les exportateurs cherchent à mieux pénétrer et améliorer la compétitivité des produits japonais. Ces deux objectifs se recoupent rarement et suscitent deux types de stratégie.

Les motivations commerciales se traduisent par l'ouverture de succursales des maisons de commerce dans les pays visés (en général, les marchés les plus solvables, c'est-à-dire les pays de l'OCDE), alors que la volonté de produire moins cher se traduit par la délocalisation d'activités productives, en implantant des usines ou des ateliers de fabrication là où la main-d'œuvre est moins chère et les matières premières plus abondantes.

Certes, l'Archipel ne détient pas l'exclusivité de cette double stratégie : les États-Unis l'ont pratiquée dès l'après-guerre (en délocalisant certaines productions au Japon !) et tous les pays en font aujourd'hui un large usage. Toutefois, le Japon est sans doute le pays qui a manié cette politique de délocalisation avec le plus d'habileté, réussissant à la fois à préserver la compétitivité de ses industries de main-d'œuvre et à se créer des marchés en expansion rapide dans les pays voisins, tout en restant généralement protégé de leur concurrence grâce à son avance technologique.

Le Japon tire donc un avantage considérable de sa position au sein de l'Asie de l'Est, qui est, depuis quelques années, la zone de croissance la plus dynamique du monde. Un repli sur cette zone, qui s'est considérablement agrandie depuis que la Chine a rejoint le club des économies de marché à développement rapide, n'est cependant pas possible. Il faut franchir le Pacifique et, au-delà de la poussée commerciale et industrielle, définir un point d'équilibre avec les États-Unis et l'Europe.

Conclusion : l'économique contre le social

Le Japon a conçu son expansion contre les autres. Il a utilisé leurs techniques en les perfectionnant. Il a su développer et systématiser en un tout cohérent la logique du fordisme en le pratiquant à l'échelle mondiale, et ainsi tirer le maximum de ce modèle de la production et de la consommation de masse. Cela situe à la fois ses atouts et ses limites dans la crise.

Plus vite et mieux que les autres, il a réagi aux chocs pétroliers. Tout ce qui a fait son succès – l'épargne, l'investissement et l'exportation – fonctionne encore. Mais la crise traversée au début des années quatre-vingt-dix est révélatrice des limites de ce mode de croissance.

Il reste en effet à inventer des solutions originales aux problèmes communs à tous les pays développés. Ainsi, le vieillissement de la population, particulièrement rapide au Japon, nécessite d'augmenter les cotisations retraite et accroît donc le poids des prélèvements obligatoires. En revanche, le Japon est moins concerné, du moins jusqu'à présent, par le problème que représente, dans les autres pays, la montée des coûts socialisés de la santé. Il n'est pas certain qu'il pourra demeurer indéfiniment à l'écart de la norme sociale de l'OCDE.

Par ailleurs, la crise qu'a récemment connue l'Archipel a mis en évidence la nécessité, mais aussi la difficulté, à la fois d'une régularisation du mode de croissance de l'économie nippone au profit de la demande intérieure, mais aussi d'un comportement moins autarcique à l'importation. Comparé aux États-Unis ou à l'Union européenne, ensembles pourtant plus importants en termes de population et de PIB, le Japon importe deux fois moins de biens manufacturés (en termes de ratio import/PIB) ; c'est par ailleurs le seul pays de l'OCDE dont la part des importations dans la production ne progresse pas. Faute de savoir changer de comportement sur ce plan, le Japon est condamné à des crises régulières avec ses partenaires commerciaux, crises qui débouchent sur une montée du yen alors que les mesures dites « structurelles », adoptées notamment sous la pression des États-Unis, sont toujours restées des trompe-l'œil. Dans ces conditions, le voyage à l'étranger est la seule occasion qui permet à un Japonais de se sentir riche…

Finalement, il n'est pas sûr que le Japon soit capable d'inventer ce nouveau mode de développement original, qui en ferait l'économie dominante de demain.

D'une part, s'il a excellé dans la recherche appliquée, il n'a pas eu la même activité pour la recherche fondamentale. Ainsi, le Japon n'a-t-il pas inventé, comme on le croit souvent, les semi-conducteurs, mais il a « seulement » découvert le premier marché de masse pour les « puces » électroniques, les calculatrices, puis il a trouvé d'autres usages. Mais, en l'espace de cinq ans, une nouvelle technologie peut devenir opérationnelle. Le Japon n'est pas forcément le mieux placé pour la découvrir, malgré la création à Tsukuba d'un des plus grands laboratoires de recherche du monde et l'ensemble des efforts consentis pour la recherche. D'autre part et surtout, le progrès économique ne peut être uniquement technologique. Il est nécessairement fondé sur l'adéquation entre des structures sociales et un projet économique. De ce point de vue, le Japon n'innove guère. Pourra-t-il, dans ces conditions, maintenir le consensus qui le caractérise ? L'économique contre le social, ce schéma peut-il fonctionner pour un pays dominant ?

L'économie japonaise a parfois été comparée à une méduse, en référence à l'aspect mou de sa structure composée d'éléments hétérogènes et concurrents, et aussi à sa souplesse, sa mobilité. Comme la méduse, cet ensemble complexe apparemment déstructuré est capable de se mobiliser rapidement, de retrouver une cohérence en cas d'incitation extérieure et d'y répondre efficacement à la manière d'une économie de guerre. Atout incontestable dans la compétition internationale, ce mécanisme viscéral de défense peut être aussi une faiblesse profonde si le danger, l'interpellation viennent de l'intérieur.

Les interrogations sur le Japon concernent en fait toutes les économies dominantes. La place à venir du Japon dans le monde sera de ce point de vue un test sur la direction prise par l'économie mondiale pour exorciser la crise, sur le mode d'articulation entre l'économique et le social.

2

Taiwan, Hong Kong, Corée du Sud, Singapour

Dans les traces du Japon

1. Présentation générale

On désigne généralement sous le vocable « nouveaux pays industrialisés » (NPI) d'Asie, ou « quatre dragons » le groupe formé de la Corée du Sud, de Taiwan, Hong Kong et Singapour. Ces pays ont en commun une densité de population très élevée (de l'ordre de 5 000 habitants au km^2 pour les deux villes-États, 450 en Corée du Sud et plus de 550 à Taiwan) et de n'être sortis du sous-développement que bien après la Seconde Guerre mondiale. La Corée a connu la guerre civile au tournant des années cinquante et a dû, par la suite, mettre les bouchées doubles. Mais à l'époque, alors que le Japon retrouvait à grande vitesse son niveau de développement industriel, Hong Kong, Singapour et Taiwan sortaient également à peine de leur torpeur.

Après trente années de très forte croissance, le PIB par tête de ces quatre pays n'a aujourd'hui rien à envier à celui de nombreux pays de l'OCDE. A l'exception de la Corée du Sud, il dépasse en termes de parité de pouvoir d'achat celui des pays du Sud européen (Espagne, Portugal, Grèce). Les NPI ont remonté les différentes filières auxquelles ils se sont intéressés : agriculture, industrie à faible valeur ajoutée, électronique ; ils sont aujourd'hui en concurrence directe avec les pays de l'OCDE, Japon y compris.

Le PIB en volume de ces pays a été multiplié par 10 en trente ans. Cette performance, qui excède encore celle du Japon, tient notamment (comme dans le cas du Japon) au dynamisme exceptionnel des exportations et à un taux d'investissement très élevé. Les « quatre dragons » ont réussi l'exploit, rare pour des pays en développement, d'accumuler rapidement du capital sans devoir s'endetter ; en fait, leur épargne nationale, déjà très élevée, a été complétée par d'importants investissements directs étrangers, en provenance notamment du Japon et des États-Unis.

2. Un atout maître : les hommes

Rien ne prédisposait pourtant, à la fin des années cinquante, ces pays à connaître un miracle économique : l'exiguïté des territoires, la qualité médiocre des terres et l'absence de rente minière ou pétrolière semblaient autant de facteurs défavorables. Mais la coordination des efforts d'un secteur privé très entreprenant (souvent dirigé par la communauté chinoise expatriée) et de l'État (omniprésent, sauf à Hong Kong) a permis de valoriser les atouts, essentiellement humains, dont disposaient au départ Taiwan, la Corée du Sud, Hong Kong et Singapour :

– l'abondance relative d'un facteur de production, le travail. Au début des années soixante, les quatre pays connaissaient un taux de chômage de l'ordre de 10 %, propice au maintien des salaires à un niveau bas ;

– une densité de population élevée, ce qui favorise toujours les communications. A superficie égale, les grands centres urbains d'un pays peuplé bénéficient en effet de dessertes aériennes et terrestres plus fréquentes et plus performantes que ceux d'un pays à faible densité. La construction d'infrastructures de transport d'énergie ou de télécommunications y est également beaucoup plus rentable, compte tenu des trafics concernés ;

– un certain nombre de facteurs sociologiques favorables au développement. Sans évoquer, comme le font certains, une aptitude culturelle au travail et à l'épargne, il convient de remarquer que les syndicats – au demeurant moins actifs qu'en Amérique latine – font plutôt porter leur action sur l'augmentation des salaires (tout en restant généralement attentifs au maintien d'un certain niveau de profits) que sur l'amélioration des conditions de travail. Si on relève la combinaison de taux d'épargne souvent élevés, tant pour les ménages que pour les entreprises et l'État, il est difficile de démêler ce qui relève de réflexes culturels et ce qui provient d'un environnement macro-économique favorable (politique économique orthodoxe, inflation assez faible et peu variable). Enfin, un dernier facteur culturel mérite d'être cité : la volonté de la plupart des parents de voir leurs enfants réussir des études brillantes et l'adhésion de la grande majorité des jeunes à des valeurs d'ascension sociale. Ce phénomène, largement inhérent au confucianisme, confère une efficacité maximale aux politiques d'éducation, et contribue à rendre la société plus homogène. De fait, la comparaison avec l'Amérique latine fait ressortir une mobilité sociale plus marquée et de moindres inégalités de revenu.

3. Un interventionnisme bien tempéré

Bien qu'ils n'aient pas été, jusqu'à une période récente, soumis à un véritable contrôle démocratique, les gouvernements de ces quatre pays se sont efforcés, dans le domaine économique, de ne pas outrepasser leurs compétences naturelles et de ne pas entraver, par des interventions excessives, le dynamisme de l'initiative privée.

Ainsi, l'action gouvernementale a-t-elle porté principalement sur la stabilité du cadre macro-économique, l'éducation et les infrastructures :

– en matière macro-économique, les politiques ont été généralement orthodoxes, privilégiant le maintien des grands équilibres (finances publiques, soldes extérieurs), visant une certaine stabilité de la monnaie (par rapport au dollar ou par rapport à un panier de monnaies), s'efforçant de garantir une inflation faible et des taux d'intérêt réels positifs ;

– l'État a toutefois assumé l'intégralité de son rôle en matière d'éducation et de développement des infrastructures, en y consacrant une part du PIB beaucoup plus forte que dans les pays déjà développés ou que dans le reste du monde en développement.

Cette vision d'un État, sagement cantonné dans ses prérogatives minimales, doit cependant être légèrement nuancée. Jusqu'au début des années quatre-vingt, deux des « dragons » (Taiwan, Corée du Sud) ont sévèrement réglementé les importations. Certes, il ne s'agissait pas vraiment de promouvoir, comme autrefois au Brésil ou en Argentine, un développement autarcique, mais l'obsession de la dette extérieure a conduit les gouvernements de ces pays à céder à la tentation d'un certain protectionnisme. Hong Kong et Singapour n'y ont, en revanche, jamais recouru, la prospérité d'une ville-État étant toujours fortement tributaire de son dynamisme commercial.

En Corée du Sud, la méfiance vis-à-vis des importations n'a pas totalement disparu : la très longue négociation sur l'achat d'un système de train à grande vitesse, dont Alcatel est finalement sorti vainqueur, a fait la part belle aux transferts de technologie, dont Séoul escompte la possibilité d'un développement national de la technologie TGV, et pourquoi pas, à terme, des succès à l'exportation…

4. Commerce extérieur et parité des monnaies : le rôle pervers du Japon

Selon la théorie de Ricardo, l'insertion des pays asiatiques dans l'échange international ne saurait être que bénéfique pour eux et pour leurs partenaires. Parmi ces derniers, l'observation des faits suggère toutefois que certains sont « plus égaux que d'autres ». C'est notamment le cas du Japon dont la part dans les exportations de l'OCDE vers les « quatre dragons » est de l'ordre du tiers et, à moindre titre, des États-Unis qui obtiennent une part de marché d'environ 20 %.

Or, si les « quatre dragons » sont très dépendants du Japon pour leurs importations, l'Archipel ne leur achète presque rien ; l'échange est donc fortement déséquilibré. Aussi, le souci de ne pas gager leur développement sur un endettement extérieur élevé conduit les pays d'Asie de l'Est à compenser ce déficit bilatéral considérable (38 milliards de dollars en 1991) par des excédents bilatéraux avec le reste de leurs partenaires, États-Unis et Union européenne notamment.

Pour cela, ils ont longtemps pratiqué des politiques de « dumping monétaire », c'est-à-dire de sous-évaluation délibérée du taux de change, conduisant à vendre la production nationale en dessous de sa valeur intrinsèque et donc à amputer le revenu national. En revanche, cette stratégie permet d'accélérer la croissance et l'industrialisation du pays qui la pratique, dans la mesure où les gains de productivité ne se traduisent que partiellement dans l'appréciation des taux de change réels.

Le meilleur instrument pour juger de cette sous-évaluation des monnaies de la Corée, de Taiwan, de Hong Kong et de Singapour est la parité de pouvoir d'achat (PPA). Cet instrument doit toutefois être manipulé avec précaution, d'une part parce qu'il est très sensible à la composition des « paniers de consommation » nationaux (les comparaisons bilatérales en sont fragilisées), d'autre part en raison du lien entre développement et écart à la PPA. En effet, lorsqu'un pays se développe, il réalise des gains de productivité beaucoup plus importants dans le secteur exposé à la concurrence internationale (où se mettent en place des processus de production de plus en plus capitalistiques) que dans le secteur abrité (où les techniques de production, et donc la productivité, diffèrent généralement moins selon les pays).

Le tableau ci-dessous permet de conclure à une certaine sous-évaluation des monnaies des quatre dragons : malgré un PIB par tête supérieur respectivement à celui de l'Espagne, de l'Irlande, du Portugal et de la Grèce, Hong Kong, Singapour, Taiwan et la Corée du Sud (classés par ordre de PIB par tête décroissants) affichent un écart entre taux de change effectif et taux de change PPA plus important que celui des pays d'Europe du Sud.

Niveaux des taux de change rapportés à la parité de pouvoir d'achat, 1991 (base États-Unis = 100)

	Taux de change/ taux de change PPA	*PIB PPA par tête*
États-Unis	100	22 300
Japon	139	19 500
France	123	17 200
Hong Kong	67	18 500
Singapour	70	18 600
Taiwan	68	12 400
Corée du Sud	68	9 400
Espagne	102	13 200
Irlande	98	12 500
Portugal	76	8 700
Grèce	77	8 400

Source : Banque mondiale.

La tendance est toutefois à une disparition progressive de cette sous-évaluation des taux de change en liaison notamment avec le développement de places financières dans les pays de l'Est : ce phénomène conduit en effet à une perte de contrôle relative des autorités sur le taux de change ou les taux d'intérêt, qui sont, de plus en plus, gérés par les marchés financiers en fonction des fondamentaux macro-économiques, corrigés par des éléments politico-psychologiques.

Conclusion : dans les traces du Japon

Depuis la fin des années quatre-vingt, le ciel économique des quatre dragons s'est assombri : à Hong Kong, en raison des incertitudes sur l'après-1997 (rattachement à la Chine continentale) ; en Corée du Sud, victime du ralentissement conjoncturel mondial ; à Singapour et à Taiwan, à cause de la montée de leurs coûts de production et du relatif tassement de leurs parts de marché dans le commerce mondial.

Les inquiétudes politiques semblent aujourd'hui s'être largement dissipées à Hong Kong. Outre les assurances politiques sur le maintien du droit de propriété et des libertés économiques, la conversion du sud de la Chine à l'économie de marché semble constituer, pour Hong Kong, la meilleure garantie contre le spectre d'un dirigisme pékinois.

Les quatre dragons étaient confrontés, au tournant des années quatre-vingt-dix, aux mêmes difficultés : ralentissement du commerce mondial et érosion de leurs avantages comparatifs. Partis d'un niveau bas, les salaires avaient en effet suivi la progression rapide de la productivité et ne permettaient plus à l'Asie de l'Est de rester compétitive sur les produits à faible valeur ajoutée sur lesquels s'était fondée sa prospérité initiale (textile, chaussures, puis électronique grand public).

Les stratégies employées pour sortir de cette impasse, comparable à celle qu'avait connue le Japon dix ans auparavant, ont été assez largement les mêmes :

– maintien des avantages comparatifs sur les produits à faible valeur ajoutée, en délocalisant les processus de production vers les pays de l'Association des nations du Sud-Est asiatique (ANSEA) où les salaires sont plus bas ;

– montée en puissance sur des produits à plus forte valeur ajoutée grâce au développement de nouveaux savoir-faire technologiques ;

– valorisation des positions géographiques avantageuses, notamment pour Hong Kong et Singapour, qui ont largement investi dans leurs complexes portuaires et aéroportuaires.

Au niveau macro-économique, l'accent a été mis sur la demande intérieure et le commerce intra-régional, qui sont devenus les principaux moteurs de la croissance.

Finalement, si la croissance est revenue d'un rythme annuel de près de 10 % à un taux d'environ 6 %, l'Asie de l'Est continue de se rapprocher à vive allure du niveau de l'Amérique du Nord, du Japon ou de l'Europe de l'Ouest. Son modèle de développement présente toutefois, à quelques nuances près, les mêmes caractéristiques et les mêmes travers que celui du Japon : l'innovation et la prise de risques restent limitées, la spéculation financière est susceptible de fragiliser l'économie réelle. Néanmoins, la présence de ces quatre pays parmi les nations les plus avancées du monde dès le début du XXIe siècle ne fait guère de doute.

3

Malaisie, Indonésie, Thaïlande

Le troisième étage
de la fusée Asie

1. Présentation générale

La Malaisie, l'Indonésie et la Thaïlande sont souvent associées aux Philippines sous le vocable collectif « nouveaux dragons ». Les Philippines sont exclues de l'analyse, car ce pays s'est laissé détacher du peloton et n'a pas su, lors des années quatre-vingt, appliquer les recettes de croissance qui ont réussi à ses voisins. L'échec philippin s'explique notamment par une moindre stabilité politique, qui a limité les investissements étrangers, et par des taux d'investissement, et plus encore d'épargne, très faibles. L'Archipel s'est donc endetté sans véritablement décoller.

Au contraire des « quatre dragons » qui ont achevé leur transition démographique, la Malaisie, l'Indonésie et la Thaïlande ont une population jeune (plus du tiers a moins de 14 ans) et une espérance de vie perfectible ; elle était, en 1990, de 62 ans en Indonésie, 66 en Thaïlande et 70 en Malaisie (77 en France).

2. Le pari d'un développement extraverti

Les « nouveaux dragons » utilisent des recettes déjà éprouvées : un appareil industriel tourné vers l'exportation et un environnement économique et législatif destiné à attirer les capitaux étrangers.

Plus que le niveau de développement initial, c'est la date de la mise en œuvre du processus d'industrialisation par les exportations qui différencie les grandes vagues de développement sur le continent asiatique : Japon, dès l'après-guerre ; les quatre dragons, à partir de 1960 ; la Thaïlande, la Malaisie et l'Indonésie, au cours des années quatre-vingt ; et (peut-être) la Chine, le Viêt-nam (et l'Inde ?), au début des années quatre-vingt-dix. Jusqu'à la fin de la décennie 1970, la politique économique des « nouveaux dragons » est ainsi restée principalement fondée sur une stratégie de substitution aux importations : protection des industries « naissantes » et contrôle quantitatif des importations. Cette stratégie présente toutefois des limites : étroitesse du marché intérieur, qui rend difficile la recherche de la taille critique ; perte de contact des producteurs nationaux avec le marché mondial vis-à-vis duquel se creuse un écart de qualité parfois considérable ; dépendance excessive à l'égard des exportations de matières premières, qui servent à financer les achats indispensables (biens d'équipement notamment).

C'est paradoxalement de cette dépendance excessive que viendra le salut pour les « nouveaux dragons » : la forte baisse du prix des matières premières qui se produit au début des années quatre-vingt les convainc de la nécessité d'un changement de stratégie : le soutien aux industries naissantes se relâche, le contrôle des importations devient moins strict et les contraintes imposées aux investissements étrangers sont assouplies.

Le commerce extérieur connaît ainsi une transformation rapide : en six ans, la part des importations et des exportations dans le PIB est multipliée par 1,4 en Indonésie, 1,7 en Thaïlande et 1,8 en Malaisie. La nature des produits vendus à l'étranger change radicalement : la part des produits manufacturés et des biens d'équipement passe entre 1981 et 1991 de 5 % à 40 % pour l'Indonésie, de 27 % à 60 % en Malaisie, et de 32 % à 63 % en Thaïlande.

Les multinationales ont rapidement compris le parti qu'elles pourraient tirer de la volonté d'extraversion de ces pays. La part des « nouveaux dragons » dans les investissements directs adressés aux pays en développement est ainsi passée de 10 % en 1985 à plus d'un quart. Le principal pays d'origine est bien sûr le Japon, suivi par Taiwan, Hong Kong et les États-Unis. Pour attirer les firmes multinationales, les « nouveaux dragons » ne se sont pas contentés de lever une partie des restrictions sur la part des participations étrangères dans le capital d'une entreprise locale, mais ils ont accordé certains avantages fiscaux ainsi que des garanties contre l'expropriation et la possibilité de rapatrier le capital investi. Ils ont également fait valoir les synergies géographiques avec le Japon et les quatre dragons ainsi qu'une stabilité politique et sociale.

Mais le principal atout de ces pays dans une concurrence internationale de plus en plus vive pour accueillir les investissements directs réside dans le bas niveau des salaires pour une main-d'œuvre qui est, en moyenne, relativement qualifiée.

3. Un État parfois distant

A l'exception de Hong Kong, où la présence britannique se prolonge jusqu'en 1997 et s'accompagne d'une culture économique libérale, la première vague de « dragons » se caractérisait par une présence forte de l'État, qui s'efforçait toutefois de ne pas trop outrepasser ses prérogatives naturelles. En comparaison, l'emprise de l'État apparaît moins forte en Malaisie, en Indonésie et surtout en Thaïlande. La politique budgétaire dispose de moyens moindres, et le laisser-faire par rapport au marché est plus grand qu'à Singapour, Taiwan ou en Corée. Mais les « nouveaux dragons » ont en commun un attachement de l'État à préserver les grands équilibres macro-économiques, qui participe de la stratégie d'accueil des investissements.

La Malaisie se distingue par une politique budgétaire relativement ambitieuse : la pression fiscale (recettes budgétaires/PIB) dépasse 25 %, le déficit budgétaire est souvent élevé (4 % à 10 % du PIB) et accuse une variabilité assez forte, signe que les autorités utilisent l'arme budgétaire à des fins macro-économiques. En Indonésie, la pression fiscale est de l'ordre de 22 %, le budget est proche de l'équilibre (déficit stable de l'ordre de 1 % du PIB). Enfin, la Thaïlande n'utilise même pas la totalité de ses recettes fiscales pourtant limitées (à peine 20 %) et enregistre depuis la fin des années quatre-vingt des excédents budgétaires parfois conséquents.

Si leurs politiques budgétaires diffèrent sensiblement, les trois pays partagent en revanche une aversion certaine pour l'inflation. Le niveau maximal jugé acceptable n'est certes pas le même partout (une hausse des prix de 5 % est jugée excessive en Malaisie alors que la Thaïlande et l'Indonésie acceptent de voir l'inflation dépasser 10 %), mais le niveau des taux d'intérêt réels (5 à 10 % en général) témoigne d'une volonté d'éviter toute dérive inflationniste.

De même, la politique cambiaire vise à stabiliser le cours de la monnaie nationale par rapport à un panier de devises des principaux partenaires économiques commerciaux, ce qui se traduit par une lente appréciation de la parité réelle des monnaies, qui accompagne le rattrapage économique, comme ce fut le cas pour le yen et les monnaies des quatre dragons.

En matière d'éducation, les trois pays assurent le minimum, en garantissant à la majorité de la population (60 % en Indonésie, 83 % en Thaïlande et 97 % en Malaisie) l'accès à l'enseignement primaire, ce qui leur permet d'atteindre des taux d'alphabétisation nettement supérieurs à 50 %. Au-delà, seule la Malaisie offre un large accès aux études secondaires, la Thaïlande et l'Indonésie leur attribuant une priorité moindre. Enfin, l'enseignement supérieur constitue un luxe, à l'exception – quelque peu surprenante – de la Thaïlande.

4. Commerce extérieur et liens régionaux

Le Japon reste, de loin, le principal partenaire commercial des « nouveaux dragons » (20 % des échanges de la Malaisie, 25 % pour la Thaïlande et 35 % pour l'Indonésie), même si leur intégration progressive dans le commerce mondial et leur développement rapide se traduisent par une progression des échanges intra-régionaux et une diversification des partenaires commerciaux. Le déséquilibre structurel des échanges avec le Japon constitue toutefois une source de préoccupation majeure.

A l'exception de l'Indonésie, les échanges avec l'Archipel nippon sont en effet largement au désavantage des pays de l'ANSEA. Mais la dissymétrie ne s'arrête pas là : les exportations concernent principalement les matières premières et les produits alimentaires, alors que les importations sont constituées à plus de 80 % de biens d'équipement. En d'autres termes, les « nouveaux dragons » sont très dépendants du Japon, l'inverse n'étant évidemment pas vrai. Si une inflexion se dessine vers plus d'exportations manufacturières, cette situation reste préoccupante pour les trois pays.

Conclusion : la performance banalisée

Malgré l'échec des Philippines qui étaient, au début des années quatre-vingt, le quatrième membre du Club des « nouveaux dragons », il y a aujourd'hui peu de chances que l'Indonésie, la Thaïlande ou la Malaisie échouent dans leur entreprise de rattrapage économique rapide des pays riches. La crise de confiance qu'a traversée le peso mexicain en fin 1994 semble même pouvoir être versée au crédit de l'asio-optimisme : aucun pays d'Asie en développement n'a connu de séisme comparable, à l'exception peut-être de Hong Kong lors des événements de Tian An Men.

Dans les soubresauts qui accompagnent la transition vers le développement, les pays asiatiques bénéficient d'un double avantage sur les pays latino-américains. Les écarts de revenu y sont beaucoup plus faibles, comme le prouvent les ratios « quintile le plus riche/quintile le plus pauvre », garantissant ainsi une certaine cohésion sociale. Le consensus politique autour de la nécessité d'un maintien des grands équilibres macro-économiques et de la poursuite des efforts à l'exportation est également beaucoup plus large en Asie qu'en Amérique latine.

Au total, la performance des « nouveaux dragons » ne paraît nullement menacée par l'apparition de nouveaux concurrents (Chine et Viêtnam notamment), qui offrent des salaires encore plus bas. Jusqu'à présent, les pays asiatiques mis en danger par l'épuisement de leurs avantages comparatifs initiaux ont réussi à monter en gamme, mettant à profit leur apprentissage technologique et leur formidable capacité d'épargne et délocalisant la partie de leur production dont l'intensité en travail est la plus forte.

4

Chine

Un géant qui fait peur

Introduction : vrai miracle ou effet de façade Pacifique ?

Depuis le début des années quatre-vingt, la Chine a pris l'habitude d'afficher des taux de croissance supérieurs à 10 %, que l'on croyait réservés aux « vrais » pays capitalistes de l'Est asiatique. Jusqu'ici, la plupart des observateurs restent sceptiques sur la réalité des progrès accomplis.

La question qui se pose est, en fait, double. En premier lieu, le développement se transmet-il à l'ensemble du pays ou reste-t-il cantonné dans les provinces côtières, la façade Pacifique du pays ? Par ailleurs, l'économie chinoise s'est-elle affranchie du « syndrome Tian An Men », inaptitude à régler en douceur les problèmes politiques et économiques liés à un développement rapide, mais nécessairement déséquilibré ?

1. Le monde chinois : des sous et des hommes

Le miracle économique chinois, c'est avant tout la rencontre d'un fabuleux réservoir de main-d'œuvre et de capitaux à la recherche d'une rentabilité élevée, sous la bénédiction de liens culturels forts.

La Chine populaire : 1 200 millions d'hommes

Quiconque est allé en Chine a pu se rendre compte de la curiosité que suscite l'étranger. Ce n'est qu'au milieu des années quatre-vingt que le pays a commencé à sortir progressivement de l'isolement qui prévalait depuis la Longue Marche et qui avait été renforcé par la Révolution culturelle. Un visa intérieur était nécessaire pour se déplacer d'une ville à l'autre, le voyage à l'étranger étant réservé aux dignitaires du régime.

Sur le plan économique, l'autarcie était de mise. Cette stratégie, qui avait connu un certain succès en termes d'autosuffisance alimentaire, rencontrait dans le domaine industriel les limites inhérentes à la planification centralisée : inadéquation progressive entre offre et demande, faible productivité, inadaptation aux mutations technologiques, déconnexion du commerce mondial. Ces défauts restent aujourd'hui illustrés par le secteur des entreprises publiques, spécialisées dans l'industrie lourde et dont la main-d'œuvre est pléthorique ; le gouvernement répugne toujours à engager des restructurations profondes, dont le coût social serait élevé, et préfère continuer à verser des subventions toujours plus importantes qui grèvent le budget.

La faillite progressive de ce « modèle » a conduit à toute une série de réformes au tournant des années quatre-vingt. Les plus importantes visaient, d'une part, à permettre la création de petites unités économiques locales et, d'autre part, à mettre en place de véritables enclaves semi-capitalistiques appelées « zones économiques spéciales » (ZES). Les unités économiques locales sont l'équivalent local de nos PME, dans lesquelles les individus ont spontanément tendance à plus s'impliquer que dans les grandes entreprises de l'État : elles permettent le développement d'une industrie légère et relativement moderne. L'agriculture s'individualise également, mais les gains de productivité sont freinés par des prix agricoles maintenus artificiellement bas par l'État.

La réforme la plus spectaculaire a toutefois été celle qui autorisait les ZES ; leur statut, assez proche de celui des zones franches (faible imposition des bénéfices, exemption des droits de douane, facilités d'obtention des licences d'importation et d'exportation, etc.), n'est pas sans évoquer les comptoirs français et britanniques du XIXe siècle. Leur objectif, « expérimenter les modes de gestion occidentaux », est aujourd'hui largement atteint, au point qu'on peut se demander si les autorités contrôlent encore l'expérience… Les dirigeants chinois, de Pékin comme des collectivités locales concernées, ont en tout cas respecté les règles du jeu ; ils ont également assuré l'approvisionnement permanent des ZES en main-d'œuvre, notamment celle de Shenzhen, qui a connu le développement le plus fulgurant : la ville est passée de 100 000 à plus de 1 million d'habitants, dont le PIB par tête a été multiplié par 8 durant les années quatre-vingt. Aucune réquisition n'a, pour cela, été nécessaire : bien que très bas par rapport à ceux des pays voisins plus développés, les salaires versés dans les ZES sont trois à cinq fois plus élevés que dans le reste du pays. Même si la vie est sur place beaucoup plus chère qu'ailleurs, beaucoup de Chinois viennent dans les ZES, dûment nantis de permis de travail, afin d'y « faire fortune » et de renvoyer à la famille « restée au pays » de quoi améliorer l'ordinaire. Malgré la croissance spectaculaire de l'activité et de l'emploi dans les ZES, le réservoir semble ainsi inépuisable.

La diaspora chinoise : des capitaux à placer, des industries à délocaliser

Hong Kong est, de très loin, le principal partenaire de la Chine, tant du point de vue des échanges directs, du commerce de transit que des flux croisés d'investissements.

Ce sont le commerce de transit et les investissements directs qui ont le plus bénéficié de la libéralisation économique de la fin des années soixante-dix. Hong Kong renforce ainsi son rôle d'intermédiaire naturel, grâce à la modernité de son port, et devient également le promoteur des produits chinois sur les marchés étrangers. Surtout, la création des ZES a permis de concrétiser les synergies entre le potentiel humain de la Chine et le gisement technologique et financier que détient la colonie britannique.

L'émergence de Taiwan comme partenaire de la Chine est plus récente, la reconnaissance de la République populaire par les autorités insulaires ne datant que de 1991. Le développement des échanges n'en a été que plus spectaculaire, notamment dans le sens Taiwan → Chine, atteignant 11 milliards de dollars en 1993. Par ailleurs, la Chine nationaliste est devenue le deuxième exportateur de capitaux vers le continent. Cette intégration économique répond à une volonté commune, même si les objectifs visés ne sont pas les mêmes : unification pour Pékin, poursuite de la croissance économique pour Taipeh.

En dehors de Hong Kong et de Taiwan, dont la population est chinoise en quasi-totalité, la plupart des pays du Sud-Est asiatique comptent dans leurs rangs des minorités d'origine chinoise. Cette diaspora a, en général, fui la montée du communisme durant les années cinquante et constitue l'élite dominante des pays d'accueil. Ces émigrés ont souvent tendance à considérer la Chine comme une destination privilégiée pour le placement de leurs capitaux.

2. Des résultats spectaculaires, mais des problèmes récurrents

Impressionnant, le réveil de l'économie chinoise l'est assurément, mais il s'accompagne de déséquilibres qui interrogent sur son caractère pérenne.

Croissance et modernisation

Ces rythmes de croissance enregistrés sont comparables avec ceux des nouveaux pays industriels (de la deuxième ou de la troisième génération) lors de la phase de décollage : 8,5 % par an pour le PIB, 6 % pour l'agriculture et plus de 10 % par an pour l'industrie. Exprimés en termes de parité de pouvoir d'achat, le PIB par tête a presque quadruplé entre les 620 dollars de 1980 et les 2 300 dollars de 1991 qui plaçaient l'empire du Milieu au niveau de l'Indonésie ou des Philippines (en monnaie courante, toutefois, le PIB par tête n'est que de 400 dollars ; mais le ratio, qui en ferait un des cinq pays les plus pauvres d'Asie après l'Inde, le Cambodge, le Laos et Myammar, rend mal compte du décollage chinois).

L'agriculture connaît ainsi un essor marqué entre 1978 et 1984 : le transfert de l'exploitation des communes vers les familles et le relèvement des prix libèrent les énergies corsetées. Toutefois, le ralentissement intervenu depuis 1985, qui empêche la résorption de la pauvreté rurale, illustre les limites d'un système où les prix et les circuits de distribution restent largement administrés.

L'industrie prend ensuite le relais, sa croissance n'ayant jamais été inférieure à 10 % depuis 1984, si l'on excepte les années 1989 et 1990, durant lesquelles le gouvernement a artificiellement refroidi l'économie. Le dynamisme industriel prend sa source dans un taux d'investissement spectaculaire : 40 % du PIB en 1985-1986, jamais moins de 34 % depuis. La croissance de l'industrie s'accompagne d'une diversification des sources de production. Les entreprises d'État, hégémoniques en 1978 (78 % de la production industrielle, le reste étant assuré par des entreprises collectives urbaines), ne représentent aujourd'hui plus que la moitié de la production, consacrant l'émergence des entreprises rurales et du secteur privé. Encore ces chiffres prennent-ils mal en compte la mévente des produits issus des firmes d'État, qui n'ont pas su s'adapter au glissement de la demande de l'industrie lourde vers des productions plus légères (entreprises rurales) et des biens de consommation (secteur privé).

Dans le même temps, les services connaissent un développement accéléré : initiatives privées dans le commerce et les transports, émergence de services aux ménages auparavant inexistants (boutiques, coiffeurs, restaurants, etc.). Partis de très bas, les services représentent encore à peine 30 % du PIB contre plus de 40 % en Inde, pourtant plus pauvre.

Des échanges extérieurs sous tension

Représentant, en 1992, 3,6 % des échanges mondiaux, la Chine est aujourd'hui le deuxième pays exportateur d'Asie, après le Japon, mais devant Taiwan et la Corée du Sud. Ces résultats flatteurs restent néanmoins toujours sous la menace d'une non-reconduction, de la part des États-Unis, de la clause de la nation la plus favorisée. Les Américains reprochent en effet à la Chine une ouverture commerciale insuffisante et une trop faible protection de la propriété intellectuelle (contrefaçons et piratages dans l'édition, les logiciels, etc.) qui seraient, pour eux, responsables d'un déficit commercial bilatéral de près de 20 milliards de dollars.

Les présidents américains successifs ont pourtant toujours reculé devant le risque d'une guerre commerciale, qui serait également néfaste pour les États-Unis. Ils se sont contentés de concessions mineures et ont abandonné l'idée de lier les droits de l'homme à ces questions commerciales. Il y a lieu de penser que ces tensions récurrentes continueront à se résoudre sans heurts et que la Chine réintégrera le GATT prochainement.

Accumulation et persistance de l'inefficacité

Dans un article remarqué, publié en 1994, Krugman postule, en s'appuyant sur des travaux de Young, que le miracle économique de l'Asie n'est qu'un mythe né dans l'esprit des Occidentaux, comme l'avait été, au début des années soixante, le fantasme du rattrapage des pays du pacte de Varsovie. Dans les deux cas, les rythmes de croissance enregistrés prennent leur source exclusivement dans des taux d'investissement très élevés et une mobilisation de la main-d'œuvre, alors que la productivité des hommes et du capital reste médiocre.

De fait, dans le cas de la Chine, les entreprises d'État représentent 66 % de l'investissement en 1992 pour 53 % de la production industrielle et sans doute un pourcentage plus modeste de la demande. La thèse de Krugman s'applique donc bien au secteur public et illustre les limites d'une croissance extensive à laquelle le gouvernement chinois n'a pas encore définitivement renoncé. En revanche, le secteur privé semble avoir conjugué politique judicieuse d'investissements et gains de productivité des hommes et du capital, parce qu'il a su, lui, s'adapter à la demande.

Le maintien sous perfusion du secteur public ne favorise donc pas le dynamisme de l'économie chinoise. Il a, de plus, un coût budgétaire considérable.

Malgré ces deux inconvénients majeurs, les autorités ont jusqu'ici reculé devant les implications sociales de son démantèlement. Le préalable à une telle décision serait probablement la création d'un embryon de protection sociale à l'occidentale : assurance-chômage et sécurité sociale. Malheureusement, l'État connaît déjà de graves difficultés budgétaires.

Décentralisation et fuite de la ressource fiscale

Alors que l'enrichissement d'un pays se traduit généralement par une plus grande aisance financière pour l'État, il n'en a rien été dans le cas chinois. Le poids du budget de l'État et des provinces est ainsi passé de 36 % en 1978 à moins de 17 %. Les entreprises ont vu leur taux d'imposition baisser fortement et devenir dégressif en fonction des résultats. Dans le même temps, la pression fiscale est restée faible : pas d'impôt sur le revenu, impôts indirects représentant 11 % du PIB.

Si le mode confiscatoire qui prévalait jusqu'en 1978 a été démantelé, la panoplie fiscale reste encore incomplète, malgré l'introduction en 1994 d'une TVA. Par ailleurs, la décentralisation de l'économie a pour conséquence une perte de contrôle de Pékin sur les recettes publiques, les entreprises versant une bonne part de leur impôt aux collectivités locales. L'argent ainsi collecté remonte difficilement au niveau central, alors que celui-ci doit assurer les fonctions régaliennes et subventionner les entreprises publiques déficitaires.

Ces dysfonctionnements se traduisent par un enrichissement considérable des provinces les plus prospères (entrepreneurs, collectivités publiques et politiciens), et par une paupérisation de l'État. Le développement du système éducatif en est freiné : si l'enseignement primaire est généralisé (79 % de la population était alphabétisée lors du recensement de 1990), l'enseignement supérieur reste réservé à une élite peu nombreuse où prédomine, bien sûr, la *nomenklatura*. L'insuffisance de ressources budgétaires pèse sur les infrastructures de transport et de communication, constituant un handicap pour l'avenir.

Malgré cette parcimonie dans la dépense, le budget de l'État enregistre des déficits récurrents, dont une part est financée par la « planche à billets », alimentant ainsi l'inflation et compliquant d'autant la régulation conjoncturelle.

La régulation conjoncturelle impossible ?

Comme dans les pays occidentaux, les cycles de croissance forte s'accompagnent d'une montée progressive de l'inflation qui peut devenir, comme en 1988-1989, insupportable aux yeux du gouvernement. La régulation conjoncturelle, que les autorités s'appliquent depuis à mettre en place, consiste précisément, pour éviter d'être contraint de refroidir drastiquement l'économie avec d'éventuelles retombées politiques (incidents de la place Tian An Men), à assurer un « atterrissage en douceur » de l'économie, afin de permettre la poursuite d'une croissance harmonieuse.

Cette tâche se révèle de plus en plus difficile. Dépourvus de politique budgétaire (car les maigres ressources fiscales ne laissent aucune place pour une politique de stimulation ou de restriction de la demande), privés de l'instrument cambiaire (la maîtrise du change étant désormais dans les mains des marchés), les « funambules » de Pékin n'ont plus que la politique monétaire comme balancier, ce qui n'est guère sécurisant.

Toutefois, le risque principal pour la pérennité du boom économique chinois est sans doute l'écart grandissant qui se creuse entre les provinces côtières et le reste du pays. Comme ailleurs en Asie, le développement s'accompagne de migrations de la ville vers la campagne et de la création d'un sous-prolétariat urbain. Le phénomène est nouveau en Chine, car le maoïsme générait une forte homogénéité des revenus urbains. Par ailleurs, bien que l'écart entre les villes et les campagnes se soit réduit, l'agriculture subventionnant moins massivement l'industrie qu'auparavant, la pauvreté rurale n'a pas totalement disparu. Si l'on ajoute la précarisation de l'emploi, autrefois garanti dans les entreprises d'État, et le ralentissement des progrès de l'éducation et de la santé, victimes des restrictions budgétaires, le bilan social des quinze dernières années apparaît mitigé, malgré les indéniables progrès de niveau de vie qu'a enregistrés la Chine.

Jusqu'ici toutefois, le divorce entre l'économique et le social n'a guère suscité de réactions violentes, le mouvement étudiant de 1989 apparaissant plutôt comme une demande de poursuite de la libéralisation de l'économie que comme la revendication d'une prise en charge sociale accrue. En fait, la menace semble plutôt venir de la montée des disparités régionales. Ainsi, les cinq provinces côtières de Guangdong, Fujian, Zhejiang, Jiangsu et Shandong, qui totalisent le quart de la population chinoise, représentaient-elles, en 1991, 31 % du PIB, 38 % de la production industrielle, 47 % des importations et 63 % des investissements étrangers. Ces chiffres sous-estiment d'ailleurs la réalité ; il est probable qu'une libéralisation de l'économie, semblable à celle qui est intervenue en RDA en 1990, conduirait à revoir à la baisse la production des provinces de l'intérieur, dont l'économie est encore largement administrée.

Deux modèles semblent donc coexister aujourd'hui en Chine. Certaines régions côtières ont tourné définitivement le dos à la planification centralisée et sont aujourd'hui, par l'intermédiaire des investissements hong-kongais ou taiwanais, en prise directe sur la demande mondiale. Le reste du pays ne dispose pas des mêmes atouts, ni même d'un filet social qui lui permette d'accélérer les réformes économiques, pourtant seules à même d'assurer un réel décollage économique, en passant d'une croissance extensive à un développement efficace. Entre ces deux Chine, le fossé se creuse et la solidarité fiscale se dissout, le seul lien réel étant constitué de migrations démographiques vers les provinces côtières.

Conclusion : un essai à transformer

Quelle peut-être la durée du *statu quo* actuel ? L'intérêt bien compris des deux Chine est de ne pas divorcer. La façade Pacifique y abandonnerait la soupape migratoire qui garantit la pérennité de l'avantage comparatif d'une main-d'œuvre bon marché, indispensable tant que la technologie et le niveau de formation restent médiocres. L'intérieur du pays y perdrait quelques recettes fiscales mais surtout une ouverture indispensable vers l'extérieur.

Cette incertitude sur la capacité des hommes politiques à transcender les clivages économiques se double d'une interrogation sur le renouvellement du personnel politique après la disparition de la « génération

Deng ». Toutefois, il n'est sans doute pas déraisonnable de parier sur un minimum de pragmatisme en matière économique.

Neuvième économie du monde en dollars courants, troisième si sa production est convertie à l'aide des parités de pouvoir d'achat, la Chine est bien un géant. Mais ce gigantisme doit être relativisé, seule la « Chine des cinq provinces » – 290 millions d'habitants et à peine 900 milliards de dollars (PPA) – étant réellement présente dans la bataille économique mondiale.

5

ALEA, EAEC, APEC

Les multiples déclinaisons du régionalisme

Introduction : Asie ou Pacifique ?

Nulle part ailleurs autant qu'en Asie, la croissance ne repose sur le dynamisme des exportations. Mais ce qui fait pour l'instant la force du Japon, des NPI et autres « nouveaux dragons » d'aujourd'hui et de demain pourrait devenir très rapidement leur talon d'Achille, si leurs principaux partenaires commerciaux rendaient plus difficile l'accès à leur marché.

L'aboutissement heureux des négociations du GATT est théoriquement de nature à rendre le risque caduc, d'autant qu'il s'accompagne de la création d'un organisme aux pouvoirs répressifs plus étendus à l'égard des contrevenants éventuels : l'Organisation mondiale du commerce (OMC).

Toutefois, l'intensification des liens intra-européens et la création de l'ALENA peuvent laisser craindre aux Asiatiques que les Européens ou les Américains ne cèdent aux démons du régionalisme, vers lesquels les opinions publiques sont naturellement portées, à cause, dans un cas, de la persistance de taux de chômage élevés et, dans l'autre, de déficits commerciaux récurrents.

Si la nécessité d'accords régionaux de libre-échange s'est imposée aux esprits, leurs contours restent à préciser. Faut-il se limiter à l'Asie et faire ainsi pendant aux deux autres blocs continentaux, ou faire alliance avec l'Amérique du Nord, voire laisser la porte ouverte pour l'Europe ?

1. L'infra-régionalisme : le monde chinois et l'ANSEA

En dehors des liens bilatéraux avec le Japon, qui relèvent, on l'a dit, d'une dialectique maître-esclave, les principales relations économiques concernent, d'une part, le monde chinois et, d'autre part, les pays de l'Association des nations du Sud-Est asiatique (ANSEA, plus connue sous le sigle anglais d'ASEAN). Elles sont toutefois de nature fondamentalement différente : le monde chinois est le royaume du non-dit et de l'informel, tandis que les pays de l'ANSEA préfèrent placer le développement de leurs échanges dans un cadre plus contractuel.

Chine, Hong Kong, Taiwan : pragmatisme et liens culturels

Le stock de capitaux venus de Hong Kong représentait 23 milliards de dollars en 1992, et les flux 7,7 milliards de dollars. Si les investisseurs s'intéressaient, au départ, aux industries de main-d'œuvre, susceptibles de se prêter à une délocalisation (assemblage de composants électroniques, par exemple), l'argent va désormais également dans les infrastructures (autoroutes, aéroports, villes nouvelles, etc.), signe d'une intégration économique accrue. Inversement, les grands conglomérats publics chinois, ainsi que les collectivités locales du sud de la Chine, ont apporté un stock évalué à 16 milliards de dollars en 1992. La force de ces liens et l'intérêt réciproque qu'ils traduisent semblent garantir que, malgré son absorption formelle en 1997, Hong Kong pourra préserver les spécificités qui ont fait sa prospérité, voire continuer à étendre son modèle de développement vers la province de Canton.

Quant aux capitaux taiwanais, leur stock est couramment évalué à plus de 10 milliards de dollars. Le développement des provinces proches de Taiwan, et notamment de la zone économique spéciale (ZES) de Xiamen, témoigne d'une présence forte des ressortissants de la Chine nationaliste.

ALEA : divergences politiques et intérêts économiques

Créée à la fin des années soixante comme rempart à la menace communiste, l'ANSEA n'avait, jusqu'au début des années quatre-vingt-dix, pas manifesté de tendance à l'intégration économique. La transmission de la *perestroïka* gorbatchévienne au Viêt-nam et au Laos et le virage idéologique accompli par la Chine lors des années quatre-vingt semblaient condamner l'ANSEA, privée de raison d'être. Les forces centrifuges étaient d'ailleurs fortes.

Mis à part Singapour, plus développé, et Brunei, qui ne produit presque que du pétrole, les autres pays de la zone (Indonésie, Malaisie, Philippines, Thaïlande) apparaissent, sur le plan économique, plus concurrents que complémentaires. Par ailleurs, la méfiance est forte entre la communauté chinoise, qui détient le pouvoir économique mais n'est politiquement dominante qu'à Singapour, et les mondes musulmans malais et indonésien.

Toutefois, la menace d'une « forteresse Europe » et d'un protectionnisme nord-américain a incité les pays de l'ANSEA à créer leur zone de libre-échange. La genèse de l'Accord de libre-échange asiatique (*Asian Free Trade Agreement* ou AFTA en anglais) a été particulièrement rapide : moins de huit mois se sont écoulés entre les propositions de M. Lee Kuan Yew, ancien Premier ministre de Singapour, et la signature de l'accord, le 28 janvier 1992, à l'occasion du quatrième sommet de l'ANSEA à Singapour.

Le cœur de l'accord est le tarif préférentiel effectif commun (TPEC ou CEPT en anglais), aux termes duquel les signataires de l'accord s'engagent à réduire les droits de douane pour les biens produits dans un des pays de l'ANSEA à un taux compris entre 0 % et 5 % d'ici au 1er janvier 2008. Les droits supérieurs à 20 % ont été ou seront ramenés sous cette barre entre 1994 et 1998. Quinze produits prioritaires connaîtront une réduction accélérée des droits de douane. A l'inverse, les produits agricoles bruts sont exclus du champ de l'accord, chaque pays gardant le droit d'exclure tel ou tel produit sensible, à condition seulement d'en informer ses partenaires.

Si les modalités du TPEC ont été fixées de façon relativement précises, le tarif extérieur commun reste encore totalement dans le flou, ce qui est d'autant plus préjudiciable à la cohésion de la zone que le contenu minimal local qui permet l'éligibilité à l'accord a été placé à un niveau relativement bas (40 %).

Si l'on compare l'ALEA au grand marché intérieur européen, d'autres différences de taille apparaissent. D'une part, le maintien des frontières pour l'agriculture freine les gains de productivité et ralentit la modernisation souhaitable du secteur. Il existe pourtant des complémentarités ; la Malaisie manque de bras dans l'agriculture et Singapour de terres arables, alors que les autres pays sont abondamment pourvus dans les deux facteurs.

Par ailleurs, la libre circulation des hommes est loin d'être assurée, bien que Singapour et la Malaisie connaissent également des taux de chômage très bas, signe de pénurie en main-d'œuvre. Les autorités malaises restent toutefois attachées à une politique nationaliste, qui garantit la majorité contre la domination économique de la communauté chinoise, et Singapour préfère délocaliser sa production dans le cadre des « triangles de croissance ».

Il s'agit, en l'occurrence, d'une nouvelle version, plus formalisée, de la relation ZES de Shenzhen/Hong Kong, dans laquelle une des parties fournit les capitaux, l'encadrement et la technologie et les autres une main-d'œuvre bon marché et plutôt docile. Le premier exemple de « triangle de croissance » a été constitué par Singapour, l'archipel de Riah (Indonésie) et l'État de Johore (Malaisie). D'autres « triangles » sont envisagés entre Penang, les États du nord de la Malaisie, le nord de l'île indonésienne de Sumatra et le sud-ouest de la Thaïlande, ou entre la Thaïlande, la péninsule indochinoise et la Birmanie. Ces triangles, qui concrétisent une volonté d'intégration économique régionale, ne pourront toutefois se développer qu'à condition que des complémentarités réelles existent.

Enfin, la dernière différence entre l'ALEA et le grand marché européen réside dans le non-dit sur la circulation du capital. A l'heure actuelle, les investissements étrangers destinés à l'exportation sont les bienvenus, mais il n'en va pas de même pour les investissements qui ont pour but d'approvisionner le marché intérieur.

Agriculture, circulation des hommes et du capital : les contours de l'ALEA sont appelés à évoluer, ou demeurent encore flous. La volonté politique de s'entendre a toutefois été forte, les pays signataires préférant s'accorder formellement et résoudre les problèmes au fur et à mesure du processus plutôt que tout prévoir dès la signature.

2. Quel espace économique pour l'Asie ?

L'idée malaisienne d'un Groupement économique de l'Asie de l'Est semble désormais prise en tenaille entre les expressions multiples de l'infra-régionalisme et le forcing américain pour étendre le partenariat économique aux deux rives de l'océan Pacifique.

Le GEEA, une idée en panne

Avant que Lee Kuan Yew ne propose un accord de libre-échange pour l'ANSEA, le Premier ministre malaisien avait lancé l'idée d'un Groupement économique est-asiatique (GEEA), qui exclurait certains des pays du Pacifique, les États-Unis et l'Australie notamment. L'idée était de préserver les intérêts économiques de l'Asie d'un impérialisme régional. Cette proposition a, dans l'ensemble, été accueillie fraîchement, la plupart des pays concernés ayant avec les États-Unis des liens économiques, mais aussi politiques, au moins aussi étroits qu'avec le Japon – l'autre puissance régionale. Ainsi, trois des « quatre dragons » (Hong Kong, Corée du Sud, Taiwan) et même le Japon ont préféré voir dans la proposition malaisienne une déclaration intempestive d'hostilité à l'égard des États-Unis plutôt qu'un contrepoids efficace à l'ALEA, dont ils sont pourtant exclus.

Afin de ne vexer personne, le GEEA s'est transformé en un forum dépourvu de tout contenu économique réel (*East Asian Economic Caucus,* EAEC en anglais).

L'APEC, nouveau succès extérieur pour les États-Unis

Créée en novembre 1989, l'*Asia-Pacific Economic Cooperation* (APEC) regroupait à l'origine les six membres de l'ANSEA : l'Australie, la Nouvelle-Zélande, le Japon, la Corée du Sud, les États-Unis et le Canada. Trois pays – la Chine, Hong Kong et Taiwan – l'ont rejointe en 1991, puis le Mexique et la Papouasie-Nouvelle-Guinée en 1993 et enfin le Chili en 1994.

A l'image de la Communauté européenne, présidée tous les six mois par un nouvel État membre, l'APEC change de présidence tous les ans.

La réunion annuelle des ministres, qui se tient en fin d'année, fixe un certain nombre d'orientations stratégiques.

Après une tentative avortée lors de la réunion de Seattle en 1993, que le Premier ministre malaisien avait boycottée, l'idée d'avancer vers une zone de libre-échange a marqué des points lors de la réunion de novembre 1994 organisée par l'Indonésie. L'accord intervenu à Bogor, près de Jakarta, stipule que les pays industrialisés membres de l'APEC devront avoir levé leurs barrières aux échanges d'ici 2010, les économies les moins développées bénéficiant d'un répit de dix années supplémentaires.

Le libre-échange est ainsi apparu comme allant dans le sens de l'intérêt de tous. Les motivations des uns et des autres ne sont pourtant pas les mêmes. Les États-Unis veulent s'assurer l'accès le plus large à des marchés particulièrement dynamiques et voient dans l'APEC un moyen de pression éventuel sur l'Europe. Les pays asiatiques visent plutôt à pérenniser leur accès au marché nord-américain au-delà des vicissitudes du multilatéralisme.

Il reste maintenant à rendre plus concrète la déclaration de principe du sommet de Bogor, en précisant notamment le sort qui sera réservé aux services et à l'agriculture. Par ailleurs, la période transitoire qui s'ouvre pour les vingt-cinq prochaines années verra probablement l'apparition de conflits commerciaux violents entre pays signataires, la tension promettant notamment de rester vive entre États-Unis et Japon d'une part (ouverture du marché japonais jugée toujours insuffisante par Washington) et entre États-Unis et Chine d'autre part (protection trop partielle de la propriété intellectuelle et ouverture insuffisante du marché chinois selon les Américains).

Conclusion : l'APEC, instrument du multilatéralisme ?

Alors que l'idée d'une zone de libre-échange à l'échelle de l'Asie de l'Est semble en perte de vitesse, l'APEC pourrait ne rester longtemps qu'à l'état d'ébauche, à cause des conflits commerciaux internes. En revanche, l'avenir immédiat appartient au monde chinois, qui devrait poursuivre son intégration en l'absence de cadre formel, et aux pays signataires de l'ALEA, dont la mise en œuvre ne semble guère devoir être menacée par de réels conflits d'intérêts.

Par ailleurs, les pays asiatiques n'entendent pas se laisser enfermer dans une relation exclusive avec l'Amérique du Nord et ont fait mentionner dans la déclaration de Bogor que l'APEC resterait ouverte sur le monde. Cet appel du pied à l'Europe pour faire contrepoids à l'Amérique du Nord a d'ailleurs été rendu plus explicite par plusieurs déclarations du Premier ministre singapourien.

Longtemps empoisonnée par les questions politiques (droits de l'homme, conflit indonéso-portugais sur l'île de Timor, relations avec Myammar, l'ex-Birmanie), le dialogue Europe-ANSEA pourrait devenir plus fructueux.

Au total, la réponse asiatique à la menace d'une approche régionaliste du commerce mondial en Europe et en Amérique du Nord s'est faite toute en subtilités : renforcement des liens internes en s'appuyant sur les synergies culturelles et géographiques et en « laissant du temps au temps » ; refus d'un régionalisme à l'asiatique ; signature de l'APEC, immédiatement contrebalancée par des ouvertures en direction de l'Europe. D'une certaine façon, l'Asie préfère consolider les accords de Marrakech sur le commerce mondial, dont le respect rencontre son scepticisme, par une extension des accords continentaux.

TROISIÈME PARTIE

L'Europe

Du puzzle à l'union politique

- Qu'est-ce que l'Europe ?
- 1. Allemagne : ordre intérieur et succès extérieurs
- 2. France : essor économique, acquis sociaux et contrainte monétaire
- 3. Italie : pari sur Maastricht
- 4. Royaume-Uni : le salut par le tertiaire ?
- 5. Autres pays d'Europe
- 6. L'Union économique et monétaire : le traité de Maastricht

Qu'est-ce que l'Europe ?

La France est une nation, l'Allemagne un peuple et l'Angleterre une île.

L'Europe peut être d'abord définie comme une entité géographique, le Vieux Continent, mais ses frontières naturelles sont mal délimitées et vont de l'Atlantique à l'Oural et de la Méditerranée au cercle Arctique. Si l'on souhaite ensuite chercher une unité politique, l'exercice a été longtemps obscurci par les conséquences de la guerre froide, l'Europe de l'Ouest s'arrêtant au Rideau de fer. Avec l'effondrement du communisme et la chute du mur de Berlin, l'Europe se trouve brutalement confrontée au débat élargissement/approfondissement, souhaitant pouvoir consolider les acquis de l'Espace économique européen tout en tenant la porte ouverte aux candidats à l'entrée. Entérinant l'idée d'Europe à plusieurs vitesses ou à géométrie variable, la solution consiste sans doute inévitablement en une intégration par étapes successives : réalisation rapide d'un noyau dur et élargissement progressif du cercle, d'abord aux autres membres de l'Union européenne, ensuite aux pays d'Europe centrale et orientale, la CEI ayant un statut de partenaire privilégié.

Le choix ici retenu est de présenter l'Europe pays par pays dans l'ordre d'importance décroissante des PIB :

• quatre principaux pays, membres du G7 – RFA, France, Italie, Royaume-Uni – dont la population dépasse 50 millions et le PNB 800 milliards d'ECU qui feront l'objet d'une étude poussée ;

• quinze autres pays traités de manière sommaire :

– huit autres pays de la CEE : Espagne, Pays-Bas, Belgique, Danemark, Grèce, Portugal, Irlande et Luxembourg ;

– quatre pays de l'AELE, candidats à l'entrée dans la CEE : Suède, Autriche, Finlande et Norvège, seuls les trois premiers ayant finalement rejoint l'Union européenne au 1er janvier 1995 ;

– enfin, trois pays de l'AELE, non candidats à l'entrée dans la CEE : Suisse, Islande et Liechtenstein.

Ces monographies seront complétées par un chapitre consacré au traité de Maastricht.

Données 1994

Pays	*Superficie* (*milliers de km²*)	*Population* (*millions d'hab.*)	*PIB* (*milliards ECU*)	*PIB par tête* (*milliers ECU*)
Allemagne	357	81,7	1 671,3	20,5
France	549	58,0	1 111,4	19,2
Italie	301	57,1	876,8	15,4
Royaume-Uni	244	58,2	861,4	14,8
Espagne	505	39,2	403,2	10,3
Pays-Bas	33	15,4	273,5	17,8
Belgique	30	10,1	186,3	18,4
Danemark	43	5,2	122,4	23,5
Grèce	132	10,4	65,2	6,3
Portugal	92	9,4	65,0	6,9
Irlande	70	3,6	42,6	11,8
Luxembourg	2,6	0,4	9,2	23,3
Total CEE à douze	**2 358,6**	**348,6**	**5 688,2**	**16,3**
Suède	450	8,8	165,8	18,8
Autriche	84	8,1	157,1	19,4
Finlande	337	5,1	75,5	14,9
Total UE à quinze	**3 229,6**	**370,6**	**6 086,6**	**16,4**

	Déficit public *% du PIB*		*Dette publique* *% du PIB*		*Inflation* *%*		*Taux d'intérêt LT* *%*		*Taux de chômage* *%*
	1989	*1994*	*1989*	*1994*	*1989*	*1994*	*1989*	*1994*	*1994*
Allemagne	– 0,1	3,1	41,8	53,6	3,0	3,0	7,0	6,3	6,9
France	1,3	5,6	34,4	48,1	3,4	1,8	8,8	6,9	11,5
Italie	9,9	9,5	95,6	123,3	6,5	3,9	12,9	9,4	12,0
Royaume-Uni	0,1	6,0	43,1	50,5	5,9	3,5	9,6	8,2	9,9
Espagne	2,8	7,2	44,4	61,4	6,6	4,8	13,7	8,8	23,3
Pays-Bas	4,7	3,6	79,2	82,2	1,2	2,3	7,2	6,9	10,2
Belgique	6,5	5,4	127,9	142,6	3,4	2,6	8,7	7,5	10,3
Danemark	0,5	4,6	66,4	82,2	4,3	2,0	10,2	8,1	9,9
Grèce	16,6	17,9	85,9	154,0	14,7	10,2	–	–	10,1
Portugal	3,4	6,2	72,1	70,2	12,1	5,6	16,3	10,0	6,5
Irlande	1,7	2,5	102,7	93,1	3,6	2,8	9,0	7,9	17,8
Luxembourg	– 5,0	0,4	5,4	7,9	3,6	2,9	7,7	6,4	3,0
Total CEE à douze	**2,9**	**5,6**	**56,5**	**69,8**	**4,9**	**3,3**	**9,8**	**7,7**	**11,6**
Suède		12,0		80,0		2,3		8,4	8,0
Autriche		4,0		62,0		3,0		6,8	5,0
Finlande		5,0		75,0		1,5		9,0	18,0
Total UE à quinze		**5,7**		**69,7**		**3,2**		**7,7**	**11,5**

1

Allemagne

Ordre intérieur
et succès extérieurs

> La devise du commerçant allemand est : mon champ d'action est le monde.
>
> HELFFERICH, 1913.

Introduction : du miracle au modèle

Quatrième puissance économique mondiale après les États-Unis, la CEI et le Japon, la République fédérale d'Allemagne a toujours constitué, depuis le miracle économique des années cinquante, une référence pour ses partenaires. L'économie sociale « à l'allemande » combine les effets du libéralisme économique avec les bienfaits du consensus social.

Passant progressivement d'une croissance rapide appuyée sur une monnaie sous-évaluée à une croissance lente accompagnée d'une monnaie forte, l'Allemagne a pu maintenir, durant quarante ans, des prix relativement stables et des balances excédentaires. Le retournement passager des balances et la faiblesse apparente du Deutsche Mark à la fin des années soixante-dix ont fait croire un peu vite à la fin du modèle allemand ; le rétablissement des figures du carré magique et la montée du DM sanctionnent son retour en force au milieu des années quatre-vingt.

Le rattachement des cinq *Länder* de l'ex-RDA à la République fédérale, qui a permis de restaurer l'unité allemande, a provoqué, sur le plan économique, une fracture du modèle. Le consensus social a été mis à mal à l'Ouest par des conflits parfois durs touchant à la répartition d'un revenu national diminué par le coût financier de l'unification. Le concept d'économie sociale de marché s'est trouvé écartelé entre la volonté d'appliquer les règles du marché, aussi cruelles soient-elles, à l'ensemble du territoire allemand et notamment à l'ex-RDA et le souci d'éviter une paupérisation des habitants des anciens *Länder*.

L'unification, chance historique sur le plan politique, représente-t-elle aussi une chance économique pour un « modèle allemand » dont d'aucuns prédisaient le déclin en 1987-1988 ou est-elle une fracture définitive qui consacre la fin du *Wirtschaftswunder* allemand ?

1. Unification et division de l'Allemagne

L'image d'Épinal d'une Allemagne détruite ou démontée par les Alliés et rebâtie par une armée de réfugiés sur un champ de ruines ne résiste guère à l'analyse ; au lendemain de la guerre, la République fédérale a su et pu progressivement remettre en marche le formidable potentiel d'hommes et de machines hérité du IIIe Reich.

Du Reich à la RFA

Après la division de l'empire de Charlemagne, la partie orientale devient le Saint Empire romain germanique qui dure neuf siècles. La Prusse réalise l'unité économique de l'union douanière (*Zollverein*) et l'unité politique du Reich, proclamé à Versailles en 1871 après l'élimination de l'Autriche et la défaite de la France, qui verse 5 milliards de francs-or d'indemnité. Jusqu'en 1890, Bismarck mène une politique intérieure (lois sociales) et extérieure (alliance des trois empereurs) prudente. Après 1890, Guillaume II adopte une stratégie mondiale avec la flotte pour instrument. Après la Première Guerre mondiale, le traité de Versailles met fin à l'Empire en 1918. La République de Weimar commence avec l'élimination des révolutionnaires par les sociaux-démocrates ; elle hérite des dettes de l'Empire et doit verser 8 milliards de marks-or de réparations. Après la grande inflation et la réforme monétaire de 1923 sanctionnant l'effondrement du mark, la crise économique de 1930 fait monter le nombre de chômeurs à six millions. Adolf Hitler est nommé chancelier en 1933 et Führer en 1934. La Seconde Guerre mondiale s'achève avec la capitulation du IIIe Reich en 1945.

L'Allemagne est divisée en trois parties. Le 23 mai 1949, « conscient de sa responsabilité devant Dieu et les hommes et animé de la volonté de sauvegarder son unité nationale et étatique et de servir la paix du monde au sein d'une Europe unie, en qualité de membre égal en droit, le peuple allemand [de la moitié occidentale occupée par les Alliés] a adopté la Loi fondamentale de la RFA. Il a agi également pour le compte des Allemands auxquels était refusée la possibilité de collaborer à cette œuvre. Le peuple allemand tout entier demeure convié à parfaire, en disposant librement de lui-même, l'unité et la liberté de l'Allemagne » (Préambule de la Loi fondamentale). Le quart central devient la RDA ; le quart oriental situé à l'est de la ligne Oder-Neisse passe à la Pologne.

La RFA est un État fédéral comprenant onze *Länder* dont huit régions (Bade-Wurtemberg, Bavière, Basse-Saxe, Hesse, Rhénanie-Palatinat, Rhénanie du Nord-Westphalie, Sarre et Schleswig-Holstein) et trois villes-États (Brême, Hambourg et Berlin-Ouest). La capitale fédérale est Bonn.

De la réforme monétaire de 1948 à la récession de 1966, la RFA a été dirigée par la CDU-CSU, les deux premiers chanceliers étant Konrad Adenauer et Ludwig Erhard. Quelques années de grande coalition SPD-CDU, le chancelier étant Kurt Georg Kiesinger, marquent la transition. De 1969 à 1982, la petite coalition SPD-FDP mène les affaires, les chanceliers étant Willy Brandt et Helmut Schmidt. A la fin de l'année 1982, un renversement d'alliance, confirmé par les élections générales de mars 1983, amène la coalition CDU-CSU-FDP au gouvernement et Helmut Kohl à la chancellerie.

A l'été 1989, la perspective, encore incertaine, d'une unification avec la RDA commence à se profiler. Des dizaines de milliers d'Allemands de l'Est émigrent vers l'Ouest en passant par la Hongrie et l'Autriche qui leur accordent généreusement des visas de transit.

Les manifestations en RDA, et notamment à Leipzig, conduisent Erich Honecker à démissionner et son successeur Egon Krenz à ouvrir le mur de Berlin le 9 novembre 1989.

Grâce à l'audace du chancelier Kohl, à la déliquescence de l'État est-allemand et à l'importance du flux migratoire (plus de 400 000 personnes, soit 2,5 % de la population de la RDA entre octobre 1989 et mars 1990), le processus d'unification va prendre corps très rapidement, puis s'accélérer, au point d'aboutir à l'unification monétaire le 1er juillet 1990 et à l'unification politique le 3 octobre par la voie de l'article 23 de la Loi fondamentale de la RFA (ajout de cinq *Länder* sans modification constitutionnelle). Les élections générales du 2 décembre, auxquelles sont conviés les habitants des cinq nouveaux *Länder*, consacrent le triomphe de Helmut Kohl.

Des guerres perdues à la paix gagnée

Après avoir perdu deux guerres mondiales, l'Allemagne a finalement gagné la paix ; dès sa constitution, la RFA a disposé d'atouts favorables, effectué des choix judicieux et bénéficié d'un environnement stimulant.

Le capital accumulé par l'industrie allemande a profité des conditions sociales du nazisme et du gigantesque effort de guerre du IIIe Reich. Ce potentiel formidable a été, à l'inverse des grandes villes bombardées pour briser le moral de la population, préservé par les Alliés à des fins de démontage ultérieur, les destructions représentant 12 % du stock de capital de 1943. Mais le souci économique de ne pas devoir subvenir aux besoins d'une Allemagne rasée et la volonté politique de l'ériger en proconsulat puissant sur la frontière Est-Ouest après le partage de Yalta ont amené à limiter les démontages à 3 % seulement de l'appareil productif.

La population jeune, qualifiée et déracinée de 9,6 millions d'expulsés et 3,7 millions de réfugiés et d'immigrés accueillis de 1945 à 1961 (érection du mur de Berlin), a entraîné la constitution d'une vaste armée de réserve apte à mettre en œuvre le capital disponible à des conditions de rémunération favorables aux entreprises.

La réforme monétaire du 21 juin 1948 imposée par les Alliés, mais appliquée par les autorités allemandes, a amputé de 93 % la masse monétaire, la ramenant de 148 milliards de marks à 10 milliards de Deutsche Marks. A la fois simple, brutale, injuste et efficace, elle a ruiné la petite épargne, favorisé les détenteurs de biens réels et, comme en 1923, épongé d'un coup les dettes de l'État. Un fonds de péréquation des charges était destiné à indemniser les victimes de la guerre et de la réforme monétaire ; financé par un impôt de 50 % sur la propriété étalé sur trente ans, il a versé 100 milliards de DM, dont deux tiers aux expulsés.

La double dévaluation du Deutsche Mark en 1948 et 1949, amenant la valeur du dollar de 2,22 DM à 4,20 DM, a permis au Deutsche Mark, compte tenu du différentiel d'inflation favorable, de rester sous-évalué jusqu'en 1970. Cette situation a entraîné la formation d'un excédent durable de la balance des paiements en favorisant les exportations de marchandises au détriment des importations et les entrées de capitaux aux dépens des sorties. La modification des prix relatifs introduite déplace en outre le partage des revenus en faveur des entreprises.

Enfin, les dons américains (plan Marshall et fonds GARIOA) ont fourni à la RFA la mise de fonds initiale et ont permis à son industrie de profiter du boom coréen et de conquérir tranquillement les marchés extérieurs délaissés par les grandes puissances engagées dans de longues guerres coloniales. Les 6,5 milliards de Deutsche Marks du plan Marshall ont été utilisés en RFA comme prêts aux entreprises ; un budget alimenté par les intérêts et les remboursements et complété par l'État a consenti un montant de crédits cumulé de 45 milliards, soit sept fois le fonds initial.

Une puissance industrielle

La République fédérale d'Allemagne compte, en 1994, une population de 81 millions (dont 65 millions pour l'ancienne RFA et 16 millions pour l'ancienne RDA), contre 58 pour la France. Son territoire représente les deux tiers de celui de la France (357 000 km^2 contre 549 000) et la densité est plus du double (227 habitants par km^2 contre 105).

La séparation de l'Allemagne après la guerre a concentré en RFA les industries lourdes, tandis que les produits agricoles, les matières premières et les industries légères dominent en RDA. L'ouverture de l'économie ouest-allemande sur l'extérieur et le libre-échange sont une contrainte liée à cette spécialisation forcée. En 1994, l'agriculture représentait 3 % du PIB, l'industrie 45 %, soit un ratio particulièrement élevé parmi les pays de l'OCDE, et les services 52 %.

Une pyramide des âges en accordéon

Le territoire actuel de la RFA comptait environ 40 millions d'habitants en 1870, 65 en 1910 et 70 en 1940 ; il en comptait, en 1970, 80 millions, comme en 1994. Après avoir doublé en un siècle, la population de la RFA connaît ainsi, depuis vingt-cinq ans, une stagnation préoccupante. De 1950 à 1970, l'accroissement s'est effectué au rythme de 500 000, soit 1 %, par an, se partageant également entre les composantes naturelle et migratoire. De 1970 à 1995, au contraire, les décès l'emportent de plus en plus largement sur les naissances ; l'excès de l'immigration sur l'émigration permet à la population totale d'augmenter jusqu'en 1975, mais l'arrêt brutal de la première et la poursuite de la seconde entraînent ensuite une diminution démographique. La baisse du taux de fécondité, générale aux pays industrialisés, est particulièrement marquée en RFA.

Les bouleversements de l'histoire de l'Allemagne ont légué à la RFA une pyramide des âges en accordéon très caractéristique. Elle enregistre quatre manques de naissances (premier et second conflits mondiaux, crise économique des années trente et chute de la fécondité après 1965), deux creux dus aux pertes des guerres et un gonflement lié à l'afflux des réfugiés et expulsés de 1945 à 1961. Cette structure particulière a deux conséquences essentielles. La première est un vieillissement accéléré de la population, qui explique largement les difficultés actuelles du système financier des retraites. La seconde est l'évolution du taux d'activité. Après avoir augmenté du début au milieu des années cinquante, il a baissé régulièrement jusqu'à la fin des années soixante-dix, pour remonter durant les années quatre-vingt avant de redescendre à nouveau jusqu'à l'an 2000. La diminution de la population a masqué, dans les années soixante-dix, la perte d'emplois liée à la faible croissance ; en revanche, la remontée du taux d'activité au début des années quatre-vingt a aggravé la progression du chômage.

2. Choix économiques et cohésion sociale

Les ambiguïtés de l'économie sociale de marché et la forte institutionnalisation du consensus social permettent à la politique économique allemande d'allier de manière remarquable la légitimité de la pensée et le pragmatisme de l'action.

Économie sociale de marché

Au lendemain de la guerre, la théorie de l'école de Fribourg et de son chef de file, Walter Eucken, s'est développée en réaction contre la cartellisation forcée de l'économie du IIIe Reich durant la période d'autarcie et contre la planification menée en RDA. L'économie sociale de marché est un système dont l'ambiguïté a souvent été soulignée ; il se résume par la formule lapidaire : « Autant de liberté que possible, autant de limitation que nécessaire. » L'État ne peut et ne doit intervenir que pour garantir la libre concurrence à l'échelle nationale et internationale et pour corriger les abus inévitables du libre jeu du système dans les domaines de la concentration et de la protection sociale. Son action concerne donc uniquement le cadre et non le processus de l'activité économique.

Le choix du libéralisme renvoie à la fois à une nécessité extérieure et à un mode d'organisation intérieur. L'Allemagne, élevée dans le protectionnisme éducateur de List et amputée de moitié après la guerre, est redevenue progressivement le premier exportateur mondial de produits manufacturés ; la libre circulation des marchandises et des capitaux est une condition vitale d'existence pour la RFA, qui en supporte du reste les conséquences plus aisément que d'autres pays. A l'intérieur, l'économie sociale de marché traduit la complémentarité des facteurs de production travail et capital ou la collaboration de classes entre un patronat libéral et un syndicat réformiste, et permet d'établir la norme de partage des responsabilités dans la détermination des choix économiques ; elle s'inscrit en droit-fil dans la lignée des lois sociales de Bismarck, des théories du capitalisme organisé de Hilferding et du révisionnisme de Bernstein.

La liste des entorses au libéralisme pur, tel que l'on se plaît souvent à l'imaginer en RFA, constituerait un catalogue inépuisable. A l'intérieur, la permanence d'amples déficits publics, un montant de subventions de l'ordre de 50 milliards de Deutsche Marks par an, un secteur public étendu, enfin un processus de fusion et de concentration ininterrompu dans la banque et l'industrie ne correspondent guère aux idées reçues. A l'extérieur, l'existence de normes de qualité contraignantes pour les produits industriels (loi sur la pureté de la bière) ou les limites à l'immigration sont autant d'entraves à la libre circulation des marchandises et de la force de travail.

Mais ces entorses sont connues et recensées et l'existence de nombreux rapports publiés, largement commentés par la presse, permet à chacun d'en avoir connaissance. Le gouvernement publie tous les ans un rapport économique sur les prévisions pour l'année en cours, un rapport financier sur la planification financière à moyen terme et un rapport sur les participations du *Bund* et, tous les deux ans, un rapport sur les subventions ; l'Office fédéral des cartels rend un rapport annuel sur son activité et la Commission des monopoles établit tous les deux ans un rapport sur l'évolution de la concentration. Mieux encore, ces entorses à la lettre du marché sont conformes à l'esprit du système économique et social.

Consensus social

Le consensus social allemand est directement lié aux avantages tirés de la réussite économique et de la justice sociale de la RFA ; mais il est surtout fortement institutionnalisé et son fonctionnement ne laisse pas d'être souvent surprenant.

La RFA est un pays socialement stable. Le taux de syndicalisation est plus élevé que celui de la France ou des États-Unis ; or le nombre de jours perdus par an pour cause de grève y est plus faible. Toutefois, la polarisation sur les jours de grève rend imparfaitement compte de la réalité. D'une part, les conflits du travail sont sévèrement réglementés ; la grève doit être déclenchée, après épuisement de toutes les possibilités de négociation, par 75 % des travailleurs au moins et cesse avec la reprise du travail de 25 % seulement d'entre eux. D'autre part, les travailleurs disposent en RFA de congés légaux et de jours fériés beaucoup plus longs que dans la plupart des pays de l'OCDE ; l'ouvrier allemand, que la légende voudrait travailleur et discipliné, travaille, sur le total de l'année, à peu près autant que le français et nettement moins que l'américain, lui-même distancé largement par le japonais.

La montée du Deutsche Mark a fait de l'ouvrier allemand l'un des mieux payés du monde ; l'évolution favorable des termes de l'échange atténue les conflits de répartition. La stabilité monétaire est un gage de confiance pour les agents économiques et la rémunération positive de l'épargne favorise le développement d'un patrimoine financier considérable et permet le financement aisé des déficits publics. Une répartition des revenus relativement égalitaire contribue à l'acceptation plus rapide du transfert de ressources réel dû au choc pétrolier. Enfin, la cogestion et la formation de patrimoine constituent le moyen d'une participation des salariés au processus de décision et d'accumulation.

La concertation sociale est institutionnalisée par les mécanismes de l'action concertée, définis par la loi de stabilité de 1967 ; la presse constitue une énorme caisse de résonance en publiant tous les débats économiques et sociaux.

Ainsi, les négociations salariales traitent, en RFA, simultanément des hausses de salaires et de la durée du travail. Le ton est souvent donné par la puissante fédération de la métallurgie. Le respect de l'autonomie tarifaire interdit toute intervention de l'État ; toutefois, le gouvernement publie, peu avant le début des négociations, des données indicatives. Les demandes des syndicats sont souvent rendues publiques, comme les offres du patronat. Le résultat final est très proche des hypothèses d'entrée, mais chacun a conscience d'avoir pesé dans l'arbitrage.

De même, les décisions prises par l'Office fédéral des cartels sont, théoriquement, saluées unanimement au nom de la libre concurrence et, pratiquement, cassées le plus souvent par les tribunaux, directement ou en appel, ou par une « autorisation du ministre » au nom de la garantie des approvisionnements ou de la défense de l'emploi ou de l'épargne. Là encore, l'orchestration des débats par la presse garantit une évolution en douceur de l'opinion publique et une acceptation totale des solutions retenues, qui semblent s'imposer naturellement.

Enfin, le cadre institutionnel rigide dans lequel sont enfermées les activités d'analyse et de recherche économiques conduit les experts indépendants des cinq instituts (DIW de Berlin, IfO de Munich, RWI d'Essen, HWWA de Hambourg et IfW de Kiel), du Conseil des Sages et de la Banque fédérale, soumis en outre à des phénomènes d'osmose importants, à développer une pensée relativement uniforme. Protégés par leur double réputation de compétence et d'indépendance, ils entretiennent ainsi largement le consensus dont ils sont l'émanation en lui fournissant une caution intellectuelle et en freinant l'expression de réflexions alternatives.

Légitimité de la pensée libérale et pragmatisme de l'action

La politique économique allemande a connu, depuis la Seconde Guerre mondiale, trois phases caractéristiques correspondant à celles de la croissance ; chacune a amené une législation particulière et l'utilisation d'instruments différents. La première est la phase ordo-libérale allant de la réforme monétaire de 1948 à la récession de 1967, menée par Ludwig Erhard, chrétien-démocrate, premier ministre de l'Économie et deuxième chancelier après Konrad Adenauer. La libre concurrence est garantie par la « loi sur les limitations de la concurrence » ; votée en 1957 après sept ans d'une résistance opiniâtre du patronat, elle prévoit le contrôle des ententes et des abus de position dominante et crée l'Office fédéral des cartels. La troisième réforme de cette loi introduit en 1973 le contrôle des finances et crée une commission des monopoles. La stabilité de la monnaie est garantie par la Banque fédérale, née en juillet 1957 d'une fusion de la Banque des pays allemands et des onze banques centrales de *Land* et dotée d'un statut d'indépendance absolue à l'égard du gouvernement. Les politiques budgétaire et monétaire, reposant uniquement sur les taux d'intérêt et de réserves obligatoires, s'avèrent des instruments classiques et souples de régulation.

La deuxième phase, keynésienne ou de soutien de la demande, commence dès le début des années soixante, mais elle est officialisée en 1967 seulement par l'adoption de la loi de stabilité sous l'impulsion de Karl Schiller, ministre social-démocrate de l'Économie ; la RFA était alors gouvernée par la grande coalition socialo-chrétienne SPD-CDU/CSU avec Franz Josef Strauss comme ministre des Finances. Dès 1969, la petite coalition socialo-libérale SPD-FDP obtient la majorité, Willy Brandt devient chancelier et Helmut Schmidt ministre de l'Économie.

La loi de stabilité codifie du reste à la fois les orientations de la politique économique et les rapports sociaux : « Les mesures de caractère économique et financier prises par l'État fédéral et les *Länder* doivent contribuer simultanément, dans le cadre de l'économie de marché, à la stabilité du niveau des prix, au maintien d'un niveau élevé de l'emploi et à l'équilibre du commerce extérieur, tout en permettant un développement constant et régulier de l'économie. Le gouvernement fédéral fournira des éléments d'information pour une action concertée des collectivités publiques locales, des syndicats et des associations professionnelles en vue de réaliser ces objectifs. » La politique monétaire continue à utiliser les instruments traditionnels des taux d'escompte. Mais la politique budgétaire prend un cours résolument anticyclique ; le déficit public joue le rôle de moteur auxiliaire de la croissance lorsque le moteur principal des exportations s'enraye.

La troisième phase, structurelle ou d'encouragement de l'offre, commence au milieu des années soixante-dix. La démission de Willy Brandt entraîne des élections anticipées en 1974 et Helmut Schmidt devient chancelier fédéral ; après l'euphorie des vastes réformes sociales, il prône le retour à l'orthodoxie. Selon l'article 115 de la Loi fondamentale, l'emprunt public ne doit pas excéder le montant de l'investissement et la politique budgétaire oscille entre le soutien de la demande et la consolidation du déficit. Le passage aux taux de change flottants a libéré la Banque fédérale de l'obligation d'intervenir sur le marché des changes et lui permet, en définissant des normes de progression de la « quantité de monnaie banque centrale », de contrôler directement l'expansion de la masse monétaire. Enfin, les différents rapports sur les structures commandés aux grands instituts témoignent de la volonté du gouvernement de maîtriser les évolutions sectorielles de la RFA. La légitimité de la pensée libérale est acceptée par tous les partenaires sociaux à travers le célèbre consensus, mais l'action menée s'avère étonnamment pragmatique. L'ambiguïté du libéralisme à visage social permet à la politique économique de garder une remarquable continuité dans les objectifs et les discours et de varier les moyens utilisés au gré des contraintes rencontrées.

3. Logique interne du ralentissement de la croissance

L'économie allemande a connu trois périodes depuis la guerre : après le miracle des années cinquante d'une croissance forte, la RFA suit, jusqu'au milieu des années soixante-dix, une voie solitaire de ralentissement de la production et de montée du chômage ; la fin de la décennie traduit l'acceptation éphémère d'une voie solidaire. Au début des années quatre-vingt, le modèle allemand semble engagé dans une impasse ; toutefois, les effets de la croissance américaine, de la montée du dollar et de la baisse du pétrole repoussent les échéances.

Le miracle

Grâce à la conjonction, au lendemain de la guerre, de facteurs favorables – non reproductibles dans des conditions normales –, la RFA a, durant les années cinquante, connu un véritable miracle économique. La croissance allemande atteint 8 % l'an ; les gains de productivité sont très élevés, car les investissements nécessaires rétablissent, pour l'essentiel, des maillons manquants et remettent en route une machine formidable. L'emploi progresse au rythme de 2 % l'an et la RFA absorbe sans difficulté apparente les millions de réfugiés de l'Est ; le taux de chômage baisse régulièrement de plus de 10 % en 1950 à près de 1 % en 1960. Enfin, cette croissance se fait sans surchauffe grave et le rythme d'inflation est de 3 % l'an.

La part des salaires, corrigée de la salarisation croissante, dans le produit national a baissé fortement de 1950 à 1960 ; ce déplacement du partage salarial et la reconstitution progressive de l'épargne des ménages, ruinée par la réforme monétaire de 1948, ont permis d'abaisser de près de 10 points la part de la consommation dans le produit national. La RFA a pu, en dix ans, à la fois élever fortement son taux d'investissement, qui passe de 19,5 % à 24,5 %, et dégager d'importants excédents commerciaux, la part du solde extérieur passant d'un déficit de 1 % à un excédent de 2 %. Appuyée sur une monnaie durablement sous-évaluée, elle a tranquillement reconquis sur les marchés extérieurs la part occupée par l'Allemagne impériale avant la mise en place de la politique autarcique du IIIe Reich.

La voie solitaire

Les années soixante et la première moitié des années soixante-dix marquent une lente dégradation des atouts de départ. La part des salaires, corrigée de la salarisation croissante, dans le PNB reste relativement stable durant les années soixante, mais augmente fortement durant la première moitié des années soixante-dix, passant de 61,3 % en 1960 à 63,6 % en 1970 et 66,6 % en 1975 ; elle retrouve alors le niveau de 1950. Les tensions sur le partage des revenus et la hausse des prix importée entraînent, dans la première moitié des années soixante-dix, une accélération sensible de l'inflation qui passe à un rythme de 6,5 % l'an après 3,5 % durant les années soixante.

Le taux d'investissement s'est maintenu à près de 25 % jusqu'en 1973 ; il enregistre alors une forte baisse, tombant à 20,7 % en 1975. La productivité du capital, qui avait progressé très rapidement dans la première moitié des années cinquante et stagné durant la seconde, décline régulièrement en niveau jusqu'en 1975. Le capital enregistre un double mouvement de baisse de son efficacité et de sa rémunération, et sa rentabilité diminue de 12 % en 1960 à 8,4 % en 1975, retrouvant le niveau de 1950.

Le taux d'accumulation du capital est le produit du taux d'investissement par la productivité du capital ; il suit la même évolution que ses composantes et diminue régulièrement de 7,5 % en 1960 à près de 5 % en 1975, retrouvant le rythme du début des années cinquante. Le ralentissement de l'accroissement du stock de capital entraîne à son tour celui de la croissance du produit national. Le ralentissement de la croissance entraîne une montée du chômage, masquée toutefois en partie par une démographie peu dynamique.

La voie solidaire

La seconde moitié des années soixante-dix est caractérisée pour les grands pays étudiés par une relative convergence des rythmes de croissance.

La RFA, qui avait connu de 1960 à 1975 une croissance inférieure à celle de l'ensemble de la zone OCDE, enregistre une très légère avance de 1975 à 1980. En 1976, après le sommet de Venise, la RFA avait accepté de relancer son économie ; en 1977, une consolidation budgétaire trop rapide entraînait un repli mais, en 1978 et en 1979, la croissance allemande était relativement forte. Surtout, les principaux partenaires européens de la RFA, France et Royaume-Uni notamment, ont adopté au même moment des politiques relativement restrictives. Le rôle de locomotive involontairement joué par la RFA est ainsi lié à la conjonction de politiques de relance chez elle et de freinage chez ses partenaires. Cette configuration est rigoureusement l'opposé de celle de 1973-1974 où la RFA avait au contraire adopté, avant le premier choc pétrolier, une politique de freinage alors que les autres pays connaissaient encore une forte croissance.

Le rythme de croissance est à nouveau très légèrement supérieur à celui de la productivité du travail. De 1975 à 1980, la population allemande diminue légèrement, la population active augmente de 300 000, le taux d'activité recommençant à progresser, et l'emploi de 500 000 ; le taux de chômage diminue de 4,2 à 3,5 %.

La RFA adopte la célèbre devise du chancelier Helmut Schmidt : « Les profits d'aujourd'hui sont les investissements de demain et les emplois d'après-demain » et mène, avec l'accord tacite des organisations syndicales, une politique de limitation des hausses de salaires en faveur d'une reprise des investissements. La part salariale corrigée revient de 66,5 % en 1975 à 64,5 % en 1980.

Le taux d'investissement remonte de 20,7 % en 1975 à 23,7 % en 1980. La RFA avait connu un taux constamment supérieur à celui de la France de 1950 à 1973, exception faite des deux années 1967-1968, où l'écart était faible ; de 1974 à 1977, la France avait pris la tête. En 1978, la RFA a rétabli l'équilibre et creuse depuis lors l'écart à son profit.

La productivité du capital ne parvient pas, en revanche, à enregistrer de progrès de 1975 à 1980 ; le mouvement de détérioration semble du moins enrayé. Le taux d'accumulation progresse à peine et le rythme de croissance du stock de capital reste relativement faible. De même, la rentabilité du capital se stabilise, mais au niveau assez bas atteint en 1975.

La croissance lente

Dès 1981, mais plus encore après le succès chrétien-démocrate aux élections de 1982, la priorité est donnée à l'assainissement des finances publiques. La RFA tourne ainsi le dos à la stimulation budgétaire, principale balise de la « voie solidaire ». 75 milliards d'économies budgétaires, soit 4 % du PNB de 1985, sont ainsi réalisées en quatre ans, qui permettent aux finances publiques de revenir à un quasi-équilibre en 1985. Le chancelier Kohl engage dès lors la deuxième étape de son programme économique : réforme fiscale et programme de privatisations. Si ces politiques coïncident avec l'avènement aux États-Unis et au Royaume-Uni de « politiques de l'offre », les choix effectués en Allemagne fédérale vont dans le sens du pragmatisme. L'ampleur des privatisations reste ainsi modeste (moins de 10 milliards de Deutsche Marks). Par ailleurs, la réforme fiscale, qui implique un manque à gagner de plus de 60 milliards pour les finances publiques (près de 3 % du PIB 1990), du fait de l'allégement des impôts directs, reste néanmoins limitée par rapport aux réformes anglaise ou américaine : en particulier, le taux marginal de l'impôt sur le revenu n'est abaissé que de 56 à 53 %. De plus, le gouvernement accompagne cette réforme de nouvelles économies budgétaires (notamment en matière de dépenses de santé) ainsi que d'un relèvement des taxes indirectes, afin de garder la maîtrise sur les finances publiques.

Globalement, la période 1982-1989 reste donc caractérisée par une politique budgétaire restrictive, alors que la politique monétaire suit un cours relativement serein (sauf peut-être entre 1986 et 1988 lorsque la baisse du dollar provoque d'importantes entrées de capitaux en RFA, qui font déraper la masse monétaire, sans toutefois que l'inflation, objectif essentiel de la *Bundesbank*, n'en soit affectée).

La combinaison d'une politique économique restrictive et de la stagnation de la population active (liée à l'atonie de la démographie) a fait redouter que la RFA ne soit tombée dans le « piège de la croissance lente » et qu'elle n'y entraîne ses voisins européens, et notamment la France.

Cette question, très à la mode en 1987, va quelque peu tomber en désuétude en 1988-1989 grâce à un concours de circonstances particulièrement favorable : les États-Unis, le Royaume-Uni et le Japon tirent l'économie mondiale, la baisse du pétrole conforte la désinflation, l'arrivée de nombreux immigrés venus de l'est de l'Europe stimule la consommation en Allemagne.

Ainsi, la RFA parvient à conserver les acquis de la voie solitaire – excédents extérieurs et stabilité intérieure –, tout en bénéficiant des dividendes de la voie solidaire – croissance forte, gains de pouvoir d'achat, recul du chômage.

Le choc de l'unification

L'ampleur des migrations de l'est vers l'ouest de l'Allemagne a contraint les décideurs à mettre en place dès le 1er juillet 1990 une union monétaire entre les deux Allemagne, avec un taux de conversion du Mark-Est en Deutsche Mark de 1 pour 1 (du moins en ce qui concerne les salaires[1]) particulièrement favorable aux ressortissants de la RDA.

Il était clair que l'unification monétaire menée « à la hussarde » allait se traduire par un déclassement important de l'appareil productif est-allemand et une montée concomitante du chômage, ainsi que par une lourde ponction sur les finances publiques fédérales.

Toutefois, il est rapidement apparu que l'ampleur de l'ajustement nécessaire avait été sous-estimée, notamment parce qu'il était difficile *ex ante* de se faire une idée précise de la compétitivité des entreprises d'État est-allemandes, mais aussi parce que l'on ne savait pas comment se comporteraient les agents économiques après l'unification.

L'électrochoc monétaire a ruiné la plupart des *Kombinat* de l'ex-RDA, dont les produits ont été largement délaissés par les consommateurs est-allemands au profit des productions de l'Ouest, et dont les coûts ont été dopés par la hausse rapide des salaires (les syndicats de l'ex-RFA se sont implantés à l'Est et ont mis en œuvre, avec succès, une stratégie de rattrapage rapide des salaires de l'Ouest, dans le but d'éviter tout « dumping social »). La production industrielle a ainsi été divisée par 3 entre fin 1989 et fin 1990 et le chômage s'est rapidement développé.

Toutefois, grâce à un soutien financier considérable (100 milliards de Deutsche Marks environ en 1990 répartis entre soutien au budget de la RDA jusqu'au 2 octobre, soutien aux régimes d'assurances sociales et notamment chômage, aide à l'investissement des collectivités locales, stimulation fiscale à l'implantation à l'Est, etc.), le niveau de vie des Allemands de l'Est n'a aucunement pâti des difficultés économiques de l'ex-RDA. Dans un premier temps, l'économie ouest-allemande a même baigné dans l'euphorie, grâce notamment aux achats des Allemands de l'Est, le rythme de croissance a été de 5,7 % en 1990, soit le record de l'OCDE. En fait, sans s'en rendre compte, le gouvernement allemand menait une politique économique « à la Reagan », avec un budget très généreux et des taux d'intérêt toujours plus élevés afin d'attirer les capitaux nécessaires. Jusqu'en juin 1991, l'Allemagne va devenir la locomotive économique de l'Europe et même du monde.

Malheureusement, la reprise a tardé à se faire jour dans les nouveaux *Länder*, alors même que les salaires continuaient à se rapprocher à vive

1. Les avoirs n'ont eux été convertis à 1 pour 1 que jusqu'à un montant variant entre 2 000 et 6 000 Deutsche Marks par personne et 2 pour 1 au-delà. Le régime de conversion reste toutefois beaucoup plus favorable que celui qui avait prévalu en juin 1948, Erhard ayant choisi de faire pratiquement disparaître l'épargne antérieure.

allure des rémunérations en vigueur à l'Ouest ; il en est résulté un alourdissement des transferts de l'Ouest vers l'Est (200 milliards de Deutsche Marks par an) qui a rendu inévitable un ajustement budgétaire. Les dépenses et les subventions se révélant difficilement compressibles, du moins à court terme, le chancelier Kohl a dû revenir sur ses promesses électorales et augmenter fortement les taxes indirectes.

Dans le même temps, les excédents extérieurs ont fondu comme neige au soleil, puisqu'une bonne partie des exportations de la RFA ont dû être dirigées vers l'ex-RDA, obligeant ainsi les exportateurs à sacrifier des marchés traditionnels.

Si la cohésion sociale a survécu au choc de l'unification, les excédents extérieurs, second pilier du modèle allemand, ont-ils définitivement disparu ?

4. Une économie très extravertie

Les performances extérieures de l'Allemagne, devenue en 1986 le premier exportateur mondial, sont certainement avec la cohésion sociale et la stabilité intérieure la caractéristique principale du modèle allemand.

Au niveau macro-économique, ces performances relèvent d'un « cercle vertueux de la monnaie forte » et d'une spécialisation favorable.

Au niveau micro-économique, la stratégie de mondialisation des entreprises allemandes, le système de formation professionnelle et de recherche-développement sont autant d'atouts au service de la performance extérieure. Et pourtant, malgré les résultats enregistrés jusqu'en 1989, la compétitivité de l'économie allemande était, avant même l'unification, l'objet d'intenses débats en Allemagne fédérale.

Un cercle vertueux

De 1951 à 1990, la RFA maintient un solde positif de sa balance commerciale, qui représente environ 2,5 % de son PIB et, cumulé sur quarante ans, atteint près de 800 milliards de dollars. Elle finance ainsi un déficit important des services et des transferts et dégage encore un excédent courant réduit au tiers de l'excédent initial. Surtout, elle présente une balance de base largement excédentaire et accumule un important matelas de réserves représentant environ 80 milliards de dollars, soit 4 % du PIB.

La progression, de 25 % en quarante-trois ans, du taux de couverture des biens et services en valeur de la RFA correspond à un gain de 50 % des termes de l'échange et à une dégradation de 25 % du taux de couverture en volume. L'élasticité des importations à la croissance est voisine de 2,0 comme pour les États-Unis et les autres pays d'Europe, contre 1,5 pour le Japon ; l'élasticité des exportations à la croissance étrangère lui est en moyenne supérieure, de l'ordre de 2,2, mais va en diminuant.

La RFA connaît une situation très différente en début et en fin de période. Durant les années cinquante, la pénétration des marchés étrangers compense la montée des importations liée à la forte croissance ; l'accroissement du taux de couverture en valeur est largement dû à l'amélioration des termes de l'échange. De 1960 à 1990, le ralentissement de la croissance allemande permet d'enrayer la diminution du taux de couverture en volume, mais la stabilité des termes de l'échange conduit à une dégradation en valeur.

La structure par produits et par pays du commerce extérieur allemand montre une forte concentration des exportations sur les biens d'équipement et sur les pays industrialisés et une dispersion plus grande des importations et des soldes ; la forte corrélation entre les structures d'exportations de marchandises et de capitaux, tant par pays que par branches, donne au double mouvement un caractère auto-entretenu.

La RFA évolue apparemment dans un double cercle vertueux. En volume, la limitation des importations induite par le ralentissement de la croissance et le dynamisme autonome des exportations permettent de dégager un excédent commercial structurel qui pousse le Deutsche Mark à la réévaluation. Mais la qualité des produits allemands et de leur service après vente, le respect des délais de livraison et l'adaptation aux besoins de l'acheteur les rendent quasi inélastiques aux prix.

La montée du Deutsche Mark entraîne une augmentation des prix à l'exportation en monnaie étrangère et une diminution à l'importation en monnaie nationale ; elle améliore les termes de l'échange, renforce la stabilité et accroît le solde commercial en valeur (cf. schéma 4, page suivante).

Spécialisation favorable

De 1950 à 1995, le Deutsche Mark voit sa parité s'apprécier fortement contre toutes les monnaies à l'exception du yen et du franc suisse

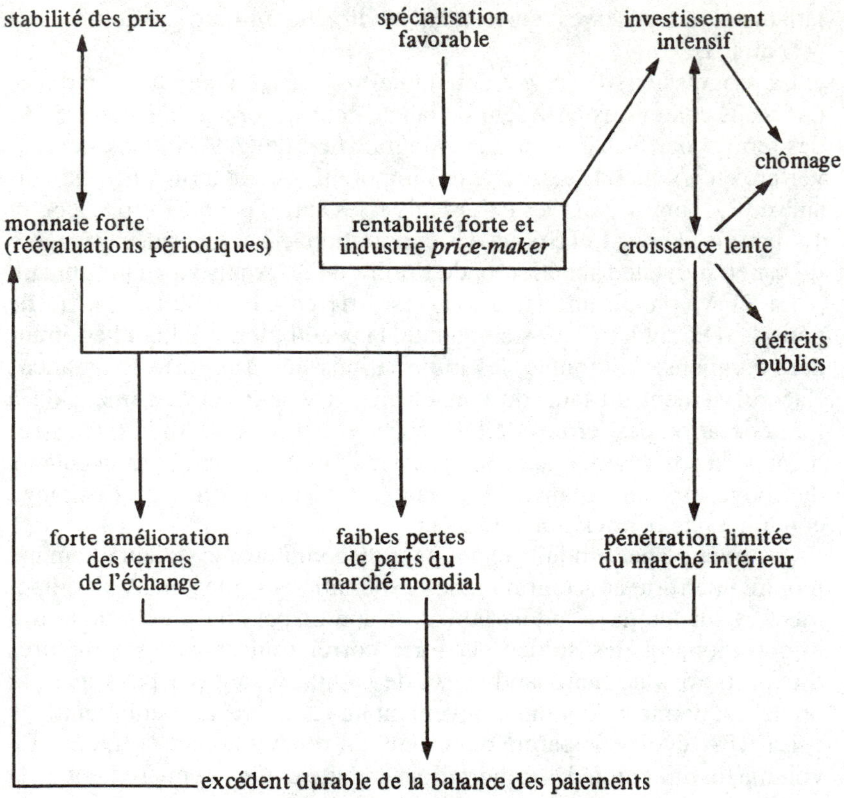

Schéma 4
Cercle vertueux de la monnaie forte

par rapport auxquels il n'a guère varié. L'appréciation annuelle moyenne est de 1 % vis-à-vis du dollar et de 3 à 4 % vis-à-vis des monnaies européennes. Le Deutsche Mark est passé progressivement d'une forte sous-évaluation durant les années cinquante à une surévaluation sensible au milieu des années quatre-vingt ; en 1995, la parité en dollars est proche du triple de celle de 1950.

En termes de croissance internationale du PIB, exprimée en dollars, la RFA suit le Japon et dépasse les États-Unis et les trois autres pays d'Europe. Le PIB de la RFA représentait un dixième de celui des États-Unis en 1950 ; il atteint près de la moitié en 1994. En termes de PIB, la RFA a dépassé la France et le Royaume-Uni à la fin des années cinquante, mais elle est elle-même dépassée par le Japon en 1967. En termes de PIB par tête, elle a dépassé les États-Unis de 1978 à 1980, le Royaume-Uni au début des années soixante et la France au début des années soixante-dix.

En fait, la RFA s'est largement contentée d'exploiter une situation favorable antérieurement acquise. Bien spécialisée, c'est-à-dire adaptée à la demande mondiale, l'économie allemande connaît un excédent extérieur structurel et doit accepter une montée de sa monnaie à défaut d'une accélération de sa croissance. La politique de stabilité menée par la RFA, au besoin en cassant la croissance par une politique économique restrictive, a pour seul effet de ralentir la croissance en valeur nationale ; la spécialisation favorable maintient la croissance internationale forte. L'écart entre les deux croissances, nationale et internationale, entraîne une montée du Deutsche Mark. Ainsi, le thème du rattrapage de l'Allemagne par la France s'apparente au paradoxe d'Achille et de la tortue ; la France reperd régulièrement sur le terrain du change toute l'avance gagnée par la croissance en volume.

La parité du DM et la compétitivité et la spécialisation de l'économie de la RFA sont liées par des relations dont la causalité est souvent présentée de manière erronée ; la montée du DM sanctionne la réussite de l'économie allemande, mais menace à terme les performances extérieures. Dans les années cinquante, la RFA a établi, sur la base d'une monnaie fortement sous-évaluée, de solides positions que les réévaluations ultérieures n'ont pas entamées ; durant cette phase initiale, la compétitivité des exportations allemandes, assise sur la sous-évaluation, s'est accompagnée d'une bonne spécialisation acquise depuis les choix du XIXe siècle et entretenue durant les années de croissance forte. Ensuite, la montée du DM a entraîné une détérioration de la compétitivité, mais la spécialisation favorable a permis le jeu du cercle vertueux. Enfin, la persistance de la surévaluation a causé une dégradation de la spécialisation elle-même (cf. tableau 2, p. 249).

Des entreprises et des hommes au service du marché mondial

Le ralentissement de la croissance allemande entraîne le maintien, malgré la dégradation des conditions internes, des performances extérieures ; celles-ci permettent à la RFA de mondialiser sa croissance. Ainsi, le rapport du chiffre d'affaires extérieur dans le total passe, en quarante-cinq ans, dans l'industrie, de 10 % à 35 %. Cette évolution accroît la dépendance extérieure de la RFA et renforce la contradiction fondamentale de l'Allemagne, depuis son industrialisation tardive, entre les capacités de production de son industrie et les capacités d'absorption de son marché intérieur.

Les grands groupes industriels allemands ont une véritable stratégie de mondialisation. Gouvernée par l'objectif de délocalisation des activités, elle considère comme seule réalité significative le marché mondial. Certains groupes (sidérurgie et métaux non ferreux) assurent la satisfaction des besoins industriels, d'autres (mécanique et automobile) la réalisation de l'excédent commercial, les derniers (électronique et chimie) constituent des ensembles mondiaux intégrés. La stratégie d'ensemble présente une cohérence remarquable liée à la grande concentration de pouvoir au sein du consortium constitué par les trois grandes banques (*Deutsche Bank*, *Dresdner Bank* et *Commerzbank*) et les grandes entreprises. Banques universelles, c'est-à-dire de dépôt et d'affaires, les premières représentent, par le « droit des voix de dépôt », leurs mandants aux conseils d'administration des secondes ; celles-ci détiennent à leur tour des actions de celles-là. Au total, les conseils de surveillance sont contrôlés par un nombre restreint de dirigeants ; en 1973, 35 représentants des trois grandes banques détenaient 324 mandats dans les entreprises. La stratégie de mondialisation des grands groupes est, du reste, largement relayée par l'existence, en RFA, de sociétés de commerce de taille plus réduite, mais de tradition plus ancienne et en nombre plus important que les maisons japonaises ; pour l'entreprise allemande, en particulier la PME, l'activité d'exportation est équivalente à une vente intérieure.

Le Deutsche Mark a dépassé la livre sterling et est devenu, au cours des années soixante-dix, la deuxième monnaie de réserve mondiale. Surtout, le DM est la deuxième monnaie de facturation du commerce mondial ; 80 % des exportations et 50 % des importations de la RFA sont facturées en DM.

Le circuit mondial du DM se présente de manière très différente de celui du dollar ; il est greffé en dérivation sur ce dernier. L'accumulation de DM se fait essentiellement à des fins de diversification, par conversion, par les pays en voie de développement, d'une partie de leurs avoirs en dollars qui vient gonfler les réserves de la Banque fédérale.

Les évolutions de la balance des paiements allemande laissent prévoir un passage progressif, à l'exemple des États-Unis, d'une puissance économique à une puissance financière. La RFA enregistrerait, à terme, une balance globale négative, les sorties de capitaux à long terme finissant par l'emporter sur les excédents courants. Il n'est pas toutefois certain que la différence d'assise géographique n'interdise au DM, à la différence du dollar, de supporter ce retournement de la balance des paiements.

L'important effort que consent la RFA en matière de recherche-développement participe également de cette volonté d'être présent sur les marchés mondiaux et de conserver une spécialisation favorable. Ainsi, l'Allemagne se classe au troisième rang mondial après les États-Unis et le Japon pour le nombre de chercheurs en proportion de l'emploi total, et au deuxième rang derrière les États-Unis pour les dépenses de recherche-développement par habitant. Les entreprises sont au cœur de cet effort national pour la R & D : l'industrie finance 60 % et réalise 70 % de la recherche-développement. Du reste, des études confirment qu'il existe une corrélation forte entre la croissance d'une branche et l'intensité de la R & D dans cette branche.

Un autre atout essentiel de l'économie ouest-allemande est l'adéquation du système de formation professionnelle aux besoins du marché du travail. La principale originalité de ce système est sans doute l'apprentissage qui est pratiqué en « formation alternée » : un jour et demi par semaine en formation théorique dans un établissement spécialisé et le reste du temps en formation pratique dans une entreprise. Loin d'être un phénomène marginal, la « formation alternée » touche 60 % à 70 % des jeunes de 15 à 16 ans.

Bien que les primes de stage se montent de 600 à 700 DM par mois et excèdent la productivité des apprentis, les entreprises n'hésitent pas à proposer des stages aux jeunes travailleurs, afin, souvent, de pouvoir sélectionner les meilleurs et de les garder. Les autres stagiaires disposent toutefois, s'ils réussissent l'examen final, d'un diplôme reconnu et d'une référence précieuse ; leurs chances de trouver rapidement un emploi sont élevées, comme en témoigne la modestie du taux de chômage des jeunes en Allemagne de l'Ouest (ce taux est à peine supérieur à la moyenne nationale, tous âges confondus).

Une compétitivité menacée par le poids des rigidités

Avant même l'unification, la faiblesse des investissements directs étrangers en Allemagne faisait de la question de la compétitivité du site industriel (*Standort Deutschland*) un thème récurrent. Des coûts salariaux et sociaux parmi les plus élevés du monde, une insuffisante flexibilité de l'emploi et des salaires, une fiscalité des entreprises relativement lourde, des réglementations sectorielles contraignantes et l'interventionnisme de l'État sont autant de rigidités qui pèsent sur la compétitivité.

Toutes les études de comparaisons internationales de coûts salariaux convergent pour placer l'Allemagne de l'Ouest parmi les pays où les coûts salariaux horaires sont les plus élevés. Toutefois, si l'on corrige de la productivité, on constate une large convergence des coûts salariaux unitaires, la RFA restant néanmoins parmi les pays les plus chers. Par ailleurs, la différenciation salariale est très faible, tant pour ce qui est des écarts entre catégories socioprofessionnelles que des écarts entre secteurs et entre régions. La différenciation s'opère même parfois à rebours ; les salaires sont plus élevés dans certaines régions du Nord qui tendent à s'appauvrir que dans certains *Länder* du Sud qui font preuve d'une grande vitalité économique. Un tel constat explique l'insuffisance des mobilités intra-régionales (ou intra-sectorielles), ce qui ne favorise pas la réponse de l'appareil productif à des « chocs de demande », comme celui de l'unification.

Par ailleurs, la puissance des syndicats et la générosité de l'allocation-chômage conjuguent leurs effets pour favoriser un mode de détermination des salaires « *insider-outsider* » où le taux de progression des salaires dépend essentiellement des résultats de l'entreprise (ou de la branche), mais guère de l'évolution du taux de chômage dans l'économie. Ce phénomène est à l'œuvre dans les nouveaux *Länder* de l'Est où, malgré la montée du chômage, les salaires tendent à rattraper à vive allure les rémunérations en vigueur à l'Ouest. Au chapitre des rigidités de l'emploi, il convient de ne pas oublier la faiblesse de la durée du travail. C'est le syndicat de la métallurgie qui a lancé en 1981 la bataille de la réduction des horaires, en obtenant, après une grève de deux mois, un abaissement de 40 à 37 heures et demie de la durée hebdomadaire du travail dans la branche ; en échange, le syndicat IG Metall a accepté une revalorisation plus limitée des salaires. Globalement, et compte tenu des gains de productivité horaire induits, cette mesure a été neutre du point de vue des coûts salariaux unitaires. Par la suite, les autres branches de l'économie allemande se sont progressivement alignées sur la durée hebdomadaire du travail dans la métallurgie. En 1991, IG Metall a obtenu le passage à la semaine de 35 heures en deux étapes (1993 et 1995) sous réserve de « l'évolution des conditions économiques générales » (selon les termes de l'accord).

Bien que le processus de réduction du temps de travail ne se soit pas accompagné d'une augmentation directement mesurable des coûts salariaux unitaires (au contraire de la France qui, en abaissant d'une heure cette durée en 1982 sans toucher aux salaires avait provoqué une hausse instantanée de 1 à 1,5 % des coûts), il a tout de même pour conséquence une réduction de la durée d'utilisation des équipements. De fait, aujourd'hui, la durée hebdomadaire du travail et la durée moyenne d'utilisation des équipements sont, en Allemagne, parmi les plus faibles du monde industrialisé. Sans ce handicap, l'appareil productif ouest-allemand aurait probablement pu encore mieux répondre au choc de demande qu'a connu la RFA jusqu'à la mi-1991.

Dans l'attente d'une réforme, prévue pour 1996, la fiscalité des entreprises reste élevée. En particulier, les bénéfices non distribués sont imposés plus lourdement qu'en France, au Japon et surtout aux États-Unis et au Royaume-Uni. Par ailleurs, la taxe professionnelle, qui représente un coût fixe pour l'entreprise, est particulièrement lourde en moyenne et est affectée d'une forte disparité géographique. En « contrepartie » de cette fiscalité pesante, certains secteurs sont fortement subventionnés ; malgré une décennie (1982-1992) de réduction des dépenses publiques avec un effort particulier depuis l'unification, la part des subventions dans le PIB reste dans la « fourchette haute » de ce que l'on observe généralement à l'étranger.

Enfin, les réglementations contribuent à alourdir les coûts et/ou à limiter la concurrence. Ainsi, la politique de l'environnement mobilise environ 5 % des investissements dans l'industrie, même si ses promoteurs font valoir que les réglementations antipollution accélèrent la modernisation.

Conclusion : une adaptation nécessaire

L'économie sociale de marché, mélange harmonieux de consensus social et de libéralisme économique, exprime l'étroite complémentarité des facteurs de production, travail et capital, qui ne sauraient devenir durablement antagonistes.

Le consensus social est directement lié aux avantages du système en matière de réussite économique et de justice sociale : l'ouvrier allemand est l'un des mieux payés du monde pour un des temps de travail les moins longs ; il participe, grâce à la cogestion et à la formation de patrimoine, au processus de décision et d'accumulation. Cet accord fondamental est fortement institutionnalisé, la loi de stabilité de 1967 codifiant le champ de la pensée économique et de la concertation sociale. Le libéralisme économique allie de manière spectaculaire la légitimité de la pensée entretenue par une information très riche et le pragmatisme de l'action d'autant mieux accepté qu'il est parfaitement connu du public et justifié par les autorités. La souplesse de l'application de ces principes traduit le partage des responsabilités des partenaires sociaux dans la détermination des choix économiques.

L'ordre intérieur de la RFA est le produit et le support, le but et le moyen, de ses succès extérieurs ; le consensus social sert une stratégie mondiale menée dans l'intérêt national.

L'exceptionnelle conjonction de facteurs favorables au lendemain de la guerre et la politique salariale et monétaire des années cinquante ont permis à la RFA de réaliser une répartition des revenus et une utilisation de la production optimales et, en dégageant à la fois des taux d'investissement élevés et des excédents commerciaux confortables, de connaître une croissance interne forte et des performances extérieures enviables. La RFA a progressivement subi les contraintes internes de baisse de la productivité du capital et de retournement du partage des revenus et choisi la contrainte extérieure du maintien de ses excédents commerciaux. Le mécanisme du cercle vertueux, lié à une spécialisation favorable antérieurement acquise, lui a permis et imposé de compenser le ralentissement de sa croissance par une montée de sa monnaie.

Sur cette voie solitaire, la RFA a rencontré le chômage, longtemps masqué par une évolution démographique particulière, et les déficits publics ; la surévaluation de sa monnaie a entraîné une érosion de ses positions mondiales. Après le sommet de Venise en 1976, la RFA a accepté une relance de son économie au moment précis où ses partenaires entraient dans une phase de ralentissement. Sur cette voie solidaire, la convergence des rythmes de croissance et la mise en place du serpent monétaire européen (SME) ont entraîné un retournement de la balance courante et une montée de l'inflation en Allemagne fédérale. Le début des années quatre-vingt marque une claire volonté de retour de la RFA au mode antérieur. La montée du dollar et la baisse du pétrole lui permettent toutefois de conserver les avantages de la voie solitaire tout en restant solidaire du reste de l'Europe. Mais l'onde de choc de l'unification monétaire a ébranlé le modèle en faisant disparaître (temporairement ?) ses deux caractéristiques majeures : la stabilité intérieure et les performances extérieures. Si la RFA entre dans le Marché unique avec une position de départ favorable grâce notamment à sa spécialisation industrielle, il n'est pas sûr qu'elle sache faire preuve de la souplesse nécessaire pour réagir à l'évolution de la concurrence des autres pays. D'autre part, la perspective de l'Union économique et monétaire, avec la création du Système européen de banques centrales dans lequel les représentants allemands ne pourront pas forcément faire prévaloir leur aversion absolue pour l'inflation, laisse présager une moindre « stabilité intérieure ».

Mais le défi le plus redoutable reste l'unification. Les pouvoirs publics ont remarquablement réussi à redresser les finances publiques, pourtant affaiblies par les 200 milliards de Deutsche Marks qui sont chaque année transférés dans les nouveaux *Länder*. Il a fallu pour cela alourdir fortement les impôts, à titre « transitoire ». Pour que le transitoire ne devienne pas définitif, il est urgent de réduire les transferts financiers vers l'est de l'Allemagne, ce qui nécessite un rattrapage rapide de l'Ouest par l'Est. Or le rythme de l'investissement privé dans les nouveaux *Länder* est le déterminant principal (pour ne pas dire unique) des gains de productivité attendus. Selon l'institut d'études économiques IAW de Berlin, il faudrait, pour parvenir à une productivité de l'ordre de 75 % de celle de l'Ouest, un investissement cumulé de 1 200 milliards de DM lors des dix ans à venir (l'industrie manufacturière allemande investit environ 100 milliards de DM chaque année !).

Du reste, l'écart de croissance entre la partie orientale et la partie occidentale a oscillé depuis 1991 entre 4 % et 7 % par an, alors qu'il faudrait à peu près 10 % pour converger en dix ans. A ce rythme, il semble raisonnable de tabler sur une période transitoire s'étalant sur vingt ans.

Pendant cette période, les firmes ouest-allemandes seront très fortement sollicitées par les nouveaux *Länder*, qui continueront à absorber une partie importante de leur production et dans lesquels elles devront fortement investir, au détriment non seulement d'investissements étrangers, mais aussi d'investissements en Allemagne de l'Ouest. Le rythme du rattrapage paraît ainsi étroitement lié à l'intensité de la croissance à l'Ouest, ce qui milite pour une politique économique, et notamment monétaire, plus souple.

Stabilité intérieure et surtout performances extérieures, les deux piliers du modèle allemand, seront sans doute durablement ébranlées. La mise en place de l'Union économique et monétaire (UEM) et les suites de l'unification obligeront l'Allemagne à s'adapter. Mais saura-t-elle faire preuve du dynamisme et de la souplesse nécessaires pour conjurer le risque d'une fracture durable entre anciens et nouveaux *Länder* ?

Tel paraît être l'enjeu majeur des dix ou vingt prochaines années. Les partenaires de l'Allemagne au sein de l'UEM seront, sans nul doute, particulièrement attentifs à l'évolution de la partie, aujourd'hui encore très indécise, qu'a entamée l'Allemagne le 1er juillet 1990, même si la vigueur des efforts de redressement et la hardiesse de certaines réformes sectorielles (autonomisation partielle des chemins de fer, redressement de Lufthansa, libéralisation anticipée des télécommunications) incitent à l'optimisme.

2
France
Essor économique, acquis sociaux et contrainte monétaire

Introduction : au milieu du gué

A bien des égards, la France apparaît dans une position moyenne. Elle a bénéficié, depuis la guerre, d'une croissance soutenue. Son mode de fonctionnement la rapproche en fait du Japon et de l'Italie.

Avec le Japon, elle partage le mécanisme même de la croissance. De 1950 à 1973, les gains de productivité ont, en effet, été suffisamment importants pour permettre à la fois une forte augmentation du niveau de vie des salariés et une évolution favorable de la part des profits dans le revenu national. Mais, dans les deux cas, avec la crise, la baisse de la productivité a été plus vive qu'ailleurs et, les salaires ne s'ajustant qu'avec retard, les profits se sont amenuisés. Comme le Japon, bien que moins brutalement, la France a rattrapé les pays plus avancés, notamment en réduisant la part de la main-d'œuvre travaillant dans l'agriculture. Plus généralement, les structures économiques ont été bouleversées par la révolution fordiste. L'évolution du poids relatif des grands secteurs a été parallèle et marquée par la poussée des industries de biens intermédiaires et surtout de biens d'équipement. Le même moteur en quelque sorte, simplement moins puissant et moins permanent en France, permet dans les deux cas l'alignement sur les normes internationales de production et de consommation.

Les « incidents de parcours », les limites et les difficultés rappellent plutôt certains points faibles de l'Italie : un développement régional très déséquilibré avec une concentration excessive dans la région parisienne et puis, en fin de période, la mort lente des régions rurales du Centre-Ouest, l'asphyxie du Nord-Est et la poussée du Sud-Est ; des structures sociales marquées par un syndicalisme de lutte de classes, qui empêcheront la régulation fordiste de s'appliquer à plein ; des équilibres économiques toujours fragiles et sans cesse remis en cause, tant du point de vue des prix que de l'équilibre extérieur.

L'économie française s'avère être ainsi au milieu du gué, le surplace étant la pire des solutions. Entre la croissance auto-entretenue du Japon et les cercles vicieux à l'italienne, il faut choisir. Un dernier pas en avant et c'est l'union monétaire avec l'Allemagne, un pas en arrière et c'est le retour aux vieux démons dévaluationnistes ; un dilemme économique et monétaire, social et politique.

1. Des mutations décisives

A bien des égards, la France est un vieux pays. N'était-elle pas, en 1820, la première nation dans le monde pour la production du secteur secondaire (artisanat et industrie) ? Dans le siècle qui suivit, elle fut, certes, notamment du fait d'une moindre expansion démographique, dépassée par l'Angleterre, les États-Unis et l'Allemagne. De ce passé, elle hérite, au sortir de la Seconde Guerre mondiale et dans bien des domaines, de structures archaïques. Les choix de l'après-guerre permettront d'engager des mutations importantes. Celles-ci se poursuivront et s'amplifieront, notamment dans l'agriculture et les industries de biens d'équipement, deux secteurs qui joueront un rôle important, fournissant dans de bonnes conditions la main-d'œuvre et les équipements nécessaires à la croissance.

L'investissement contre la consommation

La récession de la fin des années trente et la Seconde Guerre mondiale avaient fortement réduit les capacités de production de l'économie française. Ainsi, la production industrielle de 1944 n'atteignait pas la moitié du niveau de 1938, lui-même 25 % au-dessous de 1929. Il faudra attendre 1947 pour que le niveau de 1938 soit retrouvé et 1950 pour revenir à celui de 1929.

Les goulots d'étranglement expliquent une part importante de ce recul. Apparus tout d'abord du fait de la pénurie de moyens de transport, ferroviaires ou routiers, ils concernèrent ensuite l'énergie, notamment le charbon dont l'extraction fut, jusqu'en 1949, insuffisante du fait de la vétusté des équipements et de la faible productivité.

En plus du traumatisme politique lié à la défaite française et à l'occupation allemande, le pays devait donc relever un défi économique. Il fallait reconstruire et, pour cela, investir massivement. Plus qu'une bataille de la production appelée de leurs vœux par toutes les forces politiques, se mena en fait une bataille de l'investissement. L'État y joua un rôle décisif. Ainsi, le Ier Plan vise-t-il à assurer le développement des secteurs de base – charbon, électricité, acier, ciment, transports, équipement et machinisme agricoles –, autant de secteurs lourds qui fournissent de gros débouchés aux industries de biens d'équipement. Cette programmation directe de l'investissement liée aux nationalisations se double d'une politique des prix ou de tarifs publics en faveur du privé : ainsi les entreprises bénéficient-elles d'électricité, de gaz ou de transports à bon marché. Et puis le financement public est très développé et relativement peu onéreux – prêts ou subventions aux entreprises publiques, aux sociétés privées, au logement – de telle sorte qu'en 1947 l'État finance près de la moitié des investissements. L'intervention industrielle de l'État pourra ensuite reculer, un relais privé ayant été trouvé et la rénovation des logements et des équipements devenant urgente. Ce soutien public aurait pourtant été à lui seul insuffisant si la répartition des revenus elle-même n'avait pas favorisé l'investissement. S'il n'y a rien d'étonnant à ce que les salaires réels aient chuté de 25 % durant la guerre, il est plus remarquable que ce tassement demeure de 1945 à 1950, alors même que la reprise de la production est effective et que les horaires de travail sont redevenus élevés. Ainsi, les profits se relèvent, reconstituant un autofinancement important qui va permettre aux entreprises de se moderniser sans trop s'endetter.

Intervention directe de l'État et baisse de la part des salaires dans le revenu national se conjugueront pour conduire à une forte poussée des investissements productifs, en particulier dans les années 1946 et 1947. Dès la fin de 1948, les premières fondations de la croissance future avaient été jetées ; il n'y avait plus guère de goulots d'étranglement ; les industries de base s'étaient modernisées ; la rentabilité des entreprises était bonne. Une croissance conjointe des débouchés, de la consommation et des salaires était devenue possible.

La modernisation de l'agriculture

L'agriculture n'a plus aujourd'hui une place importante dans l'économie. Sa part dans le PIB en valeur est, en quarante ans, divisée par 3, de plus de 16 % en 1950 à moins de 5 % aujourd'hui, la France restant encore largement en tête, avec l'Italie, au sein des pays européens.

Cette réduction du poids de l'agriculture a été rendue possible par la vague de modernisation qui s'est opérée durant cette période. En 1950, l'agriculture française restait largement archaïque ; il n'y avait, avant la Seconde Guerre mondiale, que 35 000 tracteurs ; la généralisation de ceux-ci (1,5 million aujourd'hui) va jouer un rôle décisif. La concentration des terres s'accélère ; ainsi les gains de productivité vont être de 6 %-7 % l'an. Le rendement moyen du blé va tripler sur la période.

Cet exode rural massif est venu fournir la main-d'œuvre nécessaire à l'industrie. S'il a pu y avoir un effet d'appel et une réduction du sous-emploi déguisé de l'agriculture, l'essentiel est bien que, du fait des progrès enregistrés, l'agriculture ait pu libérer autant d'emplois. La France, à la différence de l'Angleterre par exemple, bénéficie ainsi, dans l'après-guerre seulement, de cet afflux de main-d'œuvre.

L'essor des industries de biens d'équipement

Le mode de croissance des économies industrielles repose, depuis la guerre, sur une substitution accélérée du capital au travail, provoquant une vive hausse du capital par tête. Il a par ailleurs entraîné une transformation profonde des modes de consommation et d'habitat, conduisant à un développement des achats de biens d'équipement ménager et d'automobiles, biens produits par les industries de biens d'équipement. Le commerce extérieur, très porteur pour les biens d'équipement, n'a fait que renforcer ces tendances.

Or la France s'est distinguée dans ce domaine. Le secteur des biens d'équipement français détient un record de croissance, aussi bien vis-à-vis des autres secteurs de l'industrie française qu'à l'égard des concurrents européens. Jusqu'en 1973, l'investissement des entreprises est très nettement leur premier débouché, l'autre utilisation domestique, la consommation de biens durables, étant moitié moindre. Le rôle du commerce extérieur, négatif jusqu'en 1964, au moment où la rapidité de l'investissement en France provoque à la fois l'augmentation des importations et la baisse des exportations, devient favorable à partir de 1969. Au-delà de 1975, les exportations constituent un débouché presque aussi important que l'investissement intérieur.

Ainsi, les biens d'équipement ont tiré la croissance française. L'effort d'équipement a placé l'industrie, par ailleurs aidée par les pouvoirs publics, en bonne position pour faire face ensuite au développement du marché mondial. Facilitant l'effort d'innovation technologique, autorisant une baisse du prix des équipements entraînant directement le secteur des biens intermédiaires, la bonne santé de ce secteur a largement bénéficié à l'ensemble de l'économie. Il est incontestablement l'une des manifestations du rattrapage, de la mise à niveau de l'économie française, l'un des points d'appui de la croissance.

Des ressources humaines et naturelles

La France recense en 1994 une population de 58 millions d'habitants sur un territoire de 549 000 km^2. La baisse du taux de natalité, bien que moins sensible que dans d'autres pays européens, RFA notamment, est telle que la stabilisation à terme du niveau de la population n'est plus acquise. Du fait de la croissance tendancielle des taux d'activité féminine, l'accroissement de la population active reste cependant de l'ordre de 150 000 par an au début des années quatre-vingt, un infléchissement sensible intervenant à partir de 1985, en particulier à cause de l'augmentation de la population de plus de 60 ans.

La densité, de 105 habitants/km^2, est la plus faible des quatre grands pays européens. La France possède 3 200 km de côtes, soit plus que les autres pays européens, et dispose, en Europe, du premier réseau de routes, de chemins de fer et de voies navigables.

Sixième producteur et deuxième exportateur mondial de céréales, la France est le premier pays agricole de l'Europe, juste devant l'Italie, et le seul des pays du G7, avec les États-Unis et le Canada, à dégager un excédent de sa balance alimentaire. La France connaît une forte dépendance énergétique ; elle est, en revanche, un gros producteur mondial d'uranium et d'énergie nucléaire.

2. L'État, acteur économique

Alors que, dans beaucoup d'autres pays, l'État est considéré comme le garant du droit et de la concurrence, il est en France souvent synonyme d'abus, d'interventionnisme excessif. La centralisation économique autour de la capitale est certes sans commune mesure avec celle des autres pays. L'intervention économique de l'État a, de plus, été justifiée et renforcée par un système politique, le gaullisme et la Ve République. Mais ces politiques économiques, la planification et l'action industrielle, ne se sont jamais, pour autant, révélées inefficaces, malgré l'absence de consensus national.

L'adaptation au marché mondial

Après avoir reconstruit et modernisé l'économie française dans les années cinquante, avec les IIe et IIIe Plans, marqués par la volonté d'assurer une forte croissance et la satisfaction des besoins essentiels, l'État va tenter de l'adapter aux impératifs du marché mondial. Le défi des années soixante est en effet clair : les échanges internationaux croissent plus vite que les productions nationales et c'est là que la compétition économique se joue. La France signe, en 1957, le traité de Rome instituant la CEE et l'Euratom.

Le IVe Plan (1960-1965) vise, pour l'essentiel, à créer un milieu favorable aux entreprises, ce qui transforme radicalement le contenu de la planification, l'alignant de fait sur les souhaits patronaux. La concertation reste cependant possible, ne serait-ce que pour le partage des fruits de la croissance. Confronté à la concurrence internationale, l'État met de plus l'accent sur l'investissement privé et l'impératif industriel. Le Ve Plan (1965-1970) affiche à cet égard la priorité : programmer l'aide aux grands groupes qui doivent devenir les « fers de lance » de l'industrie française. Le Plan encadre, en conséquence, le développement du secteur public et l'État se désengage chaque fois qu'il le peut, notamment pour les autoroutes et le téléphone. Il encourage la concentration. La politique de croissance n'est plus seulement keynésienne, mais vise à accroître l'offre compétitive.

Dans d'autres cas, la sidérurgie notamment, qui bénéficie de prêts importants du FDES (Fonds de développement économique et social), l'engagement est encore plus net. Le « plan calcul » débutera en 1965. Mais la recherche d'une solution française, puis européenne, ne conduira qu'à un projet franco-américain, Honeywell-Bull, qui accumulera d'ailleurs les déficits. Dans tous les domaines, avec les années soixante-dix, il deviendra difficile d'adopter des solutions nationales en matière industrielle.

La contrainte extérieure se faisant plus pesante, les Plans ultérieurs marqueront en fait une déplanification, les objectifs n'étant définis qu'en fonction des exigences du marché mondial et devenant le plus souvent qualitatifs.

A la fin des années soixante, les aides publiques à l'industrie restent néanmoins importantes – 15 % de son investissement – mais elles se concentrent de plus en plus. Six grands groupes – Dassault, SNIAS, CGE, Thomson-Brandt, CII-Honeywell-Bull, Empain-Schneider –, qui ne correspondent qu'à 10 % des effectifs, des exportations ou de la production industrielle, recueillent la moitié de ces aides. Les industries de l'avenir (économies d'énergie, énergies nouvelles, biologie, industries de la mer) et les PME sont moins favorisées, sauf en cas de liquidation ou de restructuration où le CIASI, devenu depuis CIRI, intervient.

Enfin, le programme de nationalisation des grands groupes de l'industrie (Saint-Gobain, Rhône-Poulenc...) et de la finance (Paribas, Suez...), lancé au début des années quatre-vingt, sera suivi de plusieurs vagues de privatisation à partir du milieu de la même décennie ; elles comporteront, outre la reprivatisation des groupes fraîchement nationalisés, la privatisation de banques nationalisées depuis 1945 (Société générale, BNP), de compagnies d'assurances (UAP) et l'ouverture du capital de Renault. En 1994, l'État a perçu plus de 50 milliards de recettes de privatisation ; ce programme s'est poursuivi en 1995, mais à un rythme moindre.

Le financement public

Si l'investissement productif a pu être régulier et important, ce n'est pas uniquement grâce à un marché intérieur dynamique et à la productivité des entreprises. De multiples mécanismes – tarifs publics, priorités des banques, fiscalité – ont facilité leur tâche.

Jusqu'à la fin des années soixante, les tarifs publics sont restés favorables aux entreprises. Les entreprises privées bénéficient ainsi des gains de productivité réalisés dans le secteur public. En d'autres termes, l'État subventionne ces entreprises pour qu'elles n'appliquent pas la vérité des prix. En 1967, le rapport Nora leur recommande toutefois d'atteindre l'équilibre financier. Pour ce faire, elles limiteront les activités non rentables et les coûts salariaux et développeront des filiales mixtes dans des activités rentables, en pratiquant une véritable course à la diversification. Confrontées à la nécessité d'investir dans les années soixante-dix et soumises à cette même logique de faible rentabilité, ces entreprises s'endetteront lourdement auprès des banques, hypothéquant par là même leur statut public. De plus, ces emprunts seront de plus en plus contractés sur les marchés financiers internationaux et en dollars, avec pour conséquence un risque de change qui s'avérera lourd.

Les années soixante vont de plus se traduire par la constitution de grands groupes bancaires. L'État va se désengager des financements directs et favoriser la concentration des banques d'affaires et des banques de dépôt. Devant leur absence de ressources à long terme, il favorisera leur refinancement auprès de la Banque de France, leur permettant ainsi de « transformer » des disponibilités de court terme en prêts à moyen ou long terme ; il accordera des bonifications d'intérêts et prendra à sa charge les risques liés à l'exportation. Malgré l'encadrement du crédit, ces aides à l'exportation seront développées durant les années soixante-dix, permettant au taux de crédit de se stabiliser aux alentours de 8 % pour les entreprises exportatrices et octroyant ainsi, à la fin des années soixante-dix, une bonification de 5 % environ.

La fiscalité elle-même favorisera les restructurations et le développement des entreprises. En 1965, les souplesses en matière d'amortissement et de concentration sont complétées par l'avoir fiscal et la faculté de payer l'impôt sur les bénéfices en tenant compte du bénéfice mondial consolidé du groupe. L'État soutient ainsi le taux de rentabilité. La chute de ce taux, au lieu d'intervenir dans les années soixante, en particulier après 1966, peut être repoussée jusqu'au choc pétrolier et à la récession qui s'ensuit.

Au milieu des années quatre-vingt, une mutation financière accélérée fait couvrir à la France en deux ans le chemin que les États-Unis ou le Royaume-Uni ont mis dix ans à parcourir. Paradoxe suprême et unique au monde, le gouvernement, socialiste de surcroît, impose la dérégulation à un marché compartimenté et cloisonné et contraint les agents privés au libéralisme.

L'introuvable consensus

Dans le domaine des relations sociales, les accords de base avaient été conclus en 1936. Après un renouveau de la vie contractuelle au début des années cinquante, ce sera le gel. Pendant quinze années, jusqu'en 1968, la négociation collective marquera le pas en France. Durant cette période de croissance, les avantages sont octroyés par les chefs d'entreprise plus que négociés. Les accords interprofessionnels sont rares : accord de décembre 1958 sur l'assurance-chômage, révisé en juillet 1967, et accord sur le chômage partiel de février 1968. Les conflits nationaux dépendent, eux, directement de la politique sociale du gouvernement : grève nationale de 1950 sur les salaires, grève de 1953 sur les conditions d'emploi dans le secteur public, montée des conflits généralisée au début des années soixante avec resserrement de la politique sociale, réglementation du droit de grève dans les services publics, commission de suivi des salaires dans le secteur public.

1968 et les accords de Grenelle marquent une cassure. Le CNPF adopte une stratégie de négociation, inscrivant même cette orientation nouvelle dans ses statuts dès octobre 1969 pour lui permettre d'engager des négociations nationales interprofessionnelles couvrant l'ensemble des professions adhérentes. Discussions et accords se multiplient alors sur la sécurité de l'emploi, la mensualisation, l'indemnisation du congé maternité, la formation professionnelle continue, l'indemnisation des chômeurs de plus de 60 ans… Les procédures contractuelles ne se développent pas seulement au niveau interprofessionnel, mais aussi dans le secteur public et dans les branches. Au cours des années soixante-dix, la couverture conventionnelle de branche se développe sensiblement. La proportion d'établissements industriels appliquant au moins une convention collective de branche passe ainsi de 62 % en 1972 à 86 % en 1981 et celle des salariés couverts de 75 % à 90 %.

Il faudra toutefois attendre mai 1981 et l'arrivée d'un gouvernement de gauche pour que les conditions politiques d'un véritable renouveau des procédures contractuelles soient réunies. La négociation de juillet 1981 sur la durée du temps de travail qui aboutira aux 39 heures tranche ainsi avec les échecs répétés des années antérieures. En ce domaine révélateur, il n'y a pourtant pas consensus sur les conditions et modalités de cette réduction, et les négociations sont longues et complexes. Surtout, cette expérience restera unique ; la compensation salariale intégrale imposée par le président Mitterrand traumatise les entreprises et les conduit à rattraper sous forme de gains de productivité ce qu'elles abandonnent en coûts salariaux.

En matière de salaire indirect et de fonctionnement de l'État-providence, la situation française est tout aussi originale.

L'État-providence

L'État-providence date en fait de la Libération. L'article Ier de l'ordonnance de 1945 institue une « organisation de la Sécurité sociale destinée à garantir les travailleurs et leur famille contre les risques de toute nature susceptibles de réduire ou supprimer leur capacité de gain, à couvrir les charges de maternité et les charges de famille qu'ils supportent ». La généralisation à tous les salariés se fera au prix d'un éclatement en de multiples régimes particuliers et de subtils compromis entre les diverses catégories. Les modalités de financement s'en déduisent. Les cotisations ne sont prélevées que sur les revenus d'activité, essentiellement sur les salaires, par un mécanisme indolore, car opaque, et limité par un plafond dans une optique d'assurance. L'État-providence pèse ainsi directement sur les coûts salariaux des entreprises. Et cela ne peut que s'aggraver quand la crise, en déséquilibrant les dépenses de chômage, de retraite et de maladie, oblige à une montée régulière des taux. Pesant sur les profits dont la progression est bloquée par la crise, la hausse des cotisations sociales achève de réduire les capacités d'autofinancement.

Ces hausses induisent une montée des prélèvements obligatoires qui tranche d'autant plus avec les évolutions observées à l'étranger que la France part déjà d'un niveau élevé. De 1973 à 1980, ce taux s'accroît de 6,8 %, soit 1 point par an, et passe de 35,7 % à 42,5 %, essentiellement du fait d'un accroissement de plus de 5 points des cotisations sociales. Le financement de la politique sociale de la gauche oblige à prolonger cette tendance et le taux monte jusqu'à 44,6 % en 1983. Il faudra alors rien moins qu'un engagement solennel du président de la République pour stopper net la dérive et stabiliser le taux de prélèvements obligatoires autour de 44 %. Sur l'ensemble de la période, l'accroissement de ces prélèvements concerne, pour l'essentiel, les entreprises non financières, anesthésiant du fait même leur capacité de réaction à la crise et aux mutations qu'elle impose.

En 1994, la France connaît ainsi le taux de prélèvements le plus élevé des grands pays industrialisés, n'étant dépassé en la matière que par les trois pays nordiques et les trois pays du Benelux, qui portent ainsi les marques d'une forte socialisation de l'économie. Le débat sur le niveau des prélèvements a cependant pour effet d'occulter celui sur leur répartition. Les cotisations sociales représentent plus de 40 % du total, contre 25 % dans l'ensemble de l'OCDE. De plus, les impôts indirects constituent les deux tiers des impôts perçus contre la moitié dans la CEE et le tiers aux États-Unis. Cette structure, qui privilégie des prélèvements inflationnistes et proportionnels ou dégressifs, présente à la fois l'efficacité économique la plus faible et, sinon l'injustice sociale la plus forte, à tout le moins l'opacité la plus totale sur ses effets redistributifs. Surtout, ce mode de prélèvements qui fait peser une part importante de la charge sur la masse salariale traduit un choix de société collectivement défavorable à l'emploi. La résolution de ces différentes contraintes pourrait consister dans un élargissement de l'assiette de la CSG à l'ensemble des revenus assorti d'une augmentation de son taux et dans une réduction des cotisations sociales. La contribution sociale généralisée, ou CSG, redécouverte par Michel Rocard du prélèvement 1 % créé par Jacques Delors avant d'être supprimé par Pierre Bérégovoy, introduit de fait, mais sans trop le dire, un impôt direct proportionnel.

Faute de pouvoir ou de vouloir maîtriser les dépenses publiques, la volonté clairement affichée de stabiliser le taux de prélèvements obligatoires a comme corollaire l'apparition, à partir du début des années quatre-vingt, d'un déficit public de plus en plus important. Il atteint

5,6 % du PIB en 1994, ce taux étant sensiblement égal à la moyenne de la CEE. La dette publique passe de 34 % du PIB en 1989 à 48 % en 1994 et dépassera 50 % en 1995.

Ce taux reste certes très inférieur à la moyenne communautaire de 70 %, mais la rapidité de la dégradation est toutefois préoccupante, surtout dans la perspective de l'Union économique et monétaire.

3. Le choix de la croissance

La croissance française est, depuis la guerre, l'une des plus fortes et, de loin, la plus stable des pays de l'OCDE, cette régularité n'étant même pas démentie lors de la crise de 1974-1975 ; la France connaît, sur toute la période, une seule année de recul du PIB en 1993.

Cette progression de la valeur ajoutée se double, jusqu'en 1973, d'une croissance exceptionnellement nette et régulière du taux d'accumulation. La France bénéficie ainsi depuis 1955, mais surtout dans les années soixante, d'un différentiel de croissance par rapport à ses principaux concurrents, différentiel qui provient surtout des années de faible conjoncture mondiale : ces années, particulièrement défavorables aux États-Unis, sont celles où la France acquiert en effet l'essentiel de son avance. Tout se passe comme si la France avait fait, jusqu'au milieu des années quatre-vingt, le choix de la croissance, le choix de résoudre les difficultés par le haut, en jouant sur la dynamique et en laissant la baisse du franc réaliser l'équilibre extérieur, plutôt qu'en privilégiant le rétablissement des grands équilibres intérieurs ou une monnaie forte. De la même manière que l'automobiliste qui veut changer de file sur l'autoroute accélère, le rythme de la croissance apparaît comme un atout pour les nécessaires transformations. Les phases d'expansion se succèdent, entrecoupées seulement de faibles récessions qui ne sont souvent que des pauses voulues par les pouvoirs publics pour pouvoir relancer la croissance après avoir freiné l'inflation. Mais ce choix s'est exercé dans des conditions fort différentes d'une période à l'autre : transition dans les années cinquante, âge d'or des années soixante et de la première moitié des années soixante-dix, crise comme ailleurs depuis lors.

La transition

La libéralisation des échanges commerciaux, la suppression des entraves au commerce, le désengagement colonial, la perspective européenne marquent les années cinquante. La croissance de 4,6 % l'an est alors extensive au sens où la substitution capital-travail s'effectue au rythme encore lent de 3 % l'an. Le capital se renouvelle d'autant plus facilement qu'il induit une augmentation plus que proportionnelle de la production et est donc très rentable. Excepté les industries de biens de consommation, les services et commerces, l'investissement augmente rapidement. L'emploi progresse faiblement et les gains de productivité du travail atteignent 4,4 % l'an.

Ainsi, après la crise inflationniste liée à la guerre de Corée, l'assouplissement de l'effort d'investissement des entreprises suite à la phase de restructuration et la politique de rééquilibrage du plan Pinay (action sur les prix, grand emprunt, compression des dépenses publiques, mesures protectionnistes), les années 1953-1955 vont se caractériser par une vigoureuse action de relance pour atteindre l'« expansion dans la stabilité », objectif d'Edgar Faure : relèvement du salaire minimal interprofessionnel en 1953 et 1954, dégrèvements fiscaux, soutien aux investissements en particulier dans les industries de transformation selon le IIe Plan de modernisation (aides fiscales, baisse du taux d'escompte de 4 % à 3 %, fonds de conversion industrielle), soutien au bâtiment-travaux publics (BTP).

Si le but visé est l'adaptation de l'économie française, le moyen en est la croissance. Le rapport sur les Comptes de la nation de 1957 est clair à cet égard : « La politique gouvernementale a maintenu sciemment les mécanismes d'expansion [...] Elle reposait en effet sur l'idée que, à terme, le rétablissement de l'équilibre des échanges extérieurs et l'adaptation à la concurrence internationale n'étaient possibles que par un grand effort technique, effort qui supposait une économie en progrès. De fait, ce progrès autorise une baisse du prix relatif des équipements et facilite l'investissement. »

Tout au long des années cinquante, le partage des revenus reste favorable aux profits, sauf en 1958 du fait de la hausse des charges fiscales. Cette croissance, fondée sur l'investissement et le profit, rencontre cependant quelques difficultés. L'effort d'accumulation bute sur la contrainte extérieure et relance l'inflation à partir de 1957. Les gains de productivité sont insuffisants pour financer simultanément cet effort et la progression du pouvoir d'achat, d'autant que pèsent alors les dépenses liées à la guerre d'Algérie.

Les années 1958-1959 permettront de surmonter ces obstacles : le freinage des salaires, qui s'opère dans un contexte de ralentissement de l'inflation, conduit à une inflexion du pouvoir d'achat et à une poussée sans précédent du taux de marge des entreprises. La consommation des ménages, qui avait progressé de 5,2 % entre 1953 et 1957, ne croît plus que de 1,6 %, tandis que les entreprises investissent moins, préférant restaurer leur rentabilité. La double dévaluation du franc, qui permet de conjurer les déséquilibres extérieurs, marque une volonté de soutien de la croissance.

L'âge d'or

Du début des années soixante au milieu des années soixante-dix, la croissance demeure proche de 5 % l'an, la France occupant alors la deuxième place derrière le Japon. Le retournement de la productivité du capital en niveau, qui se produit très tôt aux États-Unis et au début des années soixante au Japon et en RFA, intervient au milieu des années soixante-dix en France, comme en Italie ; mais la France connaît, à la différence de l'Italie, une nette accélération de la substitution capital-travail, qui s'effectue au rythme de 4,7 % l'an. Aussi, la croissance française se situe, durant cette période, à un stade intermédiaire original ; elle n'est plus extensive comme en Italie, mais elle n'est pas encore intensive, comme elle l'est dans tous les autres pays. L'emploi progresse toujours faiblement, 0,5 % l'an, contrairement aux gains de productivité du travail, 4,5 %.

Les résultats ne seront pourtant pas acquis facilement. Avec les années soixante, la contrainte extérieure devient prédominante. La France ne parvient pas alors à conserver les gains tirés des dévaluations de la période 1957-1958. Pour freiner la dégradation du solde extérieur, provoquée par une trop vive poussée de la demande, le ministre de l'Économie, Valéry Giscard d'Estaing, mettra en œuvre, en 1963, un plan de stabilisation. De fait, le taux de croissance se trouvera ralenti de plus de 1 point jusqu'en 1968.

Beaucoup plus dynamique fut la manière de relever le défi extérieur à l'occasion de la dévaluation de 1969. Dès la fin de 1968, le gouvernement avait préparé des mesures d'accompagnement en faisant pression sur la demande intérieure pour freiner les importations. La croissance internationale a alors bénéficié aux exportateurs, leur permettant à la fois de relever leurs marges et de vendre plus.

Le choc salarial des accords de Grenelle sera lui-même absorbé sans difficulté, puisque, dès la première année, le fléchissement de la fiscalité indirecte, notamment la suppression du versement forfaitaire sur les salaires, permettra une nouvelle progression de la rentabilité. Cet engagement de l'État contribuera, avec la dévaluation de 1969 et la poussée salariale du début des années soixante-dix, à retarder le ralentissement, qui ne deviendra patent qu'avec le premier choc pétrolier.

Rupture de la dynamique de l'investissement

La hausse du prix du pétrole apparaît comme un révélateur au moment où la croissance de rattrapage des années soixante n'est possible qu'au prix d'une fuite en avant. La France apparaît cependant comme le pays européen le plus affecté par le choc pétrolier, dans la mesure où ses partenaires avaient déjà expérimenté la croissance lente depuis quelques années.

Le renchérissement du pétrole et des matières premières aiguise les déséquilibres extérieurs et pèse sur la rentabilité tandis que les salaires nominaux continuent de progresser sur leur lancée. En France, la poussée de la part des salaires de 1974-1975 n'est pas compensée ultérieurement. Le passage d'une croissance de 5 % environ à près de 3 % retarde toutes les mutations et l'organisation du travail se fige : l'extension du travail posté marque le pas.

Comme ailleurs, le dynamisme industriel s'émousse. Il n'y a cependant pas d'effondrement de la production. La résistance du secteur des biens d'équipement est, dans ce contexte, remarquable et s'explique par les demandes des entreprises nationales et les succès à l'exportation. Mais cette résistance apparente se double d'une rupture décisive dans la dynamique de l'accumulation qui éclaire largement l'échec des tentatives ultérieures de relance. Cette rupture apparue d'abord dans les biens intermédiaires, où elle est particulièrement nette, et dans le BTP, s'est ensuite élargie à l'ensemble de l'industrie et du commerce, à l'exception du secteur des infrastructures – énergie, transports, télécommunications – et se prolonge jusqu'à maintenant.

C'est toute la mécanique économique de la croissance française qui est remise en cause dans la mesure où elle était fondée précisément sur une complémentarité très dynamique entre l'accumulation dans les industries de biens de consommation, sans accroissement des effectifs, et l'embauche dans les industries de biens d'équipement, pour répondre aux nécessités de cette accumulation croissante, la progression régulière et rapide des salaires assurant la régulation.

Mais une reprise de l'investissement renforcerait considérablement la contrainte extérieure. L'investissement est en effet l'activité économique la plus génératrice d'importations.

Dans ce contexte de rupture de la dynamique de l'accumulation et d'apparition d'une contrainte extérieure, les tentatives de relance keynésienne perdent une grande partie de leur efficacité.

Durant les années cinquante et soixante, la politique budgétaire faisait naître un enchaînement vertueux, au sortir duquel les bénéfices de la croissance, rentrées fiscales et économies de charges sociales, permettaient de rembourser la mise de fonds initiale (cf. schéma 5). Elle ne faisait pas la croissance, mais permettait de la gérer, de l'accompagner au mieux et d'en limiter les irrégularités.

Avec la crise, les mêmes causes ne produisent plus les mêmes effets. Le cercle vertueux devient vicieux. Du fait de la faiblesse de l'épargne intérieure, tout déficit public se traduit par une dégradation de la balance des paiements. La montée des prélèvements obligatoires limite le déficit, mais lamine encore l'épargne. L'ouverture sur l'extérieur et l'éviction partielle sur le marché intérieur des biens ou des capitaux viennent limiter le multiplicateur keynésien, rapport du PIB induit à un supplément de dépenses publiques. La relance nationale est trop faible pour apporter des résultats tangibles en matière d'emploi ou de recettes fiscales et trop forte au regard du financement ou de la contrainte extérieure. L'économie cumule alors tous les inconvénients : déficits public et extérieur, chômage et dévaluation (cf. schéma 6).

En 1975, le plan de relance de Jacques Chirac avait provoqué une poussée des importations, une sortie du serpent monétaire et une glissade sans précédent du franc.

En 1981, la relance salariale et budgétaire impulsée par la gauche se

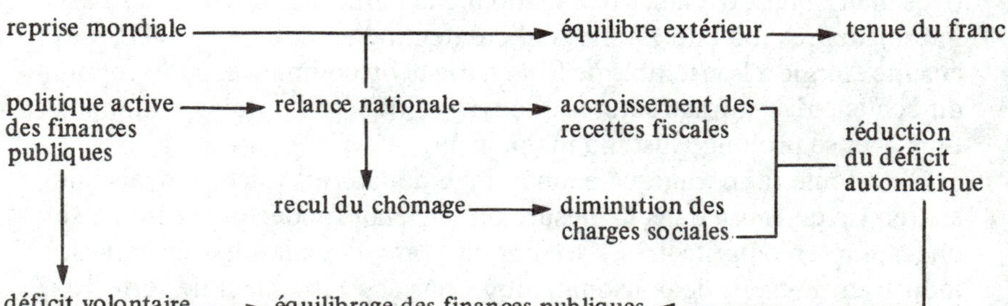

Schéma 5
Cercle vertueux de la politique budgétaire

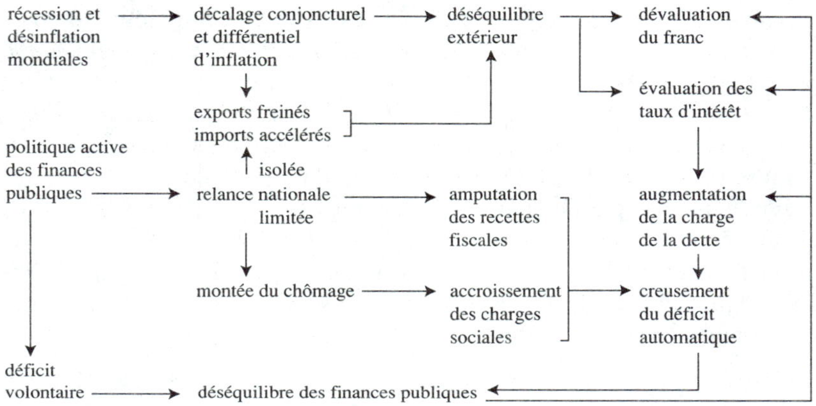

Schéma 6

Cercle vicieux de la politique budgétaire en économie ouverte

heurte aux mêmes obstacles de fond, d'autant que la contrainte extérieure s'est renforcée depuis lors. Les effets pervers de cette relance sont d'autant plus remarquables qu'elle est restée limitée.

L'événement de la décennie 1980 restera la rigueur introduite en 1982-1983 par le ministre de l'Économie Jacques Delors. Le freinage énergique des salaires se traduira progressivement par le rétablissement financier des entreprises. Mais celles-ci en profiteront pour se désendetter plus que pour investir, même après le changement de majorité de 1986. Au total, sur la dernière décennie, la France ne parvient pas à faire mieux que ses partenaires.

Le corollaire de ce ralentissement de la croissance, compte tenu d'une progression rapide de la population active, est la montée inexorable du chômage qui dépasse désormais 12 % de la population active et touche plus de 3 millions de personnes. Plus grave encore, ce chômage massif est aussi durable (une année en moyenne) et concentré sur les femmes, les jeunes et les catégories de population les moins qualifiées.

Un certain nombre de raisons avancées tiennent à l'absence de flexibilité du marché du travail, liée notamment à l'existence d'un salaire minimal, et au poids des prélèvements fiscaux et sociaux sur la masse salariale qui renchérit encore le coût du travail et encourage la substitution capital/travail.

Sur la base de ce diagnostic, les solutions au chômage français traditionnellement préconisées s'orientent autour de trois axes. Le premier est la baisse de la durée du travail avec compensation salariale forte sur les bas revenus et faible sur les revenus élevés ; il s'agit clairement d'un partage du travail et des revenus. Cette baisse devrait s'accompagner d'une traque impitoyable de la fraude fiscale et du marché noir (la mesure de déductibilité fiscale des emplois familiaux introduite par Martine Aubry et généreusement doublée par Alain Juppé constitue un regrettable aveu d'impuissance de l'État). Le deuxième est l'abaissement du coût du travail non qualifié par allégement des charges sociales sur les bas salaires et plus généralement par une remise à plat du mode de financement de la protection sociale. Le troisième consiste dans la création d'emplois tertiaires utiles à la collectivité ; cette fois, il s'agirait de créer un système d'incitation au travail d'une fraction des chômeurs actuels.

4. L'ajustement du change : des dévaluations compétitives à la désinflation compétitive

Depuis les années soixante, la France s'ouvre à l'extérieur. Ce faisant, elle alourdit la contrainte extérieure qui pèse sur elle. Mais quelle est la nature de cette contrainte ? Pourquoi est-elle restée compatible avec une croissance régulière jusqu'à la fin des années soixante-dix ? Quelle est la fonction des dévaluations qui jalonnent l'histoire économique de la France ? Surtout, pourquoi cette voie, qui semblait lui réussir, est-elle abandonnée ?

La contrainte extérieure

Les échanges extérieurs ne cessent de voir leur rôle s'accroître dans l'économie nationale : le poids des exportations et des importations dans le PIB est passé d'environ 10 % à plus de 25 %.

Ce « défi à l'exportation » a été lancé à la France dès l'après-guerre où il ne devient plus possible de miser sur les marchés protégés de l'ancien empire, ni sur les pratiques protectionnistes héritées des lois Méline (1892). L'adoption du libre-échange implique alors de substituer des relations de concurrence à des rapports de complémentarité. La France a relativement bien réussi cette mutation malgré deux handicaps : elle est au départ plutôt spécialisée en produits agricoles, en produits des industries intermédiaires et de consommation, autant de marchés qui se révéleront peu dynamiques ; ses difficultés proviendront aussi du rythme de son développement intérieur puisqu'elle devra gagner des parts sur des marchés moins dynamiques que le sien propre, qu'en d'autres termes les exportations françaises ont rarement disposé simultanément de capacités de production disponibles et de marchés extérieurs en expansion.

Dans ce contexte difficile, la stratégie de spécialisation a été très efficace, l'économie française concentrant son effort sur les marchés en rapide expansion. Le redéploiement géographique a été rapide, notamment vers les marchés européens. La restructuration par produits a été plus lente, malgré des succès très importants sur les biens d'équipement.

Cette souplesse d'adaptation s'est maintenue au cours des années soixante-dix. L'effondrement général de 1982 n'est cependant pas aussi inattendu qu'on pourrait le croire. Si, en effet, les échanges de produits industriels, énergie exclue, sont assez nettement excédentaires depuis le début des années soixante-dix, cette progression tient pour l'essentiel à un gonflement de l'excédent dû aux prix sans correspondre à des gains de parts de marché, à l'exception de l'industrie automobile. Et les bons résultats obtenus avec les pays en voie de développement et les pays de l'Est ne compensent qu'une partie du déficit croissant avec les pays industrialisés.

Le rétablissement de l'équilibre en 1986 est suivi à nouveau d'une dégradation de 1987 à 1991, la France revenant à l'excédent en 1992 et dégageant à partir de 1993 près de 90 milliards d'excédents par an. La question posée par bon nombre d'observateurs est de savoir si ces excédents traduisent une position extérieure forte de la France ou simplement le résultat d'une politique de rigueur interne excessive, qui s'accompagne d'un chômage massif.

Ainsi, succès à l'exportation et maîtrise d'un marché intérieur allèrent-ils de pair pendant les années cinquante et soixante pour devenir ensemble plus difficiles avec les années soixante-dix et quatre-vingt. La contrainte extérieure s'est renforcée et est devenue plus implacable. Une croissance plus rapide qu'à l'étranger a pu être gérée pendant longtemps ; pourquoi le différentiel favorable n'est-il plus durablement possible ?

Le prix du différentiel de croissance

De 1950 à 1995, l'économie française a progressé en volume à peine plus vite que la moyenne de ses concurrents de l'OCDE, mais moins vite de 0,5 % par an que la RFA. Elle a connu une inflation de 1,5 % plus forte que celle de l'OCDE et de 3 % plus forte que celle de la RFA. Elle a payé ce décalage de croissance et ce différentiel d'inflation par un glissement de la monnaie, en particulier vis-à-vis du Deutsche Mark,

4 % environ. Les dévaluations de 1957-1958 et de 1969, les fluctuations à la baisse des années soixante-dix et les trois dévaluations de 1981-1982-1983 ont permis à la France d'avoir une évolution de ses prix en dollars proche de celle de ses concurrents européens. En réalité, le léger retard de croissance de la France vis-à-vis de la RFA est entièrement réalisé dans les années cinquante et au début des années quatre-vingt-dix. De 1960 à 1975, la France connaît une croissance supérieure de près de 1,5 point l'an ; en revanche, les deux pays font à nouveau jeu égal entre 1975 et 1990. La réapparition d'un différentiel favorable à la RFA est liée à l'unification allemande.

Mais la France a dû « acheter » cette croissance plus forte avec une dévalorisation réelle de sa monnaie, c'est-à-dire un ajustement du franc vis-à-vis du Deutsche Mark sensiblement plus important que ne le justifiait le différentiel d'inflation. Dans sa course avec la RFA, la France est un peu comme un usager du métro qui court à pied dans un couloir pendant que son voisin marche au pas, mais utilise le tapis roulant !

De fait, c'est bien l'Allemagne de l'Ouest qui a progressivement rattrapé, puis dépassé la France à la fin des années cinquante en termes de PIB (après un retard de 15 % en 1950) et à la fin des années soixante en termes de PIB par tête (comblant un écart de 40 % en vingt ans). En 1990, elle a creusé une avance de plus 25 % au niveau des PIB, pour une population supérieure de moins de 10 %. En 1994, l'avance de l'Allemagne unifiée sur la France est de 50 %, pour une population supérieure de 40 %. En termes de PIB par tête exprimé en standard de pouvoir d'achat, la France se situe entre l'Allemagne de l'Ouest et l'Allemagne unifiée.

Les chocs pétroliers (1973-1974, 1979), la montée du coût des matières premières en 1976-1977 et la hausse du dollar depuis 1980 s'analysent comme autant de prélèvements opérés par les prix au bénéfice de l'extérieur. Pour la France, comme pour la RFA, ce prélèvement atteint 4 % entre 1973 et 1981, ce qui est évidemment beaucoup, notamment par rapport au Royaume-Uni ou aux États-Unis qui ne sont pas ou peu touchés, mais moitié moindre que ce qui est ressenti en Italie ou au Japon. De plus, la France s'est retrouvée, en 1981, dans une position spécifique avec une reprise des importations, en particulier d'Allemagne et d'Italie, au moment où le ralentissement international tassait les exportations.

Le raccourci des politiques volontaristes n'est plus de mise. La croissance ne se décrète plus. Seule compte désormais la mise en place patiente de structures compétitives. Le centre de gravité des politiques économiques se déplace vers la stratégie industrielle, à la fois pour stimuler l'investissement productif, explorer de nouveaux créneaux et refondre les systèmes d'organisation du travail. Selon le théorème de Michel Albert : « L'emploi est lié à la croissance, la croissance est liée à l'équilibre extérieur, l'équilibre extérieur est lié à l'adaptation de notre industrie. »

Particulièrement net en France, ce rétrécissement des marges de manœuvre de la gestion macro-économique s'explique d'abord par le changement de nature des dévaluations, ensuite par l'abandon pur et simple de la stratégie des dévaluations compétitives au profit de celle de la désinflation compétitive.

D'une dévaluation à l'autre

Pendant longtemps, la faiblesse de la monnaie a représenté un atout incontestable. Appuyés sur un dynamisme industriel, les gains significatifs de parts de marché mondial compensaient l'inévitable pénétration du marché intérieur et la détérioration sensible des termes de l'échange. Investissements importants, création d'emplois et équilibre des finances publiques contrebalançaient inflation rampante, dévaluations périodiques et équilibre instable de la balance des paiements (cf. schéma 7, p. 188). Depuis 1973, en effet, le poids des importations a considérablement évolué. Leur part dans le PIB est passée de 10 % au début des années soixante à 25 % environ maintenant, de sorte que le multiplicateur keynésien s'est réduit de 2,5 à 1.

Dans ces conditions, l'effet bénéfique des dévaluations est étalé dans le temps. Trois années sont désormais nécessaires pour récupérer la mise et commencer à enregistrer des effets favorables. Au-delà même des simples mécanismes économiques, les prélèvements extérieurs alimentent les tensions sur le partage des revenus et donc sur l'inflation, elles-mêmes génératrices de nouveaux déséquilibres.

Alors que les dévaluations de 1958 ou 1969 s'apparentaient plus au fonctionnement à la japonaise où un yen longtemps sous-évalué a été décisif pour la compétitivité des marchés extérieurs, les reculs du franc de la fin des années soixante-dix et du début des années quatre-vingt ressemblent plus aux cercles vicieux à l'italienne.

La dévaluation est désormais une arme moins efficace. Les raisons mêmes de cette inefficacité indiquent d'ailleurs les terrains d'action qui devraient être privilégiés par la politique économique : d'abord, la maîtrise du marché intérieur, à la fois pour réduire le poids des importations dites non substituables et pour tenir au mieux sur les autres marchés ;

ensuite, une politique de lutte contre l'inflation, indispensable pour ne pas être entraîné de force dans des dévaluations-sanctions à répétition.

La France avait suivi, en matière de change, une voie originale de glissement progressif, dont le but était de desserrer la contrainte extérieure et de dégager les marges de manœuvre nécessaires à une croissance plus forte que celle de ses partenaires et non de conquérir le marché extérieur. De fait, à la différence du Japon, de la RFA ou de l'Italie, qui profitent du recul des États-Unis et du Royaume-Uni, la France voit stagner sa part de marché dans le commerce mondial de 6,7 % en 1950 à 5,7 % en 1994.

Cette stratégie de dépréciation modérée relève plus d'un ajustement périodique et plus ou moins volontaire que de la recherche d'une sous-évaluation compétitive à l'américaine ou à l'italienne. Le franc était, après le dollar, la monnaie la plus forte du G6 en 1950 ; il était sous-évalué de 25 % vis-à-vis du dollar, mais surévalué de 15 % par rapport au Deutsche Mark. Il atteint sa parité de pouvoir d'achat avec le DM en 1970 et avec le dollar en 1973-1974. En 1985, à parité avec le DM, il est sous-évalué de 25 % par rapport au dollar. En 1986, il est à parité avec le dollar et le DM.

Les chocs pétroliers et le choc-dollar ont progressivement barré cette voie pour la France de 1975 à 1985. Mais, en lui ôtant cette possibilité d'ajustement, ils la contraignent du même coup à aligner sa croissance sur celle de ses partenaires. La baisse du prix du pétrole et la chute du dollar rendent à la France, à partir de 1986, une marge de manœuvre qu'elle n'avait pas connue depuis le début de la décennie. Toutefois, le système monétaire européen lui ôte, en fait, ce degré de liberté.

L'échec des dévaluations compétitives semble patent lors de la triple dévaluation de 1981-1982-1983, chacune accélérant l'inflation importée et préparant la suivante. L'État français, recourant à un financement du déficit public par des non-résidents, subit la dure loi des marchés financiers qui réclament une prime de risque de perte de change sur les obligations libellées en franc.

Aussi, la stratégie de désinflation compétitive s'inscrit en droite ligne dans l'ensemble des mesures adoptées depuis la fin des années soixante-dix : contrôle des agrégats monétaires, adhésion au SME en 1979, modernisation des marchés financiers au milieu des années quatre-vingt, abandon du contrôle des changes en 1990 et enfin indépendance de la Banque de France en 1994, dans la perspective de la monnaie unique à la fin de la décennie.

Inversant l'ordre des priorités, elle fait de la stabilité du change une contrainte et recherche l'amélioration de la compétitivité de l'économie française par un différentiel de prix favorable ; il s'agit clairement de battre l'Allemagne sur son propre terrain et de faire mieux qu'elle en matière d'inflation. Le pari semble fou en 1983, au moment où Jacques Delors impose la désindexation des salaires sur les prix ; il est pourtant tenu dix ans plus tard. Le franc français a gagné ses lettres de noblesse, même si les marchés continuent à préférer le DM.

En 1994, le franc, à mi-chemin entre le dollar qui poursuit sa chute et le DM qui continue à monter, se trouve surévalué de 15 % vis-à-vis du dollar et sous-évalué de 15 % vis-à-vis du DM.

Conclusion : Maastricht, ou la charrue avant les bœufs

Les observateurs extérieurs, et notamment les marchés financiers, portent aujourd'hui sur l'économie française un jugement assez nuancé.

Ils saluent unanimement les deux profondes mutations intervenues depuis la guerre. La première a permis à la France de réussir à l'extérieur son ouverture sur l'économie mondiale, notamment en s'intégrant à la CEE, et de réaliser à l'intérieur une croissance forte et régulière au prix d'ajustements périodiques de la parité du franc. La seconde a consisté à éradiquer l'inflation, à moderniser ses marchés financiers et à faire du franc une monnaie forte tout en préservant ses positions extérieures ; cette fois, ce sont la croissance et l'emploi qui servent malheureusement de variable d'ajustement.

Ils déplorent en revanche l'absence de réforme de fond dans les grands domaines de la fiscalité, de la protection sociale et du marché du travail. En matière fiscale, la nécessité d'une refonte complète du système des prélèvements obligatoires allant dans le sens d'un allégement des cotisations sociales et d'un alourdissement de l'impôt direct, notamment par le biais de la CSG, fait l'unanimité.

En matière de protection sociale, le choix un peu démagogique de la France consiste à laisser croire que tout peut être financé et à organiser l'éviction financière. Enfin, les rigidités du marché du travail conduisent, dès lors qu'elles se combinent avec le lien fixe franc-Deutsche Mark et des taux d'intérêt réels plus élevés qu'en RFA, à un chômage et une exclusion croissants. Là encore, les seules voies possibles consistent à inventer de nouveaux types d'emplois de proximité dans les services ou à partager l'emploi existant et les revenus. Tous les boulons étant serrés, il faut d'urgence trouver une soupape.

De fait, avec la versatilité qui caractérise les marchés, ils s'interrogent ouvertement sur les conséquences sur l'emploi et la cohésion sociale de la politique économique suivie, qu'ils ont appelée de tous leurs vœux et bruyamment approuvée à mesure qu'elle se mettait en place, mais dont le maintien en l'état leur semble de plus en plus problématique.

Or, il faut reconnaître que, si les marchés s'interrogent, c'est bien parce que la France elle-même semble hésiter à franchir le pas ultime qui la sépare de l'aboutissement à la monnaie unique. Après avoir fait aujourd'hui l'essentiel du chemin, elle est embourbée et cumule tous les inconvénients d'une parité presque fixe qu'elle doit défendre contre vents et marées de la spéculation sans en recueillir complètement les avantages en termes de visibilité sur le commerce extérieur et les paramètres financiers. Cette situation est évidemment parfaitement inconfortable.

Il n'y a plus désormais d'alternative à la politique choisie depuis près d'une décennie. Si l'on ne souhaite pas reculer la charrue, il faut clairement faire avancer les bœufs. C'est bien du reste la logique du traité de Maastricht que de s'imposer une contrainte extérieure qui force les évolutions souhaitables. La France est un peu dans la situation d'Ulysse attaché sur son ordre au mât de son bateau par ses marins ; elle continue d'entendre les sirènes de l'« autre politique », mais s'est mise en situation de ne plus pouvoir les écouter. A cet égard, il est permis de penser que l'expérience de 1981-1982 ne pourrait plus être tentée aujourd'hui, car la sanction des marchés financiers serait très lourde dès les prémisses de sa mise en œuvre.

Dans son désarroi, Ulysse aperçoit tout de même le « rivage allemand », sorte de terre promise au sens de Maastricht. Il lui faut sans doute, pour l'atteindre, engager des réformes de fond sur la fiscalité, la protection sociale et le marché du travail.

Au moment de la relecture des épreuves de ce livre, on peut constater que les marchés financiers ont, de fait, lourdement sanctionné l'absence apparente de toute politique structurelle durant le premier gouvernement Juppé et ont, en revanche, salué avec enthousiasme l'annonce du plan de redressement des comptes sociaux et l'amorce d'une réflexion sur la fiscalité. Il reste toutefois, pour les convaincre complètement, au second gouvernement Juppé à prouver sa capacité à faire accepter par le pays les mesures d'assainissement nécessaires sans aggraver les « fractures sociales ».

A cet égard, on doit déplorer que le troisième volet du triptyque – sans doute et de loin le plus important –, la réforme du marché du travail, reste le grand absent du débat. La manière dont l'Allemagne a su rétablir ses comptes publics après le choc de la réunification illustre, par ailleurs, l'impérieuse nécessité d'un consensus social pour y parvenir.

3

Italie

Pari sur Maastricht

Le mystère est toujours résolument italien.

JEAN GIONO, *Le Hussard sur le toit*.

Introduction : du miracle à l'antimodèle

Cinquième puissance du monde et troisième pays de la CEE, l'Italie fait le plus souvent l'objet de jugements péremptoires, hâtifs et erronés. Troisième pays de l'Axe durant la Seconde Guerre mondiale, l'Italie a infiniment moins bien réussi durant les quarante-cinq années de paix que ses deux alliés, le Japon et la RFA. En réalité, l'analogie avec la RFA est assez trompeuse, car les situations de départ au début des années cinquante étaient très différentes. L'état économique relatif des deux pays se mesure du reste assez bien au rapprochement de leurs performances militaires respectives durant la guerre. Les années cinquante ont bien marqué, pour les deux pays, un véritable miracle économique, le redémarrage s'effectuant grâce au plan Marshall, sur la base d'une monnaie sous-évaluée et après une réforme monétaire, mais, à la différence de la RFA, l'Italie n'avait ni capital abondant à remettre en œuvre, ni force de travail assez qualifiée pour le faire, ni position internationale à reconquérir. Certes, un stade de développement économique moins avancé y a heureusement retardé le grippage du fordisme survenu très tôt en Allemagne ; mais, à l'inverse, le retard économique et le blocage sociopolitique de l'Italie l'ont rendue incapable de résister aux chocs extérieurs.

1. La botte italienne

Au lendemain de la guerre, l'Italie vaincue effectue des choix voisins de ceux de l'Allemagne en dévaluant la lire, en procédant à une réforme monétaire et en optant pour le libéralisme économique et pour l'ouverture sur l'extérieur tout en bénéficiant de l'aide américaine du plan Marshall.

Risorgimento *et fascisme*

Après la division de l'Empire romain, les Italie sont partagées entre l'Empire byzantin d'Orient, les États de l'Église et les royaumes lombards. Au début du deuxième millénaire, le royaume d'Italie subit les influences successives de l'Empire franc carolingien et du Saint Empire romain germanique. Les rivalités entre le pape et l'empereur (querelle des Investitures, lutte du Sacerdoce et de l'Empire) favorisent, du XIIIe au XVe siècle, l'indépendance des grandes villes italiennes, Gênes, Florence, Venise, Milan et Naples. L'Italie morcelée, faible et riche devient un champ de bataille entre la France, l'Autriche et l'Espagne ; en 1815, elle est toujours, selon Metternich, une « simple expression géographique ». Dans l'élan du *Risorgimento*, l'unité italienne est réalisée en 1871 par Cavour et Garibaldi autour du royaume de Piémont-Sardaigne de Victor-Emmanuel II.

L'Italie entre en 1882 dans la Triple Alliance avec l'Allemagne et l'Autriche-Hongrie et s'en détache en 1902. Après une tentative pour conserver une stricte neutralité durant la Première Guerre mondiale, elle rejoint les Alliés en 1915. Dès la fin de la guerre, Benito Mussolini exploite le mécontentement consécutif à la « victoire mutilée » et rassemble les *squadri* et les *fasci* ; il forme son premier ministère en 1922 et devient *Duce* en 1925. Les accords de Berchtesgaden définissent en 1936 l'axe Rome-Berlin, et l'Italie mène la Seconde Guerre mondiale aux côtés de l'Allemagne et du Japon ; elle signe l'armistice le 3 septembre 1943 et déclare la guerre à l'Allemagne. Arrêté sur ordre du roi, Mussolini est libéré par les Allemands et fonde la République sociale italienne de Salo, satellite de l'Allemagne.

La guerre se poursuit en Italie, jusqu'à la capitulation de mai 1945. Des gouvernements de coalition dirigent l'Italie à partir du 18 juin 1944 ; la république est proclamée deux ans plus tard. Selon la Constitution du

27 décembre 1947, « l'Italie est une république démocratique, fondée sur le travail ». Les ministres communistes quittent le gouvernement en 1947. Depuis lors, le premier parti italien, la Démocratie chrétienne, représentant près de 40 % de l'électorat, colonise le pouvoir, et le deuxième, le Parti communiste, qui en rassemble environ 30 %, hégémonise l'opposition. Ce compromis historique conduit à une grande instabilité ; plus de quarante gouvernements se sont succédé depuis la guerre (De Gasperi, Fanfani, Moro, Andreotti, Craxi...) pour sept présidents (Einaudi, Gronchi, Segni, Saragat, Leone, Pertini, Cossiga). Le Parlement a élu en 1978 le premier président socialiste au seizième tour de scrutin et investi en 1983 le premier président du Conseil socialiste.

Reconstruction nationale

La situation de l'Italie au lendemain de la guerre peut s'analyser en référence à celle de l'Allemagne : les choix sont identiques, mais les acquis sont très différents. L'Italie, comme le Japon, a enregistré le démarrage de l'économie au début du XXe siècle, avec près de cinquante ans de retard sur l'Allemagne et la France. Durant la période de l'entre-deux-guerres, la conjoncture est soutenue dans les deux pays par la politique des grands travaux (autoroutes, flotte) et par les commandes d'armement ; la crise des années trente conduit à l'autarcie et au renforcement du contrôle étatique. Toutefois, Mussolini refuse de dévaluer la lire (qui est même réévaluée en 1926), alors que le mark a été assaini par la réforme monétaire de 1923.

Pendant que l'Allemagne prépare activement la guerre mondiale, l'Italie s'épuise en expéditions coloniales lointaines et coûteuses (campagne d'Éthiopie). La différence de développement économique des deux pays apparaît clairement durant la guerre, les troupes allemandes devant à plusieurs reprises secourir, voire supplanter, les troupes italiennes (expédition de Grèce, libération de Mussolini...). Au lendemain de la guerre, le capital italien est moins abondant et surtout moins efficace que le capital allemand ; de plus, les pertes dues à la guerre sont évaluées à 10 % dans l'agriculture, 25 % dans l'industrie, 30 % dans les services hors logements et 20 % dans les logements. Aussi, loin de bénéficier d'un afflux de réfugiés comme l'Allemagne, l'Italie sert au contraire de réservoir de main-d'œuvre aux autres pays d'Europe et même d'Amérique. Les décisions prises par Luigi Einaudi (le Ludwig Erhard italien) – une importante réforme monétaire (réglementation des réserves bancaires) et une dévaluation énergique de la lire (1 dollar valant 100 lires en 1945, 225 en 1946, 575 en 1948, enfin 625 en 1949, cette parité étant maintenue jusqu'en 1971) – et une aide américaine de 3,2 milliards de dollars ont toutefois permis le miracle économique à l'italienne qui, s'il est moins spectaculaire, s'est révélé plus durable qu'à l'allemande. Enfin, le fascisme aura permis, en Italie, la constitution d'un empire industriel public, base d'un capitalisme d'État (IRI, ENI, EFIM).

Italie du Nord et du Centre et Mezzogiorno

L'Italie compte, en 1994, une population de 58 millions d'habitants, comme la France ou le Royaume-Uni. Son territoire est constitué d'une partie continentale, en forme de botte dont le talon serait l'extrémité des Pouilles et la pointe la Calabre, et de deux îles, la Sicile et la Sardaigne. Sa superficie totale est de 301 400 km^2, soit un peu plus de la moitié de celle de la France, et la densité est presque double, 190 habitants au km^2. L'agriculture représente 4 % du PIB et l'Italie est l'un des tout premiers producteurs mondiaux de fruits et légumes ; toutefois, les échanges agricoles se soldent par un déficit, les importations de viande et d'animaux, de céréales et de produits laitiers dépassant les exportations de fruits et légumes, de vin et de pâtes. L'industrie représente 35 % du PIB et les services 61 %. En revanche, l'Italie est, en matière de tourisme, le troisième pays de l'OCDE, derrière les États-Unis et la France, pour les recettes et le premier pour la balance. L'Italie comprend deux régions très différentes : le Nord continental, riche, industriel, urbain, malthusien et ouvert au progrès, et le Sud méditerranéen, pauvre, agricole, rural, surpeuplé et traditionaliste. La population du Sud, en accroissement rapide, sert de réservoir de main-d'œuvre au Nord d'abord, à l'Europe ensuite, à l'Amérique enfin.

Surpopulation : émigration et chômage

L'Italie comptait 25 millions d'habitants en 1860, 47 en 1950, 50 en 1960 et 57 en 1980 comme en 1985. La population italienne a ainsi doublé en un siècle, mais l'émigration a été aussi importante que l'accroissement net de 25 millions, représentant 250 000 départs par an.

De 1950 à 1994, l'augmentation est de 10 millions, le rythme annuel de 0,5 % étant voisin de celui de la France et de la RFA. Le taux de natalité moyen est de 15 ‰ et le taux de mortalité de 10 ‰. Le mouvement migratoire net s'inverse brutalement en 1970, un taux d'émigration de 2 ‰ faisant place à une immigration de 1 ‰. Après la crise économique, les pays industrialisés d'Europe ont cessé d'employer les ouvriers italiens.

L'Italie a hérité de son histoire un caractère urbain très accentué. Elle compte une dizaine de villes de plus de 500 000 habitants, soit deux fois moins que le Royaume-Uni, mais autant que le Japon ; elle y regroupe plus de la moitié de sa population, comme le Royaume-Uni. Elle dénombre près d'un millier de villes de plus de 10 000 habitants.

La pression démographique se traduit, en Italie, à la fois par un taux d'activité relativement faible au regard des autres pays (42 % en 1994 contre 45 % à 50 %) et par un taux de chômage plus élevé (8 % en moyenne sur quarante-cinq ans contre 6 % aux États-Unis, 5 % pour les autres pays d'Europe et 2 % pour le Japon). Le travail féminin est, en particulier, moins développé en Italie ; la société assigne à la *mamma* un rôle traditionnel d'épouse et de mère. Surtout, il marque une tendance à la diminution, inverse de celle observée dans les autres pays ; loin de compenser les pertes d'emplois dans l'agriculture, l'industrie italienne a donné aux femmes la fonction d'amortisseur de conjoncture dévolue aux travailleurs immigrés en RFA.

Toutes proportions gardées, les mutations sectorielles et les migrations géographiques ont fait jouer à la population déracinée du sud de l'Italie un rôle d'armée de réserve pour le Nord analogue à celui des expulsés et des réfugiés en provenance des pays de l'Est pour la RFA ; moins qualifiée, elle s'avérait en revanche au moins aussi docile quant à l'acceptation de conditions de travail et de rémunération favorables aux entreprises.

2. Une société en mutation

La Démocratie chrétienne ou le chaos ?

La Démocratie chrétienne s'est maintenue au pouvoir pratiquement sans interruption depuis la guerre jusqu'en 1992 avec le soutien actif de l'Église. L'instabilité gouvernementale a toutefois été flagrante, les cabinets se succédant au rythme de un par an, souvent constitués par les mêmes hommes (De Gasperi, Fanfani, Moro, Andreotti...) et tous membres de la DC, aux seules exceptions près de Spadolini en 1981 et de Craxi en 1983.

Le Parti socialiste italien a obtenu un poids politique croissant à la fin des années quatre-vingt malgré une audience électorale limitée. De son côté, le Parti communiste italien (près de 30 % des suffrages) était associé à la direction du pays, dans une forme de cogestion originale que n'auraient pas désavouée Don Camillo et Peppone.

Au début des années quatre-vingt-dix, l'intensification des scandales a conduit les juges à lancer l'opération « Mains propres » (*mani pulite*). Cette enquête, la plus vaste probablement qu'un grand pays de l'OCDE ait lancée, a mis en évidence des phénomènes de corruption touchant l'ensemble du pays du nord au sud et l'intégralité de la classe politique, la DC et le PSI se distinguant particulièrement. L'onde de choc créée par ce scandale dans l'opinion publique a suscité une prise de conscience de la nocivité du mode de scrutin proportionnel, qui favorisait la domination des partis sur la vie politique. L'adoption d'un mode de scrutin majoritaire de type britannique, dans lequel certains ont distingué les prémisses d'une seconde république italienne, n'a cependant pas tout réglé.

Les élections générales de mars 1994 ont en effet vu le triomphe d'une coalition hétéroclite de droite dirigée par l'homme d'affaires Silvio Berlusconi, qui s'est rapidement révélée inapte à diriger le pays. Pour l'instant, rien de solide n'a repoussé sur les ruines de l'ancien système de compromis historique...

Un tissu entrepreneurial distendu

Deux types de firmes coexistent aujourd'hui en Italie. La grande entreprise, véritable ville-usine, emploie des milliers, voire des dizaines de milliers de travailleurs. Les plus connues sont la Pirelli et la Fiat ; leurs dirigeants Giovanni Agnelli et Leopoldo Pirelli, qualifiés en 1969 de *gemelli ladri* (« frères voleurs »), représentent le courant résolument moderniste du patronat italien ; ils ont été élus président et vice-président de la Confindustria en 1974. A l'inverse, plusieurs dizaines de milliers de petites et moyennes entreprises occupent dix à cinq cents personnes, une cinquantaine en moyenne ; les plus célèbres sont les Bresciani, petits producteurs de ronds à béton, accusés par la CEE de ne pas respecter les règles de prix et de quotas. Après la présidence de Guido Carli, ancien gouverneur de la Banque d'Italie, la nomination à la tête de la Confindustria de Vittorio Merloni en 1980 témoigne de la modification du rapport de forces entre les grandes et les petites et moyennes entreprises. Les banquiers des grandes villes d'Italie, Gênes, Florence, Venise et Naples, qui exerçaient une activité florissante au Moyen Age, connurent un déclin durant plusieurs siècles avant la réalisation de l'unité italienne. La crise des années trente conduisit à la tutelle de l'IRI sur la *Banca Commerciale Italiana*, le *Banco di Roma* et le *Credito Italiano*. La loi bancaire de 1936 opéra une coupure entre les banques de dépôt et les organismes de crédit, et l'État prit le contrôle des six principaux instituts de crédit, la *Banca Nazionale del Lavoro* et les banques régionales de Naples, de Sienne, de Turin, de Sicile et de Sardaigne. Ainsi, la nationalisation de l'appareil bancaire était réalisée à 90 % avant la Seconde Guerre mondiale.

Rigidité obligée du marché du travail...

Plus que le taux de chômage moyen (11 % fin 1994 malgré un nettoyage poussé des fichiers, qui affaiblit la comparaison par rapport aux autres pays), la mauvaise performance de l'Italie en matière de travail se caractérise par un faible taux d'activité de la population et de fortes disparités dans les taux de chômage.

Les deux phénomènes vont d'ailleurs de pair : les populations qui connaissent le chômage le plus élevé (femmes, jeunes, habitants du sud de la péninsule) sont découragées et se présentent moins nombreuses qu'ailleurs sur le marché du travail. Il faut sans doute l'imputer au mode de négociation des salaires qui a cours en Italie. Forts d'une base relativement nombreuse et des prérogatives que leur a accordées la loi du 20 mars 1979 (influence sur les embauches, blocage des licenciements, interdiction du contrôle de l'absentéisme), les syndicats font prévaloir une fixation centralisée et égalitariste des salaires, les écarts différenciés, notamment entre le nord et le sud de la botte étant largement inférieurs aux écarts de productivité. Résultat, les entreprises privées fuient le *Mezzogiorno*.

En fait, comme l'Allemagne unifiée de 1990, mais de façon permanente (alors que la RFA est dans un régime transitoire), l'Italie économique est coupée en deux entre un Nord dont la productivité et les mentalités s'apparentent à l'Allemagne et à l'Autriche et un Sud qui n'est pas très éloigné de la Tunisie. Pour autant, la cohésion du pays impose que les différences de salaires ne soient pas trop marquées ; l'ajustement se fait donc par l'emploi. Ainsi, l'écart de taux de chômage entre Nord et Sud atteint 12 points en moyenne, mais certaines catégories sont encore plus touchées au sud : 70 % des jeunes femmes de 14 à 19 ans n'y trouvent pas d'emploi. *A contrario*, à l'exception des moins de 25 ans, le chômage masculin n'est que marginal au nord (à peine 2,5 %).

Il existe toutefois deux mécanismes correcteurs qui empêchent le chômage de dépasser 20 % à 25 % dans le *Mezzogiorno* : une politique d'implantation des emplois publics dans les zones défavorisées et les prestations de la *Cassa Integrazione Guadagni* (CIG) qui indemnise le chômage partiel de manière particulièrement généreuse. Le chômage partiel, très courant dans le Sud, apparaît ainsi comme une forme de sous-emploi socialement plus acceptable…

… mais fin de l'échelle mobile

L'échelle mobile des salaires a été introduite en Italie après la guerre ; les salariés perçoivent une indemnité de vie chère indexée sur un budget-type familial calculé en fonction d'un indice des prix trimestriel. Jusqu'en 1975, la valeur de l'indemnité variait selon la qualification professionnelle ; le système figeait la grille salariale. L'accord de 1975 a unifié la base de calcul au niveau le plus élevé de la hiérarchie, resserrant automatiquement l'éventail des rémunérations ; il reste néanmoins, avec ceux de la France et des États-Unis, parmi les plus ouverts des pays industrialisés. Jugeant la « machine infernale » responsable, par la rigidité du mécanisme d'indexation, de la spirale prix-salaires, le patronat a dénoncé, en mai 1982, l'accord de 1975.

Ce n'est toutefois qu'en juillet 1992, sous la double contrainte de change (la lire était alors dans la bande étroite du SME) et de maîtrise de l'inflation pour pouvoir participer à l'UEM, que la *scala mobile* a été abolie. En juillet 1993, un nouveau système a été mis en place qui définit deux niveaux de négociation salariale. Au niveau national, la progression des rémunérations est fixée pour les deux ans à venir en fonction des objectifs d'inflation établis par le gouvernement et les partenaires sociaux. Au niveau de l'entreprise, cette progression est modulée par les gains de productivité et l'évolution des résultats. Depuis 1993, les premiers cycles de négociation ont été marqués par une grande modération des syndicats, du fait probablement d'un contexte récessif.

Présences et absences de l'État

L'État italien combine de manière spectaculaire le laisser-faire économique et l'assistance aux entreprises et aux personnes ; aussi, l'un des maux les plus décriés de l'économie latine est l'hypertrophie et l'inefficacité de son administration, tour à tour accusée de présence injustifiée ou d'absence inqualifiable.

Les finances publiques italiennes connaissent, depuis quarante-cinq ans, un déficit permanent qui représente, en moyenne, 2 % du PIB de 1950 à 1970, plus de 10 % de 1970 à 1991, soit l'un des taux les plus élevés de l'OCDE.

Jusqu'au milieu des années quatre-vingt, la faiblesse des recettes en était la principale responsable, du fait notamment d'une économie « noire » plus développée qu'ailleurs et d'un goût prononcé pour la fraude fiscale. Certaines mesures correctrices ont été prises depuis ; les taux d'imposition ont été relevés (au contraire de la plupart des pays de l'OCDE), de nombreuses taxes ont été créées et la fraude fiscale semble être combattue avec plus de détermination. Aujourd'hui, compte tenu des caractéristiques structurelles de l'économie italienne (importance des PME et des travailleurs indépendants) qui rétrécissent l'assiette des prélèvements, il semble difficile d'aller plus loin sur les recettes. La clé du problème réside donc largement dans la maîtrise des dépenses publiques. Certaines d'entre elles, les paiements d'intérêts, échappent en partie au contrôle du gouvernement, même si les taux d'intérêt italiens dépendent aussi de l'intensité des efforts des autorités en vue de réduire ce déficit. Il est donc d'autant plus crucial de maîtriser les transferts et la consommation publique.

Or, au contraire, l'Italie est, parmi les grands pays européens, celui qui a le moins bien tenu ses dépenses et ses transferts à caractère sociaux. Les régimes de retraite et des pensions d'invalidité apparaissent ainsi particulièrement généreux. Par ailleurs, les effectifs des administrations et des entreprises publiques sont pléthoriques, surtout dans le *Mezzogiorno.*

Depuis dix ans, des efforts ont permis de ramener le déficit public de près de 14 % à un peu moins de 10 % ; cela reste toutefois largement insuffisant au regard des exigences de l'Union économique et monétaire. Malgré des progrès significatifs dans la lutte contre l'inflation, les taux d'intérêt à long terme restent désespérément élevés (plus de 13 % en début 1995, soit 9 % en termes réels, un des records mondiaux), traduisant également la défiance des marchés devant l'instabilité politique récurrente de l'Italie, et alimentant ainsi le cercle vicieux de la dette publique.

La politique monétaire de la Banque d'Italie est longtemps restée caractérisée par la permanence d'un crédit bon marché, illustrant les limites de l'indépendance formelle de la Banque d'Italie, obligée en outre, jusqu'en 1991, de se porter acquéreur des bons du Trésor qui n'auraient pas trouvé preneur. L'entrée en vigueur de la première phase de l'UEM a consacré le « divorce » entre Trésor et Banque centrale, puisqu'un tel financement monétaire du déficit budgétaire est désormais prohibé. Elle a en revanche réduit la marge de manœuvre de la politique monétaire, la Banque d'Italie étant beaucoup plus qu'auparavant soumise à l'influence de la *Bundesbank*. La Banque centrale a ainsi été conduite à durcir sa politique de crédit, malgré des succès substantiels sur le front des prix. Au contraire de la situation qui prévalait jusqu'à la fin des années quatre-vingt, les taux d'intérêt à court terme sont aujourd'hui parmi les plus élevés de l'OCDE.

Le problème de l'inégalité régionale a justifié l'affichage d'une certaine planification des évolutions économiques. En 1950, la *Cassa per il Mezzogiorno* (Caisse pour le Midi) doit appliquer la réforme agraire, suivie des deux plans Verts ; en 1957, elle est chargée de mener le développement industriel. En 1955, le plan Vannoni définit, pour une décennie, les lignes de constitution d'un secteur industriel privé et public. Depuis 1963, un comité pour la programmation prépare des plans quinquennaux ; il s'agit, comme en France, d'une planification indicative et non contraignante.

Malgré sa faiblesse, l'administration italienne intervient massivement dans le processus de production. Les entreprises industrielles ou financières contrôlées par l'État ont été créées dans l'entre-deux-guerres, comme l'AGIP (*Azienda Generale Italiana Petroli*) en 1926 et l'IRI (*Istituto per la Ricostruzione Industriale*) en 1933 ou après la guerre, pour des raisons économiques ou sociales, comme l'ENI (*Ente Nazionale Idrocarburi*), succédant à l'AGIP, en 1953 et l'ENEL (*Ente Nazionale per l'Energia Elettrica*) en 1962, gérant le secteur des combustibles, ou l'EFIM (*Ente Partecipazioni e Finanziamento Industrie Manifatturiere)*, chargée de l'assainissement financier et du développement industriel. L'IRI, l'ENI et l'EFIM contrôlent près de 500 sociétés de divers secteurs d'activité, représentent quelque 700 000 emplois et réalisent 5 % du PIB italien.

Depuis le début des années quatre-vingt-dix, l'État affiche des velléités de démantèlement et de privatisation des holdings publics : liquidation de l'EFIM, très lourdement endettée ; cessions de petites filiales, mais aussi des trois grandes banques et de la deuxième compagnie d'assurances pour 17 000 milliards de lires, soit 50 milliards de francs. Mais l'État reste plus présent dans l'économie que dans la plupart des pays de l'OCDE.

3. Efficacité d'une accumulation tardive

Le décalage économique de l'Italie lui a permis de prolonger la période de rattrapage et de retarder le grippage du fordisme, la décennie du miracle se poursuivant, au prix de déséquilibres passagers, par celle des illusions ; les tensions sociales et les difficultés extérieures éclatent au grand jour durant les années soixante-dix et conduisent à l'assainissement du début des années quatre-vingt.

La décennie du miracle

A la différence du Japon, de l'Allemagne ou de la France, l'Italie n'a pratiquement pas subi, au cours de la Seconde Guerre mondiale, d'occupation étrangère ; elle a récupéré, dès 1954, la zone anglo-américaine de Trieste. La réforme monétaire, la dévaluation de la lire, la reconstruction et l'aide américaine stimulent efficacement l'économie transalpine. En outre, la découverte d'importants gisements de méthane dans la plaine du Pô contribue à l'essor de l'après-guerre.

Avec une croissance de 5,7 % l'an durant les années cinquante, l'Italie se range derrière le Japon et la RFA ; l'évolution est très régulière. En dix ans, le produit national est multiplié par 1,7. Les gains annuels de productivité du travail atteignent 5 % et les effectifs croissent au rythme de 0,7 % l'an, ce qui représente 1,5 million d'emplois créés ; le taux de chômage reste cependant très élevé, en raison d'un fort accroissement de 3 millions de la population totale et d'une stabilité du taux d'activité à 45 %. La croissance se fait alors sans surchauffe et le rythme d'inflation est, avec 3 % l'an, comme en RFA, deux fois plus faible qu'en France.

Le taux de salarisation progresse très rapidement, passant de 48 % à 58 % ; l'Italie a créé 2,7 millions d'emplois salariés, mais perdu 1,2 million d'emplois non salariés. Corrigée de la salarisation croissante, la part des salaires baisse de 80 % à 73 %. Ce déplacement du partage salarial a, comme dans les autres pays, pour effet d'abaisser de 8 points la part de la consommation privée dans le produit intérieur ; toutefois, celle de la consommation publique s'accroît de 3,5 points. Le taux d'investissement passe de 18 % à 22,5 % ; il est, en 1960, supérieur à celui de la France.

La montée rapide du taux d'investissement est facilitée par le niveau élevé de l'épargne des ménages (austérité traditionnelle du peuple italien due à ses origines paysannes et renforcée durant la période du fascisme et de la guerre) et de l'autofinancement des entreprises (la faible salarisation ayant pour corollaire un nombre important de petites et moyennes entreprises et le chômage exerçant une pression croissante à la baisse sur les salaires).

Le stock de capital en volume progresse assez faiblement de 2,7 % l'an ; la substitution capital-travail se fait au rythme lent de 2 % l'an. En revanche, la productivité du capital progresse aussi vite qu'en RFA ; elle part toutefois d'un niveau plus faible et passe de 16 % à 22 %, rejoignant celle du Royaume-Uni. Aussi, compte tenu d'une évolution favorable du prix relatif du capital, sa rentabilité double sur la décennie ; elle reste cependant à un niveau plus faible que celui des cinq autres pays étudiés.

En 1950, l'agriculture représentait 23 % du PIB en Italie, comme au Japon ; cette part baisse d'un tiers en dix ans et passe à 15 %. La part du secteur secondaire atteint 37 % et progresse de 1 % seulement ; celle de l'industrie, qui est, avec 32 %, la plus faible des six pays étudiés, diminue de 1,5 % et celle de la construction passe de 5 % à 7,5 %, à cause de la reconstruction importante de logements. La part des services, qui se monte déjà à 40 %, s'accroît encore de 7 %. La création d'emplois salariés dans le tertiaire est plus importante que leur destruction dans l'agriculture.

Le temps des illusions

La conquête du marché européen, largement ouvert pour un pays à bas salaires, la poursuite de l'émigration rurale et le rattrapage technologique permettent le maintien d'une forte croissance, au prix toutefois de déséquilibres accrus.

La croissance progresse dans les années soixante au même rythme annuel de 5,7 % que durant les années cinquante ; l'Italie occupe la deuxième place derrière le Japon. Le produit national est multiplié par 3 en vingt ans. Les gains annuels de productivité du travail sont plus forts que dans la décennie précédente, atteignant 6,3 %, et les effectifs diminuent de 0,6 % l'an, ce qui représente une perte de 1,2 million d'emplois ; le taux de chômage ne s'élève cependant pas, malgré un accroissement de 3,5 millions de la population, en raison de la chute du taux d'activité de 45 % à 39 % qui fait baisser la population active de 1,4 million. Cette fois, le rythme annuel d'inflation de 4,5 % est sensiblement égal à celui de la France ou du Royaume-Uni et le deuxième des pays étudiés après le Japon.

Le taux de salarisation progresse à nouveau de 10 points, passant de 58 % à 68 % ; l'Italie a créé 1,3 million d'emplois salariés, soit deux fois moins que durant la décennie précédente, et perdu 2,5 millions d'emplois non salariés, soit deux fois plus. La part salariale corrigée diminue légèrement et le partage entre la consommation (privée et publique) et l'investissement reste inchangé.

Le stock de capital en volume progresse au rythme plus soutenu de 4,3 % l'an ; la substitution capital-travail est alors très rapide, atteignant 5 % l'an. La productivité du capital continue à progresser, atteignant 25 % en 1970, et sa rentabilité s'améliore sensiblement.

La part de l'agriculture dans le PIB diminue encore de moitié au cours de la décennie et passe de 15 % à 8 %. Cette fois, la modification du partage secondaire-tertiaire est inverse de celle des années cinquante ; l'industrie et la construction voient leur part totale s'accroître de 6 % et les services de 1 %.

Cette mutation sectorielle explique largement la diminution de la population active durant la décennie ; l'industrie crée moins d'emplois que l'agriculture n'en détruit.

Le début des années soixante voit la rupture entre socialistes et communistes, les premiers entrant au gouvernement à la place des libéraux et les seconds demeurant dans l'opposition. La première mesure adoptée est la nationalisation de la production d'électricité et la création de l'ENEL en 1962. L'emballement de la croissance à la fin des années cinquante s'était accompagné d'une vive accélération de l'inflation et d'une forte dégradation de la balance des paiements jusqu'en 1963, et justifiait, au milieu de la décennie, l'application de la politique monétaire restrictive préconisée par le gouverneur de la Banque d'Italie, Guido Carli. La seconde moitié de la période voit, à l'inverse, la mise en œuvre d'une politique de relance keynésienne s'ajouter à une reprise de l'économie mondiale.

Le retour aux réalités

Les freins sociaux, apparus lors de l'« automne chaud », et commerciaux, révélés et aggravés par le choc pétrolier, ramènent brutalement l'Italie aux dures réalités d'une crise économique nationale et mondiale.

La croissance annuelle tombe à 3,1 % ; l'Italie repasse au troisième rang, derrière le Japon et la France. Surtout, l'ampleur et la fréquence des variations s'amplifient fortement.

Les gains de productivité sont limités à 2,5 % l'an et les effectifs progressent à nouveau de 0,6 % l'an, ce qui efface les pertes de la décennie précédente en créant 1,3 million d'emplois ; le taux de chômage remonte cependant de 5,5 % à 7,5 %, en raison d'une progression de 3,4 millions de la population et d'une légère remontée du taux d'activité à 40 %, qui accroissent la population active de 1,9 million. L'inflation s'accélère fortement et atteint près de 15 % l'an, soit le rythme le plus fort des six pays étudiés.

Le taux de salarisation passe de 68 % à 72 %. La part salariale corrigée progresse de 10 points de 1970 à 1975 et diminue ensuite de 5 points de 1975 à 1980. La part de la consommation privée reste toutefois stable, grâce à une diminution de celle des transferts nets versés aux ménages et à une remontée du taux d'épargne ; le taux d'investissement revient à 20 %, par suite d'une légère augmentation de la part de la consommation publique.

Le stock de capital en volume voit sa progression ralentir à 3,6 % l'an ; la substitution capital-travail retombe au rythme de 3 % l'an. Enfin, la productivité du capital diminue durant la première moitié de la décennie pour progresser à nouveau durant la seconde. En 1980, elle est proche de 25 %, comparable à celles du Japon et du Royaume-Uni. Cette fois, la rentabilité du capital diminue notablement et reste la plus faible des six pays. La part de l'agriculture dans le PIB diminue à peine de 2 points durant la dernière décennie étudiée ; elle reste, en 1980, avec 6,6 %, la plus forte devant la France. La part du secteur secondaire se stabilise à un niveau qui la classe au deuxième rang derrière la RFA et devant le Japon ; celle des services, de l'État et des ménages s'accroît de 2 points, mais demeure la plus faible, derrière la France. En 1980, l'Italie est ainsi, parmi les six pays étudiés, le plus agricole, le moins tertiarisé et le deuxième plus industrialisé.

La fin des années soixante est marquée par l'« automne chaud » (les grèves sauvages de 1969) et ses prolongements sociaux et politiques jusqu'aux élections anticipées de 1972. Le premier choc pétrolier saisit l'Italie en pleine reprise et l'année 1974 enregistre le record absolu de déficit extérieur et une très forte accélération de l'inflation qui passe de 6 % en 1972 à 12 % en 1973 et 18 % en 1974. Le plan de stabilisation de 1974 précipite la récession de 1975 ; la politique ultérieure relève du *stop and go*, alternant les plans de relance et d'austérité et conduisant à des phases consécutives d'accélération et de ralentissement de l'activité.

En particulier, la RFA, la CEE et le FMI imposent, en 1976, un plan de redressement brutal, les emprunts consentis étant partiellement gagés sur l'or de la Banque d'Italie.

Le deuxième choc pétrolier et la montée du dollar conduisent à la stagnation de 1981, aux récessions de 1982-1983 et à des reprises plutôt moins dynamiques qu'ailleurs. Depuis 1980, la croissance est, avec 1,7 % l'an, la plus faible du G6 ; même le Royaume-Uni fait mieux. La productivité du capital recommence à baisser ; l'Italie est bien entrée à son tour dans la crise du fordisme.

L'originalité de l'efficacité du processus d'accumulation en Italie par rapport aux cinq autres pays étudiés apparaît tout à fait clairement. Durant les quarante-cinq années de l'après-guerre, le rythme annuel de progression de la productivité du capital atteint près de 1 %, alors qu'il est quasi nul pour les trois autres pays européens et négatif de 0,5 % pour les États-Unis et le Japon. L'accumulation est extensive durant les années cinquante, car elle s'accompagne de forts gains de productivité du capital et d'une faible substitution capital-travail. Durant les années soixante, elle combine heureusement, comme la France, une productivité du capital toujours croissante et une forte substitution capital-travail, le nombre d'emplois diminuant même sensiblement. La première moitié des années soixante-dix enregistre une perte d'efficacité, en partie compensée par un ralentissement de la substitution capital-travail ; la seconde moitié de la décennie marque, comme aux États-Unis, un retour à la phase extensive. Le point de retournement de la productivité du capital se situe plus tardivement que dans les autres pays. Le retard économique de l'Italie lui a paradoxalement permis d'échapper plus longtemps que ses partenaires à la crise du fordisme.

Surtout, l'extension du travail posté et l'allongement de la durée d'utilisation des équipements ont permis d'enrayer ou de différer le retournement de la productivité du capital.

4. Une insertion internationale originale mais réussie

Le déficit permanent de la balance courante de l'Italie cache une vive croissance de son commerce extérieur. Le maintien d'une parité favorable de la lire et l'importance du secteur immergé entraînent une sous-estimation du niveau de vie de la péninsule, mais permettent à ses entreprises de se montrer très compétitives sur les créneaux à forte intensité en main-d'œuvre.

Un équilibre instable de la balance des paiements

Jusqu'en 1985, l'Italie avait presque toujours connu un solde négatif de sa balance commerciale; elle a réussi depuis à revenir à l'équilibre, voire à dégager un léger excédent. Le mouvement enregistré sur les services et transferts est inverse : excédent jusqu'au milieu des années quatre-vingt, dû notamment aux recettes du tourisme et au rapatriement de revenus des travailleurs émigrés, atteignant au total 60 milliards de dollars; déficit important depuis 1985 (100 milliards sur neuf ans), la balance touristique s'étant fortement dégradée.

Le solde de la balance courante est donc resté négatif sur la période et aboutit à un déficit cumulé de 80 milliards de dollars.

Malgré cela, l'Italie dégage un excédent de sa balance de base et voit ses réserves progresser. Elle a en effet enregistré, surtout depuis le début des années quatre-vingt, d'importantes rentrées de capitaux à court et à long terme, leur cumul respectif s'élevant à 50 et à 120 milliards de dollars.

La progression de 10 points en quarante-cinq ans du taux de couverture des biens et services en valeur de l'Italie recouvre une évolution radicalement inverse de celle de la RFA : le taux de couverture en volume s'améliore de 35 % et les termes de l'échange se dégradent de près de 20 %. L'élasticité des importations à la croissance est la plus forte des pays du G6 avec les États-Unis, mais celle des exportations à la croissance étrangère est la deuxième plus forte, derrière le Japon.

La croissance interne de l'Italie est, sur les quarante-cinq années, à peine plus faible que celle de la RFA et très inférieure à celle du Japon.

Aussi, l'Italie fournit une image assez contrastée de ses performances extérieures. Si elle se rapproche du Royaume-Uni par un solde courant en permanence déficitaire, ce résultat est en revanche obtenu par la conjonction de taux de croissance, à l'exportation et à l'importation, proches de ceux de la RFA, inférieurs à ceux du Japon, mais près du triple de ceux du Royaume-Uni.

La part de l'Italie dans le marché des biens et services de l'OCDE double de 1950 à 1995, passant de 3 % à 6 %, celles du Japon et de la RFA triplent, mais celle du Royaume-Uni est réduite de moitié.

La structure par produits et par pays du commerce extérieur italien montre une forte concentration des exportations sur les produits manufacturés à destination des pays industrialisés ; toutefois, la part des biens de consommation est sensiblement plus élevée qu'en RFA ou au Royaume-Uni. La répartition des importations est beaucoup plus dispersée, la dépendance en produits agricoles et en matières premières étant particulièrement forte.

Un positionnement commercial
lié à la sous-évaluation récurrente de la lire

De 1950 à 1995, la lire perd les deux tiers de sa valeur vis-à-vis du dollar ; la dépréciation annuelle est de 2 % l'an. La parité de 625 lires pour 1 dollar reste fixe de 1949 à 1971 ; après les décisions de l'hiver 1971, la monnaie italienne est réévaluée de 10 %. Elle entre dans le serpent en avril 1972 et le quitte un an plus tard pour flotter librement durant six ans. Elle connaît deux paliers vis-à-vis du dollar, le premier du début de l'année 1974 au milieu de l'année 1975 à 625 lires, le second de l'été 1976 à l'été 1980 à 850 lires, suivis chacun d'une chute de 30 % en un an. Après s'être appréciée régulièrement contre le dollar jusqu'en septembre 1992, elle s'est ensuite repliée jusqu'à environ 1 700 lires pour 1 dollar.

La dévalorisation par rapport aux monnaies du serpent est, elle, permanente. En mars 1979, l'Italie adhère au SME, mais la lire bénéficie d'une marge de fluctuation de 6 % au lieu de 2,25 %. Elle est néanmoins dévaluée cinq fois : en mars et en octobre 1981, en juin 1982, en mars 1983 et en juillet 1985. Depuis septembre 1992, son flottement s'est traduit par un recul de près du tiers par rapport au Deutsche Mark. En termes de parité de pouvoir d'achat, la lire est restée sous-évaluée depuis 1950 vis-à-vis du dollar, du mark, du franc et de la livre et depuis 1973 par rapport au yen.

La sous-évaluation permanente de la monnaie agit inévitablement sur la structure du commerce extérieur, en termes de spécialisation et de division internationale du travail. Le diagnostic n'est toutefois pas aussi univoque qu'on le croit parfois.

Au premier abord, en effet, l'Italie semble n'avoir guère redressé une spécialisation initiale médiocre, en raison d'un effort limité. Très dépendante des importations de matières premières et de produits de l'agriculture, de la métallurgie, de la mécanique et de la chimie, l'économie italienne est spécialisée dans le textile, l'habillement, les chaussures, les véhicules automobiles et l'équipement ménager.

Pour certains observateurs, la recherche opiniâtre d'une parité de la lire sous-évaluée est une politique cambiaire adaptée à la situation de l'Italie et la monnaie faible génère un enchaînement vertueux analogue à celui que la France avait connu jusqu'au début des années quatre-vingt (schéma 7, page suivante).

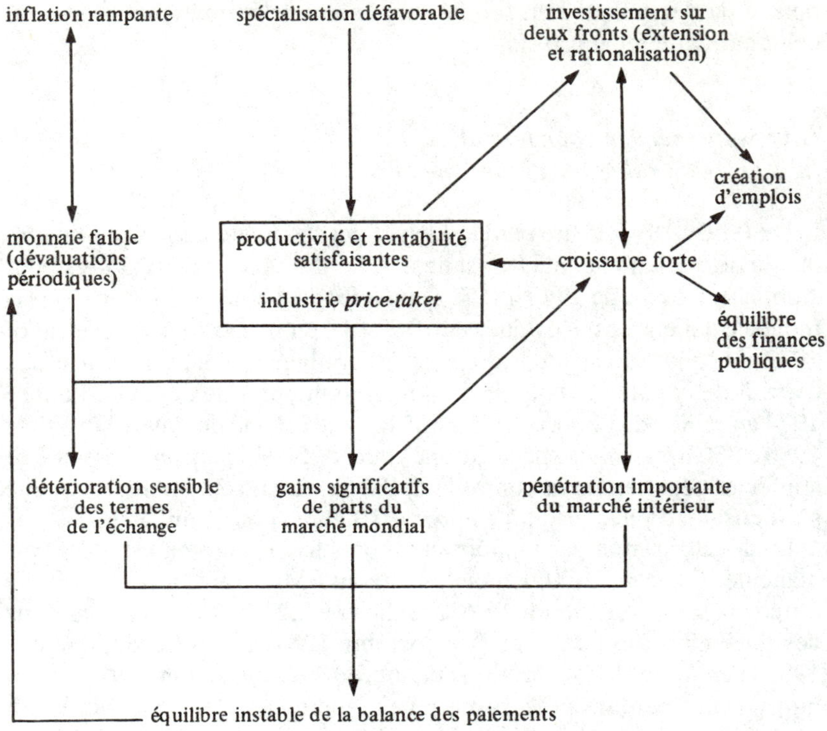

Schéma 7
Cercle vertueux de la monnaie faible

Sur la base d'une compétitivité favorable, l'Italie est restée engagée dans une spécialisation tournée vers les biens de consommation banalisés ou, plus généralement, vers les produits à forte intensité en main-d'œuvre pour lesquels l'avantage de prix joue un rôle plus important que celui de la qualité. A l'inverse, elle est très dépendante au niveau de ses importations de produits alimentaires ou de matières premières non substituables, voire de biens d'équipement à haute technologie, pour lesquels le niveau de prix joue un rôle moins important.

A l'inverse de la RFA ou du Royaume-Uni, l'Italie réalise toutefois, comme le Japon, mais à un moindre degré, certains progrès dans les produits fondamentaux pour la maîtrise de la division internationale du travail (cf. tableau 2, p. 249).

Pour d'autres, plus critiques, il s'agit au contraire d'un cercle vicieux,

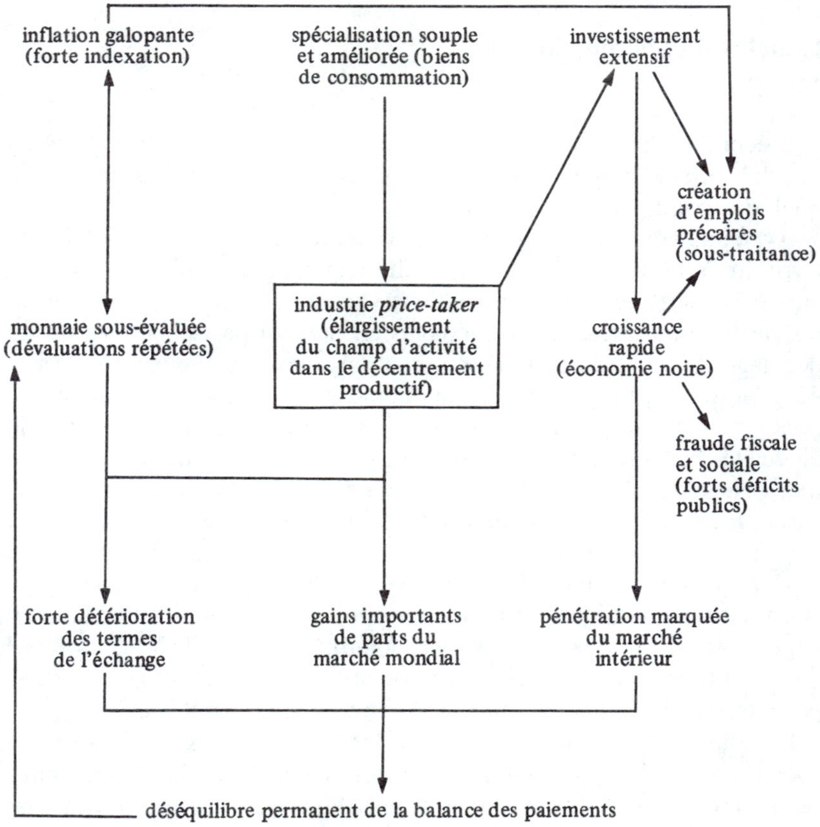

Schéma 8
Cercle vicieux de la monnaie sous-évaluée

dont l'Italie ne peut sortir. En volume, le fort dynamisme des exportations ne permet pas d'améliorer durablement le solde extérieur, car le rythme soutenu de la croissance entraîne une vive progression des importations ; l'Italie est, comme la France, amenée progressivement à subir une contrainte extérieure et à mener une politique de *stop and go.* La spécialisation de l'économie italienne en produits très sensibles à la compétitivité par les prix rend nécessaire une gestion de la parité de la lire de type faible ; la dépendance des importations en produits non substituables et inélastiques aux prix la contraint à subir une détérioration sensible des termes de l'échange et à accepter une forte inflation importée (cf. schéma 8).

Conclusion : la tour de Pise

L'économie italienne évoque irrésistiblement la tour de Pise toujours penchée, mais toujours debout ; au-delà des paradoxes statistiques, quelques points saillants apparaissent.

Avec une population légèrement inférieure à celle de la France sur un territoire à moitié aussi étendu, l'Italie réalise un produit national égal aux trois quarts du sien. Pourtant, les indicateurs traditionnels de niveau de vie (automobiles, électroménager...) ne font pas apparaître un tel décalage. La contradiction s'explique par une sous-évaluation permanente et forte de la lire. On pourrait même croire les ménages italiens les plus riches d'Europe, dans la mesure où ils cumulent un niveau de vie élevé et un taux d'épargne qui ne l'est pas moins. En fait, une partie de leur richesse est largement illusoire, car elle est constituée des titres de l'État. En d'autres termes, ils sont riches de l'argent qu'ils se doivent...

L'Italie montre, notamment jusqu'à la fin des années soixante-dix, le cas, unique pour les pays du G6, d'une accumulation du capital efficace, son retard économique lui permettant précisément de différer le grippage du fordisme. La baisse de la rentabilité du capital est liée d'abord à la modification du partage salaires-profits et non à la diminution de la productivité du capital comme au Royaume-Uni et en RFA.

L'Italie a été le champ de formidables mutations sectorielles et sociales. Le taylorisme, ou l'adoption des modes de production des pays industrialisés, a précédé le fordisme ou l'alignement sur leurs normes de consommation ; aussi, les performances internes et externes de l'économie italienne n'ont guère connu d'entrave jusqu'au premier choc pétrolier et ont pu se renforcer mutuellement.

Depuis vingt ans toutefois, l'Italie a cessé de rattraper les plus riches – États-Unis, Japon, RFA ou France. Plus encore que ce coup d'arrêt, c'est sans doute l'internationalisation progressive de son marché financier, et notamment du financement de sa colossale dette publique (auparavant réservé aux ménages italiens), qui a fait prendre conscience à l'Italie et à sa classe politique que les spécificités de l'économie de la péninsule n'étaient plus compatibles avec son statut de cinquième puissance du monde.

Freinage des transferts vers le *Mezzogiorno*, maîtrise des dépenses sociales, réduction de l'appareil d'État, modernisation et amélioration de l'efficacité du système fiscal, privatisation du large et désastreux secteur public..., les déclarations d'intention n'ont pas manqué. Jusqu'à présent, toutefois, les progrès sont restés modestes, si l'on excepte le fait que l'inflation a été ramenée à moins de 4 %, grâce notamment à l'arrêt des mécanismes d'indexation (*scala mobile*). Encore s'agit-il plutôt d'une victoire à la Pyrrhus, dans la mesure où l'étau n'a pas été desserré, au contraire, sur les taux d'intérêt à court et à long terme.

… Et pourtant, la tour de Pise ne tombe pas ! Malgré tous ces problèmes économiques, malgré le chaos politique, l'Italie continue de croître à un rythme comparable à celui des autres pays de l'Union européenne, sans connaître de problème d'équilibre des comptes extérieurs.

Outre son étonnante capacité d'adaptation, liée à la flexibilité de son tissu économique, la sous-évaluation permanente de la lire joue sans doute un rôle important. En particulier, la dépréciation considérable, intervenue depuis l'automne 1992, les 1 000 lires étant revenues de 4,40 francs à moins de 3 francs, a compensé la triple purge salariale, budgétaire et monétaire qu'a subie la péninsule.

Mais il ne peut s'agir que d'un régime transitoire, l'Italie ne pouvant durablement vivre sous anesthésie du taux de change. Faute d'un redressement rapide de ses finances publiques, qui passe notamment par un plus grand volontarisme et une plus grande stabilité politique, ainsi que par le transfert au secteur privé d'une partie importante des actifs industriels de l'État, la défiance ne fera que croître à l'égard de l'Italie, la condamnant à la « deuxième division européenne ». Tel est le sens du pari sur Maastricht.

4

Royaume-Uni

Le salut par le tertiaire ?

Introduction : l'inventeur de la croissance lente

Le XXe siècle est, pour le Royaume-Uni, synonyme de déclin. Premier pays à avoir connu l'industrialisation, pionnier du développement économique et social, il va être progressivement rattrapé par les autres, puis relégué dans le groupe des pays d'importance moyenne. Depuis la guerre, son économie évolue à contre-courant. Alors que tous ses concurrents vont bénéficier d'une croissance rapide, il ne croît que de 2,5 %, croissance d'ailleurs inflationniste, irrégulière et déséquilibrée.

A la différence des autres pays, la crise ne débute pas, au Royaume-Uni, à la fin des années soixante. Elle ne marque pas la fin d'une période de croissance rapide et l'épuisement du modèle fordiste. Le Royaume-Uni vit en état de crise depuis plusieurs dizaines d'années. Ce qui est aujourd'hui le lot commun, croissance lente et *stop and go*, est, après tout, une « invention britannique ». Crise larvée d'abord, caractérisée par le recul des positions internationales et le caractère implacable de la contrainte extérieure et longtemps masquée par une politique volontariste de restauration. Crise ouverte après 1970, puisque la faiblesse persistante de la productivité et de la rentabilité provoque endettement et faillites.

Faute de s'adapter à temps, l'industrie britannique recule aussi bien à l'intérieur qu'à l'extérieur. Restant à l'écart des normes mondiales, le Royaume-Uni en paie le prix.

Plus que l'entrée dans le Marché commun ou la montée en puissance, lors des années soixante-dix, du secteur pétrolier, l'arrivée au pouvoir de Margaret Thatcher sera l'occasion d'un véritable changement de politique économique. Poursuivie par John Major, avec toutefois un moindre sens de la provocation, cette politique a-t-elle permis, comme certains le prétendent, un réveil du vieux tigre britannique ou n'est-elle, comme d'autres l'affirment, qu'un miroir aux alouettes ?

1. Des atouts mal utilisés

Des atouts, le Royaume-Uni n'en a pas manqué. En tête de la révolution industrielle, il s'est bâti, avec le Commonwealth, un vaste empire. Il possède encore de bien plus grandes entreprises que ses homologues européens, une agriculture très moderne et performante, des services bien organisés et largement en avance sur l'étranger. Il a désormais du pétrole. Et pourtant, son déclin s'est poursuivi inexorablement jusqu'à la fin des années soixante-dix : toutes les occasions n'ont pas été saisies, tous les atouts n'ont pas été joués.

De la suprématie mondiale à l'économie dominée

L'histoire du Royaume-Uni a coïncidé, pendant une courte période, avec celle de la révolution industrielle. Selon Hobsbawn, cette nation a joui « temporairement d'une influence et d'une puissance qu'aucun État de dimension comparable n'avait jamais atteintes et n'atteindra jamais plus ; elle avait, sur le monde, le monopole quasi exclusif de la manufacture, de l'importation et de l'exportation, du transport, de l'impérialisme et fut pratiquement le seul investisseur étranger ». Avant les autres, dans les années 1830-1840, s'y construisaient des chemins de fer qui ouvrirent au charbon et au fer les marchés de masse et, de fait, la production triplera en vingt ans. La croissance industrielle va rester vive jusqu'à la grande dépression de 1870, n'ayant été que retardée par les conséquences des guerres napoléoniennes. Mais, après avoir eu le monopole de la manufacture, l'économie anglaise va devoir affronter les autres grands pays, qui s'industrialisent à leur tour. Du fait de son avance, l'Angleterre bénéficie alors de la division internationale du travail et a tout intérêt au commerce. Au fur et à mesure qu'elle perd cette avance, cette « règle du jeu » du libre-échange va lui devenir défavorable et les revendications protectionnistes vont réapparaître.

L'entre-deux-guerres ne permet pas une restauration de l'hégémonie anglaise. Le « déclin économique », encore hypothétique avant 1914, devient maintenant un fait tangible et renforce le mouvement syndical : près de 10 millions de syndiqués au début des années vingt, environ 40 millions de journées de grève entre 1919 et 1926. La longue grève des mineurs et la grève générale qui s'ensuivit en 1926 marquèrent le point culminant de cette vague revendicative ; son échec réduisit considérablement la force des syndicats et stabilisa le poids des salariés. Dès 1900, le Royaume-Uni n'exerce donc plus d'influence hégémonique sur le marché mondial. Ses choix commerciaux et monétaires aggraveront cette situation. Sa part dans le commerce international va se réduire régulièrement au XXe siècle ; pour les produits manufacturiers, elle sera divisée par 2. Certes, avec le Commonwealth (trente-sept États et un milliard d'habitants en 1980), avait été scellée, dès 1926, une complémentarité entre les États membres : les textiles et les machines anglaises s'échangeaient contre le coton indien, la viande néo-zélandaise, le blé canadien, la laine australienne, le caoutchouc malaisien, etc. La concurrence des États-Unis et du Japon, le déclin de l'industrie britannique, l'industrialisation d'une partie du Commonwealth sont venus, avant même l'entrée du Royaume-Uni dans le Marché commun, ruiner ce fragile équilibre.

Le Commonwealth, qui représentait la moitié du commerce extérieur britannique en 1955, ne correspondait, à la fin des années soixante-dix, qu'à peine au septième de ce dernier.

Un superbe isolement

Ces rapports complexes avec l'extérieur se retrouvent dans les mouvements migratoires. Le faible accroissement de la population britannique depuis la guerre ne s'explique pas en effet d'abord par la modestie du taux de natalité ou l'importance des décès, mais par un solde migratoire négatif. L'effet sur l'industrie en fut d'ailleurs d'autant plus accentué que la plupart des syndicats, orientés vers la défense d'un métier ou d'une catégorie de travailleurs, étaient extrêmement réticents à l'égard de l'embauche de travailleurs étrangers, qui, peu qualifiés et déracinés, auraient accepté de travailler à des conditions plus désavantageuses. Cette mentalité syndicale ne faisait d'ailleurs que participer à une attitude plus générale, qui se traduisait, par exemple, par l'existence de barrières administratives à l'entrée sur le territoire ou par la discrimination pratiquée par les employeurs. Le nombre de travailleurs immigrés fut ainsi deux à trois fois inférieur à celui de la France ; de fait, l'entrée dans les métiers de l'industrie étant difficile pour les étrangers, ils se tournèrent massivement vers les services. La nature de l'immigration était très différente de celle des autres pays européens ; citoyens du Commonwealth, les immigrés étaient relativement mieux protégés et ne pouvaient donc constituer le réservoir de main-d'œuvre peu qualifiée qui, en France ou en République fédérale d'Allemagne, a facilité les transformations de l'organisation du travail.

Le Royaume-Uni recense 58 millions d'habitants, soit autant que la France, sur un territoire moitié moins étendu ; la densité y est de 233.

Le tournant raté de l'après-guerre

Malgré des pertes en vies humaines et des destructions importantes (logements, infrastructures...), la guerre avait contribué à stimuler l'économie ; le développement de la recherche militaire a permis une diversification des productions, dans les fabrications de pointe notamment ; d'importants investissements publics ont été réalisés dans la sidérurgie ; la productivité (production par tête) s'est partout accrue. Ce « bond industriel » se doublait d'une consolidation des positions commerciales : le Royaume-Uni restait le plus gros producteur européen de biens de production.

Ainsi, s'il n'était plus question pour le Royaume-Uni de redevenir puissance dominante, il pouvait néanmoins espérer évoluer de façon comparable aux autres pays européens. Il ne sort pas en tout cas de la guerre en plus mauvaise position que les autres pays, sauf sur un point qui s'avérera plus important : la dépendance extérieure.

Les premières années de l'après-guerre correspondent cependant à un « mauvais départ » pour l'économie britannique.

Malgré le programme très interventionniste des travaillistes qui gagnèrent les élections de 1945, il n'y eut pas de véritable planification pour orienter le développement de l'économie. Les priorités étaient ailleurs, aux dépenses sociales et militaires en l'occurrence. Exigées par les syndicats qui étaient sortis renforcés de la guerre, les mesures sociales furent très importantes et sans commune mesure avec ce qui se passait à l'étranger. Ce fut le *Welfare State* (l'État-providence) et en particulier les lois sociales : 1946, loi sur les assurances nationales ; 1948, loi sur l'assistance nationale... Mais l'essentiel est la création du Service national de la santé. Tout le secteur de la santé fut confié à l'administration, la gratuité des soins et des médicaments fut garantie ; les médecins furent placés sous le contrôle des fonctionnaires de santé et leur mode de rétribution ainsi que les règles de leur consultation fixés avec précision.

Dès 1948-1949, 95 % de la population était couverte par les assurances et 34 000 employés travaillaient dans le cadre du Service national de la santé, dont le budget représentait 3,5 % du produit national. Ce système devait permettre une certaine redistribution et éviter un gâchis exagéré dans le domaine de la santé ; il préfigurait en quelque sorte les couvertures sociales que les autres pays allaient ultérieurement introduire. Mais pour être financé facilement, ce qui n'était pas impossible, il supposait une économie dynamique.

Parallèlement, l'effort était mis sur les dépenses militaires de réarmement. Entre 1947 et 1953, celles-ci vont atteindre 10,5 % du PNB (contre « seulement » 7,7 % aux États-Unis dans une période qui inclut le début de la guerre de Corée) et vont retarder le transfert de main-d'œuvre des secteurs liés à la défense nationale vers les secteurs civils. L'absence de planification se doublait enfin, de la part des entreprises, d'une tendance à peu investir. L'effort d'équipement et de modernisation des entreprises s'est, une fois comblés les besoins nés de la guerre, stabilisé pendant plusieurs années à son niveau atteint en 1950. Plus que l'insuffisance des moyens financiers disponibles, le climat d'incertitude qui régnait alors explique cet attentisme.

Une énergie abondante, mais victime de politiques hasardeuses ou indécises

Sixième puissance minière du monde et première d'Europe, le Royaume-Uni est, à la différence de la plupart des autres pays européens, doté de très importantes ressources énergétiques : le charbon sur lequel il a fondé son industrialisation, l'énergie nucléaire pour laquelle il fut, dans les années cinquante, un des pionniers, le gaz naturel qui satisfait depuis plusieurs années une part importante des besoins et enfin le pétrole dont l'exportation a commencé en 1975. Vieille de près de trois siècles, l'industrie houillère britannique a atteint son apogée à la veille de la Première Guerre mondiale. La production annuelle approchait à cette époque 300 millions de tonnes, dont un tiers destiné à l'exportation. Le Royaume-Uni était de loin le premier exportateur mondial de charbon. Malgré une concurrence croissante, les exportations britanniques de charbon, favorisées par la pénurie mondiale, suffirent, jusqu'au milieu des années cinquante, à maintenir un niveau d'activité satisfaisant dans les charbonnages. Depuis, l'élévation de la productivité et le fléchissement de la demande interne entraînèrent une réduction du nombre des mineurs (600 000 en 1960, 300 000 en 1970, à peine 100 000 aujourd'hui) et un effritement de leurs avantages.

Secoués depuis 1970 par des vagues de grèves récurrentes qui ont conduit à une croissance exceptionnelle des revenus des mineurs, les charbonnages britanniques ont encaissé de plein fouet le recul tendanciel des prix du pétrole enregistré depuis le début des années quatre-vingt.

Leur faible rentabilité a conduit le gouvernement à fermer la presque totalité des puits.

L'énergie électrique d'origine nucléaire a été source d'importantes déconvenues. Malgré une avance technologique certaine (mise en service de la première centrale nucléaire du monde en 1956), le Royaume-Uni a longtemps hésité à investir massivement dans le nucléaire, puis à choisir entre les technologies disponibles. Aujourd'hui, le nucléaire reste donc moins développé et plus cher qu'en France.

La grande aventure du pétrole a commencé au début des années soixante par la découverte de gaz dans la partie hollandaise de la mer du Nord. En forant plus au nord, les compagnies en trouvent également dans les zones norvégienne et britannique. En 1970, on découvrait dans le champ des Forties des quantités importantes de pétrole. Les gisements de pétrole et de gaz de la mer du Nord apparaissent considérables, 3 % environ des réserves mondiales, ce qui pourrait permettre au Royaume-Uni de satisfaire encore pendant une vingtaine d'années la totalité de ses besoins en pétrole. Les réserves de la zone britannique sont au total estimées à environ 2 500 millions de tonnes de pétrole.

Pour exploiter cette richesse, des investissements considérables ont été mis en œuvre. Aux difficultés techniques importantes se sont ajoutés les délais de fabrication des plates-formes, au sujet desquelles les querelles syndicales se sont multipliées, soit pour des problèmes de reconnaissance et d'exercice du droit syndical, soit pour de classiques revendications de salaires amplifiées par le caractère pénible des conditions de travail et les risques physiques encourus. A ces retards se sont ajoutés ceux liés à la lenteur de réaction des entreprises britanniques. Pourtant, chaque journée coûte très cher sur une plate-forme et, du fait des conditions climatiques, elle ne peut fonctionner que pendant une petite partie de l'année.

La City de Londres s'est montrée réticente à l'égard des investissements en mer du Nord, leur rentabilité étant étroitement liée à l'évolution des prix du pétrole. Alors que l'extraction des hydrocarbures ne coûte qu'environ 1 dollar par baril au Moyen-Orient, l'exploitation en mer du Nord n'est rentable qu'à environ 20 dollars de 1995 par baril. Au total, l'exception pétrolière qui faisait du Royaume-Uni le seul des six grands pays à assurer son indépendance énergétique a largement disparu, et avec elle l'aisance financière qu'elle procurait au budget et au commerce extérieur.

2. Traditions et rigidités : rupture et limites du thatchérisme

Nulle part ailleurs qu'en Angleterre, on ne peut trouver des généalogies d'ouvriers aussi longues. Pays de traditions, le Royaume-Uni l'est à coup sûr : traditions de relations avec le reste du monde, traditions de relations sociales, traditions politiques enfin. Mais ces traditions ne deviennent-elles pas parfois pesanteurs ou rigidités ?

La City et l'investissement financier : un tropisme accru

La City, c'est un « mile carré » (2,6 km^2) au cœur de Londres, dans lequel travaillent environ 400 000 personnes alors que n'y résident que 4 000 habitants. Dès 1700 (Londres était alors sans doute la plus grande ville du monde), la finance, le commerce et l'assurance s'y développèrent. Au début du XXe siècle, profitant de la suprématie mondiale de l'Angleterre, la City était de loin la première place financière du monde. Toutes les activités financières sont présentes dans la City :

– marché de matières premières, qui fonctionne depuis 1570 où Élisabeth Ire créa le *Royal Exchange*. Aujourd'hui il s'agit de marchés à terme qui permettent aux industriels de se couvrir contre les fluctuations de cours ;

– centre international d'assurances : le montant des primes encaissées par les compagnies britanniques équivaut à 10 % de toutes les primes mondiales et à 10 % environ également du produit national brut du Royaume-Uni ; assureurs de pointe, on se tourne vers eux pour tous les risques de pointe (avions gros porteurs, superpétroliers, réassurance, etc.) ;

– complexe bancaire : les banques britanniques sont très tournées vers l'extérieur, et représentent une part du PIB et de l'emploi beaucoup plus élevée qu'en Europe continentale ;

– importante Bourse des valeurs enfin, le *London International Stock Exchange* restant le plus grand marché du monde devant New York et Tokyo. Le « big bang » de 1986 qui, comme son nom l'indique, a réformé en profondeur l'institution londonienne, a conforté sa place de leader.

Toutefois, cette Bourse de Londres, instable et soucieuse de résultats à court terme, ne s'est jamais vraiment intéressée à l'industrie ; les synergies n'ont donc guère joué entre finance et industrie.

Le relatif désintérêt des banques pour les entreprises s'explique historiquement : l'accumulation primitive s'est faite au Royaume-Uni sur des bases familiales et locales, grâce à des fortunes personnelles construites dans des opérations mercantiles ; les profits et le *cash flow* étaient élevés et les financiers investissaient plutôt dans les secteurs commerciaux. Finance et industrie n'avaient nul besoin l'une de l'autre ; les procédures pour fournir des capitaux à l'industrie, de manière durable et à une large échelle, ne se sont pas développées.

Pour un banquier britannique, il est même traditionnel de considérer que les prêts à long terme ne sont pas le propre de son métier.

Privilégiant le financement sur ressources propres, les entreprises devaient d'abord faire des profits et des distributions de dividendes élevés pour pouvoir éventuellement accroître leur capital ou s'endetter. Si ce système peut convenir pour une entreprise en expansion, il est dangereux pour les autres, c'est-à-dire, depuis la guerre, pour la majorité.

C'est pourquoi, pendant longtemps, l'économie britannique se caractérisa par une assez bonne santé financière : bon taux d'autofinancement, faible endettement, vaste marché des capitaux largement ouvert aux entreprises, fluidité du marché financier lié au rôle international de la City, souplesse des mécanismes commerciaux et bancaires... Ce système ne facilitait guère, cependant, la modernisation des entreprises. La baisse régulière des profits a eu, de toute façon, peu à peu raison de cette situation ; le taux d'autofinancement a chuté ; malgré une réduction des programmes d'investissements, les entreprises ont dû s'endetter dans des conditions difficiles.

L'investissement industriel devait, en conséquence, rester défaillant. Ainsi, en moyenne entre 1950 et 1995, la part de l'investissement dans le PIB n'est que de 17 % contre plus de 20 % dans les autres pays européens et 30 % environ au Japon. Et, dans ces conditions, la productivité du travail ne devait croître que de 2 % l'an environ.

Les syndicats disent « non » : qu'ils disparaissent donc !

En Grande-Bretagne, les associations ouvrières ont été créées très tôt et ont donné naissance à une centrale syndicale dès 1868. Les syndicats ont dès lors acquis assez vite une puissance importante ; leur développement a été relativement régulier, si l'on excepte évidemment l'entre-deux-guerres, qui a vu, après l'échec de la grève générale de 1926, un recul important du mouvement ouvrier. Près de 12 millions de travailleurs sont aujourd'hui syndiqués, ce qui représente la moitié de la main-d'œuvre salariée. La culture ouvrière, née des sociétés de métiers de travailleurs qualifiés, se caractérise par une forte conscience de classe. Cette culture ouvrière a aussi subi l'influence des courants non conformistes du protestantisme et des cultures régionales. Elle s'exprime autant par la solidarité ouvrière que par le football, sport prolétaire de masse qui se développe dans les années 1880, le week-end, lié au paiement des salaires le vendredi, et le pub, lieu de rencontre populaire. Outre leur force, ces syndicats ont de spécifique leur mode d'organisation. Ils gardent en effet, dans leur structure, les caractéristiques du processus de leur création; syndicats de métiers, syndicats d'industrie et syndicats généraux se sont concurrencés, puis entremêlés, pour aboutir à une structure syndicale complexe qui, pour sauvegarder les acquis, a eu tendance à devenir plus rigide.

La seconde caractéristique importante du syndicalisme britannique est plus récente ; il s'agit, depuis la Seconde Guerre mondiale, de la multiplication des délégués d'ateliers (100 000 à la fin des années soixante-dix), qui conduit à une décentralisation extrême des négociations. Ce sont ces caractéristiques du syndicalisme britannique qui expliquaient le maintien de pratiques nuisibles au bon fonctionnement du marché du travail : frontières rigides entre métiers et monopole à l'embauche. Dans ce contexte, les politiques contractuelles ont régulièrement échoué et les négociations collectives, décentralisées et sans cesse remises en cause, sont devenues anarchiques. L'État n'est pas parvenu à intervenir efficacement. Le domaine de l'organisation du travail enfin, auquel les syndicats sont particulièrement attentifs, n'a jamais pu être une simple prérogative patronale. A la différence des États-Unis, la lutte des classes, certes essentiellement défensive, n'a jamais pu, malgré les liens entre les syndicats et le Parti travailliste, être vraiment canalisée. Cette absence de régulation sociale a rendu plus difficile la planification de l'investissement et ralenti les mutations de la division technique du travail.

Certes, au Royaume-Uni comme ailleurs, le pourcentage de travailleurs en équipes a augmenté parmi les travailleurs manuels : 12,5 % en 1954, environ 30 % en 1978. Certes, ce pays a « inventé » des formes originales de travail en équipes – une fois 8 heures et une fois 4 heures, deux fois 12 heures –, mais chaque fois les syndicats ont âprement négocié ces transformations pour éviter qu'elles ne se traduisent par des licenciements et pour obtenir des contreparties. Ainsi, quand l'extension du travail en équipes était demandée par la direction, les délégués d'atelier imposaient relativement systématiquement l'octroi d'avantages annexes compensatoires : prime ou moindre durée du travail notamment.

On peut ainsi comprendre le moindre recours au Royaume-Uni à cette forme d'organisation du travail : en l'absence de main-d'œuvre immigrée, plus docile, ces transformations des conditions de travail coûtaient relativement cher aux entreprises, qui étaient d'autant moins enclines à faire cet effort que les perspectives du marché étaient le plus souvent incertaines.

On ne saurait toutefois se contenter d'attribuer cette spécificité à un comportement différent des syndicats, et d'autres caractéristiques de l'économie britannique semblent en cause : spécificités de la main-d'œuvre, tendance à la hausse de la part des salaires dans la valeur de la production, relative étroitesse et instabilité des marchés.

L'analyse thatchérienne ne s'est pas embarrassée de ces nuances. Jugeant la puissance syndicale responsable des rigidités du monde du travail, elle s'y est attaquée en priorité. Les *Employment Act* de 1980 et 1982 ont mis hors la loi les dispositions de monopole d'embauche et ont réduit de façon drastique les prérogatives des syndicats. Par ailleurs, la fermeté dont a fait preuve Margaret Thatcher dans la grève des mineurs de 1984-1985 a conduit à un échec syndical qui a dégradé l'image des *trades unions*. Enfin, la loi de 1985 a considérablement limité l'influence des *wage councils*. Attaqués dans l'entreprise même, qui constituait la base de leur puissance, les syndicats ont été profondément ébranlés.

Les conservateurs ont ainsi fait disparaître certaines des rigidités du monde professionnel et amélioré la flexibilité de l'outil de production britannique. Toutefois, la préférence collective pour le pouvoir d'achat plutôt que pour l'emploi et le maintien d'une part des salaires plus élevée qu'ailleurs dans la valeur ajoutée, qui pèse sur l'investissement, ne se sont pas démentis. Ainsi, les syndicats n'étaient pas les responsables de tous les maux de l'économie britannique et leur marginalisation n'a pas tout résolu…

Une rupture avec l'État travailliste

Le travaillisme se caractérise par l'interpénétration entre de puissants syndicats ouvriers (fédérés depuis 1968 dans le TUC, *Trades Union Congress*) et un parti de masse, auquel ces syndicats adhèrent collectivement. Jusqu'en 1979, les forces travaillistes avaient modelé en profondeur la société britannique : l'organisation du travail dans l'industrie, les modalités du partage des revenus, l'importance des dépenses publiques renvoyaient à cette puissance travailliste, essentiellement défensive à vrai dire. Et cela malgré l'alternance, malgré le fait que les deux partis dominants, travailliste et conservateur, se soient partagé à tour de rôle le pouvoir depuis la guerre. Le bipartisme a fonctionné d'ailleurs sans heurts puisque, à l'épreuve du pouvoir, les différences de comportements sont apparues beaucoup moins sensibles que les clivages idéologiques le donneraient à penser.

Cet État travailliste n'a jamais modifié le partage des revenus. La part des salaires dans les revenus totaux est restée constante, voire en légère progression. Pourtant, les tentatives pour en stabiliser ou en inverser le cours ont été nombreuses, mais leurs échecs récurrents se sont, de plus, doublés d'une non-maîtrise des dépenses publiques qui atteignaient, en 1979, près de 50 % du PIB.

Plus généralement, l'intervention de l'État dans la vie économique ne s'est pas toujours révélée efficace. La politique budgétaire est demeurée irrégulière, tandis que le système fiscal a pu accroître les tensions sociales et les pressions inflationnistes et que les politiques des prix et des revenus n'avaient que des effets limités dans le temps.

L'État, en subissant les effets des problèmes de fond qui se posent à l'économie britannique, n'a pas réussi à y porter remède. Toutefois, partir de ce constat pour attribuer à l'État, aux dépenses publiques ou au système travailliste la responsabilité principale de l'inflation, du déficit extérieur ou de la faiblesse de la croissance semble rapide. Le fonctionnement de l'État travailliste n'a fait en réalité que refléter les rigidités du système productif.

Comment pouvait-il en être autrement, puisque les forces travaillistes n'ont toujours adopté qu'une stratégie défensive qui, si elle a été souvent capable de freiner les évolutions, n'a jamais pu en infléchir le cours ? D'une certaine manière, le travaillisme renonçait ainsi à s'affirmer en force dirigeante.

Tel était en tout cas le diagnostic de Margaret Thatcher et de ses conseillers. Dès son arrivée au pouvoir, le Premier ministre s'attachera à défaire les traits de cet « État travailliste » dont les gouvernements conservateurs de l'après-guerre s'étaient accommodés.

En premier lieu, elle abandonne la gestion des salaires. Les normes salariales, établies avec pugnacité par James Callaghan à 5 %, sont abolies, ce qui se traduit par une accélération des rémunérations. Dans la foulée, Margaret Thatcher lève les contrôles sur les prix et les marges bénéficiaires. Par ailleurs, le contrôle des changes disparaît en octobre 1979 et nombre des obligations prudentielles imposées aux banques sont levées.

Ainsi, l'intégralité de la lutte contre l'inflation repose, en l'absence de tout autre garde-fou, sur la politique monétaire. La Banque d'Angleterre, dont le gouverneur est nommé par le gouvernement, adopte une « stratégie financière à moyen terme ». Chaque année sont fixés des objectifs, à cinq ans, de croissance de la masse monétaire au sens large (M3) et de déficits publics, en phase avec les prévisions d'activité. Cette stratégie est directement inspirée des thèses quantitativistes de Milton Friedman, qui postulait une relation de causalité entre la quantité de monnaie en circulation et l'évolution des prix.

L'autre grande rupture avec l'État travailliste consiste en une réduction du rôle de l'État dans l'économie, passant à la fois par un transfert au secteur privé de certaines entreprises publiques et par une baisse des dépenses et des recettes de l'État. Imitée par d'autres pays, la politique de privatisation a toutefois été, au Royaume-Uni, d'une ampleur exceptionnelle. L'emploi dans les entreprises publiques, qui atteignait 2 millions de personnes en 1979, a été réduit des deux tiers et les recettes de privatisation ont dépassé 30 milliards de livres sterling. Contrairement à la plupart de ses « imitateurs », le Royaume-Uni ne s'est pas contenté de vendre ses actifs industriels publics (automobile, aérospatiale, pétrole, etc.) mais il a également privatisé les *utilities* (services publics dans la terminologie française) de l'énergie, de l'eau ou des transports aériens, ainsi qu'une fraction substantielle des actifs immobiliers de l'État et des collectivités locales.

En matière de baisse des dépenses publiques, Margaret Thatcher s'est heurtée à deux obstacles, l'autonomie des collectivités locales qui maîtrisent les dépenses d'éducation et de formation, et la difficulté à comprimer les dépenses de santé et d'emploi. Ainsi, ses résultats resteront-ils limités, la part des administrations dans le PIB ne reculant que de 3 points à 45,7 % avant que la récession ne la conduise à faire en partie machine arrière.

La marge de manœuvre ouverte par cette baisse des dépenses publiques a été exploitée, et au-delà, pour baisser les impôts, surtout ceux des plus favorisés. Le barème de l'impôt sur le revenu est ramené à deux tranches, 25 % et 40 %, ce qui en réduit fortement le caractère redistributif.

3. *Stop and go*, crise ouverte et rémission

Les traditions, rigidités ou pesanteurs expliquent que l'économie britannique soit restée à l'écart de la croissance fordiste. A vingt années de croissance lente a succédé une crise ouverte qui a fait éclater les stratégies traditionnelles.

Vingt années de croissance lente

Si, dans les premières années de l'après-guerre, le taux de progression avait été comparable à celui des autres pays, la première crise de la balance des paiements extérieurs en 1951 et surtout le ralentissement de 1955 allaient révéler des difficultés spécifiques : le taux de croissance du PIB devait alors se situer nettement en dessous de celui des autres pays européens.

De 1950 à 1970, la croissance atteindra 2,8 %, soit la moitié environ de celle de la zone OCDE.

Malgré sa lenteur, la croissance a aussi été très irrégulière. A tel point que, pour la décrire, on a inventé le qualificatif de *stop and go* (arrêt et départ, ou plutôt récession, puis relance). En effet, des phases de reprise et des phases de freinage de l'économie se sont succédé. Si beaucoup de pays ont eu du mal à concilier lutte contre le déficit extérieur et lutte pour le plein emploi, le Royaume-Uni est l'exemple type où cette contradiction est à l'œuvre. Le scénario est, en général, le suivant : les périodes d'expansion entraînent une forte croissance des achats à l'étranger et donc une dégradation de la situation extérieure et une baisse de la livre ; ces mauvais résultats entraînent des mesures de freinage de l'activité (accroissement des impôts, renchérissement du crédit, réduction des dépenses publiques, restriction des dépenses des touristes anglais à l'étranger) qui limitent les débouchés intérieurs ; comme les exportations ne prennent pas le relais de ce marché intérieur moins dynamique, la croissance ralentit et le chômage s'accroît. Ce n'est pas l'existence, l'ampleur ou la durée du cycle économique qui sont originales au Royaume-Uni, le Japon ayant par exemple une instabilité encore plus prononcée ; ce qui est spécifique, c'est le caractère impérieux du *stop*. La croissance y bute en effet périodiquement sur la contrainte extérieure.

La politique économique elle-même a été de plus en plus dictée par la recherche de l'équilibre extérieur. L'apparition régulière de déficits commerciaux conduit en effet au *stop* (c'est-à-dire à une politique de freinage) puisqu'une poursuite de la croissance avec un partage des revenus favorable aux salariés se révèle impossible.

La stagnation renforce alors les difficultés des entreprises. Cumulative, elle rend nécessaire au bout d'un certain temps une relance qui, en l'absence d'assainissement réel de l'économie, est inflationniste et se traduit par un nouveau déficit extérieur. La contrainte extérieure vient donc, en l'absence de retour de l'économie britannique à la norme mondiale, limiter la croissance intérieure; elle empêche l'industrie de répondre à la demande domestique, n'autorisant pas une reprise qui viendrait dégrader la balance des paiements; les marchés intérieurs rétrécissent d'un cycle à l'autre; la capacité d'innovation des entreprises s'en trouve réduite; en l'absence d'une progression suffisante de la taille des marchés et des équipements, les méthodes de production ne sont guère transformées et les gains de productivité techniquement potentiels n'ont pu être enregistrés.

Ainsi, l'offre compétitive, c'est-à-dire la production nationale susceptible de rivaliser, sur le plan des coûts et de la définition des produits, avec les productions des principaux concurrents étrangers, a régulièrement reculé. L'industrie a été irrémédiablement et de manière cumulative soumise à la crise par la contrainte extérieure, contrairement aux autres activités qui ont pu maintenir une certaine autonomie. Seul parmi les grands pays industriels, le Royaume-Uni n'a jamais réussi, au-delà des fluctuations conjoncturelles, à contrecarrer la tendance à la baisse de la rentabilité de ses entreprises industrielles. L'évolution du taux de rentabilité du capital fixe est éloquente à cet égard.

Dans le secteur manufacturier, le taux de rentabilité décline depuis 1951; de 1960 à 1972, il diminue de moitié; à partir de 1972, avec la crise, il s'effondre.

Réveil industriel et contrat social

Dès leur retour au pouvoir, en 1974, un certain nombre de députés travaillistes proposèrent de reprendre ce qui avait été inscrit dans le programme de leur parti en 1973, au titre de la planification industrielle. Mettant l'accent sur l'insuffisance chronique d'investissement dans l'industrie manufacturière, leur analyse concluait à la nécessité de doubler le rythme d'investissement. Aussi les travaillistes ont-ils accru les moyens financiers accordés au *National Enterprise Board* (NEB), holding autonome chargé de gérer la quasi-totalité des participations de l'État.

Parallèlement, ils ont tenté d'associer syndicats et patronat à la signature tripartite de contrats de planification. L'idée consistait à obtenir un engagement pour le moyen terme sur les projets de développement, en particulier les programmes d'investissement et la politique salariale, à la suite des travaux du *National Economic Development Office* (NEDO). L'État devait accorder, en contrepartie, une assistance financière, et les syndicats remplir une fonction de contrôle. L'État s'engageait aussi à faciliter le financement des nouveaux projets. Mais l'objectif de reconquête du marché intérieur, implicite dans cette stratégie industrielle, pouvait-il être atteint sans protectionnisme, exclu par le choix de l'adhésion à l'Europe ?

Pour lord Kaldor, « seul le protectionnisme peut sauver l'Angleterre [puisque] l'industrie a besoin de protection dans deux cas : quand elle est dans son enfance et quand elle est dans sa vieillesse ».

Mais les difficultés immédiates sont pressantes, alors que les mutations structurelles sont inévitablement longues. Les relances keynésiennes s'étant révélées inopérantes, les travaillistes vont faire le choix d'une politique conjoncturelle d'austérité. En matière salariale, ils cherchent à appliquer l'idée d'un contrat social ; maintenant un contrôle sur les autres revenus et sur les prix, ils ont essayé de conclure ou de renouveler chaque année, avec les syndicats, un accord original de limitation volontaire des hausses de salaires, quitte, en contrepartie, à alléger la fiscalité.

La politique industrielle des travaillistes a provoqué, certes, un réveil tout à fait salutaire.

Des secteurs prioritaires ont été définis. Des actions sélectives de moyen terme ont été entreprises. Mais la tentative d'obtenir un consensus par la négociation a clairement échoué. Le patronat est resté réticent, notamment à l'égard du projet de contrats de planification. Le premier choc pétrolier aurait dû être moins fort que dans les autres pays, du fait de la moindre dépendance à l'égard du pétrole. Mais cette hausse du prix du pétrole intervenait au Royaume-Uni dans un contexte de conflits sociaux importants. La longue grève des mineurs du début 1974 n'en fut que plus décisive. Elle conduisit à la mise en œuvre de la semaine de trois jours pour l'ensemble des entreprises et à deux élections générales. En fait, l'année 1974 était presque écoulée quand les travaillistes commencèrent à mettre en œuvre leur politique.

Là encore, la longueur du délai de réponse à une transformation économique avait été particulièrement grande. Tandis que ses principaux concurrents parvenaient à éviter ou à réduire rapidement certains déséquilibres engendrés par l'évolution de l'économie mondiale, le Royaume-Uni devait alors pratiquement tous les cumuler : taux d'inflation très élevé, déficit extérieur accusé, dépréciation de la monnaie et chômage croissant.

L'entre-deux crises pétrolières sera donc plus douloureux qu'ailleurs. Les gouvernements successifs hésitent sur les choix de la voie à suivre et mixent, d'une façon improvisée, politique des revenus et politique industrielle. La poursuite du déclin paraît inexorable et s'est illustrée par l'humiliation d'un James Callaghan appelant le FMI à la rescousse.

La cure monétariste

Dès son arrivée au pouvoir, en 1979, Margaret Thatcher va durcir la politique monétariste, engagée par les travaillistes sous la houlette du FMI.

Le premier effet de cette politique a été une récession qui allait bien au-delà du ralentissement observé à l'étranger. La production et les investissements industriels reculèrent. Certes, une désinflation progressive a été obtenue. Mais cette récession a laissé des traces durables. Il y a eu baisse du pouvoir d'achat en 1981 et 1982. La livre est, grâce au pétrole, restée largement surévaluée, entraînant, avec la fin de la politique industrielle, une profonde désindustrialisation et une montée du chômage à plus de 2,8 millions, soit 11 % de la population active.

La récession, à l'œuvre jusqu'en 1982, avait été beaucoup plus profonde que chez les principaux partenaires du Royaume-Uni ou que les phases de recul que le pays avait connues par le passé. Toutefois, à partir de 1983, une reprise s'engage, annonçant un cycle de croissance, lui aussi exceptionnellement puissant et durable, qui ramènera le chômage à 1,5 million de personnes, soit le taux le plus faible de la Communauté européenne. Il lui succédera une récession de nouveau très marquée de 1990 à 1992, puis une reprise qui excédait, fin 1994, le rythme de 4 % par an.

Vus sous un angle conjoncturel, les résultats du thatchérisme – John Major en assumant aujourd'hui l'héritage – peuvent sembler flatteurs. Depuis 1979, le différentiel négatif de croissance entre le Royaume-Uni et ses principaux partenaires s'est résorbé et le taux de chômage s'inscrit plutôt en deçà de la moyenne européenne avec, de surcroît, une moindre tendance à l'augmentation. L'ampleur des fluctuations conjoncturelles est remarquable et apparaît comme la conséquence du retrait de l'État.

Au-delà de ce diagnostic de court terme, la stratégie suivie depuis 1979 est-elle à même de stopper le déclin britannique ?

4. Le pari post-industriel

S'étant résignés au recul de l'industrie nationale, les gouvernements conservateurs placent *de facto* tous leurs espoirs dans le secteur tertiaire. Le bilan est aujourd'hui mitigé : si les déficits extérieurs mettent en exergue un manque récurrent de compétitivité et si la livre est rentrée dans le rang, les services donnent des signes indéniables de vitalité.

Persistance du déficit extérieur

Certes, l'héritage colonial fut parfois lourd à porter. En 1961, 42 % des exportations britanniques se destinaient encore à l'empire colonial, contre 26 % pour la France. Si un tel poids de marchés peu dynamiques ne pouvait que pénaliser le Royaume-Uni, l'essentiel demeure bien l'absence de reconversion vers de nouveaux marchés et l'effondrement des exportations de biens d'équipement, marchés autrefois bien connus et maîtrisés. Cet échec renvoie aux rigidités intérieures analysées plus haut : des structures économiques bien particulières (normes de consommation, poids du tertiaire, orientation du commerce...), des comportements à contre-courant (des industriels, des financiers comme des syndicalistes). Ces pesanteurs ont rendu l'économie britannique incapable de rester à jour en matière d'innovation technologique, de promouvoir de nouveaux produits ou de s'y adapter.

Les normes fordistes (fabrication en série de produits standardisés, profondes transformations de l'organisation du travail, ouverture de larges marchés de masse...) ne s'appliqueront qu'avec retard. Même les firmes américaines qui s'installeront au Royaume-Uni ne pourront appliquer les méthodes éprouvées outre-Atlantique. Or, avec l'abaissement des droits de douane et la limitation des mesures restrictives à l'importation, les économies nationales se retrouvent directement en compétition et doivent subir les normes des pays dominants. Dès lors, pour les autres, tant que ces règles du jeu ne sont pas remises en cause, l'alternative est simple : soit se plier à ces normes, aligner leurs structures sociales et économiques sur ces pays dominants, soit être sans cesse battus dans la compétition internationale et s'enfoncer dans la crise. Tout écart aux normes, en matière notamment d'organisation, de durée du travail, ou de protection sociale, est sanctionné brutalement par le marché mondial.

Contre-exemple de la croissance, le Royaume-Uni l'a été en restant à l'écart de ces normes fordistes, les rigidités sociales empêchant l'alignement sur les pays plus efficaces. La pénétration du marché anglais par les produits étrangers s'est doublée par des pertes régulières du marché à l'exportation. La part britannique dans le commerce mondial s'est réduite régulièrement : de 1950 à 1994, elle a été divisée par 3, passant de 13,5 % à 5 %, et cela est vrai sur tous les marchés.

Plus que de prix trop élevés, les exportations britanniques semblent victimes d'un défaut de spécialisation et d'un vieillissement de l'appareil industriel. Ces spécificités sont apparues lors de l'adhésion à la Communauté européenne, après avoir été masquées par les rapports privilégiés que le Royaume-Uni entretenait avec son ancien empire colonial. Jusqu'ici, la réponse thatchérienne au défi de la compétitivité a consisté à autoriser des investissements étrangers à insuffler du sang neuf (l'industrie automobile) et à faire valoir des avantages comparatifs (activités de service). Dans l'un et l'autre cas, les résultats ne sont pas totalement convaincants et la balance courante plonge dans le rouge dès que l'activité reprend vigueur.

La livre dans le rang

Malgré la forte poussée des balances-dollars, les balances-sterling, qui s'étaient accumulées à l'étranger pendant la guerre, ont pu maintenir leur niveau grâce notamment au perfectionnement des techniques financières de la City. Mais celles-ci ont été un fardeau permanent.

La persistance de la menace de retrait a, en effet, obligé au maintien d'un taux d'intérêt élevé ; la défense de la livre pesait ainsi aussi bien sur les ménages, dans un pays où le crédit à la consommation est très développé, que sur les entreprises dont le recours à l'endettement était rendu plus difficile.

La dévaluation de la livre était à l'ordre du jour mais fut longtemps retardée. D'ailleurs, en 1964, les conservateurs avaient prévu de procéder à ce réajustement de parité avant qu'ils ne soient battus aux élections de novembre. L'existence des balances-sterling contribuait précisément à rendre difficile une telle dévaluation, à cause de l'affaiblissement de la confiance dans cette devise qui ne manquerait pas d'en résulter. De fait, après la dévaluation de 1967 (14 %), des retraits importants eurent lieu en 1967 et 1968. Le gouvernement britannique fut alors conduit à proposer l'accord de Bâle qui, en contrepartie d'une garantie de change en termes de dollars (pour les réserves officielles en livres sterling excédant 10 % du total des réserves du pays considéré), obligeait les pays de la zone sterling à conserver une proportion minimale de livres dans leurs réserves.

Renouvelé en 1977, cet accord devait permettre de stabiliser la livre à court terme, sans que les Britanniques ne s'engagent, en contrepartie, à envisager une réduction ordonnée et graduelle des balances-sterling, comme ils l'avaient pourtant promis en adhérant au Marché commun.

La livre n'en a pas moins continué à perdre de son prestige et revient petit à petit à un rang plus conforme à la taille de l'économie britannique. Aujourd'hui, moins de 3 % des réserves mondiales sont libellées en livres sterling contre 9 % en 1970.

La banalisation de la livre a franchi un pas important en 1990, quand la monnaie britannique est entrée dans le mécanisme de change du SME à un taux pivot de 2,95 Deutsche Marks, soit environ 10 francs français. Elle en est sortie en 1992, pour s'affranchir des contraintes liées à l'unification allemande, dont elle refusait le coût en termes de taux d'intérêt. Elle évolue aujourd'hui aux alentours de 2,30 DM et 8 FF.

Au-delà de cette dépréciation de fait, l'important reste le consensus actuel au Royaume-Uni pour revenir dans le SME et pour adhérer au « noyau dur » de l'Europe monétaire. La perspective d'abandonner leur monnaie pour l'ECU semble même moins inquiéter les Anglais que les Allemands.

Conclusion : un pari risqué mais nécessaire

Par certains côtés, la stratégie adoptée par l'équipe au pouvoir depuis 1979 s'apparente à celle de pays asiatiques comme Singapour. Margaret Thatcher a ainsi préféré accueillir des investissements japonais dans l'automobile, plutôt que d'essayer de maintenir à bout de bras une production nationale insuffisamment rentable et dépassée technologiquement. Tranchant avec le refus qui prévalait jusque-là d'accepter le déclin industriel, ce geste d'humilité à l'égard du savoir-faire nippon a valeur de symbole.

De même que Singapour, Margaret Thatcher a également mis l'accent sur le développement des services financiers, qui constituent un atout traditionnel. Il faut également noter les progrès majeurs qui ont été enregistrés dans les « services publics ».

Autrefois symbole de rigidité, de faible productivité et mauvaise qualité de service, les entreprises d'électricité, de télécommunications et de transport aérien – entre autres – ont poursuivi la cure que les conservateurs leur avaient fait entreprendre en vue de leur privatisation. Modernes et productives, elles sont devenues aujourd'hui des entreprises leaders en Europe ; British Airways et British Telecom apparaissent comme des modèles incontournables et devraient tirer un large parti de la libéralisation des transports aériens et des télécommunications en Europe.

Il manque toutefois deux atouts essentiels au Royaume-Uni d'aujourd'hui pour espérer copier le miracle économique asiatique : un État efficace et présent, et une culture de l'épargne. La cure d'amaigrissement que Margaret Thatcher a imposée aux administrations ne s'est pas traduite par un surcroît de dynamisme. L'État était lourd et inefficace ; il est moins lourd, mais aussi peu efficace. Le système éducatif est indigne d'un pays développé : à peine plus de 50 % des jeunes Britanniques sont scolarisés à l'âge de 17 ans, contre 80 % en France et en RFA. Le Royaume-Uni souffre donc d'un manque de main-d'œuvre qualifiée. Les infrastructures, notamment routières, mériteraient d'être développées, mais elles souffrent de la parcimonie du Trésor et des préoccupations écologiques des citoyens.

Le contraste entre le Royaume-Uni et l'Asie est encore plus vif en matière d'épargne : 40 % environ du revenu singapourien est mis de côté contre à peine plus de 10 % au Royaume-Uni.

Ce désintérêt s'explique par la faiblesse des marges des entreprises et par la volonté de consommer des ménages, qui n'acceptent pas d'être devenus moins riches que les Français ou les Allemands.

Malgré ces deux handicaps structurels, le Royaume-Uni a enrayé, durant les quinze dernières années, le déclin relatif qu'il connaissait depuis le début du siècle par rapport aux autres pays industrialisés. Ses faiblesses n'ont pas toutes disparu, loin de là, mais les premiers succès peuvent inciter le pays à continuer à miser sur les avantages comparatifs dont il dispose dans le tertiaire.

5
Autres pays d'Europe

Espagne

Principal pays d'Europe après les quatre grands, l'Espagne compte près de 40 millions d'habitants sur un territoire presque aussi étendu que celui de la France et la densité de population est la plus faible de la Communauté, après l'Irlande. Après la Grèce et le Portugal, l'Espagne est le pays le plus pauvre des douze ; son PIB par tête est moitié de celui de la France ou de l'Allemagne.

Libérée du joug franquiste en 1975, l'Espagne est entrée début 1986 dans la CEE; la peseta participe au mécanisme de change du SME depuis juin 1989 et est entrée dans l'ECU en septembre 1989. Les difficultés rencontrées dans la convergence européenne apparaissent dans une triple dévaluation en l'espace de quelques mois fin 1992-début 1993 et surtout dans le taux de chômage record de la Communauté, plus de 23 % en 1994.

Pays-Bas

Les Pays-Bas comptent 15 millions d'habitants sur un territoire représentant le seizième de celui de la France; la densité de population est quatre fois celle de la France et la plus élevée de toute la CEE. Son niveau de richesse situe ce pays, avec la Belgique, à mi-distance entre la France et l'Allemagne d'une part, l'Italie et le Royaume-Uni d'autre part. Les Pays-Bas disposent d'importantes réserves de gaz naturel. Ce pays, qui figurait dans le noyau historique de la CEE à six en 1958, peut s'enorgueillir d'avoir vu signer sur son territoire le traité de Maastricht. Le florin fait naturellement partie du SME depuis 1979, il est l'une des rares monnaies des différents serpents monétaires depuis 1973 à ne les avoir jamais quittés.

Belgique

La Belgique compte 10 millions d'habitants sur une superficie voisine de celle des Pays-Bas et la densité de population, trois fois celle de la France, est la plus élevée d'Europe après celle des Pays-Bas. Il a sensiblement le même niveau de richesse que ce dernier pays.

La Belgique est indépendante des Pays-Bas depuis 1830 ; elle constitue, depuis le début de l'année 1994, un État fédéral comme l'Allemagne. La Belgique fait partie du noyau historique de la CEE à six en 1958 ; le franc belge fait partie du SME depuis 1979 et des serpents monétaires depuis 1973. La Belgique est handicapée par une dette publique très importante, la plus forte, avec plus de 140 % du PIB, des pays de la CEE après la Grèce et avant l'Italie, ces trois pays étant les seuls à dépasser 100 %.

Danemark

Le Danemark compte 5 millions d'habitants sur un territoire un peu plus étendu que la Belgique ou les Pays-Bas et la densité est un peu supérieure à celle de la France. Le Danemark est, avec le Luxembourg, le pays le plus riche de la Communauté.

Seul des pays nordiques à appartenir à la CEE à douze, le Danemark y est entré début 1973, en même temps que le Royaume-Uni et l'Irlande pour constituer la CEE à neuf ; la couronne danoise fait partie du SME depuis 1979 et des serpents monétaires depuis 1973. Après avoir voté non à Maastricht en juin 1992 et mis ainsi en péril l'ensemble du traité, les Danois ont finalement dit oui en mai 1993.

Grèce

La Grèce compte un peu plus de 10 millions d'habitants sur un territoire qui représente une fois et demie celui du Portugal ; la densité de population est, avec celle de l'Espagne, la plus faible de la Communauté après l'Irlande.

La Grèce est le pays le plus pauvre de la Communauté, son PIB par tête étant environ le quart de celui des pays les plus riches. Après avoir mis fin, en 1974, à la dictature instaurée par les colonels depuis 1967, la Grèce est entrée, au début de l'année 1981, dans la CEE, constituant le dixième membre ; la drachme est incorporée à l'ECU depuis septembre 1984, mais ne participe pas au mécanisme de change du SME.

La Grèce est le seul pays de la Communauté à connaître encore une inflation à deux chiffres (10 %) et un ratio déficit public/PIB à deux chiffres (18 %) ; il enregistre la dette la plus importante des douze pays en pourcentage du PIB avec plus de 150 %.

Portugal

Le Portugal compte un peu moins de 10 millions d'habitants sur un territoire triple de celui de la Belgique et la densité de population est égale à celle de la France. Le Portugal est le pays le plus pauvre de la Communauté après la Grèce.

Après avoir renversé le régime de Salazar par la révolution des œillets en 1974, le Portugal est entré en même temps que l'Espagne, début 1986, dans la CEE, la portant ainsi à douze membres ; l'escudo est entré dans la composition de l'ECU en septembre 1989 avec la peseta et participe au mécanisme de change depuis avril 1992.

Le Portugal connaît le taux de chômage le plus faible des douze pays après le Luxembourg, un déficit et une dette publics dans la moyenne de la CEE, mais l'inflation la plus élevée après la Grèce et surtout le taux d'intérêt à long terme le plus élevé avec 10 %.

Irlande

L'Irlande est, si l'on met à part le Luxembourg, le moins peuplé des pays de la Communauté avec 3,6 millions d'habitants sur un territoire deux fois plus vaste que la Belgique, les Pays-Bas ou le Danemark ; la densité de population est la plus faible des douze pays, le tiers de la moyenne communautaire. C'est, après la Grèce et le Portugal, le plus pauvre des pays de la Communauté, sensiblement à égalité avec l'Espagne.

L'Irlande est entrée dans la CEE en 1973, avec le Royaume-Uni et le Danemark ; la livre irlandaise fait partie du SME depuis 1979. L'Irlande connaît, après l'Espagne, le taux de chômage le plus élevé de la Communauté ; malgré une dette publique légèrement inférieure à 100 % du PIB, son déficit public rapporté au PIB est, avec 2,5 %, le plus faible des douze après le Luxembourg. L'Irlande a dû dévaluer sa monnaie de 10 % au début de l'année 1993, après la sortie du SME de la livre sterling.

Luxembourg

Plus petit des États de la Communauté – et de loin – le grand duché de Luxembourg regroupe seulement 390 000 habitants sur 2 500 km^2. Mais il est aussi le plus riche après le Danemark, notamment grâce à l'activité de son secteur bancaire.

Le grand duché de Luxembourg a été constitué en 1839 au traité de Rome ; il forme depuis 1922, avec la Belgique, l'UEBL, l'Union économique belgo-luxembourgeoise. Il fait partie du noyau historique de l'Europe à six en 1958 ; le franc luxembourgeois est aligné sur le franc belge.

Son taux de chômage est le plus faible des douze pays, il est le seul à avoir des finances publiques quasi équilibrées et il enregistre la plus faible dette publique, 7 % du PIB, soit vingt fois moins que la Belgique.

Suède

Principal pays de la Scandinavie, la Suède compte un peu moins de 9 millions d'habitants sur un territoire à peine moins étendu que celui de l'Espagne et la densité de population y est, comme en Finlande et en Norvège, trois fois plus faible qu'en Irlande, dernier des douze en la matière. Son PIB est légèrement plus faible que celui de la Belgique et son PIB par tête équivalent.

La Suède est entrée dans la CEE le 1er janvier 1995 ; sa monnaie flotte depuis l'automne 1992. La Suède connaît un déficit public de 12 %, plus du double de celui de la CEE à douze et une dette publique un peu plus élevée avec 80 %.

Autriche

Pays du centre de l'Europe sans accès à la mer, l'Autriche rassemble 8 millions d'habitants sur un territoire grand comme celui du Portugal et la densité de population y est sensiblement la même, égale à celle de la France. Son PIB est un peu plus faible que celui de la Suède et son PIB par tête équivalent.

L'Autriche est entrée dans la CEE le 1er janvier 1995 ; sa monnaie est liée au Deutsche Mark. L'Autriche devra pouvoir satisfaire les critères de Maastricht sans difficulté majeure.

Finlande

Pays nordique, la Finlande compte 5 millions d'habitants, comme le Danemark, sur un territoire grand comme celui de l'Allemagne. Son PIB est moitié de celui de la Suède et son PIB par tête plus faible, égal à celui de l'Italie et du Royaume-Uni.

La Finlande est entrée dans la CEE le 1er janvier 1995 ; sa monnaie flotte depuis l'automne 1992. La Finlande devrait pouvoir, au prix d'un effort de réduction du déficit public, satisfaire les critères de convergence ; toutefois, il convient de noter que le taux de chômage est égal à celui de l'Irlande, 18 %.

Norvège

Pays nordique voisin, la Norvège est sensiblement équivalente en population et superficie ; son PIB est sensiblement supérieur et son PIB par tête la rapproche de l'Allemagne et de la France.

La Norvège a rejeté, par référendum, l'adhésion à la CEE prévue le 1er janvier 1995 ; cet éloignement est d'autant plus regrettable qu'elle était le seul des quatre pays candidats à respecter actuellement l'ensemble des critères de convergence.

Suisse

Complètement entourée désormais par des pays membres de l'Union économique européenne, la Suisse rassemble une population de 7 millions d'habitants sur un territoire grand comme celui du Danemark. Son PIB est nettement supérieur à celui de la Suède et de l'Autriche et son PIB par tête est double de la moyenne de la CEE et représente une fois et demi celui de la France ou de l'Allemagne. La Suisse est le pays le plus riche du monde, ce qui explique vraisemblablement sa volonté de demeurer indépendante ; la Suisse a même refusé d'adhérer à l'Espace économique européen, entré en vigueur le 1er janvier 1994, qui regroupait les douze pays de l'Union européenne et les six pays de l'Association européenne de libre-échange.

Islande

Plus petit pays scandinave, l'Islande compte 260 000 habitants, moins que le Luxembourg, sur un territoire grand comme le Portugal. Son PIB par tête la range au niveau de la Norvège.

Liechtenstein

Situé entre l'Autriche et la Suisse, le Liechtenstein réunit 30 000 habitants sur 150 km^2 ; son PIB par tête, un peu inférieur à celui de la Suisse, en fait le deuxième pays le plus riche du monde. La monnaie du Liechtenstein est le franc suisse. Il est entré en 1995 dans l'Espace économique européen.

6
L'Union économique et monétaire : le traité de Maastricht

A chacun ses références. Maastricht évoque pour les uns un bénéfique et salutaire engagement pour l'Europe et pour les autres un dommageable et répréhensible abandon de souveraineté nationale. Pour les lecteurs d'Alexandre Dumas et des *Trois Mousquetaires*, Maastricht est d'abord la ville assiégée en 1673 par Louis XIV et Vauban, devant laquelle Charles de Batz, comte d'Artagnan, trouva la mort en recevant son bâton de maréchal de France. La fameuse devise des mousquetaires étant « tous pour un et un pour tous » et celle de la Communauté devant être « douze pour un et un pour douze », le choix de Maastricht s'imposait à l'évidence pour signer le traité sur l'Union économique et monétaire ! Pour les férus d'histoire, il est amusant de noter que Maastricht fut aussi, au milieu du XVe siècle, une capitale de la fausse monnaie, la ville, appartenant au prince-évêque de Liège, profitant des dissensions entre le duc de Bourgogne et le roi de France.

Le traité

Le traité de Maastricht signé le 2 février 1992 s'inscrit en droite ligne dans la logique de construction européenne à l'œuvre depuis trente-cinq ans :

- Sur le plan commercial, l'Acte unique européen, signé en 1985 et entré en vigueur le 1er juillet 1987, relance la construction européenne et fixe au 1er janvier 1993 l'ouverture du grand marché unique européen qui réalise les trois objectifs de libre circulation des hommes, des capitaux et des services, après celle des marchandises, effective depuis 1958.

Surtout, l'Acte unique élargit l'usage de la majorité qualifiée, en prévoyant que la quasi-totalité des actions nécessaires à l'achèvement du grand marché se déciderait selon ce critère (54 voix sur un total de 76 réparties entre les douze pays selon leur importance démographique) et non à l'unanimité.

• Sur le plan monétaire, les imperfections du serpent durant la période marquée par les deux chocs pétroliers et la faiblesse chronique du dollar ont amené à mettre en place en 1979 le système monétaire européen qui a fonctionné de 1979 à 1987 avec de fréquents réajustements et de 1987 à la fin de l'année 1992, quasiment sans réajustement, conduisant progressivement à l'idée de fixer définitivement les parités.

Dans le traité de Maastricht, l'Union se donne pour premier objectif de « promouvoir un progrès économique et social équilibré et durable, notamment par la création d'un espace sans frontières intérieures, par le renforcement de la cohésion économique et sociale et par l'établissement d'une union économique et monétaire comportant, à terme, une monnaie unique ». Elle affirme le principe de subsidiarité, qui limite les interventions de la Communauté aux actions qui ne peuvent être réalisées de manière satisfaisante au niveau national.

Le passage à la monnaie unique se fera en trois étapes :

• La première étape a commencé le 1er juillet 1990 avec la libération des mouvements de capitaux ; elle doit constituer un premier effort de convergence, les États se soumettant à une surveillance multilatérale.

• La deuxième étape débute le 1er janvier 1994 ; elle doit marquer une accélération du processus de convergence. A cette date, plusieurs mesures essentielles sont prises. D'une part, l'Institut monétaire européen est créé ; il est chargé de veiller à la coordination des politiques monétaires des différents pays. D'autre part, la composition de l'ECU est gelée et fermée ; le poids des différentes monnaies dans l'ECU, jusqu'alors révisé tous les cinq ans en fonction du poids des pays dans le PIB et dans les exportations extra-communautaires, est désormais figé ; de plus, les monnaies des pays candidats à la Communauté ne pourront rentrer dans le SME.

Ces deux mesures suppriment un élément d'incertitude pour les marchés financiers. En outre, le financement monétaire des déficits budgétaires est prohibé et aucun État ne peut garantir la dette d'un autre (*no bailing out*) ; ainsi, les États seront contraints à financer leurs déficits à des conditions de marché. Enfin, les pays doivent préparer l'indépendance des banques centrales.

• La troisième étape démarre à une date décidée avant le 31 décembre 1996, si la majorité des États remplissent les conditions requises de convergence économique et d'indépendance des banques centrales et au plus tard le 1er janvier 1999 avec les États jugés aptes, à la majorité qualifiée, par le Conseil européen, quel que soit alors leur nombre. Le choix retenu conduit à faire passer les pays à mesure qu'ils rempliront les conditions, voire même dès lors qu'ils manifesteront clairement leur capacité ou leur intention d'y parvenir. Aucune clause de renoncement ou d'*opting out* n'est prévue, sauf pour les États qui en ont fait la demande dans une déclaration en annexe (Royaume-Uni et Danemark).

Les critères de convergence retenus sont les suivants :

- le taux d'inflation ne devra pas dépasser de plus de 1,5 % la moyenne des trois meilleurs pays ;
- le taux d'intérêt nominal à long terme ne devra pas dépasser de plus de 2 % la moyenne des trois meilleurs pays en matière d'inflation ;
- le déficit public est limité à 3 % du PIB et la dette publique à 60 % du PIB [1] ;
- les monnaies des pays devront évidemment participer au mécanisme du SME avec les fluctuations étroites de +/– 2,25 % autour du pivot et ne pas avoir subi de dévaluation depuis au moins deux ans ;
- enfin, les pays ne devront pas non plus connaître de divergence marquée en termes de solde de la balance courante et de coûts salariaux unitaires.

Il convient de noter que les critères de convergence retenus ne comprennent ni l'emploi (taux de chômage) ni le niveau de développement relatif (PIB par tête). En matière de politique régionale, la Communauté doit réaliser l'intégration de pays et de régions de richesses très inégales ; le PIB par tête de la Grèce et du Portugal est égal au quart de celui du Danemark et du Luxembourg.

A ce moment, la Banque centrale européenne est créée ; son Directoire permanent est composé de six membres, nommés pour huit ans par le Conseil européen et non renouvelables, et son Conseil comprend les membres du Directoire et les gouverneurs des banques centrales. Son capital est réparti en fonction du poids des pays dans la population et dans le PIB.

1. Avec une croissance nominale du PIB de 5 % et un maintien du ratio dette/PIB à 60 % du PIB, la dette nominale peut croître de 5 %, ce qui autorise un déficit de 3 % du PIB ; 5 % × 60 % = 3 %.

Application

La première phase de l'UEM ayant commencé officiellement le 1er juillet 1990 et la deuxième phase le 1er janvier 1994, il paraît intéressant de regarder comment ont évolué les critères de convergence entre les années 1989 et 1994 qui encadrent la première phase.

En matière d'inflation et de taux d'intérêt à long terme, les positions respectives des douze pays se sont très nettement rapprochées entre 1989 et 1994 ; les moyennes sont en diminution, tout comme les écarts entre les extrêmes. En 1994, la moyenne pour l'inflation des trois meilleurs (France, Danemark, Pays-Bas) se situe à 2 % et la limite à ne pas dépasser à 3,5 %, ce qui éliminerait quatre pays (Italie, Espagne, Portugal et Grèce). La moyenne de ces trois pays les plus stables pour les taux à long terme se situe à 7,3 % et la limite imposée à 9,3 %, ce qui laisserait le Portugal à l'écart, la Grèce n'ayant pas de véritable taux d'intérêt à long terme.

En ce qui concerne le déficit et la dette publics, la situation est moins satisfaisante. Les moyennes sont en nette augmentation et les écarts se creusent.

En 1994, deux pays seulement satisfont au critère de déficit public (moins de 3 % du PIB) : le Luxembourg et l'Irlande, l'Allemagne en étant très proche ; quatre pays seulement remplissent le critère de dette publique (moins de 60 % du PIB) : le Luxembourg, la France, le Royaume-Uni et l'Allemagne, l'Espagne étant très voisine.

L'échec du système monétaire est patent ; entre les crises de septembre 1992 et d'août 1993, deux devises, la livre sterling et la lire italienne, ont abandonné le mécanisme de change, rejoignant la drachme grecque qui n'y est jamais entrée, et pas moins de sept changements de parité sont intervenus, affectant la livre irlandaise, la peseta espagnole, et l'escudo portugais. Plus grave encore, les marges de fluctuation ont été portées de 2,25 % à 15 %, consacrant de fait l'abandon du système de parités fixes et le retour à un système de taux de change flottants.

Les écarts de niveau de richesse, mesurés à l'aune du PIB par tête, sont à prendre en considération, dans le cadre notamment du débat sur la zone monétaire optimale. La moyenne se situe à 16 000 ECU par tête, mais l'écart entre les deux pays les plus riches, Danemark et Luxembourg, et les deux plus pauvres, Portugal et Grèce, va de 1 à 4 ; sur cette échelle, l'Espagne et l'Irlande se situent à 2 et les six autres pays autour de 3, l'Allemagne, la France, la Belgique et les Pays-Bas devançant sensiblement l'Italie et le Royaume-Uni.

En matière de taux de chômage, là aussi les écarts sont spectaculaires. La moyenne se situe à près de 12 %, mais le Luxembourg est à 3 %, le Portugal et l'Allemagne un peu au-dessus de 6 %, l'Irlande à 18 % et surtout l'Espagne à près de 24 %, les autres pays se regroupant entre 10 % et 12 %.

Aujourd'hui, sur la base de ces observations, et sous réserve d'admettre qu'un effort significatif dans le sens d'un rapprochement des objectifs fixés sera considéré comme suffisant, trois groupes de pays peuvent être distingués :

– ceux qui pourront, selon toute vraisemblance, passer à la monnaie unique sans trop de difficultés : Allemagne, France, Pays-Bas, Danemark, Irlande et Luxembourg, ce dernier pays étant le seul à respecter actuellement l'ensemble des critères ;

– ceux qui devront effectuer un effort important pour y parvenir : Royaume-Uni et Belgique d'une part, Italie, Espagne et Portugal d'autre part ;

– ceux enfin pour lesquels l'exercice paraît hors de portée : la Grèce ne respecte aucun des critères ; sa monnaie n'est du reste jamais entrée dans le SME.

Les trois pays de l'AELE entrés dans la CEE le 1er janvier 1995 satisfont au critère d'inflation, la Suède étant le seul à ne pas respecter le critère des taux d'intérêt à long terme ; aucun ne satisfait en revanche au critère de déficit public, l'Autriche se situant à 4 %, la Suède et la Finlande étant très éloignées. Tous, sauf la Suède, satisfont au critère de dette publique. Pour les évolutions monétaires, le schilling autrichien est étroitement lié au mark allemand ; en revanche, à l'automne 1992, la couronne suédoise et le markka finlandais se sont fortement dépréciés et ont dû abandonner leur lien antérieur à l'ECU.

Globalement, seule la Norvège satisfaisait à l'ensemble des critères ; toutefois, le référendum organisé dans ce pays n'a pas ratifié le traité. L'Autriche semble pouvoir rejoindre le groupe des pays devant passer à la monnaie unique sans difficulté ; la Finlande et la Suède s'inscriront plus logiquement dans le groupe des pays devant réaliser un effort important pour y parvenir.

Avantages et inconvénients

Le marché unique et la monnaie unique présentent chacun un triple avantage en termes de micro-économie, de macro-économie et de puissance.

Sur le plan micro-économique, l'abolition des frontières entraînera mécaniquement une baisse des prix. De plus, l'ouverture du grand marché européen favorisera la concurrence et sera favorable aux consommateurs. Le coût des frontières en Europe a été estimé par la Commission à environ 1,5 % du PIB. La monnaie unique supprime les coûts des transactions sur les devises, estimés à près de 0,5 % du PIB, et facilite les déplacements et les affaires pour les particuliers et les entreprises. Pour les entreprises et les banques, elle supprime le risque de change et les frais de couverture éventuels.

Sur le plan macro-économique, le grand marché entraînera un développement accru des échanges intra-communautaires (c'est-à-dire entre pays de la CEE), qui représentent déjà aujourd'hui plus de la moitié du commerce extérieur des pays européens, et exercera un effet favorable sur la croissance et l'emploi.

La monnaie unique nécessitera une coordination plus étroite des politiques budgétaires ainsi que la conduite d'une politique monétaire et d'une politique de change unique ; deux objectifs sont assignés à ces politiques : la stabilité des prix et le soutien des politiques économiques générales de la Communauté.

La stabilité des prix constitue le gage d'une croissance soutenue à long terme ; la plus grande discipline budgétaire devrait permettre un ralentissement de l'inflation et une baisse des taux d'intérêt qui favorisera à son tour la réduction des déficits et des dettes publics et exercera un effet favorable sur l'investissement, la croissance et l'emploi.

Enfin, le marché unique fait de l'Europe la première puissance économique en termes de PIB et commerciale en termes de commerce extérieur, devant les États-Unis et le Japon. La monnaie unique fera de l'Europe la première puissance monétaire du monde, l'ECU devant devenir, à terme, la première monnaie de réserve et d'échange devant le dollar et le yen.

Le traité présente deux inconvénients : le premier, décidé, lié à la perte de la souveraineté monétaire et le second, subi, résultant des difficultés de convergences entre des régions hétérogènes.

En acceptant de mener une politique monétaire commune, les pays de l'Union européenne (UE) renoncent à un premier levier de politique économique, qui est la politique monétaire, et réduisent ainsi leur marge de manœuvre théorique. Dans la pratique, les pays dont les monnaies respectent pratiquement les marges étroites du SME voient déjà leur autonomie monétaire sérieusement entamée, puisque le fonctionnement asymétrique du SME permet à la *Bundesbank* de jouer un rôle leader dans la fixation des taux d'intérêt en Europe. L'Union économique et monétaire permettra précisément à la France et aux autres pays européens de peser plus significativement sur les orientations prises.

En acceptant ensuite la disparition de la monnaie nationale au profit de l'ECU, les pays de l'UE renoncent à un deuxième levier de politique économique, qui est la politique de change, et réduisent encore leur marge de manœuvre. Dans la pratique, la liberté totale des mouvements de capitaux crée un lien entre la politique monétaire et la politique de change ; les pays dont les monnaies participent au SME ont, de fait, renoncé à utiliser l'arme du taux de change comme ajustement de déséquilibres macro-économiques. Du reste, les ajustements ne sont pertinents qu'en cas de choc asymétrique affectant différemment les divers pays européens, ce qui précisément deviendra de moins en moins fréquent à mesure que les économies convergeront.

En acceptant enfin de se soumettre aux objectifs de convergence fixés, les pays de l'UE renoncent à une autonomie totale en matière de politique, budgétaire, qui constitue le troisième levier de la politique économique et restreignent encore un peu plus leur champ d'action. L'application de politiques monétaires et budgétaires plus restrictives dans certains pays d'Europe, notamment du Sud, dans la perspective du passage à la monnaie unique, risque de fait d'avoir un impact récessionniste marqué.

La Communauté européenne n'est pas une zone monétaire optimale dans la mesure où les écarts de niveau sont trop importants pour être aisément résorbés. Sur le plan théorique, la convergence de zones hétérogènes se fait soit par le développement d'une mobilité totale des facteurs – notamment de la main-d'œuvre, qui se heurte en Europe à des barrières linguistiques ou culturelles fortes –, soit par le maintien de déséquilibres, poches de chômage d'un côté et zones d'inflation de l'autre. Sur le plan pratique, les pays ayant déjà réalisé les efforts d'ajustement – notamment la France – retrouveraient précisément, avec le passage à la monnaie unique, une autonomie de politique budgétaire plus grande, dès lors qu'ils seront revenus entre-temps dans les limites de 3 % de déficit et de 60 % de dette. Les pays n'ayant pas encore réalisé ces ajustements pourraient différer leur entrée dans le dispositif général jusqu'à la résolution, au moins partielle, de leurs problèmes structurels.

L'unification allemande et l'unification européenne

Les conséquences de l'unification allemande et des choix de politique économique des autorités allemandes constituent un cas d'école parfait pour illustrer les conséquences d'une politique européenne coopérative ou non coopérative.

L'unification allemande a causé un double choc à l'économie allemande :

- un choc de demande lié à une forte poussée de la consommation à l'Est du fait du rattrapage du niveau de vie de l'Ouest ;
- un choc d'offre lié à la faillite de la moitié de l'appareil productif de l'Allemagne de l'Est.

Le résultat est l'augmentation du chômage à l'Est, l'apparition brutale de déficits public et extérieur et une accélération de l'inflation entraînant une montée des taux d'intérêt.

Dans une politique non coordonnée, trois réponses étaient théoriquement possibles :

- une hausse des impôts en Allemagne de l'Ouest permettant d'absorber le choc de demande et d'éviter l'apparition du déficit public ;
- une réévaluation temporaire du Deutsche Mark vis-à-vis des devises européennes permettant d'éviter l'accélération de l'inflation ;

dans ces deux cas, seule l'Allemagne supportait les conséquences d'un choc asymétrique ;

- une hausse des taux d'intérêt pour l'ensemble des pays européens, pour éviter une réévaluation du Deutsche Mark au sein du SME ;

dans ce dernier cas, qui se réalise actuellement, l'effet d'entraînement exercé par les importations allemandes sur la croissance des autres pays européens est annulé par l'effet de freinage exercé par la hausse générale des taux d'intérêt en Europe.

Dans une politique coordonnée, le respect de la discipline budgétaire en RFA et une participation de l'Europe au financement de l'unification auraient empêché l'Allemagne de laisser apparaître des déficits excessifs et la détermination commune de la politique monétaire aurait limité, voire éliminé, la hausse des taux d'intérêt européens. L'effet de la coordination de l'Union économique et monétaire aurait été un lissage des évolutions, avec une politique budgétaire plus restrictive et une politique monétaire moins rigoureuse à court terme et le contraire à long terme.

Conclusion

Crise mondiale, stratégies nationales et continentales

> La vérité est trop nue ; elle n'excite pas les hommes.
>
> JEAN COCTEAU, *Le Coq et l'Arlequin.*

Vingt ans après le premier choc pétrolier, le pessimisme reste de rigueur dans les pays de l'OCDE. Malgré la généralisation de la reprise économique en 1994, le pronostic de vingt années de croissance (les « vingt merveilleuses[1] ») est resté isolé, comme le témoignage d'une foi déplacée.

Il est vrai que les « trente glorieuses » semblent aujourd'hui lointaines : le SIDA a jeté aux orties le rêve d'une libération sexuelle universelle ; les jeunes ne se demandent plus, comme en mai 1968, si la société de consommation les ennuie, mais plutôt quelle est leur place dans une société qui semble avoir définitivement tourné le dos au plein emploi, et quel niveau de précarité ils doivent accepter.

Tout cela sur fond de domination de l'économique par le financier. Domination d'autant plus inquiétante que, loin d'être des lieux où le partage des risques s'effectue au mieux de l'intérêt général, les marchés financiers, continuellement perturbés par des mouvements spéculatifs, apparaissent plutôt comme une caisse de résonance des désordres économiques, politiques, sociaux, voire sismiques, du monde.

Face à cette crise généralisée de l'économique et du social, l'État a paradoxalement perdu du terrain. Dans la plupart des pays, le corps élec-

1. Titre d'un article du *Monde* en fin décembre 1994, suite aux perspectives optimistes tracées à court terme par la *Note de conjoncture internationale* du ministère de l'Économie.

toral a glissé à droite lors des années quatre-vingt et considère désormais comme légitime que l'État abandonne les activités productives au secteur privé. Par ailleurs, les velléités redistributives butent sur l'interdit plus ou moins explicite qui frappe tout relèvement des prélèvements obligatoires.

Aujourd'hui, le véritable clivage oppose ceux qui croient qu'une certaine dose de protectionnisme national, voire continental, permettrait de revenir à l'âge d'or des « trente glorieuses », évitant ainsi toute fracture sociale, et ceux, au fond plus optimistes, qui, excluant tout retour en arrière, sont prêts à assumer les avantages en niveau de vie, mais aussi les coûts en adaptation de la société, de la poursuite de la mondialisation de l'économie.

Le débat passionné auquel a donné lieu en France le référendum sur la ratification du traité de Maastricht en a été une parfaite illustration, de même que le débat parlementaire qui a conduit les États-Unis à ratifier à une faible majorité l'Accord de libre-échange nord-américain.

Au total, le bilan des années récentes en matière de commerce international éclaire la diversité des réponses possibles à la crise mondiale. Parallèlement à la conclusion (laborieuse) des accords de Marrakech qui consacrent de nouveaux progrès du multilatéralisme, le régionalisme s'est renforcé dans chacun des trois continents qui dominent l'économie mondiale, traduisant au niveau planétaire l'intensité des débats entre tenants d'une préférence nationale ou continentale et partisans du libre-échange.

Au-delà de cette ambivalence dans le rapport au commerce que partagent les trois blocs, leurs atouts dans la compétition ne sont pas les mêmes, pas plus que la façon dont ils hiérarchisent les enjeux.

La compréhension des réponses que chaque bloc régional apporte à la crise nécessite au préalable de revenir sur l'historique des rivalités intercontinentales et de comprendre la hiérarchie que leurs sociétés accordent aux problèmes liés à la crise.

1. Rivalités intercontinentales

L'historique des relations entre les pays des trois continents américain, asiatique et européen et l'analyse de leurs échanges commerciaux permettent de définir la spécificité de l'Europe et sa place dans un nouvel ordre économique mondial.

L'ONU, l'OCDE et la CEE

En février 1945, Roosevelt, Churchill et Staline procèdent, au partage de Yalta, à la coupure du monde en deux blocs. A l'Est, le *Kominform* (Bureau d'information des partis communistes) est créé en 1947, le Comecon (Conseil d'aide économique mutuelle d'Europe orientale) en 1949 et le pacte de Varsovie est signé en 1955. A l'Ouest, le pacte de Bruxelles fonde l'UEO (Union de l'Europe occidentale) en 1948 et le pacte Atlantique crée l'OTAN (Organisation du traité de l'Atlantique Nord) en 1949.

En juin 1945, cinquante-deux pays constituent, à San Francisco, l'ONU (Organisation des Nations unies) dotée d'un Conseil de sécurité (États-Unis, URSS, Chine, Royaume-Uni et France) et d'un Conseil économique et social. La FAO (*Food and Agriculture Organization*) est fondée en 1945 à Rome, l'OIT (Organisation internationale du travail) et l'OMS (Organisation mondiale de la santé) en 1946 à Genève, et l'UNESCO (Organisation des Nations unies pour l'éducation, la science et la culture) la même année à Paris. Le Japon et l'Italie entreront à l'ONU en 1956, la RFA et la RDA en 1973. L'ONU compte 159 membres en 1985.

La conférence de Bretton Woods marque, en juillet 1944, la suprématie du dollar sur la livre sterling et jette les bases du système monétaire international. En 1946, le FMI (Fonds monétaire international) et la BIRD (Banque internationale pour la reconstruction et le développement) sont créés à Washington ; ils sont complétés, après la conférence de Vienne en 1961, par le Club des Dix (pays les plus riches). Les quotas du FMI, déterminés par le poids économique des différents pays, fixent leurs droits de tirage et leurs devoirs de versement. Les DTS (droits de tirage spéciaux) sont créés en 1969. Initialement, les parités étaient fixes vis-à-vis de l'or ou du dollar. En 1971, le dollar cesse d'être convertible ; en 1973, les monnaies flottent librement. Les accords de la Jamaïque entérinent, en 1976, le passage des changes fixes aux changes flottants.

En 1947, dix-huit pays fondent à Genève le GATT (*General Agreement on Tariffs and Trade*) à la suite de la conférence de La Havane. Le *Kennedy Round*, le *Nixon Round* et le *Tokyo Round* réalisent progressivement une réduction générale des droits de douane et l'abolition des prix de référence américains. En avril 1948, l'OECE (Organisation européenne de coopération économique) est créée pour gérer l'aide américaine du plan Marshall, l'ERP (*European Recovery Program*). En 1950, l'UEP (Union européenne des paiements) est instituée pour faciliter les échanges entre pays membres ; elle est remplacée en 1955 par l'AME (Accord monétaire européen). En 1960, l'OECE devient l'OCDE (Organisation de coopération et de développement économique) avec l'adhésion des États-Unis et du Canada ; le Japon fait son entrée en 1964. L'OCDE comprend aujourd'hui vingt-cinq pays, quinze pays de l'UE, quatre autres pays européens et le Canada, les États-Unis, le Mexique, le Japon, l'Australie et la Nouvelle-Zélande ; en outre, la Corée et certains pays d'Europe centrale sont associés, mais non membres.

Le tiers-monde fait son apparition au début des années soixante. En 1960, l'Iran, l'Irak, l'Arabie Saoudite, le Koweït et le Venezuela créent l'OPEP (Organisation des pays exportateurs de pétrole). A l'initiative de 77 pays en voie de développement, la CNUCED (Conférence des Nations unies pour le commerce et le développement) est créée en 1964 à Genève. Les chocs pétroliers de 1973 et de 1979 et le choc-dollar de 1981 créent une coupure entre les pays de l'OPEP et le quart-monde démuni de matières premières.

En 1944, le Benelux, union douanière entre la Belgique, les Pays-Bas et le Luxembourg, élargit l'UEBL (Union économique belgo-luxembourgeoise). En 1949, le Conseil de l'Europe est institué autour de la France et du Royaume-Uni ; il comprend un Comité des ministres et une Assemblée siégeant à Strasbourg. En 1952, six pays d'Europe (la RFA, la France, l'Italie et le Benelux) créent la CECA (Communauté européenne du charbon et de l'acier) et négocient le traité de Paris de la CED (Communauté européenne de défense), non ratifié par la suite. Ils signent, en 1957, le traité de Rome instituant la CEE (Communauté économique européenne) et l'Euratom (Communauté européenne de l'énergie atomique) ; le Conseil des ministres et la Commission siègent à Bruxelles, l'Assemblée parlementaire à Strasbourg. Ils mettent en œuvre la PAC (Politique agricole commune) et instituent, en 1962, le FEOGA (Fonds européen d'orientation et de garantie agricoles). Le Royaume-Uni constitue, en 1959, l'AELE (Association européenne de libre-échange), regroupant dix pays ; après plusieurs tentatives, bloquées par des veto de la France en 1963 et en 1967, il adhère à la CEE en 1971, accompagné de l'Irlande et du Danemark. Les neuf pays de la CEE et les sept pays de l'AELE signent un accord de libre-échange en 1972. En 1981, la Grèce adhère à la CEE, l'Espagne et le Portugal en 1986.

Les dérèglements du système monétaire international et la volonté de prolonger l'union économique ont conduit, dès 1972, à la création du serpent européen, destiné à rétrécir les marges de fluctuation entre les monnaies de la CEE ; le serpent évolue dans le tunnel jusqu'en 1973 et flotte ensuite vis-à-vis des autres monnaies. Le système monétaire européen mis en place en mars 1979 regroupe les monnaies des pays de la CEE, exception faite du Royaume-Uni, de la Grèce, de l'Espagne et du Portugal. Il crée l'ECU, monnaie de règlement, unité de compte et référence des marges de fluctuation, et le FECOM (Fonds européen de coopération monétaire).

Structure du commerce international

Le tableau 1 permet une analyse fine du commerce international. Le monde peut être regroupé en sept zones : la Triade – Amérique du Nord, Asie-Pacifique, Europe occidentale – et quatre groupes de pays moins développés : Europe orientale et CEI, Amérique latine, Moyen-Orient et Afrique. La Triade représente, en 1993, plus de 85 % des exportations ou des importations, dont près de 20 % pour l'Amérique du Nord, plus de 40 % pour l'Europe de l'Ouest (y compris échanges intracommunautaires) et environ 25 % pour l'Asie.

Tableau 1
Structure régionale des exportations mondiales de marchandises, 1993
(en pourcentage)

Destination	*Amérique du Nord*	*Amérique latine*	*Europe occidentale*	*Europe centrale, orientale et ex-URSS*	*Afrique*	*Moyen-Orient*	*Asie*	*Monde*
Origine :								
Amérique du Nord	6,0	2,2	3,4	0,2	0,3	0,5	4,2	16,8
Amérique latine	2,1	0,9	0,8	0,0	0,1	0,1	0,4	4,4
Europe occidentale	3,5	1,0	30,3	1,7	1,3	1,5	3,9	44,0
Europe centrale, orientale et ex-URSS	0,1	0,0	1,5	0,6	0,1	0,1	0,4	2,8
Afrique	0,4	0,1	1,3	0,0	0,2	0,1	0,3	2,5
Moyen-Orient	0,4	0,1	0,9	0,1	0,1	0,3	1,4	3,4
Asie	6,9	0,7	4,6	0,3	0,4	0,8	12,2	26,2
Monde	19,5	5,0	42,7	2,8	2,4	3,3	22,8	100,0

Source : GATT – Rapport 1993/1994.

Les autres pays du monde sont donc réduits à la portion congrue : 5 % à peine pour l'Amérique latine, 3 % pour le Moyen-Orient, 3 % pour l'ex-Comecon et 2,5 % pour l'Afrique.

L'Europe occidentale effectue toutefois 70 % de son commerce en intra-zone, le pourcentage n'étant que de 60 % si l'on se restreint à l'Europe à douze. De même, la part du commerce interne est de l'ordre de 50 % en Asie et de 35 % en Amérique du Nord.

Cette part tend à progresser dans chacune des trois composantes de la Triade, manifestant ainsi une intégration régionale croissante. A l'inverse, la part du commerce intra-zone n'est que de 10 % à 20 % dans les quatre autres blocs que distingue le GATT et y recule régulièrement (la fin du Comecon a notamment vu s'effondrer le commerce est-européen local), montrant ainsi que vendre à la Triade est la voie privilégiée d'une intégration au commerce mondial.

L'évolution du commerce extérieur de l'Amérique du Nord illustre clairement la prise en tenaille du marché américain, dans les biens de consommation courante, par les pays à main-d'œuvre bon marché et, dans les biens d'équipement, par les pays industrialisés. Sa structure est proche de la moyenne mondiale, les exportations comprenant 15 % de produits alimentaires, 5 % de produits minéraux et 85 % de produits manufacturés, et ses importations 10 % de produits alimentaires, 15 % de produits minéraux et 70 % de produits manufacturés.

Le Japon a une structure tout à fait particulière de commerce extérieur. Ses exportations sont constituées à 95 % de produits manufacturés, dont 70 % de biens d'équipement. Ceux-ci ne représentent en revanche qu'à peine 40 % de ses importations, manifestant une double volonté de conquête du monde et d'autarcie (hors certains produits alimentaires et surtout le pétrole, introuvable sur place et pourtant indispensable).

Parmi les pays européens, l'Allemagne se distingue par son positionnement très favorable sur les biens d'équipement (près de la moitié de ses exportations de marchandises et 60 milliards de dollars d'excédent). La France est le seul des quatre grands d'Europe à dégager un excédent agroalimentaire. L'Italie est, elle, particulièrement bien placée sur les biens de consommation courante. En revanche, le commerce britannique de marchandises ne fait apparaître aucune spécialisation, l'avantage comparatif du Royaume-Uni se situant à l'évidence sur les services. Il faut se garder néanmoins de toute caricature, la part des biens d'équipement dans les exportations étant comparable au Royaume-Uni, en Italie et en France.

Un monde tripolaire

Il était de bon ton à la fin des années soixante-dix de s'interroger sur la structure du monde à l'avenir. Serait-il bipolaire, capitalisme contre communisme, ou multipolaire, Amérique, Japon, Chine et Europe, elle-même divisée en deux (Est/Ouest) ou trois blocs (Est/Nord/Sud), les nouveaux pays industrialisés jouant un rôle de relais ?

Le premier scénario reposait sur l'hypothèse d'une domination du monde par deux superpuissances politico-économiques, États-Unis d'un côté et URSS de l'autre. Il a vécu son heure de gloire, et son chant du cygne, pendant le premier mandat présidentiel de Ronald Reagan, avec la restauration de la puissance militaire des États-Unis et celle, artificielle et provisoire, du dollar. Dans l'autre camp, l'opération afghane mobilisait le pays contre les ennemis du socialisme et camouflait pour un temps la déliquescence économique de l'URSS et de toute l'Europe orientale.

Le crépuscule du socialisme en Europe a relégué le scénario bipolaire aux oubliettes de l'histoire. Dans le même temps, les rêves reaganiens d'une nouvelle hégémonie américaine sur le monde se dissipaient, la faiblesse de l'épargne américaine condamnant le dollar au déclin.

C'est donc un monde tripolaire qui a émergé des décombres de Yalta. Trois pôles, dont les atouts et les faiblesses sont intimement liés à leur genèse.

Le bloc américain est constitué d'un énorme noyau, les États-Unis, autour duquel gravitent deux satellites – Canada et Mexique. A une distance un peu plus grande, d'autres satellites – Chili, Argentine, Brésil – tentent de se rapprocher du centre. Très largement dépendants des capitaux américains et du commerce avec leur puissant voisin, Canada et Mexique s'en remettent totalement à lui dans les négociations économiques internationales. De même, nul ne conteste le leadership de la *Federal Reserve Bank*.

Au contraire, la zone Asie-Pacifique est totalement dépourvue de leader, le Japon ayant toujours répugné à assumer ce rôle malgré sa puissance économique et son caractère d'exemple pour les pays asiatiques. Le yen n'a ainsi jamais accompagné la montée en puissance du Japon et est toujours resté en retrait du dollar, même en Asie-Pacifique. Cette zone n'est en fait qu'une coalition hétéroclite de pays que seuls la géographie et des intérêts communs rapprochent. Ainsi, les membres du club vont-ils en ordre dispersé au GATT, même si leurs positions sont finalement assez proches sur l'ouverture du commerce international ou sur le niveau souhaitable du dollar.

Enfin, l'Europe est celui des trois blocs dont la dynamique est la plus complexe. Pendant longtemps, le poids politique de la France lui a permis de contrecarrer la montée en puissance économique de l'Allemagne. L'arrivée du Royaume-Uni, qui ne voit dans l'Europe qu'une zone de libre-échange, est venue brouiller les cartes, tandis que l'Italie, empêtrée dans ses problèmes internes, restait discrète. L'unification de l'Allemagne, la préparation de l'Union économique et monétaire, le rapprochement avec les pays d'Europe centrale et orientale et l'adhésion de l'Autriche, de la Suède et de la Finlande ont récemment contribué à renforcer fortement le poids politico-économique de la RFA. Il s'agit d'ailleurs d'un véritable problème pour la France, d'autant que l'Allemagne a réussi à payer très vite, à l'aide de réformes bien adaptées, le coût économiquement élevé de son unification. Cette nouvelle donne consacre une fracture entre Europe du Nord et Europe du Sud et l'échec du positionnement de la France comme pont entre les deux Europes.

Malgré les velléités fédératrices de certains et l'action résolue de Jacques Delors, aujourd'hui remplacé par Jacques Santer, à la tête de la Commission des communautés européennes, l'Europe parle rarement d'une seule voix, ce qui affaiblit sa position dans le monde. Les exemples sont multiples : conflit ethnique en ex-Yougoslavie où France, Allemagne et Russie se neutralisent et s'entendent finalement pour ne rien faire, dernières négociations du GATT où les dissonances françaises affaiblissent la cohésion européenne, négociations « Ciel ouvert » menées par le Royaume-Uni, les Pays-Bas et d'autres en ordre dispersé au mépris des consignes de la Commission. Même lorsque leurs intérêts coïncident, comme pour dénoncer le dumping monétaire des États-Unis, les Européens ne parviennent pas à faire entendre leur voix.

Le GATT : de Genève à Marrakech, en passant par Tokyo

En 1994, la réunion ministérielle de Marrakech clôturait l'*Uruguay Round* entamé huit ans auparavant à Punta del Este. Outre la réduction généralisée des droits de douane et l'inclusion de l'agriculture et des services dans le champ des produits dont les obstacles aux échanges doivent progressivement disparaître, l'*Uruguay Round* a consacré la création de l'Organisation mondiale du commerce (OMC)... qui aurait dû être créée cinquante ans plus tôt en même temps que la Banque mondiale et le Fonds monétaire international.

C'est en effet l'opposition du Sénat américain qui avait fait capoter le projet, qui constituait le troisième pilier du nouvel ordre économique mondial de Bretton Woods. Faute de mieux, un « accord général sur les tarifs douaniers et le commerce » (GATT en anglais) fut élaboré à Genève et signé par 23 pays en 1947. Au fil des sept cycles qui lui succéderont (Annecy 1949, Torquay 1950-1951, Genève 1956, *Dillon Round* 1960-1961, *Kennedy Round* 1966-1967, *Tokyo Round* 1973-1979, *Uruguay Round* 1986-1994), le nombre de pays impliqués dans les accords progressera pour dépasser la centaine, le nombre de produits concernés augmentera et les droits de douane moyens seront abaissés de 40 % à 4 %. Aujourd'hui, les échanges mondiaux représentent 4 000 milliards de dollars y compris services et agriculture. Leur poids dans la production mondiale a triplé depuis la guerre.

Cette évolution a été laborieuse, comme l'indique la longueur croissante des cycles de négociation. Au fur et à mesure que de nouveaux produits et de nouveaux pays s'inscrivent dans une logique de libre-échange, de plus en plus nombreux sont ceux qui doutent de ses bienfaits. Ainsi, l'inclusion de l'agriculture dans les accords de Marrakech conduira à un démantèlement progressif des quotas d'importation en Europe et aux États-Unis et nécessite par conséquent une adaptation de la Politique agricole commune. Auparavant axée sur la garantie d'écoulement des produits (dans certaines limites), elle passera à moyen terme exclusivement par un soutien direct aux agriculteurs qui disparaîtra à long terme. Toutefois, l'agriculture américaine est elle aussi massivement subventionnée. Il n'est donc pas exclu que la France figure finalement, si elle sait faire valoir ses avantages comparatifs, parmi les bénéficiaires de la libéralisation de l'agriculture.

Concernant l'audiovisuel, l'application immédiate des principes de libre-échange aurait signifié la fin des quotas de production européens et se serait en revanche traduite par une conquête du marché par les productions américaines. La France a obtenu un sursis qu'elle devra impérativement mettre à profit pour réorienter sa production vers la demande des consommateurs.

L'*Uruguay Round* organise également l'entrée progressive du textile, de l'acier, de l'aéronautique, des services financiers et des télécommunications dans le « droit commun ». Dans tous les cas, des périodes de transition sont prévues pour permettre aux acteurs de se préparer aux rigueurs du libre-échange : fin des quotas d'importation et des subventions à la production.

Plus encore que ces « nouveaux » produits, ce sont les nouveaux venus de l'échange international qui suscitent inquiétude, voire opposition. Comment résister à la déferlante de pays où les salaires sont très faibles, la protection sociale et la réglementation environnementale inexistantes ? Certaines nations sont même accusées de faire du dumping monétaire, de piller les brevets ou de faire travailler les enfants et les prisonniers…

Ricardo nous enseigne pourtant que le commerce international profite à tous, pourvu que chacun ait des avantages comparatifs à échanger. Dès lors, faut-il admettre dans le « club » tous ceux qui en feraient la demande ? Sinon, quelle est la ligne de partage entre ceux qui sont fréquentables et ceux qui ne le sont pas ?

Seul le temps permettra à l'OMC, véritable tribunal du commerce international, d'élaborer une jurisprudence sur ces questions. Un consensus semble toutefois s'être formé sur le niveau des salaires et de la protection sociale, qui ont été jugés relever du libre arbitre de chaque pays, et le travail carcéral que tous condamnent. En revanche, la question de l'environnement voit s'affronter deux thèses irréconciliables. Les « libéraux » estiment que l'environnement relève de la souveraineté nationale et qu'il ne faut pas obliger le tiers-monde à mettre la charrue de l'écologie avant les bœufs du développement. Les « interventionnistes » plaident au contraire pour un droit d'ingérence écologique et font valoir les effets externes d'une pollution « locale » sur le reste du monde.

Quant au dumping monétaire, condamné par tous, son procès promet d'être difficile à instruire. Il faudrait non seulement prouver que la monnaie d'un pays est sous-évaluée, mais encore que les autorités nationales en sont responsables, l'ayant sciemment provoquée. Il faudrait donc être d'abord capable d'évaluer la « bonne parité » d'une monnaie. Doit-elle se confondre avec la parité de pouvoir d'achat ? *A priori*, la réponse paraît évidente. Mais aligner les parités sur les PPA pénaliserait donc injustement le tiers-monde et, d'une façon générale, les pays les moins développés, où les services (coiffeurs, transports, etc.) qui font partie du panier de consommation sont particulièrement bon marché et tirent ainsi la PPA vers le haut. Le cas du yen (cf. encadré p. 85) illustre un autre phénomène : à parité donnée, certains phénomènes (faible propension à importer, amélioration permanente de la spécialité, réflexe fort d'épargne) peuvent conduire à une inexorable montée de l'excédent commercial.

Depuis la fin des années quatre-vingt, la réponse à ce phénomène a été une appréciation permanente et rapide du yen. Faut-il la dénoncer comme le font les exportateurs japonais qui, bien évidemment, en souffrent ? Et à qui l'imputer : aux marchés financiers pour qui les soldes extérieurs sont une des clés variables qui déterminent la parité d'une monnaie, ou aux États-Unis qui ont, pour le moins, laissé faire et qui, en tout cas, en profitent ?

Si l'OMC condamnait les États-Unis, cela ne pourrait être que sur la base de la mollesse verbale de l'administration américaine ou pour stigmatiser le laisser-faire de la *Federal Reserve Bank.* En substance, celle-ci devrait maintenir en permanence des taux d'intérêt élevés pour peser sur la demande et stimuler l'épargne qui continue à faire défaut aux États-Unis. Il faudrait alors que la *Fed* fasse amende honorable et convainque les marchés financiers de la sincérité de son engagement pour une parité « raisonnable » du dollar.

2. Enjeux de la crise : croissance, emploi, inflation

Les vingt années qui viennent de s'écouler ont été caractérisées, en matière économique, par des erreurs répétées d'analyse et de prévision conduisant à l'adoption de thérapeutiques inopérantes et coûteuses. Ces fausses solutions entravent la mesure des vrais problèmes. L'enjeu de la crise mondiale est la définition d'une nouvelle division internationale du travail; elle traduit un rapport de forces dans lequel les meilleurs atouts sont l'efficacité technique et la cohésion sociale.

Du grippage du fordisme à la crise

Les quarante-cinq années 1950-1995 se partagent en deux périodes inégales. Une quinzaine d'années de croissance voient d'abord les recettes du fordisme accomplir des miracles; la croissance s'alimente d'un bouleversement technologique, de la mise en œuvre de nouvelles conditions de travail et de l'ouverture de marchés de masse. Mais les craquements apparaissent dès la seconde moitié des années soixante. Le tassement de la rentabilité en sera le premier avertissement économique non entendu, l'explosion de Mai 68 en France, l'« automne chaud » en Italie et la montée des luttes ouvrières en Europe le premier clignotant social, la crise de confiance dans le dollar le premier signe financier patent. Pourtant, toutes les analyses et toutes les politiques économiques traitent le ralentissement de la croissance comme un simple mouvement conjoncturel. Le mot « crise » ne s'installe qu'à la faveur du premier choc pétrolier et encore son emploi reste limité à un problème énergétique. Le fait que cette crise est structurelle, qu'elle concerne le moteur même de la croissance antérieure, que l'enjeu est bien l'élaboration d'un autre modèle, n'est perçu que très lentement. En France, le Programme commun de la gauche, fondé sur l'idée d'un retour à la croissance rapide et sur une meilleure répartition des fruits de cette croissance, ne sera abandonné qu'à la fin des années soixante-dix.

Partout, il est vrai, la première réaction des gouvernants fut de tenter de maintenir les institutions, procédures ou équilibres antérieurs et de tenter une « sortie par le haut ». Ils ont cru préserver les proportions qui s'étaient établies entre la croissance de la production, de l'investissement, de l'emploi, du pouvoir d'achat et de la protection sociale, quitte à fuir en avant dans l'endettement ou la conquête de marchés étrangers. Mais rien n'y faisait : la régulation keynésienne ne fonctionnait plus. Et puis, en 1979, le deuxième choc pétrolier secoue de nouveau le monde. L'Italie et surtout la France, où la victoire électorale de François Mitterrand n'est pas de nature à inspirer la rigueur, tenteront de nouveau les remèdes du Dr Keynes. A l'inverse, l'Allemagne, le Japon et, de façon plus brutale, le Royaume-Uni et les États-Unis appliqueront les recettes de la déflation.

Acceptant la montée du chômage, ces politiques misent sur les vertus du marché pour rétablir les grands équilibres. « Sortie par le bas », « cure », « remède de cheval », il s'agit d'abord et surtout de réduire la part des salaires en jouant sur les taux d'intérêt. En réduisant les possibilités du refinancement par la hausse des taux, les autorités espèrent modifier les comportements : distribuer et consommer moins pour épargner davantage et, sur la base de cet « assainissement », permettre un redémarrage de l'investissement. La version la plus raffinée est sans nul doute celle des politiques d'ajustement positives préconisées par l'OCDE ; elles combinent la souplesse micro-économique, la stabilité macro-économique et l'harmonie des échanges internationaux. Par essence, ces politiques libérales sont excessives ; il s'agit de faire plus que ce qu'une bonne gestion rigoureuse impliquerait, et c'est de cet excès même qu'on attend un sursaut. Ainsi, en quelques mois, à l'automne 1979, le taux de base des banques américaines passera-t-il de 10 % à 20 %.

Ces politiques sont bien l'exact opposé des relances keynésiennes. Les premières favorisaient les revenus du travail et les investissements au détriment des rentiers dont Keynes réclamait l'« euthanasie économique ». Ceux-ci prennent cette fois leur revanche.

Si le bilan initial des politiques déflationnistes semble économiquement et surtout socialement désastreux, le temps leur apportera leur revanche. En 1985, à la veille du contre-choc pétrolier, le Royaume-Uni et les États-Unis peuvent se prévaloir d'une croissance forte et d'un taux de chômage réduit, alors que la France continue à payer les excès, au demeurant modestes, des dix-huit premiers mois du gouvernement Mauroy. La RFA est dans une position médiane, les succès incontestables dans la lutte contre le déficit budgétaire se payant par une croissance lente.

Le contre-choc fait baisser l'inflation et relance la croissance, ouvrant ainsi des marges de manœuvre supplémentaires aux politiques budgétaires et monétaires, qui seront en général utilisées : baisse des impôts et des taux d'intérêt à court terme ; la croissance s'envole, dépassant souvent 4 % en 1988 et 1989.

Après avoir accentué l'impact récessif du deuxième choc pétrolier par des politiques de déflation, les pays du G7 accommodent le contre-choc de 1986 par des politiques expansives mal maîtrisées qui mèneront en 1989 au Royaume-Uni, et un à deux ans plus tard ailleurs, à l'inflation et à un ralentissement brutal de l'activité. Les politiques économiques ont leur part de responsabilité dans ce « retour des cycles », qui tranche avec la relative régularité des « trente glorieuses », comme avec la mollesse généralisée de la seconde moitié des années soixante-dix.

La récession américaine et les taux d'intérêt élevés imposés par l'unification allemande (la crise du Golfe relevant plutôt de l'épiphénomène) conduisent à partir de la mi-1991 à une récession généralisée et particulièrement sévère en Europe. La crise commence un peu plus tard au Japon, sous l'effet d'une nouvelle et forte poussée du yen. Contrairement au début des années quatre-vingt, tous les pays tentent de contrecarrer cette récession par des politiques de relance ou, au moins, de soutien budgétaire. Sans doute avisé, car la rigueur budgétaire aurait rendu la dépression encore plus violente, ce choix exige que symétriquement, une fois la croissance venue, les vis fiscales et budgétaires soient resserrées. Les marchés financiers (cf. p. 257) y veillent jalousement et s'apprêtent à « punir » tout pays indiscipliné par des attaques contre sa monnaie et une montée de ses taux d'intérêt réels. Mais ils ne se contentent pas de regarder et de sanctionner. Ils essaient aussi d'anticiper en s'interrogeant sur les attentes du corps social dans la reprise.

Depuis vingt ans, le monde s'est installé dans une crise structurelle : la combinaison d'une inflation maîtrisée et d'une croissance forte permettant de revenir au plein emploi et à l'amélioration du niveau de vie de tous est reléguée au rang d'utopie. La crise pose à chacun des continents de la Triade, mais aussi à chacun des pays qui la composent, trois questions auxquelles les réponses peuvent différer : quelle épargne pour quelle croissance ? Quel modèle social ? Quel rapport de forces international ?

Quelle épargne pour quelle croissance ?

Le régime d'accumulation à l'œuvre dans la seconde moitié du XXe siècle est, dans tous les pays industrialisés, de type intensif et s'est accompagné à la fois de gains de productivité du travail élevés et d'une substitution rapide de capital au travail. Son grippage progressif, intervenu à des stades différents selon les niveaux de développement nationaux, est marqué par le retournement général de la productivité et de la rentabilité du capital ; l'accroissement de l'intensité capitalistique a constitué un palliatif temporaire qui n'a pas permis d'enrayer durablement le ralentissement des gains de productivité du travail. L'économie mondiale s'est alors lancée dans une formidable fuite en avant dans l'inflation et l'endettement ; l'une opérait une ponction indolore des débiteurs sur les créanciers et l'autre permettait de différer les douloureux processus d'adaptation. La lutte contre l'inflation récemment engagée sanctionne le retournement du rapport de forces entre les prêteurs et les emprunteurs et rend inévitable une redistribution nationale et internationale.

Les pays se sont distingués selon leur inégale capacité à affecter – à travers la fixation de la part salariale, la redistribution sociale et fiscale et le comportement d'épargne – une fraction adéquate de la production au renouvellement et à l'élargissement du stock de capital et à le mettre en œuvre à des conditions de productivité et de rentabilité satisfaisantes. Le niveau de la parité influence, de son côté, l'orientation sectorielle des investissements.

Le développement des marchés financiers a fait, plus que jamais, de l'épargne une question centrale. Au niveau mondial tout d'abord, où tout facteur supplémentaire d'insuffisance d'épargne *ex ante* (unification allemande, ouverture des pays de l'Est, voire grave séisme au Japon) provoque inévitablement une montée des taux d'intérêt à long terme afin d'égaliser *ex post* la demande et l'offre. Au niveau national ensuite, où toute manifestation de déséquilibre structurel entre épargne et investissement (déficit courant durable – États-Unis, Royaume-Uni –, grave dégradation des comptes publics – Italie, Espagne) entraîne une dépréciation de la parité de la monnaie et une montée corrélative des taux longs réels nationaux.

Mais l'épargne ne se décrète pas, comme le montrent les difficultés récurrentes des Anglais et des Américains pour financer leur investissement, pourtant modeste. Certaines recettes semblent néanmoins mieux fonctionner que d'autres. Ainsi, toute réduction du déficit public doit être financée par les ménages ou les entreprises qui ajustent donc leur épargne à la baisse. Mais, en général, sauf si l'effet de levier sur l'activité de la dépense supprimée ou de la recette introduite est très élevé, le solde global sur l'épargne nationale (somme de l'épargne publique et de l'épargne privée – ménages et entreprises) est positif. De même, une politique salariale stricte s'interprète comme un transfert des ménages vers les entreprises ; son impact sur l'épargne globale est favorable, car la propension des entreprises à épargner ce transfert sera plus forte que celle des ménages à le consommer.

Finalement, les choix nationaux en matière d'épargne peuvent se lire comme des préférences respectives pour le court ou le long terme.

Quel modèle social ?

Au lendemain de la guerre, les économies industrialisées ont généralisé l'indexation du niveau général des salaires sur ceux des prix et de la productivité. Le développement rapide du salaire indirect (prestations sociales) aux dépens du salaire direct a accentué la déconnexion progressive entre les évolutions des volumes et des prix, entre les sphères réelle et nominale. Dès lors, le mode de détermination des accords salariaux (conventions collectives) a joué un rôle déterminant dans les capacités de transformation des économies. La gestion centralisée à l'allemande permet une mobilité plus forte que la négociation articulée à l'anglaise ou à l'italienne ; les blocages peuvent être tournés par la précarisation, la sous-traitance et la constitution d'une économie duale à la Japonaise. Le consensus social exprime le degré de cohésion de la société autour des grands choix de l'économie. Dépendant largement des conditions historiques ou politiques propres à chaque nation, il s'entretient par un subtil dosage de carotte et de bâton. Ainsi, le consensus allemand passe, après l'écrasement par le nazisme de la classe ouvrière la plus combative et la mieux organisée d'Europe, par une distribution socialement équitable des fruits de la réussite économique et par une participation effective aux processus de décision et d'accumulation. Un nouveau consensus social adapté à l'enjeu de la crise doit résoudre deux paradoxes :

– Il s'agit d'abord de sortir du cercle vicieux de l'accroissement des charges sociales. La montée des dépenses sociales se traduit par des prélèvements accrus qui, pesant sur les entreprises, nuisent à l'emploi, ce qui accroît en retour le déficit des régimes sociaux. Le développement de la protection sociale alimente finalement la « déprotection » majeure constituée par le chômage. Bataille pour l'emploi et bataille pour l'équilibre des comptes sociaux ne font qu'un. Mais par quel bout est-il possible de prendre le problème ?

– Il faut ensuite réagir à la mondialisation de l'économie provoquée par la conjonction de l'ouverture des échanges et des progrès des communications et de l'informatique. De nouveaux pays participent à la compétition internationale, armés de salaires beaucoup plus faibles que les nôtres, et font peser une menace lourde pour les travailleurs non qualifiés.

Il n'existe pas de réponse simpliste à ces deux défis qui sont déterminants pour la compétitivité. Cependant, certains des ingrédients indispensables pour un cocktail qui reste à composer sont connus :

– Le premier est la formation du capital humain. La réponse à la concurrence de nouveaux pays passe par le développement des avantages comparatifs, les deux principaux étant l'avance technologique et un niveau d'éducation plus élevé.

– Le deuxième est incontestablement la réduction et l'aménagement de la durée du travail. Variable essentielle durant toutes les périodes de mutation, elle est encore au cœur du débat. La réduction de la durée du travail a aujourd'hui, à condition d'être réalisée dans des conditions économiquement et socialement saines, deux avantages : défensive, elle permet de tenir sur le front du chômage et des charges ; offensive, elle fournit une occasion et une contrepartie aux souplesses nouvelles de l'organisation du travail. L'essentiel n'est ici pas quantitatif. Il s'agit plutôt pour les entreprises d'effectuer, à l'occasion d'une réduction d'horaires, un saut qualitatif dans leur organisation, ce qui peut passer par une flexibilité accrue.

– Le troisième ingrédient, le nécessaire liant, est la discussion et la négociation collective. Dans certains pays, elle est spontanée, dans d'autres, elle est très lourde à force d'être médiatisée. En la matière, plus que partout ailleurs, il n'y a pas de recette unique. Mais, partout, la coopération du mouvement syndical à cette transformation est indispensable. C'est précisément elle qui a permis de faire baisser le temps de travail en RFA, les syndicats acceptant de payer ce progrès par plus de flexibilité dans l'organisation et par une baisse implicite des salaires (leur augmentation a été plus faible que celle qui aurait prévalu sans baisse corrélative du temps de travail).

Quel rapport de forces international ?

Les pays dominants sont capables d'édicter et d'imposer aux autres les normes mondiales de production et de consommation. Les pays où la division nationale, sociale et technique du travail est la plus efficace façonnent en effet la division internationale et imposent l'ordre économique mondial. Les autres pays doivent reproduire leurs méthodes de production et adopter leurs modes de vie. La concurrence internationale conduit inévitablement à la domination mondiale. Au lendemain de la guerre, les États-Unis disposaient d'une avance considérable sur les autres pays et ont pu exporter largement le taylorisme ou organisation scientifique du travail (chaînes de montage et salaires aux pièces), et le fordisme ou généralisation d'une consommation de masse standardisée (automobile, logement et équipement domestique). La contrainte extérieure, force de rappel exercée par le rééquilibrage des balances des paiements et les changements de parité, véhicule l'obligation de conformité à la norme mondiale. Le rattrapage des États-Unis par les autres pays a constitué le moteur de l'économie mondiale durant les trente années de croissance.

Le moteur est aujourd'hui en panne, notamment parce que les États-Unis ont reporté, *via* la baisse du dollar, une partie de leurs difficultés sur le reste du monde. Le désordre monétaire international est aujourd'hui la manifestation la plus criante de l'absence de coopération entre les trois pôles de la Triade.

Le dilemme du prisonnier illustre bien l'avantage de la coopération sur l'isolement. L'instigateur et le complice d'un crime commis sans témoin encourent respectivement vingt ans et dix ans de réclusion, cette peine étant réduite de moitié en cas d'aveu. Interrogé séparément, chacun des coupables, craignant d'être pénalisé si son compagnon est le seul à avouer, applique une stratégie de prudence et confesse son forfait. Tous deux sont alors condamnés à une peine de réclusion réduite ; or une concertation préalable leur aurait permis de nier ensemble et d'être acquittés faute de preuve. Pour chacun des pays pris séparément, la contrainte extérieure vise à lui imposer une norme productive et sociale : la crise, c'est les autres. Mais la manière dont chacun la combat isolément contribue précisément à son approfondissement et à sa diffusion ; l'absence de relance concertée équivaut à une déflation organisée.

En théorie, la coopération entre les trois pôles existe (OCDE et G7 notamment) et devrait permettre l'avènement d'un nouvel ordre économique mondial dans lequel les mouvements de parité, de taux, et des économies réelles seraient parfaitement harmonieux. En pratique, les égoïsmes nationaux et continentaux empêchent de dépasser le stade du verbe.

Là encore, les marchés financiers ont leur mot à dire pour valider ou dénoncer les accords de coopération. Ils ne se paient pas de mots – ceux des communiqués du G7 valant encore moins cher que d'autres – mais exigent des gestes concrets de politique économique. Ainsi, la restauration d'une parité décente du dollar ne saurait passer par des mouvements de menton, qu'ils proviennent de Washington, de Francfort ou de Tokyo, mais exige un retour, aux États-Unis, à une politique monétaire plus restrictive et à un discours budgétaire plus responsable.

Mais les États-Unis le veulent-ils vraiment ? A long terme, de telles politiques seraient plutôt favorables à l'épargne et à l'investissement et permettraient d'enrayer un long déclin. En revanche, à court terme, le corps électoral réclame toujours moins d'impôts et des taux d'intérêt les plus bas possible.

L'autre écueil majeur de la coopération internationale reste le Japon, le seul des pays étudiés dont la propension à importer soit restée stable – et très faible. Bien qu'il soit difficile de le prendre en faute (infraction caractérisée par rapport aux règles du GATT), son comportement relève de la tricherie par rapport aux règles du jeu implicites du commerce international : « Je m'enrichis, donc j'importe plus. »

Les questions relatives à la coopération se posent aussi à l'intérieur de chacune des composantes de la Triade. Ainsi, le comportement autarcique du Japon pose-t-il problème à ses partenaires asiatiques, d'autant que ceux-ci n'ont pas la même influence sur leur parité que les États-Unis. Ils compensent donc leurs inévitables déficits bilatéraux avec l'Archipel par la recherche d'excédents avec les Américains et les Européens.

En Europe, le rôle d'ancre monétaire, joué exclusivement par le DM – la RFA ayant parfaitement su gérer les quelques flottements qui ont suivi l'unification –, confère à l'Allemagne, en attendant la monnaie unique – une responsabilité particulière, qu'elle a jusqu'ici refusé d'assumer. La *Bundesbank*, notamment, s'en tient à son rôle constitutionnel de garante de la stabilité des prix en Allemagne et rejette toute responsabilité sur la croissance en Europe.

3. Trois blocs, trois réponses à la crise : politiques budgétaire, monétaire et cambiaire

Les « trente glorieuses » de l'après-guerre ont été marquées, dans le cadre général d'un rattrapage du niveau de vie des États-Unis, par une remarquable complémentarité des modes de croissance des différents pays. A l'inverse, la convergence stagflationniste des économies durant les « vingt calamiteuses » a entraîné un éclatement des équilibres nationaux, une dégénérescence des cercles vertueux en cercles vicieux et un engagement difficilement réversible de l'État.

Le rattrapage vis-à-vis des États-Unis, moteur de la croissance mondiale

Au lendemain de la Seconde Guerre mondiale, les États-Unis ont établi une quadruple domination – politique et militaire, économique et financière. Les trois raisons principales de l'hégémonie américaine ont déjà été explicitées. L'avance technologique a résulté de l'absence de traditions paysannes et de l'industrialisation rapide menée, en concurrence directe de l'économie britannique, sur la base des économies d'échelle importantes permises par la taille de leur territoire. L'adoption précoce du taylorisme et du fordisme a été facilitée par la formation originale de la population américaine par vagues d'immigration successives et par la constitution d'une force de travail déracinée et mobile. Enfin, une triple barrière technique, commerciale et financière opposée à la concurrence étrangère a permis aux oligopoles de se partager le marché intérieur et aux multinationales de pénétrer les marchés extérieurs.

La force de l'ordre économique mondial ainsi constitué sous hégémonie américaine résultait de sa profonde cohésion. Les États-Unis exportaient leurs marchandises et leurs technologies à travers leurs capitaux ; leurs principaux concurrents s'alignaient progressivement sur leurs modes de production et de consommation et rejoignaient leur niveau de vie. A l'inverse, la faiblesse du système monétaire international construit sous domination du dollar résidait dans l'asymétrie de la contrainte monétaire entre les États-Unis, bénéficiant du droit seigneurial de battre monnaie, et les autres pays, tenus d'équilibrer leur balance des paiements.

Trois crises – monétaire, pétrolière et financière – sont venues modifier l'environnement international. La surévaluation du dollar dans les années cinquante et soixante a entraîné une tertiarisation rapide de l'économie américaine et créé les conditions d'un retournement progressif du solde des marchandises et des capitaux à long terme. Le déficit permanent de la balance de base était incompatible avec la fonction de monnaie de réserve et le président Nixon dut proclamer en 1971 l'inconvertibilité du dollar en or. Le monde apprit à vivre dans un système de changes flottants.

Après la guerre du Kippour en 1973, le prix du pétrole est multiplié par 8 en deux ans, passant de 2 à 15 dollars le baril. Après la révolution iranienne en 1979, il est doublé et porté à 30 dollars le baril. La montée du dollar en 1981-1982 équivaut à un troisième choc pétrolier pour l'Europe. Mais la chute combinée du dollar et du prix du pétrole en 1985 et 1986 constitue un double contre-choc pétrolier qui annule les deuxième et troisième chocs et ramène à une situation proche de celle de 1979.

L'accélération mondiale de l'inflation s'accompagnait de taux d'intérêt réels négatifs ou nuls et opérait de manière indolore une gigantesque ponction sur les patrimoines et leurs revenus fixes et une remise symétrique sur les dettes. Leur monétisation indéfinie liée à l'apparition de la monnaie scripturale pure après l'inconvertibilité du dollar avait conduit à une progression incontrôlée de l'endettement international. Le changement de la politique monétaire des États-Unis en 1979 a donné le signal de la lutte mondiale contre l'inflation. Elle aggrave considérablement les problèmes de redistribution nationaux et internationaux liés à la ponction pétrolière et exerce de puissants effets déflationnistes. Le passage aux taux d'intérêt réels positifs sanctionne la revanche des créditeurs sur les débiteurs.

Le rattrapage vis-à-vis des États-Unis s'est effectué, selon les pays, à partir de niveaux de départ divers et à des rythmes différents ; aussi l'arrivée est assez dispersée. En 1950, le PIB par tête du Japon représentait 8 % de celui des États-Unis et celui de la CEE 30 %, l'éventail allant de 16 % pour l'Italie à 40 % pour le Royaume-Uni.

En 1994, le PIB par tête du Japon était monté à 145 % de celui des États-Unis et celui de la CEE à 73 %, la hiérarchie européenne s'étant resserrée de 69 % pour l'Italie à 92 % pour la RFA.

Dans cette course-poursuite, le Japon a donc été, sans conteste, le plus rapide. Parti bon dernier, il dépasse le Royaume-Uni et l'Italie au début des années soixante-dix, la France et la RFA au début des années quatre-vingt et les États-Unis à la fin des années quatre-vingt. Refusant l'insertion dans la division internationale du travail, il a pu reconquérir son marché intérieur et partir à la conquête des marchés extérieurs. N'important que des matières premières et exportant essentiellement des produits manufacturés, il a pu, jusqu'à la crise pétrolière, améliorer simultanément sa compétitivité et ses termes de l'échange. Sans pratiquer pour autant abusivement le dumping ou le protectionnisme, le Japon déstabilise toutefois le commerce international. Pris globalement, le mouvement de resserrement de l'éventail des niveaux de productivité par emploi ou de richesse par habitant traduit la diffusion des modes de production et de consommation des États-Unis et, après alignement des pays industrialisés, la convergence des structures nationales. Pouvant de moins en moins s'exercer par la qualité, la concurrence internationale doit jouer de plus en plus exclusivement par les prix et a tendance à s'exacerber.

Les cercles vertueux et vicieux du change

La théorie de l'échange international a évolué en quatre étapes principales. Posant le principe de l'avantage absolu, Adam Smith recommandait d'importer toute marchandise que l'étranger peut fournir à meilleur marché que la production nationale. Dépassant ce raisonnement, Ricardo énonçait la loi des avantages comparatifs et prônait une spécialisation dans la production de marchandises pour lesquelles le coût relatif est le plus faible. Hecksher, Ohlin et Samuelson affirmaient la théorie des dotations en facteurs de production et établissaient que les pays ont intérêt à se spécialiser dans les productions utilisant les facteurs qu'ils possèdent en abondance. Le paradoxe de Leontief mettait apparemment le théorème en défaut en montrant que les États-Unis produisaient des biens incorporant relativement plus de travail que de capital ; en fait, la main-d'œuvre est beaucoup plus qualifiée en Amérique qu'à l'étranger, ce qui justifie le résultat obtenu. Enfin, la théorie du cycle du produit de Vernon montre que la production traverse quatre phases de démarrage, de croissance, de ralentissement et de déclin correspondant au lancement du produit, à sa diffusion, à sa banalisation et à sa disparition. Les pays pratiquant les échanges commerciaux enregistrent le même cycle, mais avec un décalage d'une phase en étant successivement importateurs, producteurs et exportateurs.

Les débats animés sur la spécialisation internationale se réfèrent à deux courants de pensée. Selon le premier, d'inspiration libérale, la division internationale du travail s'impose aux nations et l'inégale dotation en facteurs de production leur assigne une place fixe dans les échanges mondiaux, ce qui n'exclut pas toutefois la recherche dynamique de pôles de compétitivité ou de créneaux sur les filières de production qui organisent le tissu industriel. L'information économique joue alors un rôle fondamental. Le second courant reprend la logique de la hiérarchie des systèmes productifs ; les différentes nations déterminent la division internationale du travail selon l'efficacité relative de leur propre division technique et sociale. Aussi, les pays peuvent être amenés, pour réagir aux effets négatifs d'une insertion trop poussée dans la logique des échanges internationaux, à développer une industrie de biens d'équipement, à rechercher un développement autocentré ou à recourir au protectionnisme.

Une intéressante étude de la CEE parue à la fin de l'année 1994 porte précisément sur les aspects macro-économiques, sectoriels et structurels de la compétitivité de l'Europe dans la Triade.

La compétitivité est définie comme la capacité d'un pays à concilier croissance et équilibre extérieur. Au niveau macro-économique, les performances extérieures s'expliquent principalement par la combinaison de deux facteurs, l'effet-revenu qui traduit le décalage conjoncturel et l'effet-prix qui résulte du différentiel d'inflation. Au niveau sectoriel et structurel, elles dépendent de la spécialisation sectorielle et géographique des échanges et des déterminants structurels de l'offre (rythme d'accumulation et efficience de l'appareil productif, coût et qualification de la main-d'œuvre).

Sur le plan macro-économique, les évolutions enregistrées entre 1987 et 1993 aux États-Unis et dans la CEE semblent bien s'expliquer par les effets-revenu et prix. L'augmentation du solde américain reflète un rythme de croissance plus lent et une amélioration de la compétitivité liée à la baisse du dollar ; la diminution du solde de la CEE reproduit un rythme de croissance plus soutenu, notamment du fait de l'unification allemande, et une détérioration de la compétitivité. Le redressement du solde bilatéral États-Unis-CEE résulte directement de ces deux évolutions. En revanche, l'évolution enregistrée au Japon ne se réduit pas aux effets-revenu et prix ; la faible dégradation du solde japonais, mais surtout la forte amélioration du solde bilatéral Japon-CEE persistent malgré un fort décalage conjoncturel au profit du Japon et une détérioration marquée de la compétitivité japonaise liée à la montée du yen.

Sur le plan géographique et sectoriel, l'étude porte sur les échanges de produits manufacturés. De 1980 à 1987, les exportations dans ce secteur ont progressé de 13 % aux États-Unis et de 48 % au Japon et en Europe ; de 1987 à 1993, elles progressent à nouveau de 50 % aux États-Unis, de 70 % au Japon et de 20 % seulement en Europe.

Si l'on décompose les marchés mondiaux en neuf espaces, on construit un indice de spécialisation en faisant le rapport entre la part de chaque zone de la Triade sur chaque marché et la part de la Triade sur le même marché et en faisant de même le rapport entre la part de chaque pays de la CEE sur chaque marché et la part de la CEE sur le même marché. Il apparaît que l'activité des États-Unis est surtout tournée vers la CEE, le Japon et l'Amérique latine ; celle du Japon est orientée vers la CEE, les États-Unis et le Canada, les NPI et la Chine ; et celle de la

CEE est surtout axée vers l'AELE, les pays ACP et le reste du monde (tableau 2.1.). Au sein de la CEE, la RFA est plus tournée vers l'AELE et la Chine, la France vers les ACP, l'Italie vers la Chine et l'Amérique latine et le Royaume-Uni vers les États-Unis, le Canada et les NPI.

Tableau 2

Indicateurs de spécialisation géographique

Destination	*États-Unis*[1]	*Japon*[1]	*CEE (extra)*[1]	*RFA*[2]	*France*[2]	*Italie*[2]	*RU*[2]
Origine :							
1) Zones géographiques							
États-Unis + Canada	92,4	134,2	83,8	82,0	105,4	97,1	152,6
Japon	194,5	–	92,2	105,6	104,0	103,2	105,8
CEE (extra-communautaire)	190,7	147,8	–	–	–	–	–
AELE	20,5	20,9	211,6	134,5	67,9	77,6	63,9
NPI	93,3	179,4	54,0	87,2	96,4	113,4	147,1
Chine	76,6	167,8	74,3	122,7	110,6	122,9	58,8
Amérique latine	197,8	51,1	56,8	94,6	105,5	135,7	64,2
ACP	69,2	55,1	152,4	42,9	195,0	67,2	120,2
Reste du monde	54,3	77,8	149,2	92,6	108,7	112,4	92,2
2) Secteurs d'activité							
Forte demande	110,8	128,6	89,5				
dont CEE	137,4	166,7	90,6				
AELE	133,1	115,0	96,8				
Demande modérée	108,4	107,2	95,7				
dont AELE	129,6	141,0	95,4				
Chine	118,9	76,1	120,1				
Amérique latine	91,9	132,5	102,3				
ACP	80,9	145,8	95,3				
Faible demande	72,6	56,4	119,3				
dont CEE	45,1	27,4	111,8				
États-Unis + Canada	127,5	52,0	128,9				
NPI	81,7	100,5	122,5				
Chine	80,0	136,5	62,6				
ACP	140,2	43,4	100,1				

1. Triade = 100.
2. CEE = 100.

Si l'on décompose maintenant les produits manufacturés en trois secteurs à demande forte (chimie, pharmacie, informatique, optique, matériel électrique), modérée (équipements, transports, alimentaires, imprimerie, plastiques) et faible (métaux, textiles, cuir), on établit de même un indice de spécialisation en faisant le rapport entre la part de chaque zone de la Triade dans chaque secteur et la part de la Triade dans le même secteur.

Il ressort que le Japon est le mieux spécialisé dans le secteur à forte demande, notamment à destination de la CEE, puis de l'AELE, des États-Unis et du Canada, des NPI et de la Chine. Il est suivi dans ce secteur par les États-Unis à destination de la CEE et de l'AELE ; en revanche, la CEE est globalement mal spécialisée dans ce secteur et n'est bien positionnée qu'à destination des ACP.

Dans le secteur à demande modérée, le Japon est bien spécialisé à destination de l'AELE, de l'Amérique latine et des ACP ; dans ce secteur, les États-Unis sont bien spécialisés à destination de la CEE, de l'AELE, des NPI, de la Chine et des ACP, alors que la CEE est à nouveau mal spécialisée, n'étant bien positionnée qu'à destination de la Chine. Enfin, dans le secteur à faible demande, les États-Unis et le Japon sont mal spécialisés, les premiers vers le Canada, l'Amérique latine et les ACP et le Japon seulement vers la Chine ; en revanche, la CEE est surspécialisée dans ce secteur dans presque toutes les zones, sauf la Chine et l'Amérique latine (tableau 2.2.).

L'étude s'attache dans une dernière partie aux causes et conséquences de ces évolutions. De 1980 à 1993, la production manufacturée a augmenté de 45 % aux États-Unis, de 78 % au Japon et de 14 % seulement dans la CEE ; de fait, malgré une croissance plus faible de la productivité dans la CEE, l'emploi industriel chute de 21,4 % dans la CEE et recule de 11,9 % aux États-Unis alors qu'il progresse de 17,1 % au Japon.

D'une part, les coûts horaires de main-d'œuvre dans l'industrie manufacturière sont plus élevés dans la CEE qu'aux États-Unis et au Japon et surtout la dispersion sectorielle de ces coûts y est moitié moins élevée, ce qui constitue l'indice d'une plus grande rigidité. D'autre part, le taux d'investissement (part de l'investissement dans la valeur ajoutée) est, aux États-Unis avec 20 % et dans la CEE avec 22 %, les deux tiers de celui du Japon ; de plus, les dépenses de recherche et développement sont plus fortes relativement aux États-Unis (45 % du total OCDE en 1990) et au Japon (20,5 %) que dans la CEE (28,5 %).

Il semble bien, en rapprochant les indicateurs de taux d'investissement, de spécialisation, de percée relative et d'enrichissement, que les stratégies d'investissement et de spécialisation, loin de s'exclure, sont étroitement liées. Un effort d'investissement suffisant finit bien par créer une spécialisation ; à l'inverse, l'occupation d'un créneau fait remonter progressivement le pôle de compétitivité jusqu'à l'investissement. Encore faut-il effectivement suivre l'une de ces deux voies : une stratégie visant à protéger tous les secteurs en déclin sans investir dans les technologies de pointe est vouée à l'échec.

La parité, la compétitivité et la spécialisation d'un pays sont étroitement liées. Les effets à court terme d'une modification à la baisse de la parité sont illustrés, en système de changes fixes, par les trois phases de la courbe en J ; dans le premier temps, les importations sont immédiatement renchéries ; dans un deuxième temps, les exportations bénéficient, avec un décalage, de l'amélioration de la compétitivité ; mais il faut attendre un troisième temps pour que l'excédent dégagé compense le déficit accumulé. Encore le théorème des élasticités critiques stipule-t-il que la somme des élasticités-prix à l'exportation et à l'importation doit être supérieure à 1.

Le maintien, sur longue période, d'une parité fortement sous-évaluée jette les bases d'une conquête des marchés extérieurs de marchandises et d'une captation des capitaux étrangers et crée les conditions d'apparition d'un excédent durable de la balance des paiements. La spécialisation est alors bonne au sens de durable ; la monnaie a tendance à se réévaluer. Dans une première phase, l'économie se crispe sur les effets favorables de la spécialisation, absorbe aisément la perte de compétitivité et profite à plein de l'amélioration des termes de l'échange ; dans la seconde phase, non seulement la diminution de la compétitivité entraîne un rétrécissement des parts de marché ou une réduction de la profitabilité et, à terme, un ralentissement de l'investissement et de la croissance, mais surtout la spécialisation elle-même finit par subir une dégradation (cf. schéma 9, page suivante).

La réflexion sur le caractère auto-entretenu des enchaînements décrits a évolué en trois temps. Dans une première étape, le cercle vertueux caractérisait, sans aucun doute, les évolutions favorables de la RFA.

Dotée d'une bonne spécialisation et vendant des produits quasi inélastiques aux prix, l'économie allemande absorbait sans dommage les réévaluations successives du Deutsche Mark ; le seul effet apparent était de renforcer la stabilité des prix et d'accroître les excédents commerciaux. En revanche, la France, l'Italie et le Royaume-Uni étaient voués sans espoir au cercle vicieux des dévaluations et de l'inflation et condamnés au *stop and go*.

La deuxième étape a permis d'avancer simultanément dans trois direc-

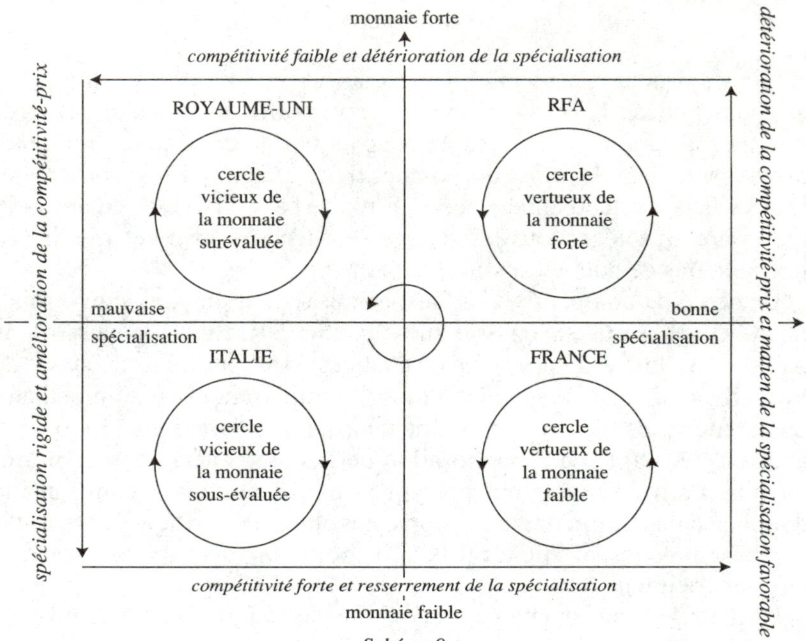

Schéma 9

Enchaînements auto-entretenus en matière de change en Europe (état antérieur)

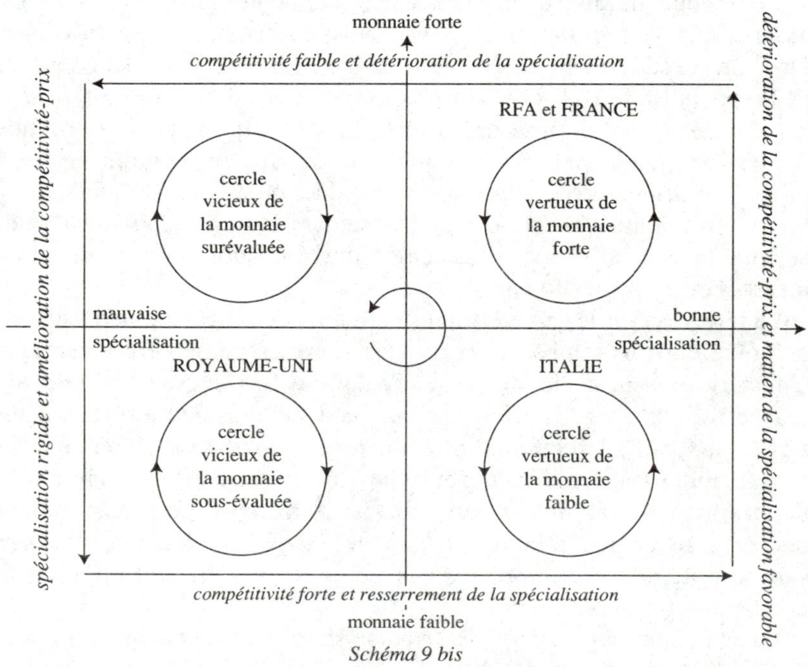

Schéma 9 bis

Enchaînements auto-entretenus en matière de change en Europe (état actuel)

tions. D'abord, la nature vertueuse du modèle allemand a été remise en cause. Son corollaire inévitable est la croissance lente et, à démographie inchangée, la montée inexorable du chômage ; de plus, l'exemple américain montre que la surévaluation de la monnaie entraîne, à terme, un ralentissement de la croissance et une dégradation de la spécialisation. Ensuite, et symétriquement, la nature vicieuse de l'antimodèle français a été contestée. Une inflation rapide, mais non excessive, et une dégradation récurrente de la balance des paiements ont permis, au prix de dévaluations périodiques, une vigoureuse croissance et une insertion réussie dans le commerce international. Enfin et surtout, l'étroite complémentarité de ces deux modes de croissance a été mise en évidence, l'existence de l'un étant conditionnée par celle de l'autre.

La troisième étape a donc consisté logiquement à appliquer le qualificatif de vertueux aux enchaînements allemand et français. Mais le premier risque de dégénérer en un cercle vicieux britannique de surévaluation et de désindustrialisation et le second en un cercle vicieux italien d'inflation et de dévaluation accélérées. Pour se résumer, si la France a un tempérament sanguin et l'Allemagne une nature lymphatique, l'Italie se meurt d'apoplexie et le Royaume-Uni de leucémie.

La position respective des quatre pays reflète aujourd'hui l'aboutissement de la réflexion. Pour éviter le risque de tomber dans le cercle vicieux à l'italienne, la France a rejoint la RFA dans le cercle vertueux de la monnaie forte et opté résolument pour une stratégie de désinflation compétitive. L'Italie a pris sa place dans le cercle vertueux de la monnaie faible et cherche à concilier un équilibre toujours instable entre remise en ordre interne en matière d'inflation et de déficits publics et maintien, à travers les dévaluations répétées, les marges élargies, voire la sortie du SME, d'une compétitivité favorable. Le Royaume-Uni a vu sanctionner ses choix de désindustrialisation par une incapacité à maintenir la parité de la livre et a dû précipitamment quitter le SME, peu après l'avoir enfin rejoint après une décennie d'hésitations.

La résistible montée de l'État

La théorie de la politique économique est dominée par les débats vigoureux entre keynésiens, monétaristes et économistes de l'offre. La distinction classique de Musgrave attribue à l'État une triple fonction d'allocation, de répartition et de régulation conjoncturelle. Dans tous les pays industrialisés, le ralentissement de la croissance a créé les conditions d'apparition d'un déficit structurel des finances publiques en amputant mécaniquement l'assiette des recettes tout en accroissant sensiblement certaines dépenses comme l'indemnisation du chômage.

Le gonflement des dépenses publiques entraîne une dégradation du solde de financement des administrations. Or l'accumulation de déficits publics gonfle la dette et la charge d'intérêts exerce un rapide effet de boule de neige. La volonté de freiner la dégradation du solde des finances publiques a amené certains pays (RFA, France) à édicter des normes d'encadrement.

Une alternative au déficit réside dans l'alourdissement des prélèvements obligatoires. Selon la célèbre courbe de Laffer, les agents économiques seraient découragés au-delà d'un seuil de taux de prélèvements et réduiraient leur activité, au moins déclarée ; la réduction de l'assiette finirait alors par l'emporter sur l'élévation du taux. La notion de seuil économique est toutefois très conventionnelle, le niveau de prélèvements reflétant seulement la capacité de la pompe aspirante et refoulante à laquelle s'identifie l'État-redistributeur ; en revanche, un seuil politique peut parfois être atteint beaucoup plus rapidement. La structure des prélèvements obligatoires joue un rôle essentiel dans la détermination des performances macro-économiques (croissance et inflation) et dans l'appréciation de l'efficacité économique et de la justice sociale.

Le problème de l'efficacité de la dépense publique est lié à l'analyse des multiplicateurs macro-économiques et des phénomènes de fuite. La théorie de Keynes enseigne qu'une action de relance crée une production supplémentaire égale au surcroît de dépense initiale multiplié par un coefficient. La dépense publique est d'autant moins efficace que l'effet d'éviction – de substitution –, réelle ou financière selon que les moyens de production ou de financement sont limités, est plus fort. A la limite, le multiplicateur est nul si la dépense des administrations se substitue intégralement à la demande privée des ménages ou des entreprises. Surtout, plus une économie est ouverte sur l'extérieur et plus la part de la demande supplémentaire satisfaite par la production nationale est faible, le reste donnant lieu à un surcroît d'importations. Seule une relance concertée internationalement permettrait de rétablir les mécanismes multiplicateurs traditionnels ; sa réalisation se heurte à la difficulté pour les pays de s'accorder sur la répartition des bénéfices à retirer et des sacrifices à consentir et à la conviction généralement répandue de son inutilité, compte tenu de la saturation des capacités de production et des circuits de financement. A l'inverse, l'absence de relance internationale concertée équivaut à une déflation mondiale cumulative, chaque pays étant contraint de s'aligner sur les politiques de rigueur de ses voisins.

Les politiques budgétaire, monétaire et cambiaire sont étroitement liées. En changes fixes, un accroissement du déficit public amène à choisir entre un accroissement de la masse monétaire et une élévation des taux d'intérêt. Il est alors possible et nécessaire de combiner plusieurs instruments comme le montrent les diagrammes de Hicks ou de Mundell-Fleming ; ainsi, une politique budgétaire expansive viserait à rétablir le plein emploi pendant qu'une politique monétaire stricte chercherait à atteindre l'équilibre extérieur. En changes flottants, les parités réagissent en revanche instantanément, les effets d'anticipation ou d'annonce d'une politique budgétaire de relance pouvant même amener un surajustement. Or, les monnaies du SME constituent un îlot de changes fixes regroupé autour de l'ECU, qui flotte librement vis-à-vis du dollar et du yen.

On peut ainsi définir un cercle vertueux de l'engagement public. L'acceptation d'un déficit allume un moteur auxiliaire de la croissance nationale lorsque le moteur principal de l'économie mondiale marque une pause temporaire ; une partie est discrétionnaire et liée à l'action volontaire de l'État, l'autre résulte du jeu des stabilisateurs automatiques. Ce déficit était résorbé dès la reprise, si bien que les soldes des administrations, cumulés sur plusieurs années, tendaient vers l'équilibre à la veille du premier choc pétrolier. Le cercle vicieux apparaît dès lors que les déficits tendent à devenir structurels et que les charges de la dette, accrues par l'élévation des taux d'intérêt, rendent le processus cumulatif. Un dégagement trop brutal diminue alors la composante discrétionnaire du déficit public, mais accroît la part automatique liée à la perte de recettes et à l'indemnisation du chômage (cf. schéma 10, page suivante).

Plus généralement, les politiques économiques suivies dans les années cinquante et soixante s'inspiraient du dilemme inflation-chômage de la courbe de Phillips. La simultanéité des deux phénomènes dans la stagflation a jeté le discrédit sur la politique budgétaire, sommée de relancer l'activité pour résorber le chômage et de la ralentir pour freiner l'inflation.

L'introduction du taux de chômage naturel de Friedman et des anticipations rationnelles de Lucas et Sargent permet une interprétation monétariste du phénomène. Selon ces auteurs, aucun arbitrage n'est possible entre l'inflation et le chômage, ce dernier revenant en tout état de cause à son niveau naturel. Les agents économiques, un instant victimes de l'illusion d'une augmentation de leur revenu, prennent conscience de l'accélération de l'inflation et reprennent de plus en plus rapidement leur comportement antérieur, faisant ainsi échec aux tentatives de relance. En particulier, ils augmentent sagement leur épargne en prévision des impôts

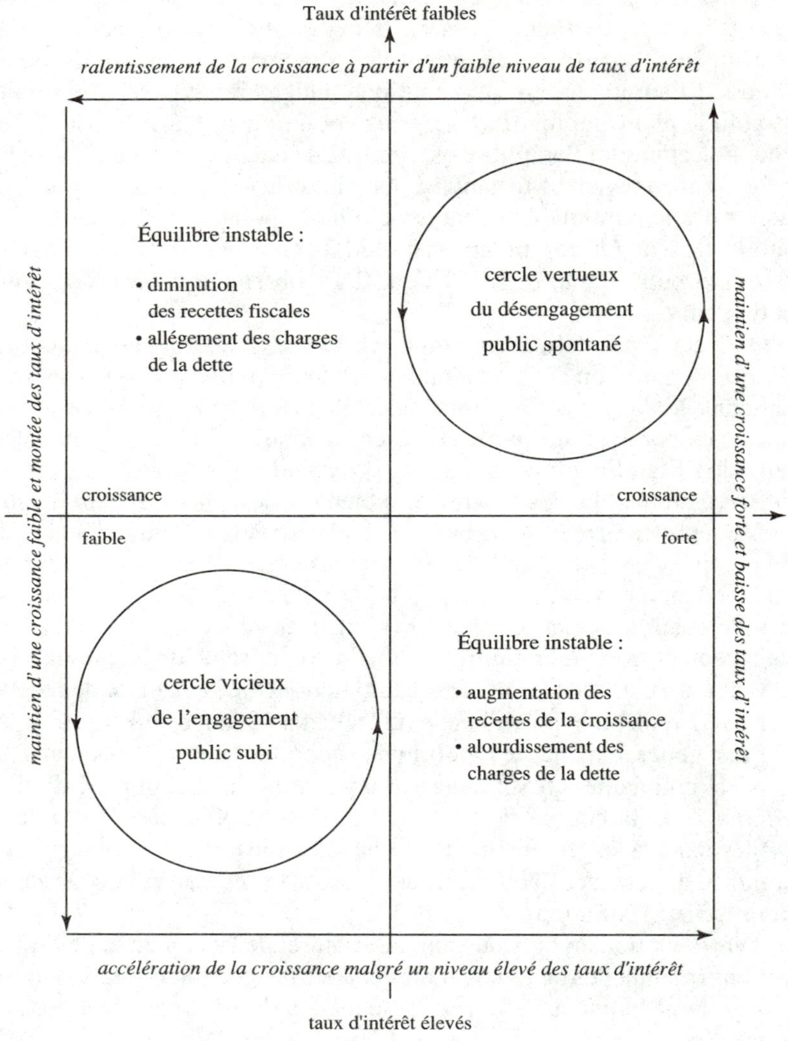

Schéma 10

Enchaînements auto-entretenus en matière de finances publiques

futurs que l'État ne manquera pas de lever demain pour rembourser la dette publique creusée aujourd'hui. A court terme, la courbe de Phillips traduit une possibilité de troquer temporairement plus d'inflation contre moins de chômage, mais elle se déplace elle-même globalement, rendant le dilemme encore moins favorable à chaque opération.

A long terme, compte tenu des anticipations rationnelles, elle devient verticale et détermine le niveau de chômage incompressible. Nouvelle théorie d'équilibre, cette construction sert à justifier les situations existantes et à décourager toute politique économique, mais ne peut démontrer de manière satisfaisante l'existence d'une part « naturelle » du chômage.

4. Les marchés financiers

La représentation classique du triangle des politiques économiques – budgétaire, monétaire et cambiaire – doit être complétée par la prise en compte de la liberté des capitaux, qui est désormais la règle à l'échelle mondiale. Un second triangle, dit d'incompatibilité de Lerner, permet de représenter l'impossibilité d'avoir simultanément la stabilité des changes, la liberté des capitaux et l'indépendance des politiques monétaire (voir schéma 11). Le système monétaire international de Bretton

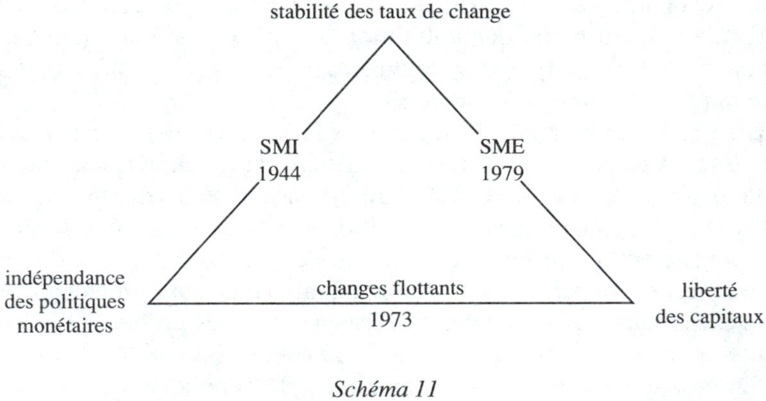

Schéma 11
Triangle d'incompatibilité de Lerner (ou de Padoa-Schiappa)

Woods avec taux fixes et politiques monétaires indépendantes impliquait un contrôle des mouvements de capitaux. La libération des mouvements de capitaux a imposé, pour conserver l'autonomie des politiques monétaires, le passage aux taux de change flottants en 1973, ou au contraire, pour revenir à des parités fixes, l'aliénation de la politique monétaire aux pays membres du SME en 1979.

L'historique rapide des réformes financières et la description sommaire des risques, des marchés, des acteurs et des instruments devront permettre de porter un jugement sur l'utilité et la rationalité des marchés financiers et sur les dangers qu'ils font surgir.

La globalisation financière ou mise en place d'un marché unifié de l'argent au niveau planétaire a démarré aux États-Unis dans les années soixante-dix. Elle est née du besoin de résorber les formidables déséquilibres des balances des paiements intervenus en deux vagues successives : la première, en conséquence des chocs pétroliers à partir de 1973, entre les excédents des pays en développement (PeD) producteurs de pétrole et les déficits des autres PeD, et la seconde, à la suite du changement radical de la politique monétaire américaine intervenu en 1979, entre les déficits des États-Unis et les excédents du Japon et de la RFA. Elle se traduit par la règle des trois D. La désintermédiation est le recours direct des opérateurs aux marchés financiers sans intermédiaires bancaires ; le mouvement de titrisation traduit le recours des agents débiteurs à l'émission de préférence au recours à l'endettement bancaire et le passage d'une économie d'endettement à une économie de marché. Le décloisonnement marque ensuite la suppression des frontières entre les divers compartiments du marché, nationaux et international, monétaire et financier, au comptant et à terme, ferme et optionnel... Tous les agents économiques ont désormais librement accès à toutes les cases. La dérégulation, enfin, marque l'abolition progressive de toute réglementation, contrôle des changes notamment, pour parvenir à une libéralisation totale des marchés de capitaux.

Les risques de marché découlent de la forte volatilité des taux d'intérêt, des taux de change et des cours de Bourse ou de matières premières.

Le risque de taux résulte des variations dans le temps des taux d'intérêt ; un agent économique est en position de risque dès qu'une partie de son actif, c'est-à-dire un placement, ou de son passif, c'est-à-dire ses emprunts, est à taux fixe ; ce risque se traduit par un coût supplémentaire sur ses charges ou par un manque à gagner sur ses produits. Les taux courts reflètent l'action de la politique monétaire, hausses des taux pour défendre la parité de la monnaie par exemple, alors que les taux longs traduisent, outre le niveau général d'équilibre sur le marché entre prêteurs et emprunteurs, la confiance que témoignent les opérateurs à un agent économique particulier, État ou entreprise. Plus l'inquiétude est grande et plus la prime de risque exigée, qualifiée de *spread*, sera élevée. La courbe des taux traduit les anticipations des opérateurs dans la durée ; ainsi le taux d'intérêt à deux ans intègre le taux à un an et le taux anticipé à un an dans un an.

Le risque de change résulte des variations des cours de change entre différentes devises ; un agent économique est en position de risque dès qu'il effectue une opération d'achat/vente ou de règlement/encaissement dans une monnaie étrangère. Là aussi, les taux de change futurs intègrent le taux de change au comptant et les taux d'intérêt prévus sur les deux devises au même horizon.

Enfin, le risque de cours de Bourse ou de matières premières résulte de leur variation dans le temps ; le cours de Bourse intègre les perspectives à long terme de résultats des entreprises et de taux d'intérêt.

Deux types de marchés sont à distinguer : les marchés organisés et les marchés de gré à gré. Sur les marchés organisés, les opérateurs sont tenus de déposer à l'avance une marge représentant la perte potentielle encourue, ce qui assure aux gagnants la réalisation de leurs gains, les perdants abandonnant leur mise. La chambre de compensation émet les appels de marge, perçoit les dépôts de garantie et compense les gains et les pertes. Sur les marchés de gré à gré en revanche, les opérateurs encourent, sur leurs positions gagnantes, un risque de contrepartie en cas de défaillance des opérateurs perdants.

Les acteurs sur les marchés financiers se rangent en trois catégories, les agents économiques souhaitant couvrir un risque, c'est-à-dire le transférer, les agents souhaitant au contraire prendre un risque et les arbitragistes, qui souhaitent profiter des imperfections du marché pour gagner de l'argent sans risque, ou presque.

Les entreprises ou les particuliers qui ont un placement de trésorerie à effectuer ou un emprunt à réaliser dans un avenir proche sont en risque de taux, à la baisse dans le premier cas, à la hausse dans le second. De même, les entreprises qui ont une facture en devises à acquitter ou qui soumissionnent un appel d'offres sont en risque de change, à la baisse de la monnaie nationale dans le premier cas, à la hausse dans le second.

Dans les agents économiques qualifiés de spéculateurs, on trouvera indistinctement des fonds de pension, qui gèrent les retraites par capitalisation et recherchent en permanence le placement le plus rentable à long terme et les fonds spéculatifs qui cherchent plutôt à réaliser des opérations profitables à court terme.

Enfin, les arbitragistes vont, par exemple, profiter d'un écart entre taux de change à terme entre deux devises et taux de change au comptant, corrigé du différentiel de taux d'intérêt sur les deux devises à la même échéance ; leur action a précisément pour résultat de corriger l'écart initial.

Il faut bien noter que ces trois catégories d'opérateurs sont indispensables au bon fonctionnement des marchés financiers, la couverture n'étant pas possible sans la spéculation et l'arbitrage garantissant l'ajustement permanent de la valeur des actifs financiers aux variations des paramètres de marché.

Les instruments se rangent très schématiquement en quatre catégories : instruments au comptant et fermes, la transaction étant immédiate et définitive ; instruments à terme, la transaction étant décidée aujourd'hui et prenant effet à une date ultérieure ; instruments d'échange ou *swaps*, la décision étant prise aujourd'hui d'échanger jusqu'à une date donnée les flux à venir de deux actifs différents ; enfin, instruments optionnels où se négocie le droit de réaliser une transaction future.

Dans les instruments au comptant et fermes, on comptera les titres de créance, dont le plus connu est l'obligation, les devises, l'ECU étant un panier de monnaies, les titres de propriété, le plus pur étant l'action, un

Instruments de marché

Risque / **Instruments**		**Taux**	**Change**	**Cours**	
				Bourse	**Matières premières**
Comptant, ferme		Obligation	Devise, panier (ECU…)	Action, indice (Dow Jones, CAC 40…)	Warrant
Dérivés	**Terme**	MATIF, FRA, forward/forward	Change à terme	Réglement mensuel, future sur action et sur indice	Future de commodities
	Swap	Swap de taux	Swap de change	Swap d'indice	Swap de commodities
	Option	Option de taux, cap, floor, collar, swaption	Option de change, tunnel…	Option sur action et sur indice	Option sur commodities

panier d'actions constituant un indice, enfin les warrants de matières premières, représentatifs d'une quantité physique, poids de denrées agricoles ou de métaux précieux par exemple. Entre l'obligation, caractérisée par un coupon déterminé à l'avance, et l'action, qui donne droit à percevoir un dividende ajusté en fonction des résultats de l'entreprise, existe toute une gamme continue de titres hybrides, titres participatifs, titres subordonnés à durée indéterminée… qui tiennent à la fois de l'une et de l'autre, une partie du revenu étant fixe et l'autre variable.

Les trois autres catégories sont des produits dérivés, c'est-à-dire qu'ils portent sur un actif appelé sous-jacent, qui relève de la première catégorie ci-dessus ; ces produits dérivés, dits de première génération, peuvent à leur tour servir de sous-jacents à d'autres produits dérivés, dits de seconde génération.

Les instruments à terme permettent de fixer maintenant les conditions d'une transaction future : cours, échéance et montant échangé ; leur principal avantage est d'éliminer un risque et leur principal inconvénient de figer une situation donnée, la suppression du risque d'évolution défavorable des paramètres faisant disparaître en même temps la possibilité d'évolution favorable. On citera le MATIF, contrat à terme de taux d'intérêt, permettant de fixer à l'avance le taux d'un prêt ou d'un emprunt futurs, les opérations de *forward rate agreement* ou de *forward/forward*, le change à terme sur les devises, le règlement mensuel sur le marché parisien des actions et, plus généralement, les *futures* sur actions, sur indice boursier comme le CAC 40 ou sur matières premières.

Les instruments d'échange ou *swaps* permettent à deux contreparties de s'échanger mutuellement deux échéanciers de flux portant sur des actifs de nature différente. Les opérations les plus classiques portent sur un *swap* de taux, qui revient à échanger un taux fixe contre un taux variable ou un taux variable de référence contre un autre et un *swap* de devises ou *currency swap* qui échange des versements périodiques dans une devise contre des versements aux mêmes dates dans une autre, mais d'autres opérations sont possibles dès lors qu'une équivalence peut être trouvée entre deux chroniques de flux. Un déséquilibre initial ou le débouclage d'une opération avant l'échéance donneront lieu au versement d'une soulte compensatoire par la partie perdante à la partie gagnante.

Les instruments optionnels permettent de négocier, moyennant le versement d'une prime, le droit, mais non le devoir, pour l'acheteur de l'option de réaliser une opération d'achat (ou *call*) ou de vente (ou *put*), portant sur une certaine quantité d'un actif donné, à un prix déterminé, avant une date d'exercice fixée. Le grand avantage de l'option sur la vente à terme est d'éliminer le risque d'évolution adverse sans pour autant figer l'opération, c'est-à-dire sans se priver de la possibilité de profiter d'une évolution favorable ; son inconvénient est bien sûr, en contrepartie, le coût de la prime versée.

Pour limiter le montant de cette prime, deux possibilités existent. La première consiste à rendre la couverture moins précise et à inscrire le cours protégé dans un tunnel à prime zéro. La seconde vise cette fois carrément à introduire un élément d'incertitude dans l'exercice de l'option ; il s'agit alors des options « exotiques », option sur option, options à barrières activante ou désactivante, options sur moyenne ou options asiatiques... Pour ne citer qu'un exemple, une entreprise soumissionnant à un appel d'offres qui veut se couvrir contre un risque de change sur des revenus en devises incertains choisira une option sur option et achètera une option mère à trois mois qui lui donnera le droit, si elle est retenue, d'acheter une option fille de vente des devises à douze mois.

Les premières options sont assez généralement évaluées de manière satisfaisante à partir des formules mises au point par Black et Scholes ; les plus connues sont les *cap, floor* et *collar* et option MATIF sur les taux d'intérêt, les options de change, les options sur actions et sur indices boursiers, les *swaption* ou options sur *swap*. Les options exotiques exigent des modèles d'évaluation beaucoup plus sophistiqués.

L'utilité des marchés financiers n'est plus guère sérieusement contestée. En donnant aux agents économiques les instruments nécessaires à la couverture contre les risques financiers, ils permettent notamment aux entreprises industrielles de se consacrer à leur métier et, plus généralement, à l'ensemble des acteurs – États, entreprises, banques, fonds de pension, particuliers – de choisir leur exposition en fonction de leur aversion au risque, institutionnelle ou individuelle. Le plus bel hommage qui leur soit du reste rendu est le reproche fait de rendre la politique monétaire ou cambiaire inopérante en permettant une couverture contre les risques de taux et de change. En réalité, la critique est doublement mal venue. D'une part, le risque couvert n'est pas annulé ; il est seulement transféré à un autre agent économique, ce qui ne change rien du point de vue macro-économique et, d'autre part, on a déjà vu que la libération des mouvements de capitaux rendait incompatibles la stabilité des changes et l'autonomie des politiques monétaires.

Faute de pouvoir contester l'utilité des marchés, on leur reproche souvent leur irrationalité dès lors qu'on ne comprend pas toujours leurs réactions à certains événements. C'est un peu comme si l'on reprochait au thermomètre d'afficher la température en cas de fièvre. En réalité, les marchés sont obnubilés par la solvabilité à long terme des débiteurs. Il est facile de taxer les marchés de légèreté, au motif qu'ils prévoiraient un retour de l'inflation, dont les germes semblent avoir été extirpés de l'économie mondiale. Mais il serait préférable de s'interroger sur les conséquences à long terme de l'accumulation de déficits publics ou extérieurs excessifs et sur les possibilités de résorption des dettes publiques de certains pays d'Europe ou de la dette extérieure des États-Unis.

Enfin, les marchés sont aussi accusés, sinon de créer eux-mêmes les risques, du moins de les amplifier et, par la même, de s'autojustifier. Là encore, c'est comme si on reprochait au thermomètre d'être cause de la fièvre. Les marchés ne créent pas les risques élémentaires, c'est au contraire précisément l'explosion de ces risques liée à la forte volatilité des taux d'intérêt et de change qui a entraîné leur développement. Il est, en revanche, légitime de suspecter les marchés d'amplifier fortement les effets d'un choc initial en cas de comportement mimétique des opérateurs moutonniers, qui cherchent à prévoir non les conséquences d'un phénomène, mais la réaction des autres opérateurs. Ainsi peuvent naître des bulles financières, dont l'éclatement est d'autant plus brutal que la phase de gonflage a duré plus longtemps ; le phénomène nouveau est alors le risque systémique, application à la finance de la théorie des dominos, chère aux politiques.

Il s'instaure un découplage total entre les opérations financières et les opérations commerciales qui les sous-tendent, dont le rapport va de 1 à 100 ; autre chiffre frappant, le montant des transactions quotidiennes sur le marché des changes atteint 1 000 milliards de dollars, soit la dette des États-Unis ou celle de l'ensemble des pays en voie de développement, et représente le double des réserves de change des banques centrales des pays membres du G7. Deux voies sont possibles pour résorber l'écart entre la sphère réelle et la sphère financière. La première vise à renforcer la réglementation prudentielle sur les produits dérivés, voire à freiner les mouvements en jetant du sable dans les rouages, c'est-à-dire en taxant les transactions. L'autre consiste, à l'inverse, à mettre de l'huile dans la coopération internationale.

Toujours le triangle de Lerner : entraver, dans un cas, la liberté internationale des capitaux ou renoncer, dans l'autre, à l'autonomie des politiques nationales.

Annexes

I. Chronologie et systèmes politiques

II. Dossier statistique

- *Avertissement de méthode et données générales*
- *L'après-guerre : images d'Épinal et enjeux réels*
- *Croissance et emploi*
- *Répartition, rentabilité et accumulation*
- *Politique économique et équilibres de financement*
- *Taux de change et compétition internationale*
- *Échanges internationaux*
- *Palmarès et typologie des six économies dominantes*

III. Bibliographie

ANNEXE I

Chronologie et systèmes politiques

Année	*États-Unis*	*Japon*	*Europe*	*Événements communs*
1944				Accords de Bretton Woods
1945	Élection de H. Truman (démocrate)	Capitulation Ministère Yoshida		Accords de Yalta et de Potsdam Création de l'ONU et de l'UNESCO
1946	*Employment Act*	Constitution		Constitution du FMI Création de la Banque mondiale
1947	Loi Taft-Hartley	Ministère Tetsu (socialiste)		
1948				Entrée en vigueur du GATT Convention de l'OECE
1949	Réélection de H. Truman	Deuxième ministère Yoshida		Constitution du Comecon
1950				Début de la guerre de Corée
1951			Traité de Paris créant la CECA	
1952				
1953	Élection de D. Eisenhower (républicain)			
1954				
1955		Ministère Hatoyama		
1956		Ministère Ishibashi		Nationalisation du canal de Suez
1957	Réélection de D. Eisenhower	Ministère Kishi	Traités de Rome créant la CEE à six et l'Euratom	

Année	*RFA*	*France*	*Italie*	*Royaume-Uni*
1944				
1945	Capitulation		Capitulation Ministère De Gasperi (chrétien-démocrate)	Victoire travailliste (C. Attlee)
1946		IVe République Guerre d'Indochine. Élection de V. Auriol	Proclamation de la République	
1947		Exclusion des ministres communistes		Indépendance de l'Inde, de Ceylan, du Pakistan et de la Birmanie
1948	Réforme monétaire Création du DM	Dévaluation		
1949	Loi fondamentale Dévaluation Victoire CDU (K. Adenauer)	Dévaluation	Dévaluation	Dévaluation
1950				
1951		Guerre d'Indochine		Victoire conservatrice (W. Churchill)
1952				
1953	Victoire CDU (K. Adenauer)	Élection de R. Coty	Période de changements de gouvernement fréquents	
1954		Guerre d'Algérie		
1955	Retour de la Sarre à l'Allemagne			
1956				
1957	Victoire CDU (K. Adenauer)	Dévaluation de 20 %		Ministère Macmillan

Année	*États-Unis*	*Japon*	*Europe*	*Événements communs*
1958				
1959				
1960	Élection de J. F. Kennedy (démocrate)	Ministère Ikeda	Constitution de l'AELE	
1961				L'OECE devient l'OCDE Pool de l'or
1962			Création du FEOGA	
1963				Formation du Club des Dix
1964	Élection de L. B. Johnson (démocrate)	Ministère Sato		
1965	Guerre du Viêt-nam			
1966				
1967				
1968	Élection de R. Nixon (républicain)			Double marché de l'or
1969				Création des droits de tirage spéciaux

Année	*RFA*	*France*	*Italie*	*Royaume-Uni*
1958		Ve République Élection de Ch. de Gaulle Dévaluation de 17,5 %		
1959				Nouvelle victoire conservatrice (Macmillan)
1960			Ministère Fanfani (chrétien-démocrate)	
1961	Mur de Berlin Réévaluation de 4,75 % Victoire CDU (K. Adenauer)			
1962		Accords d'Évian		
1963	L. Erhard chancelier		Gouvernement A. Moro (centre gauche)	
1964			Élection de G. Saragat (social-démocrate)	Victoire travailliste (H. Wilson)
1965	Victoire CDU/FDP (L. Erhard)	Réélection de Ch. de Gaulle		
1966	Grande coalition SPD/CDU (K. G. Kiesinger)			
1967	Loi de stabilité			Dévaluation de 14,3 %
1968		Événements de mai		
1969	Réévaluation de 9,3 % Petite coalition SPD/FDP (W. Brandt)	Élection de G. Pompidou Dévaluation de 12,5 %	« Automne chaud »	

Année	*États-Unis*	*Japon*	*Europe*	*Événements communs*
1970				
1971	Dévaluation de 8 %	Ministère Tanaka		Suspension de la convertibilité-or du dollar
1972	Réélection de R. Nixon		Institution du serpent monétaire européen Ouverture de la CNUCED	
1973	Fin de la guerre du Viêt-nam Dévaluation de 10 %		Entrée du Royaume-Uni, du Danemark et de l'Irlande dans la CEE à neuf	Flottement du dollar et du yen Quadruplement du prix du pétrole brut
1974		Dévaluation de 7 %		
1975		Ministère Miki		
1976	Élection de J. Carter (démocrate)			Accords de la Jamaïque entérinant le flottement des taux de change
1977		Ministère Fukuda		
1978				
1979		Ministère Ohira	Élections européennes Entrée en vigueur du SME Création de l'ECU et du FECOM	Hausse du prix du pétrole brut
1980	Élection de R. Reagan (républicain)	Ministère Suzuki		

CHRONOLOGIE

Année	*RFA*	*France*	*Italie*	*Royaume-Uni*
1970				Victoire conservatrice (E. Heath)
1971	Réévaluation de 4,6 %		Élection de G. Leone (chrétien-démocrate)	
1972	Entrée dans le serpent	Entrée dans le serpent	Entrée dans le serpent	Entrée dans le serpent, puis sortie
1973	Réévaluation de 3 %		Sortie du serpent	Adhésion à la CEE à neuf
1974	Victoire SPD/FDP (H. Schmidt)	Élection de V. Giscard d'Estaing Sortie du serpent		Victoire travailliste (H. Wilson)
1975		Rentrée dans le serpent		
1976	Réévaluation de 2 % Victoire SPD/FDP (H. Schmidt)	Sortie du serpent Plan Barre		
1977				
1978	Réévaluation de 4 %		Élection de S. Pertini (socialiste)	
1979	Réévaluation de 2 %			Victoire conservatrice (M. Thatcher)
1980	Victoire SPD/FDP (H. Schmidt)			

Année	*États-Unis*	*Japon*	*Europe*	*Événements communs*
1981	Envolée du dollar et des taux d'intérêt américains		Entrée de la Grèce dans la CEE à dix	
1982		Ministère Nakasone		30 millions de chômeurs dans l'OCDE
1983				
1984	Réélection de R. Reagan			
1985	États-Unis premier débiteur mondial Baisse rapide du dollar Loi Gramm-Rudman-Hollings sur la réduction du déficit public			Accords du Plazza des cinq grands pays pour orchestrer une baisse du dollar Plan Baker : prêts bancaires aux PVD endettés
1986	Chute du dollar		Entrée de l'Espagne et du Portugal dans la CEE à douze	Chute du prix du pétrole brut 1 000 milliards de dollars de dette dans les PVD
1987		Ministère N. Takeshita	Entrée en vigueur de l'Acte unique européen	Accords du Louvre des sept grands pays pour stabiliser le dollar Krach boursier
1988	Élection de G. Bush (républicain)			Initiative de Toronto (remise de dettes aux pays pauvres d'Afrique)
1989		Akihito empereur Ministère Suno Ministère T. Kaifu		Plans Brady : allégement de dettes des PVD (Mexique…)

Année	*RFA*	*France*	*Italie*	*Royaume-Uni*
1981	Coalition CDU/FDP (H. Kohl) Réévaluation de 5,5 %	Élection de F. Mitterrand Ministère P. Mauroy Dévaluation de 3 %	Dévaluations de 6 % et 3 %	Hausse de la livre
1982	Coalition CDU/FDP (H. Kohl) Réévaluation de 4,25 %	Dévaluation de 5,75 %	Dévaluation de 2,75 %	Guerre des Malouines
1983	Réévaluation de 5,5 % Victoire CDU/FDP (H. Kohl)	Dévaluation de 2,5 %	Ministère B. Craxi (socialiste) Dévaluation de 2,5 %	Victoire conservatrice (M. Thatcher)
1984		Ministère L. Fabius		
1985	Réévaluation de 2 %	Réévaluation de 2 %	Élection de F. Cossiga (chrétien-démocrate) Dévaluation de 6 %	
1986	Réévaluation de 3 %	Ministère J. Chirac (1re cohabitation) Dévaluation de 3 %		
1987	Réévaluation de 3 % Victoire CDU/FDP (H. Kohl)		Ministère G. Goria (chrétien-démocrate)	Victoire conservatrice (M. Thatcher)
1988		Réélection de F. Mitterrand Ministère M. Rocard	Ministère C. De Mita (chrétien-démocrate)	
1989	Chute du mur de Berlin		Ministère G. Andreotti (chrétien-démocrate)	

Année	*États-Unis*	*Japon*	*Europe*	*Événements communs*
1990		Chute du Nikkei	Première phase de l'Union économique et monétaire	Crise du Golfe
1991		Ministère K. Miyazawa	Création de la BERD	Guerre du Golfe Guerre civile en Yougoslavie Dissolution du Comecon Disparition de l'URSS Fondation de la CEI
1992	Élection de B. Clinton (démocrate) Signature de l'Accord de libre-échange nord-américain		Signature du traité de Maastricht	Accords du GATT (*Uruguay Round*)
1993		Ministère M. Hosokawa (coalition)	Ouverture du grand marché européen Crise du SME (élargissement des marges) Constitution de l'Espace économique européen (EEE : CEE + AELE)	
1994		Ministères T. Hata, puis T. Murayama	Deuxième phase de l'Union économique et monétaire	
1995			Entrée de l'Autriche, de la Suède et de la Norvège dans l'UE à quinze	

Année	*RFA*	*France*	*Italie*	*Royaume-Uni*
1990	Unification de l'Allemagne : union économique, monétaire et sociale Victoire CDU/FDP (H. Kohl)		Dévaluation de 3,7 %	Ministère J. Major (conservateur) Entrée dans le SME
1991		Ministère E. Cresson		
	Victoire CDU/FDP (H. Kohl)			
1992		Ministère P. Bérégovoy	Élection de O. L. Scalfaro Ministère G. Amato (socialiste) Dévaluation de 7 % Sortie du SME	Victoire conservatrice (J. Major) Sortie du SME
1993		Ministère É. Balladur (2e cohabitation)	Ministère C. A. Ciampi	
1994			Ministère S. Berlusconi (Forza Italia)	
1995		Élection de J. Chirac Ministère A. Juppé	Ministère L. Dini	

Systèmes politiques

Les systèmes politiques des six principaux pays étudiés diffèrent assez sensiblement. Deux pays, le Royaume-Uni et le Japon, sont des monarchies à régime parlementaire.

Au Royaume-Uni, la reine (Élisabeth II) nomme Premier ministre (John Major) le chef du parti majoritaire (conservateur). L'alternance travailliste-conservateur a rythmé la vie politique britannique jusqu'en 1979 ; depuis cette date, les conservateurs se sont maintenus au pouvoir, avec Margaret Thatcher de 1979 à 1990, avec John Major depuis lors.

Au Japon, l'empereur (Akihito) est chef de l'État. Le Premier ministre (Tomiichi Murayama) est désigné par la Diète. Le parti conservateur libéral-démocrate a perdu, en 1993, le pouvoir absolu détenu quasiment sans interruption depuis la guerre ; il reste dans le gouvernement de coalition.

Les quatre autres pays sont des républiques. Deux sont à régime présidentiel ou semi-présidentiel.

Aux États-Unis, le président (Bill Clinton) est élu (pour quatre ans) au suffrage universel indirect par un collège de grands électeurs des cinquante États fédérés. L'alternance démocrates-républicains a été très régulière depuis la guerre.

En France, le président (Jacques Chirac) est élu pour sept ans au suffrage universel direct ; il nomme le Premier ministre (Alain Juppé), mais ce dernier est responsable devant l'Assemblée nationale. En 1981 et 1988, la gauche est majoritaire aux élections présidentielles. En 1986 et en 1993, la coalition RPR-UDF remporte les élections législatives et la France pratique la cohabitation, la première de 1986 à 1988, la seconde de 1993 à 1995. Depuis la dernière élection présidentielle, la droite détient les pouvoirs exécutif et législatif.

Les deux derniers pays sont à régime parlementaire.

En RFA, le président de la République (Roman Herzog) est élu pour quatre ans par les députés du *Bundestag* (parlement) et du *Bundesrat* (chambre des *Länder*). Le chancelier (Helmut Kohl) est investi par le *Bundestag*. L'union chrétienne-démocrate est restée au gouvernement jusqu'en 1969 ; de 1966 à 1969, elle a gouverné avec le parti social-démocrate au sein de la grande coalition. De 1969 à 1982, ce dernier a dirigé les affaires du pays dans la petite coalition avec le parti libéral. En 1982, un renversement d'alliances a ramené au pouvoir l'union chrétienne-démocrate avec le parti libéral ; le chancelier Kohl entame, en 1994, son quatrième mandat consécutif.

En Italie, le président (Oscar Luigi Scalfaro) est élu pour sept ans par le Parlement et les délégués de région ; le président du Conseil des ministres (Lamberto Dini) est investi par le Parlement. La démocratie chrétienne a perdu, en 1994, le pouvoir détenu sans discontinuité depuis la guerre au travers de ministères d'alliances fragiles et laissé la place à la coalition de droite rassemblant Forza Italia, la Ligue du Nord et l'Alliance nationale.

ANNEXE II

Dossier statistique

1
Avertissement de méthode et données générales

Les six pays étudiés, ainsi que l'Europe des Douze, sont d'abord présentés de manière générale ; données de base en 1993, données économiques et sociales générales, analyse des conditions de départ au lendemain de la guerre (tableaux 3 à 5).

La comparaison des performances économiques est ensuite effectuée selon onze tableaux, illustrés chacun de deux graphiques, et s'articule selon cinq parties successives. La première (tableaux 6 à 8) analyse la croissance et l'emploi, la deuxième (tableaux 9 et 10) la répartition des revenus, la structure de la demande et la rentabilité et l'accumulation du capital. La troisième (tableaux 11 à 12) étudie les choix de politique économique et les grands équilibres de financement. La quatrième (tableau 13) s'intéresse aux rapports entre taux de change et compétition internationale. Enfin, la dernière (tableaux 14 à 16) est consacrée aux échanges internationaux. Le rassemblement des observations (tableau 17) permet d'établir un palmarès et une typologie des trois zones et des six économies étudiées.

Les choix retenus dans la constitution (voire la reconstitution) des séries répondent à un souci de cohérence spatio-temporelle ; trois critères ont été privilégiés :

• comparabilité : les sources internationales ont été, en règle générale, préférées aux sources nationales, car elles offrent un meilleur cadre comparatif ;

• exhaustivité : la volonté de disposer de séries longues complètes a amené parfois à reconstituer par extrapolation, à partir des sources nationales, certains points manquants dans les séries internationales (ex. : Japon, 1950-1952) ;

• continuité : de même, les ruptures dans les séries internationales (changement de nomenclature ou de base) ont été corrigées par la méthode des indices-chaînes à partir des sources nationales (ex. : changement de territoire en RFA après 1960 ou après 1990, séries de population active et d'emploi en Italie...).

Le découpage temporel par tranches de cinq années présente un caractère indéniablement arbitraire ; il a toutefois le mérite de correspondre à des phases bien marquées dans l'économie mondiale, bien que les points de retournement soient parfois, selon les pays, en avance ou en retard d'une année.

Les années cinquante constituent une phase de redémarrage très rapide des économies européenne et japonaise : durant la première moitié, la conjoncture est affectée par les guerres d'Indochine et de Corée. La fin de la décennie voit se dérouler une série d'événements politiques et économiques très importants :

convertibilité généralisée des monnaies et libération des échanges, institution de la CEE, avènement de la Vᵉ République en France, érection du mur de Berlin et passage de la « guerre froide » à la coexistence pacifique, première vague d'accumulation au Japon.

Les années soixante correspondent à une période d'échanges intenses et harmonieux. La première moitié est largement dominée par l'âge d'or de l'économie américaine ; la seconde moitié s'ouvre avec la guerre du Vietnam et voit les États-Unis se transformer progressivement en une économie d'inflation et d'endettement. La sanction est, à la fin de la décennie, l'abandon de la convertibilité-or du dollar, la fin du système de Bretton Woods et le passage des taux de change fixes aux taux de change flottants.

Les années soixante-dix enregistrent l'impuissance des politiques économiques libérales et keynésiennes à enrayer la crise économique d'abord larvée, puis ouverte (crises monétaires et pétrolières, récessions de 1975 et de 1980-1981). La première moitié est caractérisée par une certaine complémentarité des évolutions, la seconde par une convergence des économies qui exacerbe les rivalités.

Les années quatre-vingt consacrent le ralentissement de la croissance, alors même que les prix du pétrole et des matières premières reviennent à des niveaux très bas. Le chômage est progressivement érigé, dans quasiment tous les pays de l'OCDE, au rang de priorité numéro 1, alors que l'inflation disparaît du devant de la scène.

Les années soixante (fin de la décennie de redémarrage), 1965 (fin de l'âge d'or américain), 1970 (début des dérèglements économiques et monétaires), 1975 [1] (année de récession généralisée) et 1980 et 1985 (dates d'envolée et de retombée conjointes du prix du pétrole et du dollar), l'année 1990 (fin de la période d'expansion qui a suivi le contre-choc pétrolier et ouverture d'une nouvelle ère pour l'Allemagne) paraissent bien être des points de retournement significatifs. Seule l'année 1995 semble au contraire être celle du milieu d'un nouveau cycle d'expansion.

1. Si le choc pétrolier date de 1973, ses effets principaux sur le ralentissement de la croissance, la montée du chômage et le dérapage des finances publiques apparaissent pleinement en 1975.

Tableau 3
Données de base en 1993

	États-Unis	*Japon*	*Europe*	*RFA**	*France*	*Italie*	*RU*
Niveau							
Population totale (milliers)	257 500	124 800	347 220	81 100	57 700	56 670	58 030
Indice de fécondité	2,0	1,5	1,5	1,3	1,6	1,3	1,8
Densité (habitants/km²)	28	335	147	227	105	188	238
Population active (taux d'activité)	75,9	75,9	66,1	69,6	66,4	57,7	74,4
Chômage (taux)	6,8	2,5	10,6	5,6*	10,8	11,1	10,5
PIB (milliards de dollars)	6 245	4 198	4,6	2 038	1254	997	927
PIB par habitant (PPA) – Europe = 100	145,4	120,9	100	103,7	109,2	104,4	98,6
Taux de croissance (%)							
PIB en volume	3	0,1	– 0,3	– 1,9*	– 0,7	– 0,7	1,9
Prix à la consommation des ménages	3	1,3	3,3	4,1*	2,1	4,2	1,6
Salaire réel par tête	0,2	– 0,4	0,4	– 0,1*	0,5	– 0,5	0,6
Termes de l'échange	1,6	5,8	0,5	2,2*	0,6	– 2,2	1,6
Pourcentage du PIB (%)							
Investissements	16,1	29,8	18,4	20*	19,1	17,1	15
Exportations	10,4	9,7	25,9	21,1	22,4	23,4	25,3
Importations	11,7	7,1	24,7	20,7	20,3	19,9	26,7
Balance courante	– 1,7	3,1	– 0,2	– 1,2	+ 0,9	1,1	– 2,5
Prélèvements obligatoires	34,5	34,9	45,7	47,1	48,9	46,7	35,5
Dépenses publiques	38	32	51,7	50,4	54,7	56,2	43,5
Solde des finances publiques	– 3,5	– 3	– 6,0	– 3,3	– 5,7	– 9,5	– 7,7
Dette publique brute	63,9	74,7	65,4	48,5	52,5	113,9	46,5
Agriculture	2,1	3,5	3,5	3	4,6	4,2	2
Industrie	25,6	40,1	36,3	45	31,3	35,3	38
Services	72,3	56,4	39,5	52	64,1	61,5	60
Ratios significatifs (%)							
Taux d'épargne des ménages	4,6	14,6	14,4	12,1	14,1	18,9	11,5
Taux d'utilisation des capacités de production	80,6	89,1**	ND	78,4	80,6	74,4	ND
Dépendance énergétique (AIE)	17	82	ND	54	52	83	7
Taux de change et d'intérêt							
Contrepartie de 1 dollar	1 $	102 ¥	0,86 ECU	1,62 DM	5,55 FF	1 657 L	0,67 £
Taux d'intérêt à court terme (%)	4,7	3	6,4	5,4	5,9	10,3	5,5
Taux d'intérêt à long terme (%)	7,1	4,2	7,7	6,8	7,2	10,3	8,0

Source : OCDE, Commission européenne, sauf mention entre parenthèses.

* Concernant l'Allemagne, les données désignées par un astérisque se rapportent à l'Allemagne de l'Ouest.

** Il ne s'agit pas à proprement parler d'un taux d'utilisation des capacités, mais d'un indice d'utilisation des capacités base 100 en 1985, qui a atteint 105,7 en 1990.

Tableau 4
Données économiques

Place dans le monde (%) en 1993

	Superficie	*Population*	*PIB*	*Commerce extérieur*
États-Unis	7,0	4,7	25,7	13,2
Japon	0,3	2,3	15,9	7,4
RFA	0,2	1,5	7,8	11,0
France	0,4	1,1	5,7	6,3
Italie	0,2	1,1	5,3	4,9
RU	0,2	1,1	3,9	5,4
Amérique du Nord	16,0	6,8	29,3	18,1
Asie de l'Est	2,6	8,4	19,6	19,0

Source : Banque mondiale, 1993.

Place des six pays dans les 500 premières entreprises et les 1 000 premières banques du monde en 1993

Entreprises	***1 à 10***	***11 à 20***	***21 à 50***	***51 à 100***	***101 à 200***	***201 à 500***	***1 à 500***
États-Unis	5	3	7	17	35	92	159
Japon	3	2	8	10	31	81	135
CEE à 12	2	4	11	16	22	71	126
RFA	1	2	3	8	5	13	32
France	–	–	4	2	10	10	26
Italie	–	1	2	1	–	3	7
RU	0,5	1	0,5	3	5	33	43
Autres CEE	0,5	–	1,5	2	2	12	18
Autres pays	–	1	4	7	12	56	80

Source : Fortune, 25 juillet 1994.

Banques	***1 à 10***	***11 à 20***	***21 à 50***	***51 à 100***	***101 à 200***	***201 à 500***	***501 à 1 000***	***1 à 1 000***
États-Unis	1	1	5	13	15	49	94	178
Japon	6	5	6	9	16	62	13	117
CEE à 12	2	3	13	19	33	80	169	319
RFA	–	1	2	6	5	22	47	83
France	1	1	4	1	4	5	10	26
Italie	–	–	3	4	7	20	45	79
RU	1	–	2	2	5	5	19	34
Autres CEE	–	1	2	6	12	28	48	97
Autres pays	1	1	6	9	36	109	224	386

Source : The Banker, juillet 1994.

Tableau 5
Données sociales

Niveau de vie en 1991
(kg ou litres par habitant et par an – unités pour 1 000 habitants)

	Céréales	*Viandes*	*Vins*	*Voitures*	*Médecins*	*Lits d'hôpitaux*
États-Unis	105	120	ND	564	2,3	10,4
Japon	57	44	ND	299	1,6	15,8
RFA	93	97	23	458	3,2	9,8
France	94	110	65	419	2,7	9,7
Italie	159	88	63	488	2,6	7,2
RU	113	74	11	374	1,4	6,4
Italie	159	88	63	488	2,6	7,2

Source : Eurostat, 1993.

Répartition des revenus par tranche de revenu

	Année	*Quintile le plus pauvre*	*Deuxième quintile*	*Troisième quintile*	*Quatrième quintile*	*Quintile le plus riche*	*Décile le plus riche*
États-Unis	1985	4,7	11,0	17,4	25,0	40,9	25,0
Japon	1979	8,7	13,2	17,5	23,1	37,5	22,4
RFA	1988	7,0	11,8	17,1	23,9	60,3	24,4
France	1989	5,6	11,8	17,2	23,5	41,9	26,1
Italie	1986	4,6	12,0	16,7	23,5	44,3	28,8
RU	1988	6,8	10,0	16,8	24,3	41,0	25,3

Source : Banque mondiale, 1994.

Conflits du travail
Jours de travail perdus pour cause de grèves et de *lock-out*
(pour 1 000 salariés/an)

	1950 à 1959	*1960 à 1969*	*1970 à 1979*	*1980 à 1984*	*1985 à 1992*	*1950 à 1992*
États-Unis	668	450	508	1 407	560	131
Japon	328	139	125	–	160	10
RFA	59	15	73	25	40	12
France	324	172	271	74	190	135
Italie	524	1 145	1 601	4 500	ND	ND
RU	152	153	877	403	369	214

Source : BIT.

Tableau 5
Données sociales
(suite)

Durée du travail dans l'industrie

	1950	*1955*	*1960*	*1965*	*1970*	*1975*	*1980*	*1985*	*1993*
États-Unis	40,5	40,7	39,7	41,2	39,8	39,4	39,7	40,5	41,4
Japon	45,5	45,5	47,8	44,3	43,3	38,8	40,9	41,5	43,0
RFA	48,3	48,8	45,7	44,2	43,8	40,5	41,7	40,3	37,5
France	45,6	45,7	45,7	45,5	44,9	41,7	40,6	38,6	38,6
Italie	43,5	43,7	43,7	42,7	42,1	41,5	38,5	38,5	38,7
RU	47,5	48,7	47,4	46,1	44,9	42,7	41,8	43,1	43,1

Source : OCDE.

2
L'après-guerre : images d'Épinal et enjeux réels

Les années 1944-1947 vont voir se mettre en place les conditions de la croissance des années cinquante et soixante : restauration des démocraties parlementaires dans les pays vaincus, reconstruction et remise en état du stock de capital, fin des contrôles et libéralisation du commerce, élaboration d'un système monétaire stable. Il s'agit bien sûr d'une relecture *a posteriori* puisque le pessimisme reste alors la règle. Les rapports de forces entre les pays vont se jouer pour l'essentiel dans ces années charnières.

L'image d'Épinal est comme toujours séduisante et colorée : de grosses destructions ont ravagé l'Europe et l'aide américaine fut nécessaire pour empêcher une révolution dirigée par les communistes et/ou une attaque de l'URSS.

La réalité est tout autre : les destructions ne furent jamais très importantes ; quant à l'aide américaine, elle intervint après la stabilisation économique et politique des grands pays, le retour à l'ordre devant plus à l'action des communistes qu'à celui du gouvernement américain ! Pour comprendre ces enjeux réels, trois périodes doivent être distinguées.

L'effet de la guerre : peu de destructions mais une déstabilisation sociopolitique

La guerre amena d'abord des pertes humaines et en premier lieu à l'Est. Après son ouverture, le front soviétique fut rapidement le plus important ; au plus fort de l'engagement anglo-américain, les Russes avaient en face d'eux 60 % des forces allemandes, ils auront au total plus de 20 millions de morts. Dans les six grands pays capitalistes, il n'y eut pas de changement important dans la population active : en Allemagne, les décès furent compensés par les migrations de l'Est et, d'ailleurs, les pertes ont été beaucoup moins grandes. Les moyens de transport et les habitations furent gravement endommagés mais, en revanche, le stock de capital est partout plus élevé en 1945 qu'en 1940. Les quelques destructions furent en effet plus que compensées par l'extraordinaire besoin induit par la guerre.

La guerre provoqua ensuite, à des dates différentes selon les pays belligérants, des dégâts économiques. Sur une même base 100 en 1913, l'indice de la production industrielle (corrigé des changements de territoire) est en 1932 à 90 en

France et 68 en Allemagne où la crise est plus profonde ; il est en 1938 à 92 dans la France du Front populaire et 144 dans l'Allemagne national-socialiste, et en 1944 à 35 dans la France occupée et 170 dans l'Allemagne en plein effort de guerre. En 1946, il est de 77 en France et de 41 en Allemagne ; en 1949, il est pour les deux pays sensiblement égal à 110.

Le conflit mondial entraîna enfin de profondes modifications sociales et politiques. Les rapports de forces entre les classes sociales, entre les pays capitalistes et entre ceux-ci et l'URSS étaient bouleversés. En Europe, les États étaient désorganisés, les résistants restaient armés, la population aspirait à un changement profond. L'issue de ces années de transition était donc très ouverte. Une chose était pourtant sûre. Ces années avaient consacré la montée de la puissance américaine. Dès lors, l'histoire de la reconstruction va se confondre pour une large part avec celle des politiques américaines et de leurs efforts.

Le retour à l'ordre (1944-1947)

Laisser faire pour rétablir le plus vite possible le fonctionnement du capitalisme, telle est la doctrine américaine. A l'intérieur, il faut faire face à un mouvement ouvrier sorti renforcé de la guerre – 15 millions de syndiqués. Les grèves de 1945-1946 marquent le sommet de cette puissance ouvrière. Les augmentations salariales ainsi arrachées sont vite érodées par les prix, et la loi Taft-Hartley vient, en 1947, museler cette contestation en jetant les bases du syndicalisme corporatiste.

A l'extérieur, les accords de Bretton Woods permettent la reconstruction du système des paiements. En imposant, contre Keynes, leur solution technique, les États-Unis restreignent les crédits et exercent ainsi des pressions sur les pays déficitaires. Simultanément, ils veulent obtenir des Britanniques la disparition de la préférence impériale, l'abandon de tout protectionnisme et le retour à la convertibilité de la livre. Vis-à-vis des autres pays, il leur faut éviter un double piège : ne pas leur laisser une marge de manœuvre trop importante pour asseoir leur propre hégémonie, ne pas, à l'inverse, les affaiblir par trop pour ne pas aviver les tentations protectionnistes.

Parallèlement, le retour à l'ordre s'effectue en Europe et au Japon : restauration des droits syndicaux, mais bataille de la production avec l'appui décisif des communistes, surtout en France et en Italie. La mobilisation des travailleurs ne débouche pas sur des solutions de gauche, sauf d'une certaine manière au Royaume-Uni, où les travaillistes s'installent au pouvoir.

Les États-Unis reconstruisent le capitalisme (1947-1950)

Avec le début de la guerre froide, à l'automne 1947, les États-Unis vont s'orienter vers des aides bilatérales massives. Prenant conscience de la force du capitalisme, aussi bien contre les classes ouvrières que contre l'URSS, mesurant combien les difficultés économiques européennes étaient persistantes, ils vont proposer le plan Marshall pour fournir aux gouvernements les moyens de consolider le nouvel ordre économique. Entre 1946 et 1964, les dons et prêts civils et les aides militaires seront réguliers, surtout à l'égard du Royaume-Uni et de la France.

Dons et prêts civils nets de remboursements et d'aides militaires (1946-1964) (milliards de dollars)

Japon	RFA	France	Royaume-Uni	Italie
2,0	3,1	4,4	6,4	2,9

La normalisation se poursuit partout, notamment avec le départ des communistes des gouvernements. En Allemagne, une réforme monétaire conduit à une nouvelle donne : l'échange du Deutsche Mark contre le mark se fait à 6,5 % et certaines dettes sont à cette occasion annulées ; cela revient à laminer les petits rentiers et donc à aider l'industrie, qui n'avait plus guère d'intérêts à payer tandis que les actions, dévalorisées dans un premier temps, revenaient vite à leur valeur réelle. Simultanément, la conférence de Genève (1947) débouche sur les accords du GATT : réduction de la préférence impériale britannique contre une réduction de 50 % des taxes américaines. Mais les pratiques protectionnistes restent importantes : à la fin de 1952, seul le dixième des importations de l'OCDE en provenance des États-Unis et du Canada étaient libres de restrictions quantitatives.

Ainsi, progressivement, le paysage économique mondial s'était modifié. Une stabilisation politique s'était opérée, mais les conditions de celle-ci allaient s'avérer déterminantes : au Japon et, dans une moindre mesure, aux États-Unis et en Allemagne, la défaite de la classe ouvrière était historique et un consensus, notamment pour la recherche de gains de productivité, allait s'établir. En France et en Italie, des solutions modérées s'étaient imposées malgré la force de la gauche. Au Royaume-Uni, enfin, le travaillisme triomphait et donnait la priorité à l'État-providence contre l'investissement. Cette stabilisation se faisait clairement sous l'égide américaine ; la dévaluation massive de toutes les monnaies vis-à-vis de la devise américaine consacre ainsi l'entrée dans l'ère du dollar.

Évolution des taux de change vis-à-vis du dollar entre août 1939 et mars 1950

Japon	RFA	France	Royaume-Uni	Italie
– 99	– 40,6	– 89,2	– 40,5	– 97

3
Croissance et emploi

Croissance et crise : inefficacité croissante de l'accumulation du capital

Pour l'ensemble de la zone OCDE, le taux de croissance annuel du PIB en volume est de 3,6 %. Mais il est près de deux fois plus élevé pour le Japon, un peu plus élevé pour la RFA, l'Italie et la France, et plus faible pour les États-Unis et surtout le Royaume-Uni (cf. tableau 6). Le ralentissement de la croissance est général à partir de 1970, mais les six pays se distinguent par le profil de croissance sur la période considérée. Le Japon connaît les fluctuations les plus fortes, en particulier une nette décélération en fin de période. La croissance de la RFA

Croissance et productivité des facteurs

Le *taux de croissance en volume* du PIB ou du stock de capital exprime la progression réelle ou à prix constants, c'est-à-dire corrigée de la hausse des prix ; le *taux de croissance en valeur* traduit la progression nominale ou à prix courants.

Le rapport du PIB en volume aux effectifs est la *productivité du travail par tête*. Le rapport du PIB au stock de capital, tous deux exprimés en volume, est la *productivité du capital* ; elle mesure l'efficacité de sa mise en œuvre, son inverse, encore appelé *coefficient de capital*, toujours en volume, aux effectifs est le *capital par tête* ; son taux de croissance exprime le rythme de la *substitution capital-travail*.

Les séries de stock de capital disponibles sont à la fois hétérogènes et souvent incomplètes ; leur comparaison est assez malaisée. On a préféré retenir ici des séries directement dérivées des séries d'investissement en volume avec un taux d'usure de 1,5 % ; le coefficient de capital initial, différent pour les six pays, a été estimé à partir des travaux existants – notamment *Flux et Stocks de capital fixe* (OCDE, 1983). L'inconvénient de la méthode réside dans l'arbitraire du point de départ ; son avantage évident est la cohérence spatio-temporelle, pour les six pays sur la période 1950-1995, des séries utilisées. Les évolutions sont assez proches des estimations nationales.

Tableau 6
Facteurs de la croissance

Taux de croissance annuel moyen	*1960/ 1950*	*1970/ 1960*	*1975/ 1970*	*1980/ 1975*	*1985/ 1980*	*1990/ 1985*	*1995/ 1990*	***1995/ 1950***
Volume du PIB								
États-Unis	3,1	3,9	2,5	3,6	2,6	2,7	2,4	**3,1**
Japon	8,6	10,6	4,6	5,1	4,0	4,5	1,8	**6,5**
RFA	8,0	4,7	2,1	3,6	1,2	3,4	1,9	**4,2**
France	4,6	5,6	4,0	3,3	1,1	3,2	1,2	**3,7**
Italie	5,7	5,7	2,4	3,8	0,8	3,3	1,1	**3,8**
RU	2,8	2,8	2,1	1,6	1,7	3,0	1,0	**2,3**
OCDE	4,1	5,0	3,1	3,5	2,2	3,3	1,8	**3,6**
Emploi								
États-Unis	1,2	1,8	1,2	2,7	1,6	1,9	1,2	**1,6**
Japon	2,2	1,4	0,5	1,2	1,0	1,5	0,9	**1,4**
RFA	2,1	0,2	– 1,0	0,4	– 0,6	1,4	– 0,5	**0,5**
France	0,2	0,6	0,4	0,4	– 0,5	0,8	– 0,3	**0,3**
Italie	0,7	– 0,6	0,3	1,0	0,3	0,7	– 1,2	**0,2**
RU	0,6	0,2	0,1	0,2	– 0,8	1,8	0,9	**0,2**
Volume du capital								
États-Unis	4,3	4,2	3,9	3,4	2,8	3,4	2,5	**3,6**
Japon	4,4	10,5	11,9	6,5	7,0	3,4	4,0	**6,9**
RFA	4,8	5,7	5,1	3,4	2,8	3,2	3,8	**4,5**
France	3,2	5,1	5,7	4,0	3,1	3,1	3,1	**4,1**
Italie	1,6	2,9	3,1	2,7	2,2	2,2	1,9	**2,4**
RU	2,7	4,3	4,2	3,0	2,8	2,9	2,8	**3,3**
Productivité du travail								
États-Unis	2,1	2,1	1,4	1,0	1,0	0,8	1,2	**1,5**
Japon	6,3	9,1	4,1	3,9	3,0	3,0	0,9	**5,1**
RFA	5,7	4,5	3,1	3,2	1,8	2,0	2,4	**3,7**
France	4,3	5,0	3,6	2,9	1,6	2,4	1,5	**3,4**
Italie	2,9	6,3	2,1	2,8	0,5	2,3	2,3	**3,6**
RU	2,1	2,6	2,0	1,8	2,5	1,5	1,9	**2,1**
Productivité du capital								
États-Unis	– 1,0	– 0,2	– 1,3	0,6	– 0,2	– 0,7	– 0,1	**–0,5**
Japon	3,6	0,1	– 6,5	– 2,7	– 2,3	1,1	– 2,2	**–0,5**
RFA	3,1	– 1,0	– 2,9	– 0,2	– 2,2	0,2	– 1,9	**–0,3**
France	1,3	0,5	– 1,7	– 1,3	– 2,6	0,1	– 1,9	**–0,4**
Italie	2,9	1,3	– 1,8	0,8	– 2,0	0,1	– 1,7	**0,5**
RU	1,2	2,6	– 1,0	– 1,0	– 0,4	1,1	– 0,9	**0**
Substitution capital-travail								
États-Unis	3,1	2,3	2,7	0,7	1,2	1,5	1,3	**2,0**
Japon	2,1	9,0	11,3	5,3	6,0	1,9	3,1	**5,6**
RFA	2,6	5,4	6,1	3,0	3,4	1,8	4,3	**4,0**
France	3,0	4,4	5,3	3,6	3,6	2,3	3,4	**3,9**
Italie	1,9	4,9	3,9	2,0	2,5	2,2	4,0	**3,1**
RU	0,9	2,7	3,0	2,5	3,0	0,4	2,8	**2,2**

Source : OCDE.

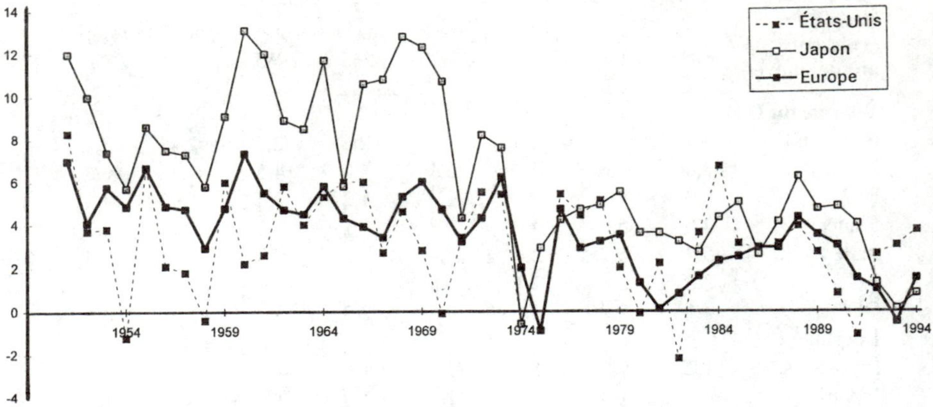

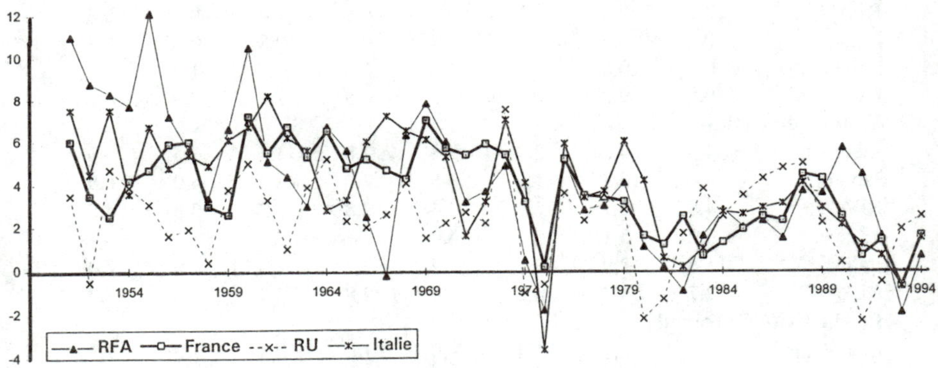

Graphiques 1
Croissance du PIB en volume

marque une évolution cyclique très caractéristique et enregistre un ralentissement progressif sur toute la période. Les économies de la France et de l'Italie font preuve d'une plus grande régularité. Enfin, les États-Unis et le Royaume-Uni voient leur croissance osciller assez régulièrement sous l'effet de politiques de *stop and go*, avec un cycle long pour le premier pays et court pour le second (cf. graphiques 1). Au total, le PIB réel est, en quarante-cinq ans, multiplié par 4,7 pour l'OCDE, 15,6 pour le Japon, 6,5 pour l'Allemagne de l'Ouest, 5,3 pour l'Italie, 5,0 pour la France, 3,8 pour les États-Unis et 2,9 pour le Royaume-Uni (cf. graphiques 2).

Les évolutions de l'emploi sont moins dissemblables. Le taux de croissance annuel de l'emploi est environ de 1,5 % pour le Japon et les États-Unis, l'évolution étant assez régulière. En Europe, le mécanisme de création d'emplois se grippe en revanche dès la fin des années soixante, sauf en Italie où la fin des

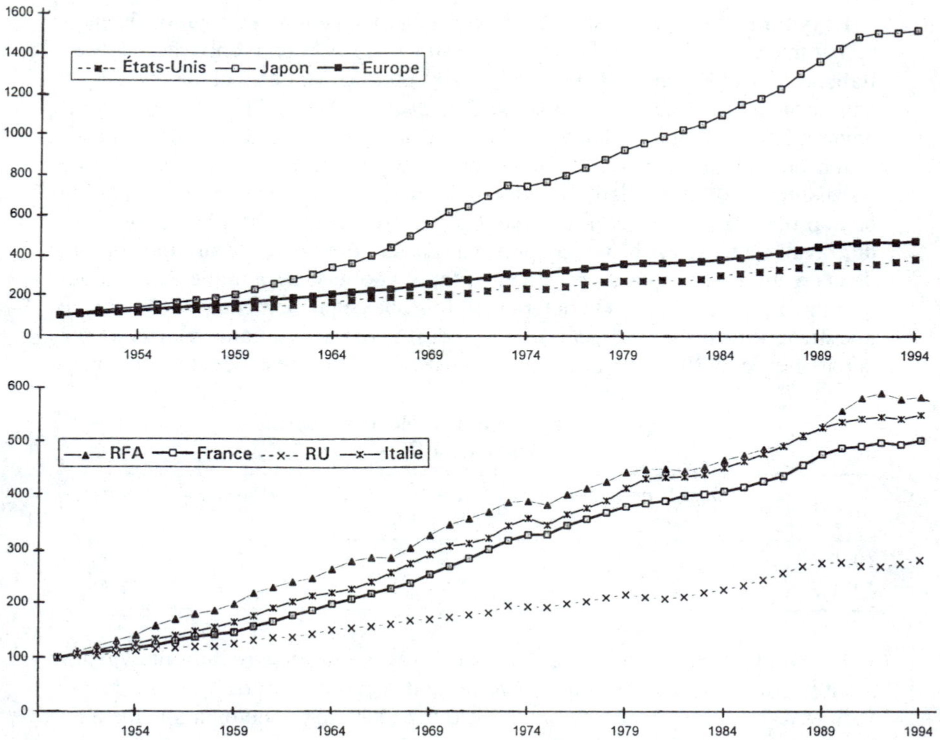

Graphiques 2
PIB en volume (base 100 en 1950)

années soixante-dix voit le seul véritable mouvement de progression de l'emploi que le pays ait connu depuis la guerre. L'Allemagne de l'Ouest est en moyenne le pays européen qui tire le mieux son épingle du jeu avec 0,5 % de croissance de l'emploi depuis 1950. Il est en revanche difficile de départager la France, le Royaume-Uni et l'Italie, où le rythme des créations n'a pas dépassé 0,25 % sur la période et a été strictement nul depuis 1975.

Des disparités plus marquées sont perceptibles dans la progression du stock de capital brut en volume. Son taux de croissance annuel est de 6,9 % pour le Japon, 4,5 % pour la RFA, 4,1 % pour la France, 3,6 % pour les États-Unis, 3,3 % pour l'Italie et 2,4 % pour le Royaume-Uni ; le stock de capital est ainsi, en quarante-cinq ans, multiplié par 12 au Japon, 7 en RFA, 6 en France, 4,9 aux États-Unis, 4,3 en Italie et 2,3 au Royaume-Uni. On peut toutefois discerner une certaine convergence dans l'évolution du stock de capital depuis le début des années quatre-vingt.

Le rythme annuel de substitution capital-travail qui traduit l'évolution du capital par tête est de 5,6 % au Japon, de 4 % en RFA, 3,8 % en France, de 3,1 % en Italie, 2,2 % au Royaume-Uni et de 2 % aux États-Unis. Le stock de capital par tête est ainsi multiplié par 11 au Japon, 5 à 5,5 en RFA et en France, 4 en Italie et environ 2,5 aux États-Unis et au Royaume-Uni. Le freinage général de la substitution du capital au travail durant la dernière période peut être rapproché de l'abaissement du prix relatif de la force de travail lié aux mesures de limitation de la progression du pouvoir d'achat. Le ralentissement de la substitution capital/travail est toutefois beaucoup plus marqué aux États-Unis et au Japon du fait de la création rapide (ou du maintien au Japon) de services à faible valeur ajoutée et peu capitalistiques. On notera toutefois que ce phénomène va de pair avec une stratégie de positionnement dans les industries de pointe, comme en témoigne la part élevée du PIB consacrée aux dépenses de recherche et développement.

Dépenses de recherche et développement en % du PIB

	États-Unis	*Japon*	*RFA*	*France*	*Royaume-Uni*	*Italie*
1965	3,0	1,5	1,5	2,0	2,3	0,7
1991	2,8	2,9	2,7	2,4	2,1	1,3

Les écarts dans l'ampleur de l'effort d'investissement se traduisent évidemment par des rythmes différents d'évolution de la productivité apparente du travail. Mais une croissance plus capitalistique ne génère pas automatiquement de tels gains. Cette intensification a été plus ou moins efficace selon les pays ; trois groupes de pays se distinguent nettement.

Au Japon, la très vive progression du capital par tête (5,6 %) s'est presque entièrement répercutée sur les gains de productivité (5,1 %) ; en Italie, un effort moindre de substitution (3,1 %) a conduit, surtout en début de période il est vrai, à des gains plus élevés de productivité (3,6 %).

La France et la RFA, avec des gains de productivité de 3,7 % et de 3,4 % l'an, sont dans une situation intermédiaire ; l'évolution moyenne du capital par tête se retrouve quasi intégralement dans la productivité du travail.

Au Royaume-Uni, la substitution est efficace, mais elle est très faible et les gains de productivité sont de 2,1 % l'an ; aux États-Unis, l'évolution du capital par tête est à la fois faible et inefficace et les gains de productivité induits sont seulement de 1,5 % l'an.

Au-delà de ces différences, l'efficacité de la substitution est partout nettement plus faible depuis le début des années quatre-vingt : 3 % de hausse du ratio capital par tête n'engendrent désormais plus que 2 points de hausse de la productivité apparente du travail.

Le PIB réel par personne occupée est ainsi, en quarante-cinq années, multiplié par 9 au Japon, 5 en RFA et en Italie, 4,5 en France, 2,7 au Royaume-Uni et 1,9 aux États-Unis.

Le ralentissement de la productivité apparente du travail est général depuis le début des années soixante-dix ; la crise succède à la croissance. Le freinage de la substitution capital-travail n'explique pas tout ; l'ensemble des conditions économiques et sociales de mise en œuvre de ce capital est en cause : modification des structures sectorielles et tertiarisation des économies, moindre dynamisme de la consommation et de l'ensemble des débouchés, montée des économies « noires »...

Cette transformation dans le mode de mise en valeur du capital se retrouve dans l'indicateur de productivité apparente du capital. Malgré ses ambiguïtés, il permet une lecture synthétique (cf. graphiques 3). C'est au Japon que son évolution est la plus caractéristique. Pendant les années cinquante, sa progression est vive, l'économie japonaise appliquant les techniques éprouvées outre-Pacifique. Après la stabilisation des années soixante, la crise se traduit par un vif recul. Une telle évolution en forme de cloche se retrouve en France, en Italie, en RFA

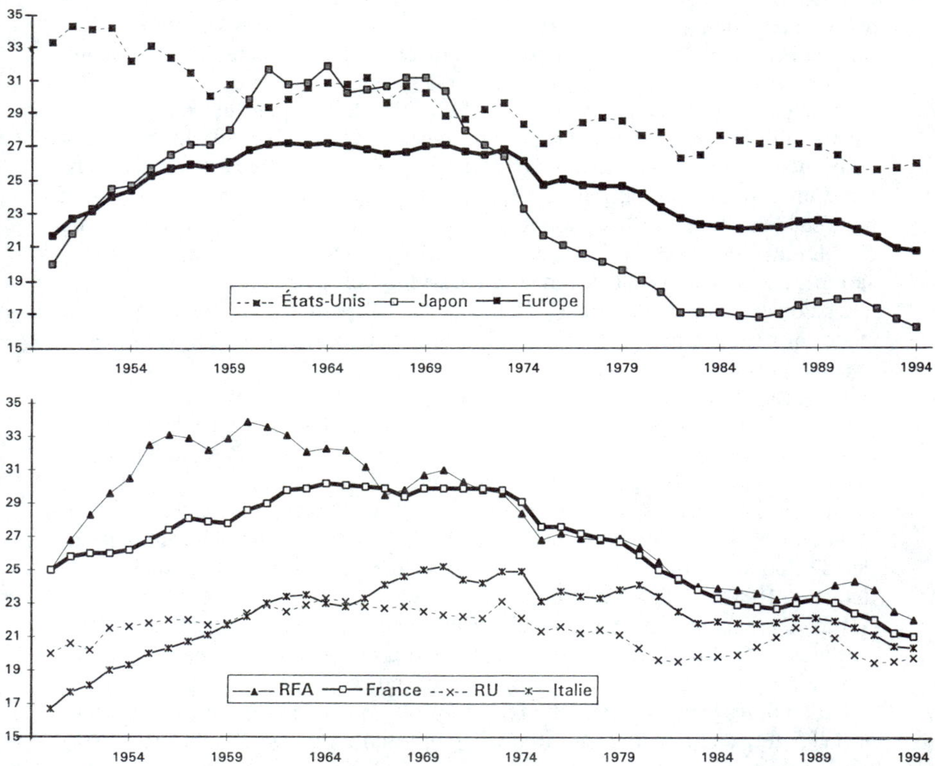

Graphiques 3
Productivité du capital (%)

et au Royaume-Uni, mais les courbes sont cette fois plus aplaties et les points de retournement décalés (1960 par exemple pour la RFA). Au début de la période considérée, les États-Unis sont, en revanche, déjà engagés dans la seconde phase, ce qui explique les moins bons résultats moyens.

Cette évolution en cloche est caractéristique de la période fordiste. L'introduction et la généralisation des techniques d'organisation du travail permettent le bond en avant ; les limites sociales rencontrées par ces transformations expliquent le recul. En particulier, le travail posté permet d'économiser le capital en allongeant sa durée d'utilisation.

Convergence des structures sectorielles

L'agriculture voit sa part baisser fortement dans tous les pays, mais à des rythmes, et à partir de niveaux, très différents : de 7 % à 2 % pour les États-Unis et le Royaume-Uni, où l'exode des campagnes vers les villes est quasiment achevé au lendemain de la guerre, de 10 % à 1,5 % pour la RFA, de 16 % à 3,5 % pour la France et de 23 % à 3 % pour l'Italie et le Japon où cette transformation est la plus rapide (cf. tableau 7).

L'industrie représentait, en 1950, 30 % à 35 % du PIB pour les États-Unis, le Japon, la France et l'Italie ; cette part diminue de près de 10 % aux États-Unis et en France, progresse au Japon – une forte progression de 1950 à 1970 étant suivie d'une brutale diminution de 1970 à 1975, puis d'une nouvelle reprise – et reste stable en Italie. Elle représentait de 40 à 45 % en RFA et au Royaume-Uni ; elle diminue de 7 % en RFA et de 15 % au Royaume-Uni, où la désindustrialisation s'accélère à la fin des années quatre-vingt (cf. graphiques 4).

La construction représentait 4 % à 6 % du PIB pour les six pays ; cette part stagne aux États-Unis, progresse très légèrement dans les quatre pays européens et triple presque pour le Japon.

Le secteur commerce et transports représentait 20 % à 25 % du PIB des six pays en 1950 ; cette part stagne aux États-Unis et au Japon, baisse de 3 % environ en RFA, en France et au Royaume-Uni et progresse de 7 % en Italie.

Le secteur des services privés représentait, en 1950, 10 à 12 % du PIB des quatre pays européens, 13 % au Japon et 17 % aux États-Unis ; cette part croît dans tous les pays : de 5 % pour l'Italie, de 10 % pour les États-Unis et la RFA, de 15 % pour le Japon et même de 20 % pour le Royaume-Uni et la France où la décennie 1980 voit la tertiarisation s'accentuer.

Enfin, le secteur des services publics et domestiques représentait, en 1950, à peu près 10 % du PIB des six pays ; cette part croît dans tous les pays, de 3 % à 5 %, la progression atteignant même 7 % en France.

Au total, les six pays opèrent un net rapprochement des structures en niveau ; en 1995, le secteur primaire (agriculture) représente environ 3 % du PIB, le secteur secondaire (industrie + construction) 30 % à 45 % et le secteur tertiaire (commerce et transports + services privés + services publics et domestiques) 55 % à 65 %.

Tableau 7

Structure du PIB en valeur

%	*1950*	*1960*	*1970*	*1975*	*1980*	*1985*	***1990***
Agriculture							
États-Unis	7,0	4,0	2,8	3,3	2,8	2,1	**2,0**
Japon	23,1	14,96	6,1	5,5	3,8	3,0	**2,5**
RFA	10,3	6,0	3,5	3,0	2,2	2,0	**1,6**
France	16,2	11,0	7,1	5,5	4,6	4,0	**3,5**
Italie	22,9	14,8	8,3	7,9	5,8	4,5	**3,1**
RU	6,1	4,0	2,9	2,7	2,2	2,0	**1,3**
Industrie							
États-Unis	34,4	33,3	29,8	28,4	29,5	27,0	**26,6**
Japon	33,4	34,1	39,1	32,7	33,9	34,5	**37,6**
RFA	46,1	46,5	45,7	42,0	40,1	38,5	**39,0**
France	37,2	35,8	34,6	32,9	32,1	31,0	**28,4**
Italie	31,8	30,6	35,2	35,4	36,3	34,0	**33,0**
RU	42,6	42,1	37,0	33,4	33,1	32,0	**25,9**
Construction							
États-Unis	4,4	4,4	4,9	4,5	4,7	4,0	**4,2**
Japon	3,8	5,5	7,8	9,7	9,2	7,0	**9,8**
RFA	5,2	6,8	8,3	6,9	8,0	6,0	**5,4**
France	4,6	6,7	8,2	8,4	7,3	6,5	**5,0**
Italie	4,9	7,4	8,5	8,2	7,9	8,0	**5,8**
RU	5,6	6,1	6,9	7,2	6,7	6,0	**6,5**
Commerce et transports							
États-Unis	25,1	23,0	24,1	24,5	23,3	23,0	**23,3**
Japon	19,3	22,1	21,3	21,4	19,4	20,0	**19,3**
RFA	19,3	19,7	17,7	17,2	16,5	17,0	**16,3**
France	22,6	22,2	19,9	19,8	19,3	18,5	**19,8**
Italie	17,6	18,8	22,2	21,2	22,2	20,5	**24,5**
RU	23,5	20,9	19,0	19,2	17,7	18,5	**19,3**
Services							
États-Unis	17,0	20,5	21,8	22,0	23,7	27,5	**28,7**
Japon	13,4	16,0	18,4	20,1	23,1	25,0	**27,2**
RFA	10,9	11,7	14,0	16,9	19,6	22,5	**19,5**
France	10,5	13,8	18,3	20,3	22,7	25,5	**28,8**
Italie	10,8	14,4	14,3	15,0	13,7	15,0	**16,9**
RU	12,2	15,6	20,6	20,4	24,3	26,0	**31,7**
État et ménages							
États-Unis	12,0	14,8	16,6	17,2	16,0	16,5	**15,2**
Japon	7,0	7,5	7,3	10,4	10,6	10,5	**9,9**
RFA	8,5	9,3	10,9	13,9	13,6	14,0	**13,0**
France	8,9	10,5	11,9	13,1	14,0	14,5	**15,6**
Italie	12,0	14,0	11,4	12,4	13,2	15,0	**16,3**
RU	10,0	11,3	13,7	17,1	16,0	15,5	**15,3**

Source : OCDE.

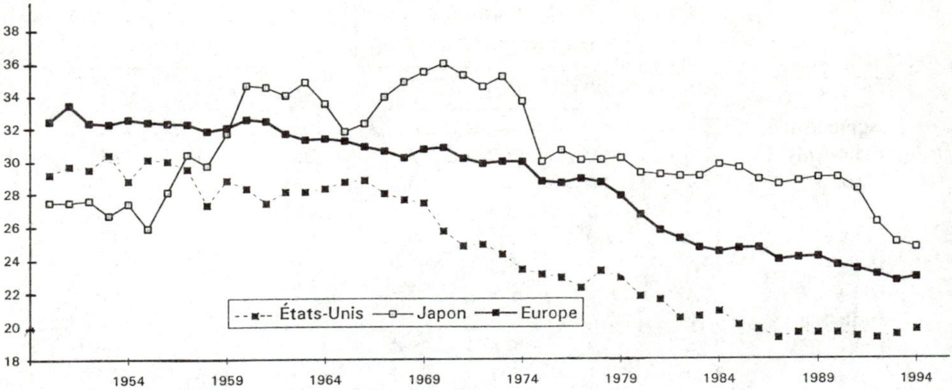

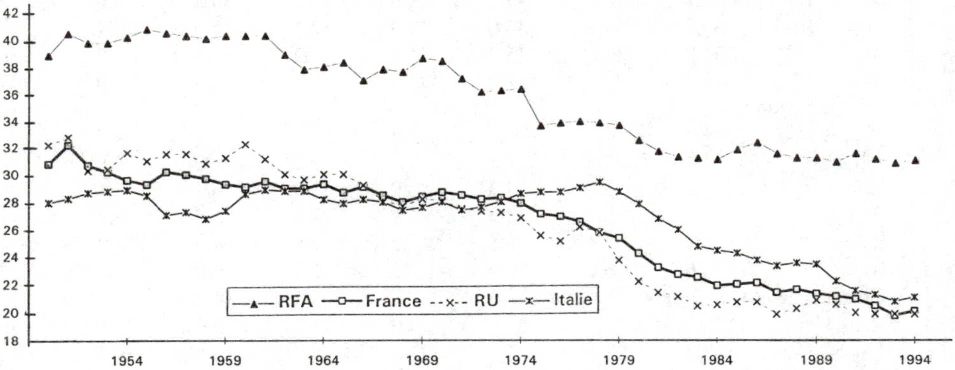

Graphiques 4

Part de l'industrie dans le PIB (%)

Classement des secteurs (nomenclature OCDE)

Secteur primaire	Agriculture	
Secteur secondaire	Industries extractives	
	Industries manufacturières	(industrie)
	Électricité, gaz et eau	
	Bâtiment et travaux publics	(construction)
Secteur tertiaire	Commerce et transports	
	Services marchands	
	Services non marchands	(État et ménages)

En évolution, la baisse du secteur primaire et la progression du secteur tertiaire sont communes aux six pays ; en revanche, le secteur secondaire progresse au Japon et en Italie et baisse aux États-Unis, en RFA, en France et au Royaume-Uni.

De 1950 à 1994, la part de l'industrie manufacturière dans le PIB baisse en valeur de 29 % à 20 % aux États-Unis, de 27 % à 25 % au Japon, de 39 % à 31 % en RFA, de 31 % à 20 % en France, de 32 % à 20 % au Royaume-Uni et de 28 % à 21 % en Italie (cf. graphiques 4).

Ralentissement démographique et montée du chômage

Les études démographiques nécessitent toujours une perspective un peu longue. En 1900, la population totale des États-Unis atteignait 76 millions d'habitants, soit une fois et demie le Japon (46 millions) et le double à peine de la France (40 millions) ou du Royaume-Uni (38 millions) ; l'Allemagne comptait alors 56 millions d'habitants, et l'Italie 28.

En 1950, soit un demi-siècle plus tard, les États-Unis comptaient 152 millions d'habitants, soit près de deux fois plus que le Japon (83) et trois fois plus que le Royaume-Uni et la RFA (50), l'Italie (47) et la France (42) (cf. tableau 8).

En 1995, soit quarante-cinq ans plus tard, les États-Unis comptent 263 millions d'habitants, près du double du Japon (125), mais sensiblement moins que la CEE à quinze (322), dont les quatre grands pays dépassent chacun 50 millions (Allemagne unifiée : 82 ; Royaume-Uni et France : 58 ; Italie : 57).

L'accroissement de la population est ainsi beaucoup plus fort sur la période 1950-1995 aux États-Unis (1,3 % l'an) et au Japon (1,1 %) qu'en Europe (France : 0,8 % ; Allemagne de l'Ouest : 0,6 % ; Italie : 0,4 % et Royaume-Uni : 0,3 %). D'autre part, le taux de natalité moyen est plus fort aux États-Unis (20 ‰) et au Japon (18 ‰) qu'en Europe (France et Italie : 16 ‰ ; RFA et Royaume-Uni : 14 ‰). D'autre part, le taux de mortalité moyen est, à l'inverse, plus faible aux États-Unis (9 ‰) et au Japon (7 ‰) qu'en Europe (10 ‰ à 12 ‰). Enfin, le taux de migration net moyen est positif pour les États-Unis, la RFA et la France (2 ‰ à 3 ‰), il est nul au Japon et négatif au Royaume-Uni et en Italie (– 0,5 ‰). En fin de période, les flux migratoires deviennent légèrement positifs au Royaume-Uni et en Italie, cependant que la RFA voit arriver un flux considérable en provenance de la RDA et de l'est de l'Europe. De 1950 à 1995, le taux de natalité diminue pour tous les pays, mais la chute est très marquée en RFA et en Italie où il passe au-dessous de 10 ‰ en fin de période. A l'inverse, le taux de mortalité est relativement stable, avec une tendance très faiblement décroissante pour tous les pays.

Aussi, le taux d'accroissement naturel décroît pour les six pays. Au début de la période, il est de 15 ‰ pour les États-Unis et le Japon, 10 ‰ pour l'Italie et

Tableau 8

Population et emploi

1)

Milliers	*1950*	*1960*	*1970*	*1975*	*1980*	*1985*	*1990*	*1995*
Population								
États-Unis	152 271	180 671	205 052	215 973	227 658	238 235	251 523	263 500
Japon	83 200	93 260	103 403	111 520	116 782	120 777	123 540	125 400
RFA	49 990	55 433	60 651	61 829	61 567	61 015	63 232	81 200*
France	41 829	45 684	50 772	52 705	53 713	55 180	56 420	58 200
Italie	50 615	50 198	53 661	55 812	57 042	57 060	56 937	57 200
RU	47 105	52 559	55 522	55 981	56 010	56 128	57 411	58 800
Population active								
États-Unis	63 858	72 142	85 903	94 793	106 821	115 464	126 424	133 200
Japon	36 160	45 110	51 530	53 230	56 500	59 630	63 840	67 200
RFA	22 945	26 518	26 817	26 397	26 684	27 846	30 327	38 350*
France	19 511	19 877	21 392	22 205	23 161	23 864	24 479	25 300
Italie	20 725	22 325	20 886	21 340	22 804	23 405	24 293	22 650
RU	23 055	24 601	25 300	25 795	26 380	27 705	28 436	28 070
Emplois								
États-Unis	60 568	68 292	81 815	86 963	99 372	107 154	117 913	125 300
Japon	35 720	44 360	50 940	52 230	55 360	58 070	62 500	65 300
RFA	21 290	26 247	26 668	25 323	25 795	25 542	27 345	34 500*
France	19 240	19 662	20 882	21 303	21 709	21 424	21 732	22 200
Italie	19 475	20 990	19 775	20 110	21 106	20 934	21 123	20 000
RU	22 765	24 275	24 785	24 929	24 720	24 434	26 577	25 600

* Allemagne unifiée.

Démographie et activité

Variation de population = Solde naturel + Solde migratoire.

Solde naturel = Naissances – Décès.

Solde migratoire = Immigration – Émigration.

Le *taux d'activité* est le rapport de la population active à la population totale. Le *taux de salarisation* est le rapport des emplois salariés aux emplois totaux. Le *taux de chômage* est le rapport du nombre de chômeurs à la population active civile.

Tableau 8
(suite)
Démographie

2)

‰	*1960/ 1950*	*1970/ 1960*	*1975/ 1970*	*1980/ 1975*	*1985/ 1980*	*1990/ 1985*	*1990/ 1950*
Taux de natalité							
États-Unis	24,6	19,9	17,5	17,0	15,7	15,8	19,5
Japon	18,9	17,7	18,7	15,6	12,7	10,7	16,8
RFA	16,5	16,7	10,8	9,5	9,9	10,8	13,5
France	18,8	17,4	16,0	13,8	14,3	13,8	16,3
Italie	18,1	18,5	16,1	13,5	10,9	9,9	15,6
RU	16,2	17,7	14,1	12,0	12,9	13,7	13,6
Taux de mortalité							
États-Unis	9,5	9,5	9,0	8,5	8,6	8,7	9,1
Japon	8,4	7,0	6,5	6,2	6,1	6,4	7,0
RFA	10,9	11,7	11,9	11,8	11,6	11,2	11,5
France	12,3	11,0	10,6	10,3	10,0	9,5	10,9
Italie	9,9	9,7	9,7	9,7	9,6	9,5	9,8
RU	12,5	11,7	11,9	11,7	11,7	11,4	11,9
Taux d'accroissement migratoire							
États-Unis	1,9	2,0	2,0	2,0	2,2	2,6	2,1
Japon	0,0	−0,2	−0,2	−0,1	0,1	−0,3	0,0
RFA	4,5	4,0	3,1	0,4	−0,8	9,2	3,5
France	2,7	4,6	1,6	0,0	0,5	1,1	2,3
Italie	−2,0	−2,2	1,6	1,0	1,4	1,4	−0,4
RU	−2,3	−0,7	−1,0	−0,4	−0,3	0,6	−0,4

près de 5 ‰ pour la RFA, la France et le Royaume-Uni. Il est, en fin de période, de 5 ‰ pour les États-Unis, le Japon et la France, il est nul pour la RFA, le Royaume-Uni et l'Italie.

Le taux d'accroissement migratoire est constamment positif pour les États-Unis, quasi nul pour le Japon et négatif pour le Royaume-Uni. Il est fortement positif pour la RFA et la France, mais s'annule en fin de période ; enfin, il est négatif pour l'Italie jusqu'à la fin des années soixante et s'inverse ensuite.

Différentes explications de l'évolution du taux de natalité ont été avancées : baisse du taux de nuptialité, accroissement du taux de divorce, diminution du taux de fécondité liée au travail féminin et au développement de la contraception. Alors qu'il devrait être de 2,2 enfants par femme pour assurer la reproduction à l'identique de la population, le taux de fécondité est tombé à 1,4 en RFA.

Ces évolutions entraînent une modification importante des structures de population. De 1950 à 1995, la part des personnes âgées de moins de 15 ans se réduit

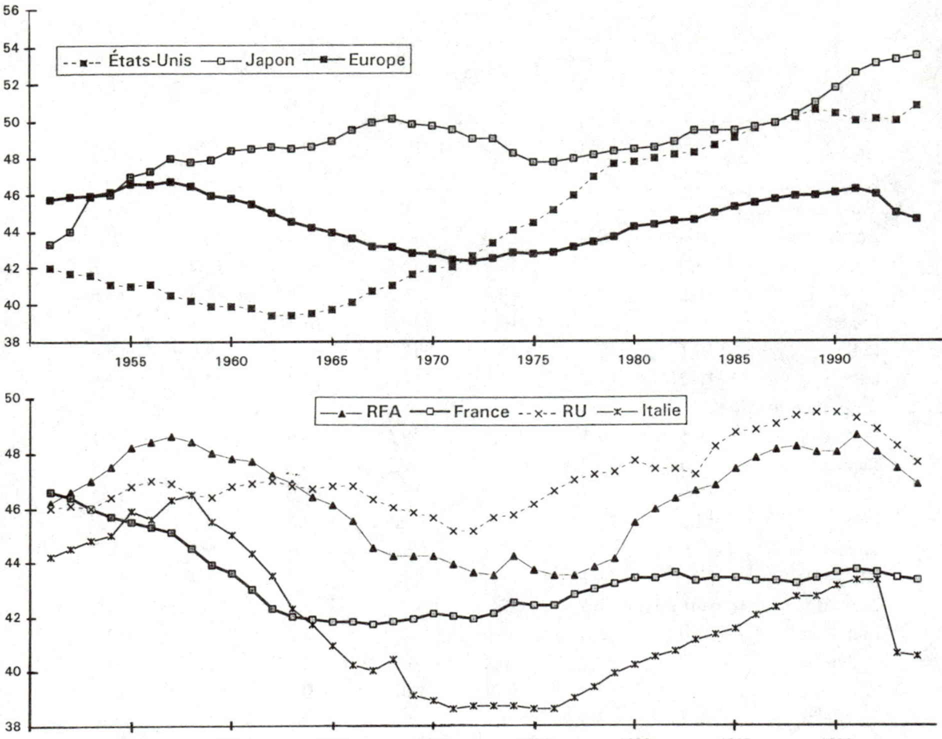

Graphiques 5
Taux d'activité (%)

et la part des personnes âgées de 65 ans et plus augmente dans tous les pays. La part des personnes âgées de 15 à 64 ans, base de la population active, reste stable aux États-Unis et au Japon et diminue légèrement dans les pays d'Europe.

La part de la population active dans la population totale, ou taux d'activité, décrit des mouvements différents selon les pays, courbe en cloche aux États-Unis et au Japon, sinusoïdale sur l'ensemble de l'Europe et dans tous les pays européens étudiés, à l'exception de la France où elle est plate (cf. graphiques 5).

La part de la population salariée dans la population active occupée, ou taux de salarisation, augmente pratiquement dans tous les pays, sauf au Royaume-Uni, où le mouvement était déjà achevé en 1950 : de 80 % à 90 % aux États-Unis, de 70 % à 90 % en RFA, de 60 % à 85 % en France, de 50 % à 70 % en Italie et de 40 % à 80 % au Japon (cf. tableau 9).

Enfin, la part des chômeurs dans la population active civile, ou taux de chômage, augmente rapidement en fin de période, avec la crise, dans tous les pays,

Tableau 9

Répartition des revenus, efficacité et rentabilité du capital

%	*1950*	*1960*	*1970*	*1975*	*1980*	*1985*	***1990***
Part salariale brute							
États-Unis	53,7	55,6	62,2	61,0	62,2	61,5	**60,7**
Japon	35,0	41,3	42,6	53,8	54,6	54,9	**55,0**
RFA	45,5	47,5	53,1	56,3	58,4	55,7	**54,4**
France	40,5	44,0	48,9	54,0	55,3	54,9	**52,0**
Italie	38,6	42,5	48,3	56,8	47,5	46,2	**44,8**
RU	58,0	59,7	60,1	65,3	59,7	55,5	**56,8**
Taux de salarisation							
États-Unis	80,0	84,5	90,2	90,6	92,3	92,5	**91,2**
Japon	39,5	53,4	64,9	69,8	73,4	77,9	**80,0**
RFA	68,6	77,5	83,5	84,5	88,3	88,5	**89,4**
France	62,5	70,8	78,7	82,3	83,3	84,1	**85,8**
Italie	48,5	58,0	67,6	69,7	69,7	68,1	**68,4**
RU	92,5	92,8	92,3	92,4	92,4	89,3	**87,5**
Part salariale corrigée							
États-Unis	67,1	69,3	69,0	67,3	67,4	66,3	**66,6**
Japon	88,6	77,3	65,6	77,1	77,8	70,5	**68,8**
RFA	66,3	61,3	63,6	66,6	66,1	62,9	**60,9**
France	64,8	62,1	62,1	65,6	66,4	65,3	**60,6**
Italie	79,6	73,3	71,4	79,7	75,1	77,9	**75,6**
RU	62,7	64,3	65,1	70,7	64,6	62,4	**64,9**
Productivité du capital							
États-Unis	33,3	29,6	28,9	27,2	27,7	27,4	**26,5**
Japon	20,0	29,9	30,4	21,7	19,0	16,9	**17,8**
RFA	26,0	33,9	31,0	26,8	26,4	23,8	**24,1**
France	25,0	28,6	29,9	27,6	25,9	22,9	**23,0**
Italie	16,7	22,2	25,2	23,1	24,1	21,8	**21,9**
RU	20,0	22,4	22,3	21,3	20,3	19,9	**20,9**
Prix relatif PIB/capital							
États-Unis	100	100	102	93	86	100	**106**
Japon	100	107	137	141	141	155	**162**
RFA	100	92	88	94	89	95	**97**
France	100	95	102	100	101	115	**118**
Italie	100	115	114	99	100	105	**116**
RU	100	103	113	102	105	115	**115**
Rentabilité du capital							
États-Unis	11,0	9,1	9,2	8,3	7,8	7,7	**7,6**
Japon	2,3	7,3	14,3	7,0	6,4	6,6	**7,2**
RFA	8,4	12,1	9,9	8,4	8,3	8,2	**8,5**
France	8,8	10,4	11,6	9,5	8,8	8,5	**9,1**
Italie	3,4	6,8	8,2	4,7	6,0	5,0	**5,3**
RU	7,5	8,3	8,8	6,4	7,2	7,3	**6,7**

Source : OCDE.

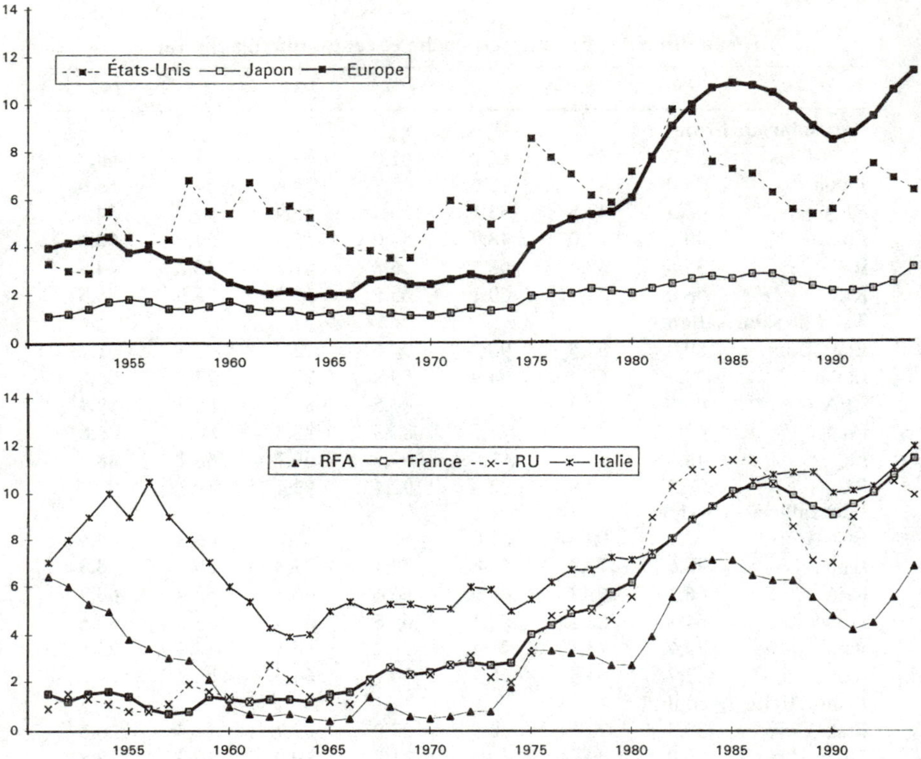

Graphiques 6
Taux de chômage (%)

sauf au Japon. La France et le Royaume-Uni se rapprochent des États-Unis et de l'Italie.

Les définitions nationales sont quelque peu hétérogènes ; le taux standardisé de l'OCDE s'établit, en 1994, à 3,1 % pour le Japon, 6,9 % pour les États-Unis et 11,3 % pour l'Europe (cf. graphiques 6).

Le Vieux Continent diverge ainsi fortement des deux autres ; comme il a déjà été souligné, la substitution capital/travail y est restée rapide, malgré le ralentissement de la croissance. Les différences intra-européennes sont moins marquées : l'Allemagne de l'Ouest fait de la résistance (taux de chômage de 6,9 % en 1994 contre 10 % au Royaume-Uni et 12 % en Italie et en France). Toutefois, le taux de chômage atteint 10 % sur l'Allemagne unifiée.

4
Répartition, rentabilité et accumulation

Rigidité du partage des revenus et crise de la rentabilité du capital

La part des salaires bruts dans le produit intérieur brut présente dans tous les pays, sauf au Royaume-Uni, une nette tendance à l'augmentation, due à l'effet de salarisation croissance ; la progression de 1950 à 1990 est de près de 10 points aux États-Unis et en RFA, près de 15 points en France et en Italie et de 20 points au Japon (cf. tableau 9, p. 303).

La part des salariés dans les emplois totaux reste stable au Royaume-Uni, où le mouvement d'exode rural était largement achevé, mais frôle les 90 %. Elle augmente de 10 points aux États-Unis, de 20 en RFA, en France et en Italie et de 40 points au Japon.

Corrigée de l'effet de salarisation croissante, la part salariale marque une relative stabilité de 1950 à 1970 pour les six pays, sauf pour le Japon et l'Italie, où la baisse atteint respectivement 23 et 8 points, et une augmentation sensible de 1970 à 1975, de 10 points pour le Japon et l'Italie, de 5 points pour les autres pays – sauf pour les États-Unis qui maintiennent le niveau antérieur. Par la suite, à l'exception des États-Unis, la part salariale corrigée recule fortement lors des années quatre-vingt et retombe en dessous du niveau de 1950 (cf. tableau 9, p. 303, et graphiques 7).

Les niveaux de départ sont voisins de 65 %, sauf pour le Japon, 90 %, et l'Italie, 80 % ; les niveaux d'arrivée vont de 60 % pour la RFA et la France à 75 % pour l'Italie, les trois autres pays restant proches de 65 %.

Un accroissement de la part salariale s'interprète comme un gain de pouvoir d'achat du salaire par tête supérieur à celui de la productivité du travail ou comme une progression du coût salarial unitaire plus rapide que celle du prix du produit intérieur brut.

L'évolution de la productivité du capital a déjà été commentée (cf. tableau 6, p. 291, et graphiques 3, p. 295). Les six pays ont une première phase d'augmentation, suivie d'une seconde de décroissance régulière, mais le point de retournement se situe dès 1955 aux États-Unis, où le niveau de départ est plus élevé, dès 1960 en RFA, en 1965 pour le Royaume-Uni et 1970 pour le Japon, la France et l'Italie.

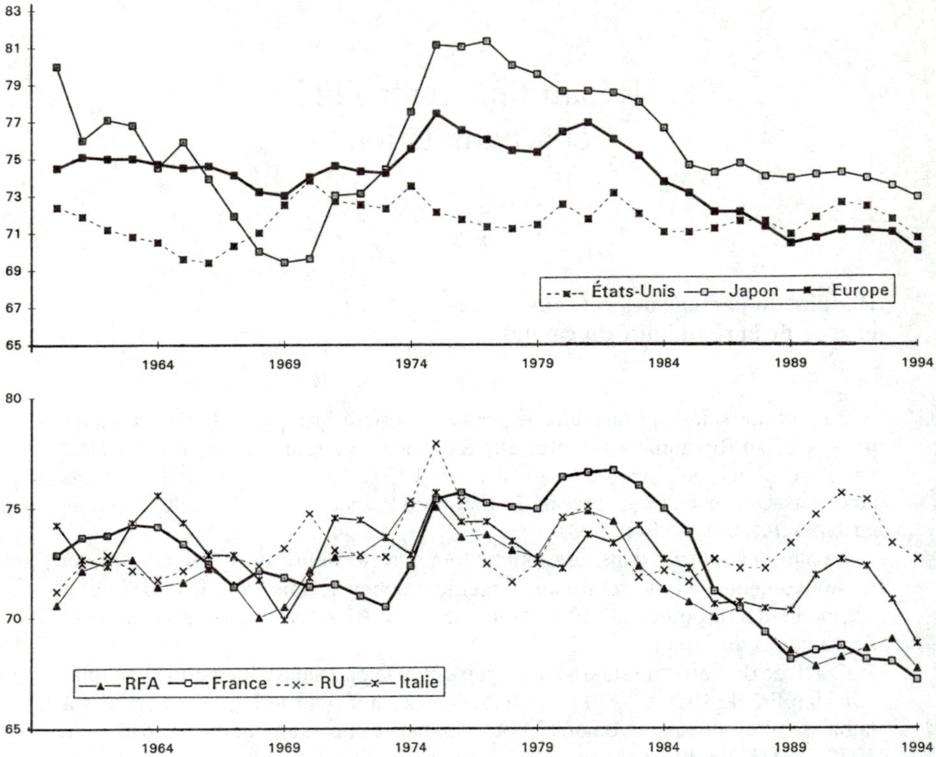

Graphiques 7
Part salariale corrigée (%)

La rentabilité du capital montre (cf. graphiques 8), aux États-Unis, une stabilité de 1950 à 1965 suivie d'une baisse sensible de 1965 à 1994 et, dans les cinq autres pays, une montée suivie d'une baisse, le point de retournement se situant en 1960 pour la RFA et aux environs de 1970 pour les autres pays. Les niveaux sont en 1994 beaucoup plus resserrés (de 5 % en Italie à 9 % en France) qu'en 1950 (de 2 % au Japon à 11 % aux États-Unis).

Consommation, effort d'investissement et équilibre extérieur

De 1950 à 1995, la part de la consommation privée dans le PIB est stable aux États-Unis, mais baisse de 3 % au Japon, en RFA et en France, de 7 % au Royaume-Uni et de 10 % en Italie. En fin de période, le Japon est le moins pro-

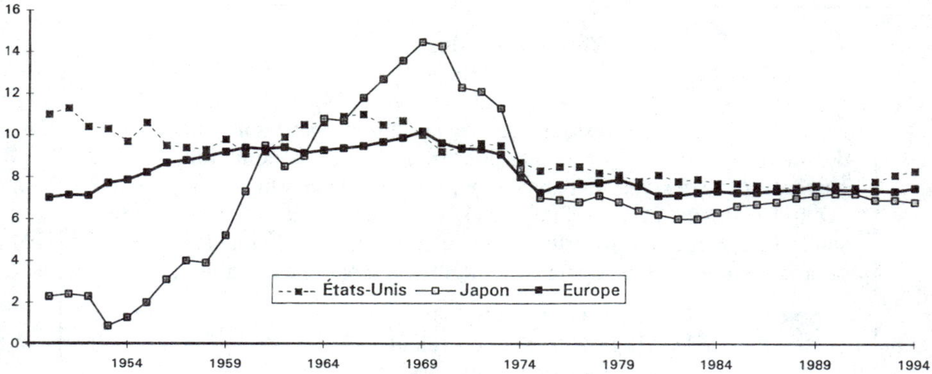

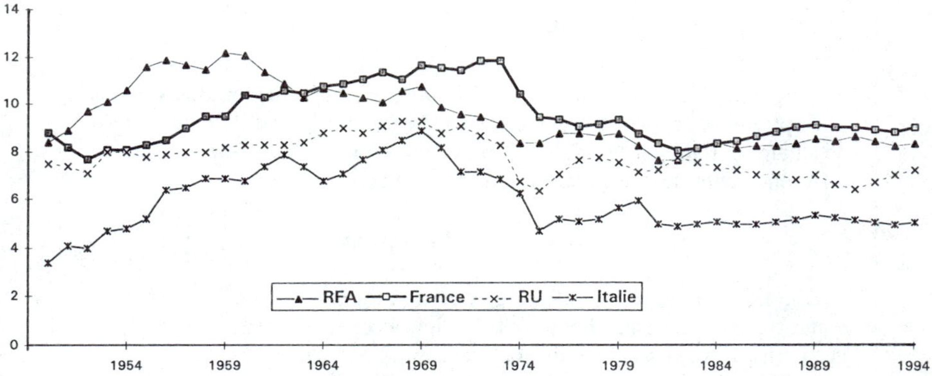

Graphiques 8
Rentabilité du capital (ensemble de l'économie, %)

digue des six pays, suivi par l'Allemagne de l'Ouest, la France et l'Italie, alors que le Royaume-Uni et surtout les États-Unis se distinguent par une part élevée de la consommation privée (cf. tableau 10, p. 309).

La part de la consommation publique augmente fortement pour les États-Unis, le Royaume-Uni, la France et surtout l'Italie, mais recule sensiblement au Japon et en RFA.

La part du PIB consacrée à la consommation privée et publique atteint, au total, des niveaux très différents selon les pays, de l'ordre de 85 % aux États-Unis et au Royaume-Uni, 80 % en France, en Italie et à peine 70 % en Allemagne de l'Ouest et au Japon. Les six pays témoignent ainsi d'une capacité inégale à contenir la part de la consommation pour dégager des taux d'investissement élevés et préserver l'équilibre de la balance des biens et services.

De fait, le taux d'investissement en valeur, ou part des investissements dans le PIB, est nettement inférieur à 20 % aux États-Unis et au Royaume-Uni, est

Répartition des revenus

L'indicateur de partage des revenus retenu est la part des salaires, corrigée de la salarisation croissante, dans le produit intérieur brut. La part brute des salaires dans le PIB présente une tendance à l'augmentation, due à la part croissante des salariés dans les emplois (ou à la diminution progressive des indépendants et aides familiaux) ; la correction de salarisation croissante élimine ce biais en attribuant aux entrepreneurs individuels une rémunération par tête fictive égale au salaire moyen par tête de salarié.

Soit W la masse des salaires bruts,
Y et pY le PIB en volume et en valeur
N et Ns les effectifs totaux et salariés :

$$w = \frac{W^*}{pY} = \frac{W}{pY} \times \frac{N}{Ns} = \frac{W}{pNs} / \frac{Y}{N} = \frac{W}{Ns} / \frac{Y}{N} / p.$$

L'évolution de cette *part salariale corrigée* peut se décomposer, selon une optique de revenu, comme différence entre le pouvoir d'achat du taux de salaire déflaté par le prix du PIB et, selon une optique de prix, comme différence entre le coût salarial unitaire et le prix du PIB.

Rentabilité du capital

L'indicateur de rentabilité retenu est le rapport des profits – obtenus comme différence entre le produit intérieur brut et les salaires corrigés de la salarisation croissante – au stock de capital en valeur.

Les profits excluent la rémunération fictive des entrepreneurs individuels, mais incluent les amortissements et les impôts.

Soit K et $p_k K$ le stock de capital en volume et en valeur :

$$\Pi = \frac{pY - W^*}{p_k K} = (1 - \frac{W^*}{pY}) \frac{p}{p_k} \frac{Y}{K}.$$

Le taux de rentabilité est le produit de la part des profits corrigée du prix relatif PIB/capital et de la productivité du capital.

proche de ce niveau en Italie, en RFA et en France alors qu'il est d'environ 30 % au Japon. Les États-Unis enregistrent une évolution assez stable ; les autres pays connaissent une première phase d'augmentation suivie d'une seconde phase de diminution, le point de retournement se situant en 1960 pour l'Italie, 1965 pour la RFA, 1970 pour le Japon, 1975 pour la France et le Royaume-Uni. Au-delà de ces tendances lourdes, le taux d'investissement évolue de façon cyclique, la formation de capital amplifiant les cycles conjoncturels (cf. graphiques 9, p. 310).

Le solde de la balance des biens et services sera analysé en détail dans le

Tableau 10

Utilisation du PIB en valeur

%	*1950*	*1960*	*1970*	*1975*	*1980*	*1985*	*1990*	***1995***
Consommation privée								
États-Unis	66,0	63,8	62,9	63,9	63,1	65,0	66,5	**67,5**
Japon	62,0	56,9	52,3	57,2	58,8	58,9	57,4	**58,8**
RFA	64,0	59,8	57,7	61,2	59,9	63,4	60,5	**60,1**
France	64,0	59,7	57,9	58,7	58,9	61,1	59,8	**60,6**
Italie	71,5	59,7	59,5	62,0	61,0	61,4	61,5	**61,1**
RU	71,0	66,0	62,1	61,9	59,5	60,6	62,9	**64,4**
Consommation publique								
États-Unis	12,0	16,9	19,1	18,9	17,6	18,1	17,9	**16,1**
Japon	11,0	8,9	7,4	10,1	9,8	9,6	9,1	**10,0**
RFA	14,5	10,7	12,1	14,5	14,0	13,6	12,1	**10,7**
France	13,0	14,2	14,7	16,6	18,1	19,4	17,9	**18,6**
Italie	10,0	12,0	13,0	14,1	14,7	16,4	17,4	**17,0**
RU	16,0	16,6	17,7	22,4	21,6	21,1	20,6	**21,2**
Investissements								
États-Unis	19,0	17,9	18,0	17,6	20,2	19,5	16,8	**17,7**
Japon	20,5	30,1	35,5	32,4	31,7	27,5	32,2	**29,8**
RFA	19,5	24,3	25,6	20,7	22,6	19,5	20,9	**20,7**
France	17,5	20,9	24,3	24,1	23,0	19,3	21,4	**19,2**
Italie	18,0	26,0	24,6	24,9	24,3	20,7	20,3	**17,3**
RU	13,0	16,4	18,9	19,9	18,0	17,0	19,4	**15,5**
Variation de stocks								
États-Unis	2,5	0,7	0,1	– 0,3	– 0,2	0,7	0,2	**0,4**
Japon	4,5	3,9	3,5	0,3	0,7	0,5	0,5	**0,3**
RFA	3,0	2,9	2,1	– 0,6	0,8	0,1	0,5	**– 0,1**
France	5,0	3,0	2,5	– 0,7	1,2	– 0,4	0,9	**– 1,0**
Italie	1,5	2,1	2,8	– 1,0	2,7	1,8	0,7	**0,1**
RU	– 1,5	2,2	0,8	– 1,3	– 1,5	0,2	– 0,2	**0,4**
Exportations								
États-Unis	4,5	5,1	5,7	8,5	10,1	7,4	10,0	**10,9**
Japon	11,5	11,1	10,8	12,8	13,7	14,5	10,8	**9,5**
RFA	11,0	19,0	21,2	24,7	26,4	32,5	32,0	**33,8**
France	14,5	14,5	15,8	19,1	21,9	22,8	20,8	**26,5**
Italie	9,5	13,0	16,4	20,5	21,9	22,8	20,8	**26,5**
RU	25,0	20,9	23,1	25,1	26,9	30,9	28,3	**26,5**
Importations								
États-Unis	4,0	4,4	5,5	7,8	11,1	10,4	11,5	**12,5**
Japon	9,5	10,6	9,5	12,9	14,6	11,1	10,1	**7,2**
RFA	12,0	16,5	19,0	21,8	26,9	29,0	26,1	**24,5**
France	14,0	12,4	15,0	17,8	23,1	23,2	22,6	**22,7**
Italie	10,5	13,5	16,3	20,6	24,6	23,2	20,7	**21,7**
RU	23,5	22,3	22,2	27,6	25,0	27,8	27,1	**27,1**

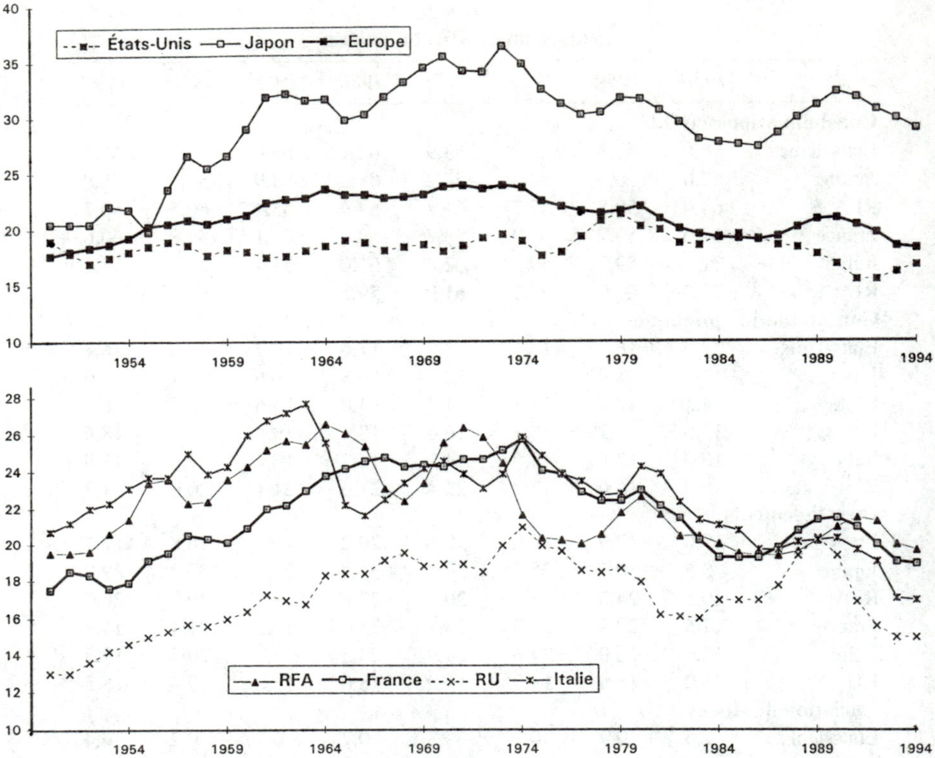

Graphiques 9
Taux d'investissement (%)

tableau 15 (p. 338). La situation est le plus souvent excédentaire pour les États-Unis, le Japon, la RFA et la France et déficitaire pour le Royaume-Uni et l'Italie.

La productivité du capital connaît la même évolution que le taux d'investissement, le point de retournement se situant vers 1955 aux États-Unis, 1960 en RFA, 1965 au Royaume-Uni et 1970 au Japon, en France et en Italie. Les niveaux se rapprochent très fortement, l'écart allant de 16 % à 33 %, soit du simple au double, entre l'Italie et les États-Unis en 1950, et de 16 % à 26 % entre le Japon et les États-Unis en 1994, les pays européens affichant notamment une convergence très marquée entre 20 % et 22 % (cf. graphiques 3, p. 295).

Le taux d'accumulation, produit du taux d'investissement en volume et de la productivité du capital en niveau, suit donc la même évolution, le point culminant se situant en 1950-1955 aux États-Unis, 1960-1965 en RFA et en Italie, 1970 pour le Japon, la France et le Royaume-Uni. Cette décélération du stock de capital aux dates indiquées est visible dans le tableau 6 (p. 291).

Investissement et accumulation

L'équilibre général des biens et services s'écrit :
Produit intérieur brut + Importations = Total Ressources = Total Emplois = Consommation des ménages + Consommation de l'État+ Investissements + Variation de stocks + Exportations.

On appelle :

- *taux d'investissement* le rapport des investissements au PIB, I/Y ;
- *taux d'accumulation* le rapport des investissements au stock de capital I/K_0 ;
- *taux d'usure* (τ) la fraction du capital usagée au bout d'une année T.

On peut écrire :

$$K\frac{I}{K_0} = \frac{I}{Y} \times \frac{Y}{K_0} \quad et \quad \frac{K}{K_0} = \frac{I}{K_0} - \tau.$$

Le taux d'accumulation est le produit du taux d'investissement en volume par la productivité du capital en niveau ; il est égal au taux de croissance du stock de capital au taux d'usure près.

Le ralentissement général de la croissance dans les six pays peut alors s'analyser de la manière suivante :

– La productivité du capital entre, à des dates différentes selon les pays, dans une phase de baisse continue en niveau.

– Il est impossible de contrecarrer cette baisse par une élévation indéfinie du taux d'investissement.

– Le taux d'accumulation et le taux de croissance du stock de capital entrent à leur tour dans une phase de diminution.

– La croissance du PIB enregistre enfin les effets cumulés d'une décélération et d'une moindre efficacité du stock de capital et connaît un ralentissement progressif.

5

Politique économique et équilibres de financement

Maîtrise de l'inflation et politique monétaire

Le déflateur de la consommation privée présente l'avantage sur l'indicateur traditionnel qu'est l'indice des prix à la consommation de mieux refléter les ten-

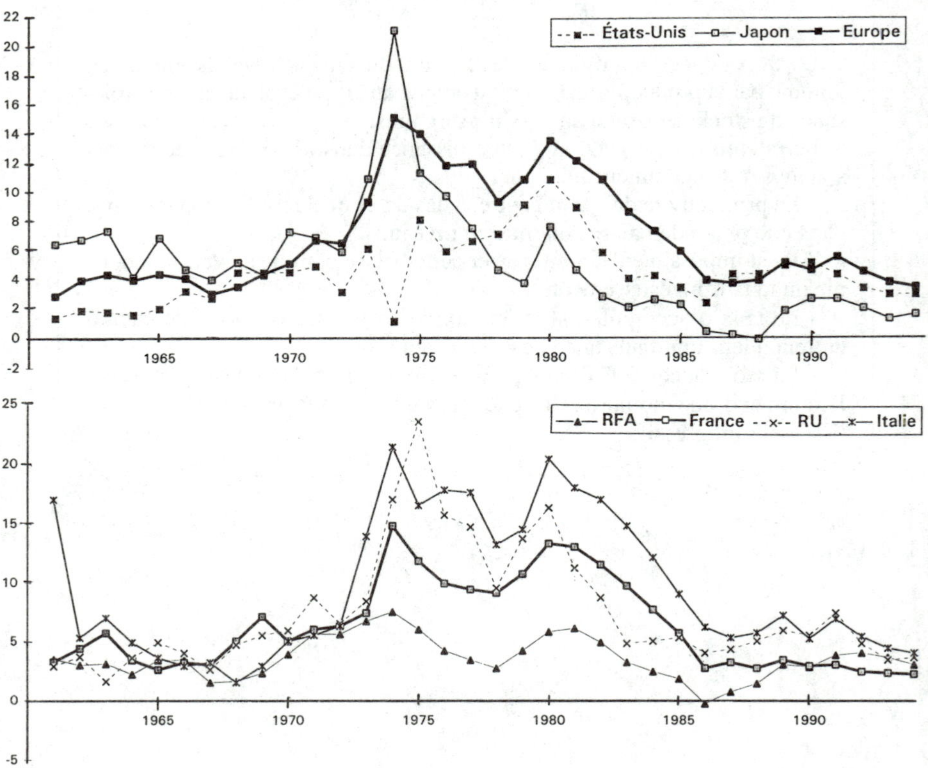

Graphiques 10
Inflation (%)

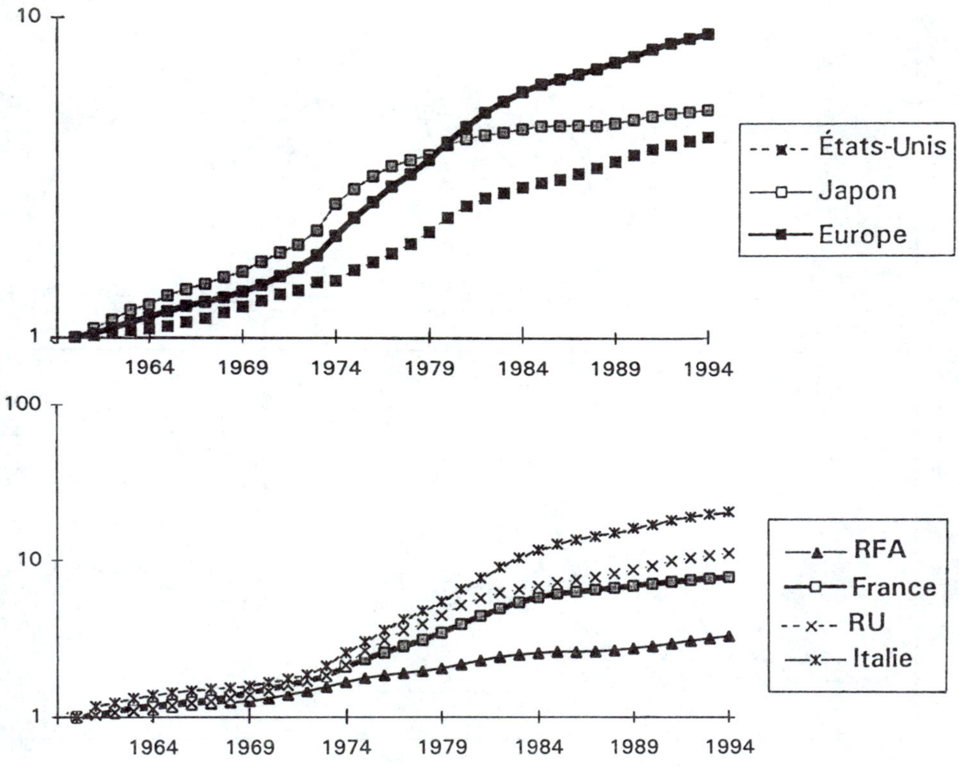

Graphiques 11
Indice des prix de la consommation privée (base 1 en 1960)

dances de fond alors que les spécificités nationales des indices gênent les comparaisons internationales et même intertemporelles. Mesurée à cette aune, l'inflation a connu une tendance à l'accélération de 1965-1970 à 1980. Comme le montrent les graphiques 10 et 11, les prix avaient commencé à déraper plusieurs années avant le premier choc pétrolier. Celui-ci provoque une plus forte poussée d'inflation au Japon, au Royaume-Uni et en Italie (20 % à 25 % en 1974 ou 1975), alors que la hausse des prix reste contenue à moins de 10 % en RFA et aux États-Unis, la France étant dans une position intermédiaire. Seuls le Japon et la RFA réussissent, durant l'entre-deux chocs, à ralentir fortement les prix de manière à rester dans la barre des 10 % d'inflation lors du second choc. La décennie 1980 est celle de la décrue généralisée de l'inflation, tous les pays, y compris l'Italie au début des années quatre-vingt, passant sous les 5 % annuels.

Les taux d'intérêt nominaux à court terme reflètent les tensions pouvant exister sur le marché de l'argent à trois mois, la politique monétaire jouant évidem-

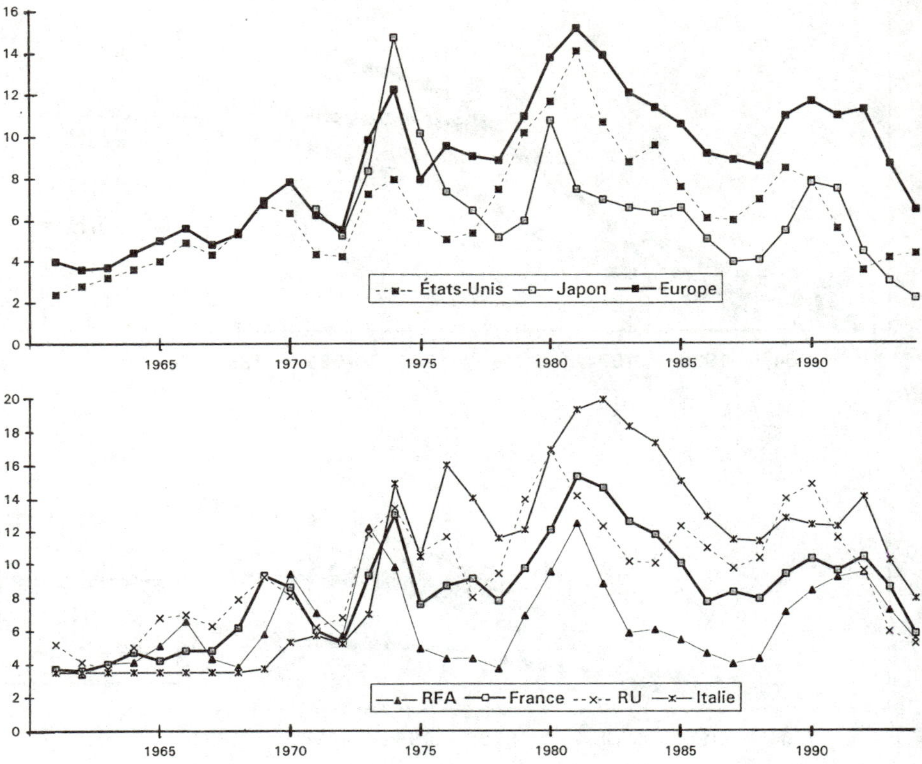

Graphiques 12
Taux d'intérêt nominaux à court terme (%)

ment un rôle essentiel dans l'offre de monnaie. Les évolutions des taux à court terme (cf. graphiques 12) suivent assez fidèlement celles de l'inflation : tendance à la montée lors des années soixante, mais relâchement (inopportun ?) à la veille du premier choc pétrolier, forte montée, puis détente rapide. La poussée d'adrénaline est encore plus marquée lors du second choc, alors que l'inflation accélère de nouveau. Cette politique monétaire très restrictive dans les six pays étudiés est imposée par la Banque centrale américaine. Après une phase de détente, un nouveau resserrement se produit à la fin des années quatre-vingt, alors que les économies de l'OCDE sont menacées par la surchauffe (notamment États-Unis, Royaume-Uni et RFA), puis détente aux États-Unis et au Japon et enfin en Europe, où les problèmes liés à l'unification allemande ont conduit la *Bundesbank* à prolonger la rigueur. La position dominante de la banque allemande oblige les autres banques centrales européennes à mener elles aussi une politique restrictive, alors que leurs économies ne connaissent pas les mêmes problèmes d'inflation.

Montée des dépenses publiques et modalités de leur financement

Les six pays étudiés enregistrent sur la période 1950-1990 une forte augmentation de la part des dépenses courantes dans le PIB ; elle est de 10 points pour le Japon et le Royaume-Uni, de 15 points pour les États-Unis et la RFA, de 20 points pour la France et de 45 points pour l'Italie. Cette vive progression est due, pour l'essentiel, aux dépenses sociales. Le niveau atteint en 1990 est toutefois très différent selon les pays : 25 % au Japon, 35 % aux États-Unis et 40 à 45 % pour les quatre pays d'Europe (cf. tableau 11 et graphiques 13 sur lesquels figure la somme des dépenses courantes et d'investissement).

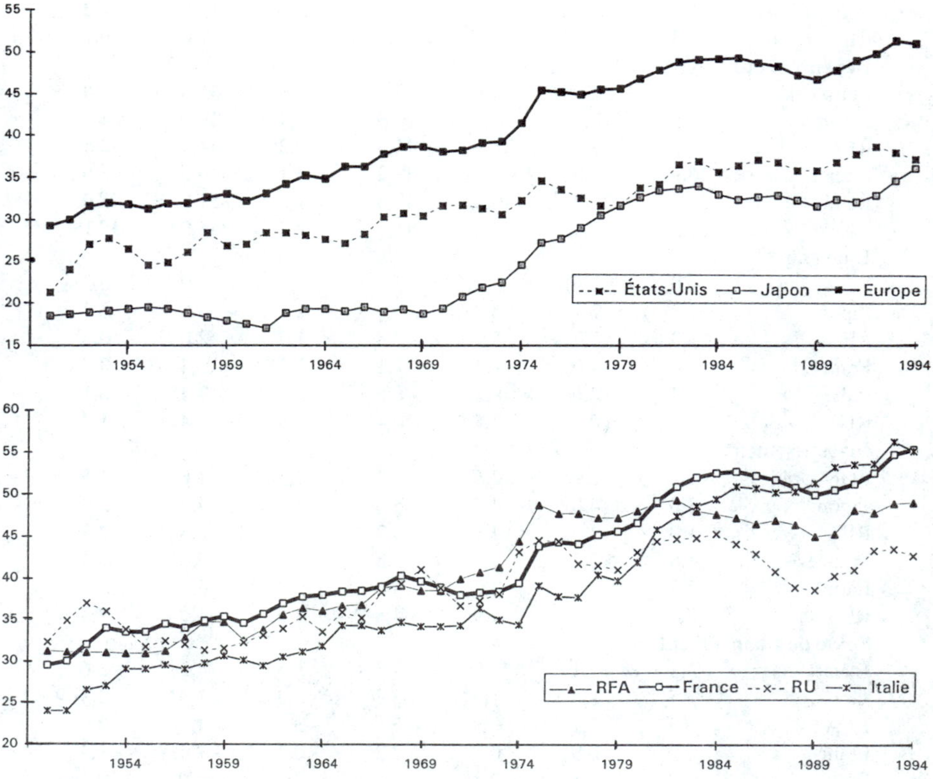

Graphiques 13
Part des dépenses publiques dans le PIB (%)

Tableau 11

Comptes des administrations publiques

% du PIB	*1950*	*1960*	*1970*	*1975*	*1980*	*1985*	***1990***
Impôts							
États-Unis	21,4	23,3	23,6	22,1	23,0	22,0	**21,4**
Japon	18,4	15,9	15,3	16,1	18,6	19,5	**20,7**
RFA	22,4	24,1	23,6	24,2	25,4	25,0	**23,7**
France	21,0	22,3	22,4	21,3	23,2	25,5	**23,0**
Italie	14,3	18,3	16,7	15,4	21,3	26,1	**25,0**
RU	28,9	23,4	31,6	30,1	28,5	31,5	**28,5**
Cotisations sociales							
États-Unis	2,4	4,1	5,0	5,7	6,2	7,1	**7,6**
Japon	1,9	2,5	4,3	6,4	7,4	8,0	**8,7**
RFA	7,7	9,7	10,9	13,4	14,1	17,5	**15,7**
France	9,4	11,3	12,8	15,3	18,3	20,0	**19,3**
Italie	4,9	8,6	10,7	15,9	12,6	15,8	**14,2**
RU	3,3	3,5	5,2	6,6	6,2	7,0	**6,7**
Dépenses courantes							
États-Unis	19,9	24,9	30,1	33,5	32,3	35,3	**34,8**
Japon	14,5	13,6	14,0	20,9	25,4	27,0	**24,7**
RFA	28,3	28,2	31,6	41,5	41,2	44,5	**42,5**
France	26,9	30,9	34,7	39,2	43,1	49,5	**45,6**
Italie	20,7	26,2	30,2	38,3	41,1	51,9	**45,0**
RU	29,3	29,9	33,2	41,1	42,2	45,0	**38,1**
Épargne							
États-Unis	4,0	2,5	0,2	– 3,2	– 1,6	– 4,0	**– 3,2**
Japon	7,2	7,1	6,7	3,2	2,7	3,5	**8,0**
RFA	3,3	7,7	5,9	– 0,8	1,7	2,0	**0,6**
France	6,0	4,0	4,3	1,1	2,3	0,4	**0,7**
Italie	0,3	2,6	0,2	– 8,5	– 3,5	– 7,4	**– 6,1**
RU	3,3	0,4	7,5	– 0,4	– 1,6	– 0,4	**1,3**
Investissement							
États-Unis	2,2	2,9	2,6	2,3	2,5	1,6	**1,8**
Japon	3,0	4,0	4,5	5,3	6,3	4,7	**3,9**
RFA	1,9	3,3	4,3	3,7	3,8	2,3	**2,3**
France	1,6	2,3	3,8	3,8	2,9	3,0	**3,3**
Italie	2,3	3,1	3,0	3,6	3,2	3,9	**3,1**
RU	2,4	3,3	4,9	4,8	2,5	1,9	**2,3**
Solde de financement							
États-Unis	3,3	1,1	– 0,5	– 3,5	– 1,5	– 4,2	**– 3,6**
Japon	3,5	2,5	1,9	– 2,8	– 3,9	– 1,4	**2,8**
RFA	0,8	3,1	0,3	– 5,8	– 3,5	– 1,1	**– 2,0**
France	0,7	0,9	0,9	– 2,2	0,4	– 2,6	**– 1,4**
Italie	– 2,0	– 0,8	– 2,8	– 13,3	– 7,8	– 14,0	**– 10,2**
RU	3,9	– 1,0	2,6	– 5,0	– 3,5	– 2,6	**– 1,6**

Source : OCDE.

Le compte consolidé des administrations publiques peut être présenté de manière simplifiée :

Recettes courantes
dont impôts directs et indirects ;
cotisations sociales ;
autres recettes courantes.

– Dépenses courantes
dont consommation publique ;
transferts.

= Épargne
+ Amortissements
+ Transferts en capital nets
– Investissement

= Solde de financement

Cette augmentation des dépenses est financée par une montée des prélèvements obligatoires et/ou une dégradation du solde de financement.

En quarante ans, le solde rapporté au PIB se dégrade de 5 % à 10 % selon les pays, seul le Japon maintenant – au moins jusqu'en 1980 – un excédent relativement stable [1]. En 1990, le solde est négatif pour tous les pays à l'exception du Japon, le déficit restant inférieur à 2 % du PIB en RFA, en France, au Royaume-Uni, égal à 3,5 % aux États-Unis et 10 % en Italie (cf. tableau 11, et graphiques 14). De 1950 à 1990, la part des prélèvements obligatoires (impôts directs et indirects et cotisations sociales) dans le PIB augmente dans tous les pays, malgré les politiques de baisse des impôts menées généralement, sauf au Japon, lors des années quatre-vingt. La hausse des prélèvements obligatoires est ainsi, en quarante ans, de 3 points au Royaume-Uni, 5 aux États-Unis, 10 au Japon, en RFA et en France et 20 en Italie. Si la part des impôts dans le PIB affiche une relative convergence entre 20 % (Japon) et 28 % (Royaume-Uni), deux modèles apparaissent clairement en matière de taux de cotisations sociales. Un faible niveau de protection sociale (États-Unis, Japon) ou une prise en charge par l'État (Royaume-Uni) génèrent des taux de 6 % à 9 %, alors qu'en Europe continentale le niveau élevé de la couverture et l'implication limitée de l'État se traduisent par un prélèvement social compris entre 14 % et 19 % du PIB.

1. La relance imposée en 1992-1995 par la crise qu'a connue l'Archipel fera disparaître cet excédent.

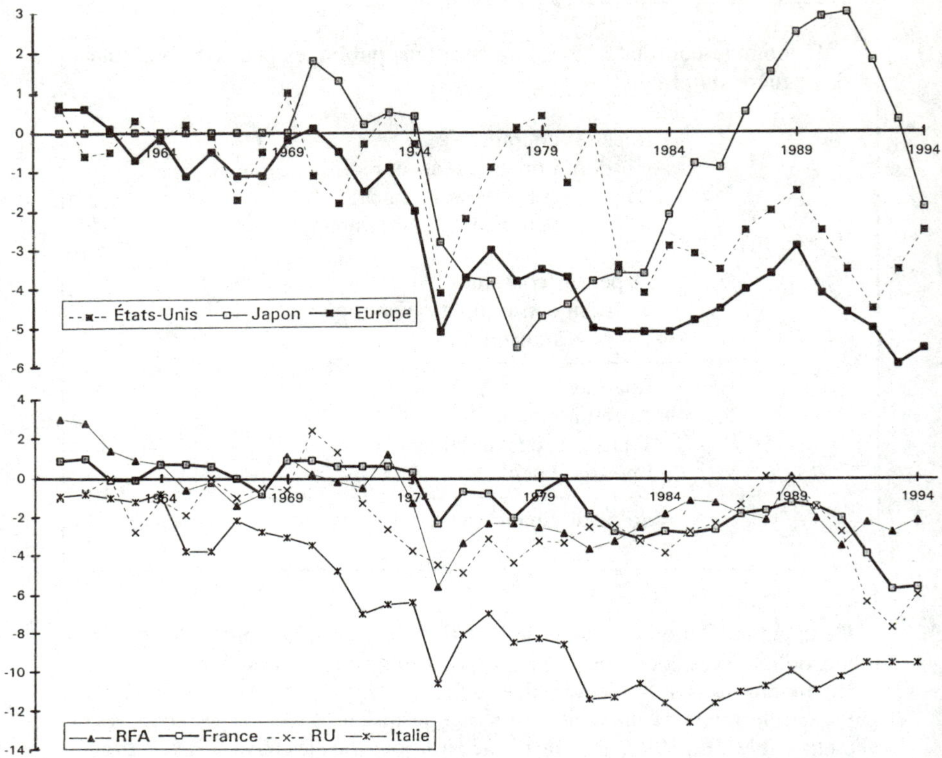

Graphiques 14
Solde des administrations / PIB (%)

Dette publique et taux longs

Les séries de dette publique brute[1] ne sont disponibles que depuis la fin des années soixante-dix, leur surveillance attentive par les organismes internationaux et les marchés financiers étant récente. Dans tous les pays à l'exception du Royaume-Uni, la tendance est à la hausse (cf. graphiques 15), les niveaux

1. L'indicateur de dette brute a été choisi de préférence à la dette nette dans la mesure où les comparaisons internationales de dette nette sont particulièrement délicates et sujettes à interprétations litigieuses : évaluation des actifs et des passifs des régimes sociaux, évaluation des entreprises publiques, etc.

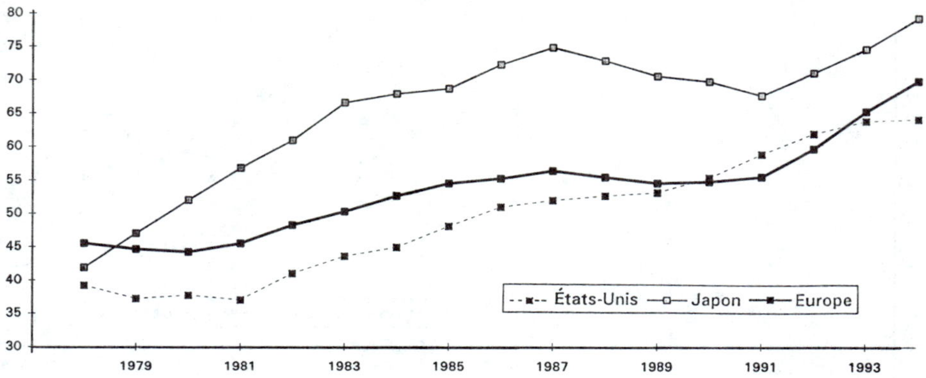

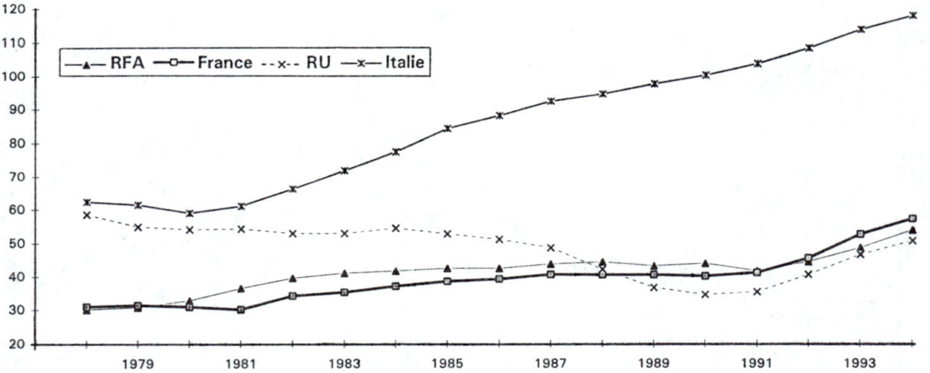

Graphiques 15
Dette publique brute / PIB (%)

atteints en 1984 s'étalant entre 50 % (Royaume-Uni) et 110 % (Italie). Les écarts sont faibles entre les pays européens (7 points entre le Royaume-Uni et la France) à l'exception de l'Italie. L'interprétation du ratio japonais de dette publique brute (75 %) est délicate : compte tenu des excédents considérables amassés par les régimes de retraite – qui n'ont d'équivalent dans aucun autre pays –, la dette publique nette est relativement limitée.

Contrairement aux taux courts qui sont très fortement influencés par la politique monétaire menée par la Banque centrale, les taux longs sont déterminés par les marchés en fonction non seulement des anticipations de politique monétaire, mais aussi d'inflation et d'évolution des déficits et de la dette publique. Leur profil sur la période 1960-1994 est très semblable à celui des taux courts : montée à l'occasion du premier choc pétrolier, absence de détente entre les deux chocs (sauf au Japon et en RFA où l'inflation a été bien ralentie), forte poussée lors du second choc liée à la politique monétaire de la Banque centrale américaine, puis

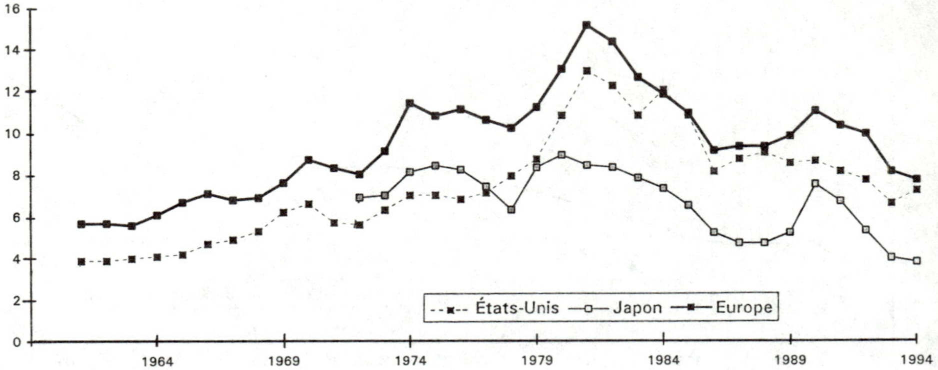

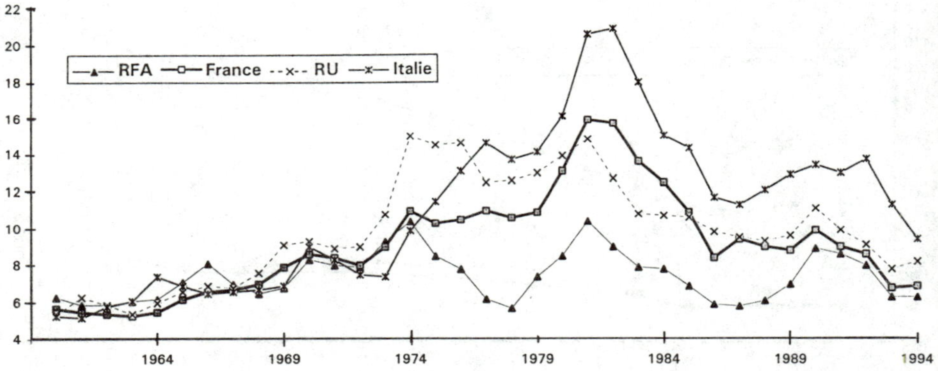

Graphiques 16
Taux d'intérêt nominaux à long terme (%)

décrue relativement lente, notamment en Europe où les problèmes propres de l'Italie et surtout l'unification allemande retardent le processus. En 1994, les taux longs sont de 4 % au Japon, se situent entre 7,5 % et 9,5 % en RFA, en France et au Royaume-Uni et à 12 % en Italie (cf. graphiques 16).

Excédents des ménages et déficits des entreprises et des administrations

De 1962 à 1992, la part du besoin de financement des entreprises non financières dans le PIB atteint en moyenne 1 % aux États-Unis et au Royaume-Uni, 3 % en France, 5 % en RFA et en Italie et 7 % au Japon (cf. tableau 12). Le taux

Tableau 12

Équilibre de financement

Solde de financement en % du PIB	*1962-1969*	*1970-1979*	*1980-1984*	*1985-1989*	*1990-1992*	***1962-1992***
Entreprises non financières						
États-Unis	– 1,4	– 2,2	– 0,2	– 0,1	0,7	**– 0,9**
Japon	ND	– 8,0	– 5,2	– 5,2	– 7,6	**– 6,8**
RFA	– 6,7	– 6,5	– 5,5	– 2,4	– 4,5	**– 5,5**
France	– 3,3	– 4,5	– 4,0	– 1,2	– 0,7	**– 3,2**
Italie	ND	– 6,4	– 5,3	– 1,5	– 3,1	**– 4,7**
RU	– 1,4	– 1,8	1,1	– 1,2	– 1,7	**– 0,8**
Ménages						
États-Unis	1,3	1,9	3,0	1,8	3,2	**2,0**
Japon	ND	9,3	8,8	9,0	8,4	**9,0**
RFA	6,7	9,0	7,0	7,3	7,2	**7,6**
France	2,7	4,0	4,1	1,8	2,5	**3,2**
Italie	ND	13,0	13,0	9,5	10,2	**11,9**
RU	2,0	4,3	4,3	– 0,5	3,3	**2,8**
Administrations hors Sécurité sociale						
États-Unis	– 1,0	– 1,1	– 2,3	– 3,6	– 5,1	**– 2,1**
Japon	ND	– 4,3	– 6,2	– 2,5	– 1,1	**– 2,9**
RFA	– 0,4	– 2,7	– 3,0	– 2,1	– 3,2	**– 2,1**
France	– 0,2	– 0,8	– 2,7	– 2,2	– 2,3	**– 1,4**
Italie	ND	– 7,6	– 11,8	– 10,3	– 10,5	**– 9,5**
RU	– 1,0	– 3,1	– 3,7	– 1,6	– 3,2	**– 2,4**
Sécurité sociale						
États-Unis	1,1	0,8	– 0,7	0,1	0,5	**0,5**
Japon	ND	2,5	2,7	3,1	3,7	**2,8**
RFA	0,6	0,5	0,2	0,5	0,5	**0,5**
France	0,5	0,6	0,5	0,2	– 0,2	**0,4**
Italie	ND	– 0,2	0,4	0,1	0,2	**0,1**
RU	– 0,1	0,3	0,1	0,3	– 0,4	**0,1**
Institutions financières						
États-Unis	0,4	0,4	– 0,4	– 0,7	– 0,3	**0,1**
Japon	ND	1,0	0,9	– 1,2	– 1,3	**0,2**
RFA	0,3	0,7	1,1	1,0	1,2	**0,8**
France	0,2	0,2	0,4	1,0	– 0,1	**0,3**
Italie	ND	1,2	2,3	1,3	1,3	**1,5**
RU	– 0,1	– 0,3	0,0	0,0	– 0,1	**– 0,1**
Extérieur						
États-Unis	– 0,5	0,0	0,2	2,8	0,8	**0,4**
Japon	ND	– 0,7	– 1,0	– 3,2	– 2,2	**– 1,5**
RFA	– 0,4	– 0,9	0,2	– 4,3	– 1,3	**– 1,3**
France	0,2	0,5	1,7	0,2	0,6	**0,7**
Italie	ND	0,0	1,4	0,8	1,9	**0,8**
RU	0,3	0,9	– 1,2	3,0	3,0	**1,0**
Erreur statistique						
États-Unis	0,1	0,2	–	– 0,7	– 0,2	**–**
RU	0,2	– 0,3	– 0,6	– 0,6	– 0,9	**– 0,3**

Source : OCDE.

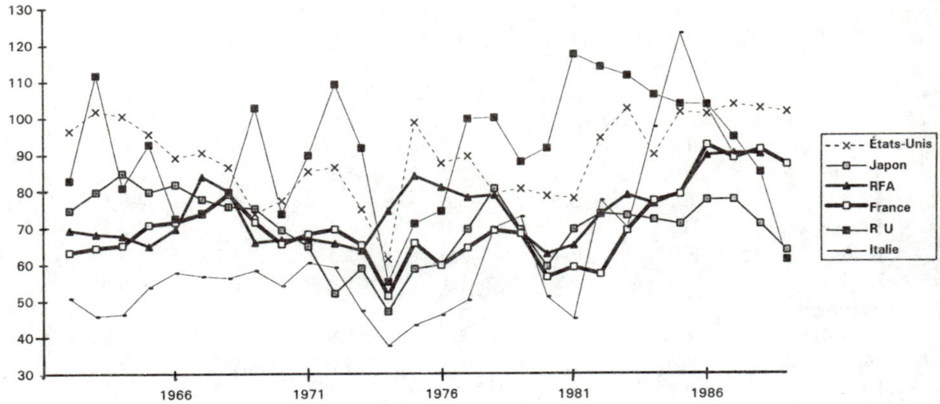

Graphique 17
Taux d'autofinancement (%)

d'autofinancement marque, pour les six pays, une tendance à la baisse de 1962 à 1974, suivie d'une remontée de 1974 à 1984, puis d'une légère décrue à la fin des années quatre-vingt aux États-Unis et au Japon (cf. graphique 17).

La capacité de financement des ménages atteint, en moyenne, 2 % du PIB aux États-Unis, 3 % en France et au Royaume-Uni, 8 %-9 % au Japon et en RFA, et surtout 12 % en Italie.

La part du déficit des administrations publiques hors Sécurité sociale atteint 1 %-2 % du PIB aux États-Unis, en RFA, en France et au Royaume-Uni, 3 % au Japon et 9,5 % en Italie.

La part du solde de financement de la Sécurité sociale dans le PIB est quasi nulle pour le Royaume-Uni et l'Italie ; elle atteint 0,5 % en RFA, en France et aux États-Unis et près de 3 % au Japon.

Enfin, la part de la « contribution de l'extérieur » dans le PIB, qui correspond à l'image inversée du solde extérieur, est positive de 0,5 % pour les États-Unis, la France et l'Italie et de 7 % pour le Royaume-Uni (les pays ayant un déficit) et négative de 1,5 % au Japon et en RFA (les pays ayant un excédent). En fin de période, les excédents extérieurs allemands reculent, la capacité exportatrice de la partie occidentale étant mise à contribution pour satisfaire les besoins de l'ancienne RDA.

Équilibre épargne-investissement et équilibre de financement

Le compte de capital d'un agent économique s'écrit, en comptabilité nationale :

Épargne brute + ressources diverses (aides à l'investissement, transferts en capital)
– Formation brute de capital fixe et variation de stocks + emplois divers (achats de terrain, impôts et transferts en capital)
= Solde de financement [capacité (+) ou besoin (–)].

Pour l'ensemble des quatre agents

• *entreprises* (= sociétés [et quasi-sociétés] non financières + institutions financières),

• *ménages,*

• *administrations publiques* (= administrations centrales et locales + Sécurité sociale),

• *extérieur*,

l'équilibre de l'épargne et de l'investissement implique l'équilibre des soldes de financement :

Épargne (intérieure et extérieure)
= investissement (y.c. variation de stocks)

Somme des capacités de financement
= Somme des besoins de financement

Le *taux d'autofinancement* des entreprises (ou des administrations) est le rapport des ressources propres aux investissements (y.c. variation de stocks).

Le *taux d'épargne des ménages* (ou des administrations) est le rapport de l'épargne brute au revenu disponible (somme de l'épargne et de la consommation) ; le taux d'épargne des entreprises est égal à l'unité par construction.

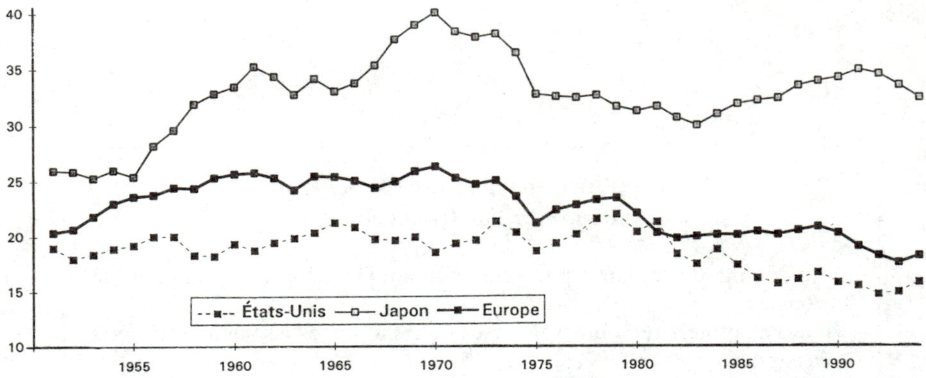

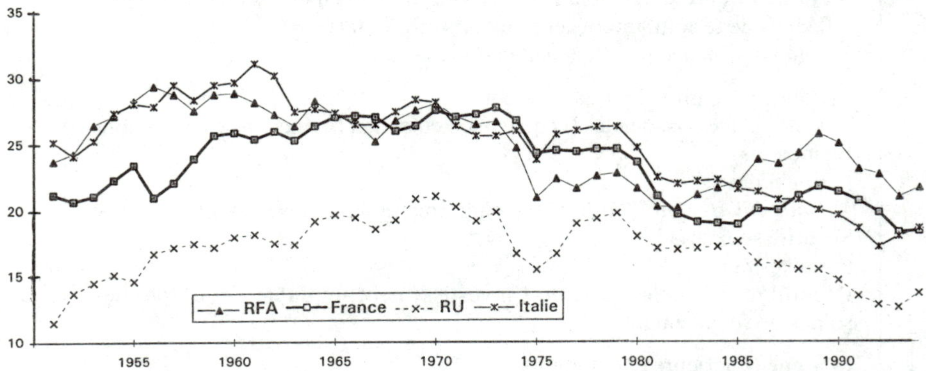

Graphiques 18
Épargne nationale brute (en % du PIB)

6
Taux de change et compétition internationale

L'inéluctable glissade du dollar et la convergence des PIB par tête

Les performances relatives des six économies en matière de croissance ont été commentées dans le tableau 6 (p. 291) ; de 1950 à 1995, la RFA, la France et l'Italie ont des taux de croissance voisins, loin derrière le Japon et devant les États-Unis et le Royaume-Uni (cf. tableau 13, p. 326).

La hausse moyenne des prix du PIB va de 4 % pour les États-Unis, le Japon et la RFA à 8 % pour l'Italie, la France et le Royaume-Uni se situant à 7 % ; le rythme décélérant en fin de période permettant une convergence entre les six pays, de même que sur les prix de la consommation privée.

Les mouvements de parité entre les monnaies des six pays sont très différents selon les quatre décennies étudiées (cf. graphiques 19, p. 327). Durant les années cinquante, seul le franc français est fortement dévalué en 1958-1959 ; durant les années soixante, les parités sont fixes, le yen et la lire restent stables, le Deutsche Mark est réévalué, le franc français et la livre sterling sont dévalués. Les années soixante-dix voient la suppression de la convertibilité-or du dollar, la fin du système de Bretton Woods et le passage aux taux de change flottants, entériné par les accords de la Jamaïque. Les monnaies européennes évoluent au sein des divers serpents, le dernier étant le SME. Le DM, le yen et le FF s'apprécient par rapport au dollar, la livre sterling et la lire se déprécient. La première moitié des années quatre-vingt est marquée par un phénomène de dollarisation et une envolée de la monnaie américaine contre toutes monnaies.

Ce mouvement s'inverse totalement entre 1985 et 1990. Au début des années quatre-vingt-dix, le dollar se stabilise contre mark et franc français, cependant que la livre et la lire voient leur parité glisser à l'intérieur du système monétaire européen. Enfin, le yen connaît, depuis 1985, une forte appréciation contre toutes monnaies, ce phénomène s'expliquant par la persistance des excédents extérieurs nippons.

Au total, de 1950 à 1994, le Deutsche Mark et le yen ont progressé de 2,4 % et 2,9 % l'an contre le dollar, alors que le franc, la livre et la lire se dépréciaient respectivement de 0,9 %, 1,4 % et 2 % l'an.

Les mouvements de parité ne corrigent pas nécessairement les différentiels d'inflation. Ainsi, les hausses de prix du PIB exprimés en dollars établissent une

Tableau 13

Croissance internationale du PIB

Taux de croissance annuel moyen	*1960-1950*	*1970-1960*	*1975-1970*	*1980-1975*	*1985-1980*	*1990-1985*	*1993-1990*	***1993-1950***
Volume								
États-Unis	3,1	3,9	2,5	3,6	2,6	3,0	1,6	**3,1**
Japon	8,6	10,6	4,6	5,1	4,0	4,6	1,8	**6,7**
RFA	8,0	4,7	2,1	3,6	1,2	3,1	1,8	**4,2**
France	4,6	5,6	4,8	3,3	1,1	3,0	0,4	**3,7**
Italie	5,7	5,7	2,4	3,8	0,8	3,0	0,4	**3,9**
RU	2,7	2,8	2,1	1,6	1,7	3,2	– 0,3	**2,3**
OCDE	4,1	5,0	3,1	3,5	2,2	3,4	1,2	**3,5**
Prix en monnaie nationale								
États-Unis	2,6	3,0	6,6	7,1	5,4	3,3	3,1	**4,0**
Japon	4,4	5,4	10,0	4,4	1,6	1,2	1,6	**4,5**
RFA	3,0	3,5	6,6	3,9	3,2	2,4	4,4	**3,7**
France	6,7	4,4	8,8	10,0	9,4	3,6	2,5	**6,5**
Italie	3,0	4,6	12,1	17,4	14,1	6,8	4,6	**7,9**
RU	4,1	4,2	13,1	14,7	7,0	5,0	4,7	**6,8**
Valeur en monnaie nationale								
États-Unis	5,8	7,0	9,3	11,0	8,1	6,4	4,8	**7,2**
Japon	13,9	16,5	15,1	9,8	5,7	5,8	3,4	**11,5**
RFA	11,2	8,4	8,8	7,6	4,4	5,6	6,3	**8,1**
France	11,6	10,2	13,2	13,6	10,6	6,7	2,9	**10,5**
Italie	8,9	10,5	14,8	21,9	15,0	10,0	5,9	**12,1**
RU	6,9	7,2	15,4	16,3	8,7	8,3	4,4	**9,2**
Monnaie en dollars								
États-Unis	0,0	0,0	0,0	0,0	0,0	0,0	0,0	**0,0**
Japon	0,0	0,1	3,8	5,5	– 1,0	10,8	9,2	**2,9**
RFA	0,0	1,4	8,2	6,2	– 9,2	12,9	– 0,8	**2,4**
France	– 3,2	– 1,2	5,2	0,3	– 14,0	11,9	– 1,3	**– 0,9**
Italie	0,0	0,0	– 0,8	– 5,3	– 14,8	9,8	– 9,0	**– 2,0**
RU	0,0	– 1,5	– 1,6	1,0	– 11,2	6,8	– 5,4	**– 1,4**
Prix en dollars								
États-Unis	2,6	2,9	6,6	7,1	5,4	3,3	3,1	**4,1**
Japon	4,9	5,5	14,2	10,1	0,6	11,8	10,9	**7,4**
RFA	2,9	4,9	15,3	10,3	– 6,4	15,6	3,6	**6,1**
France	3,1	3,1	14,5	10,3	– 6,0	15,9	1,2	**5,5**
Italie	3,0	4,5	11,2	11,2	– 2,8	17,2	– 4,3	**5,6**
RU	4,0	2,7	11,3	15,8	– 5,0	12,1	– 0,7	**5,3**
Valeur en dollars								
États-Unis	5,8	6,9	9,3	11,0	8,1	6,4	4,8	**7,3**
Japon	13,9	16,6	19,5	15,8	4,6	16,9	12,9	**14,6**
RFA	11,2	9,9	17,7	14,3	– 5,3	19,1	5,5	**10,6**
France	7,9	8,9	19,1	14,1	– 5,0	19,4	1,7	**9,4**
Italie	8,8	10,5	13,9	15,5	– 2,0	20,7	– 3,9	**9,8**
RU	6,9	5,8	13,6	17,5	– 3,4	15,7	– 1,0	**7,7**

Source : OCDE.

nouvelle hiérarchie, plus resserrée que la première, mais très différente. L'écart va de 4 % pour les États-Unis à 7,5 % pour le Japon, les pays européens présentant une forte convergence autour de 5,5 %.

Les taux de croissance du PIB en monnaie internationale (dollar) montrent une image assez différente de celle des taux de croissance en volume ; ils vont de 7,5 % pour les États-Unis et le Royaume-Uni à 14,5 % pour le Japon, la France et l'Italie se situant à 9,5 % et la RFA à 10,5 %.

De 1950 à 1994, le PIB en dollars est ainsi multiplié par 20 aux États-Unis et au Royaume-Uni, environ 40 en France et en Italie, 60 en RFA et environ 250 au Japon.

La comparaison du PIB par habitant en monnaie courante révèle une sensibilité très forte à la parité des monnaies. Ainsi, les États-Unis, qui avaient été dépassés par l'Allemagne et la France à la fin des années quatre-vingt, reprenaient-ils de l'avance à l'occasion de la hausse du dollar avant de s'effondrer à

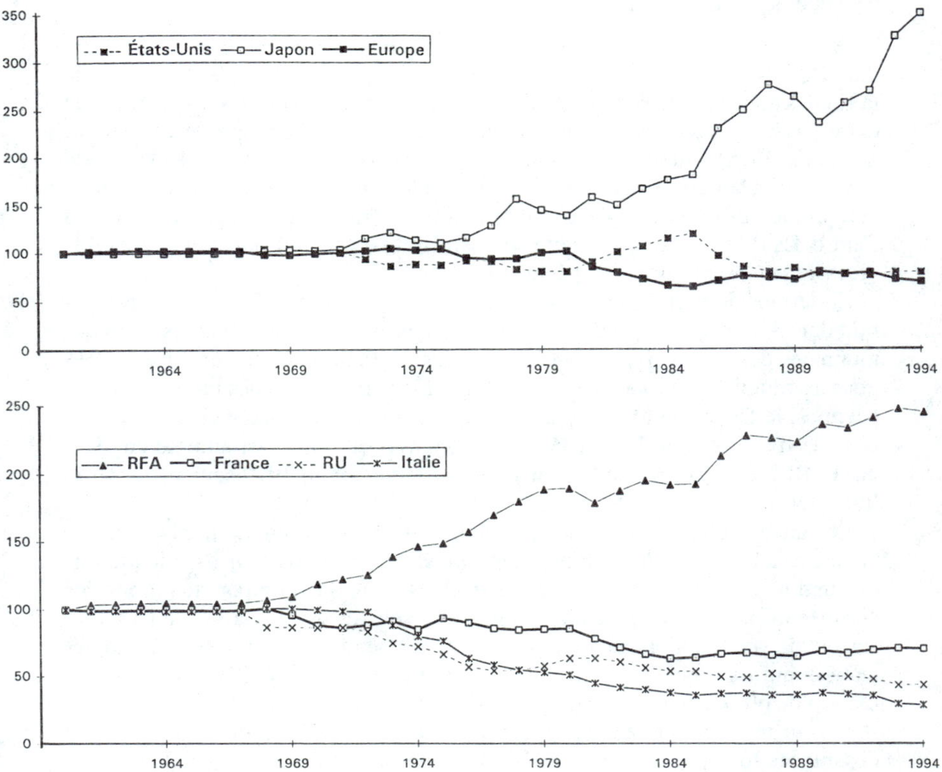

Graphiques 19

Taux de change effectifs nominaux (base 100 en 1960)

Croissance internationale

Le PIB des grandes économies exprimé en une monnaie commune (dollar ou ECU) permet une comparaison synthétique des performances de croissance, d'inflation et de parité.

Si l'on appelle :
- Y le produit intérieur brut en volume (prix constants),
- p l'indice de prix du PIB (en monnaie nationale),
- M la valeur de la monnaie par rapport à une monnaie commune,

on aura, par combinaison de ces trois éléments :
- pY le produit intérieur brut en valeur nationale,
- Mp l'indice du prix du PIB en monnaie internationale,
- MpY le produit intérieur brut en valeur internationale.

On peut alors comparer directement en niveau les PIB, les PIB par habitant et les PIB par emploi (productivité).

la fin des années quatre-vingt. Pour pouvoir mieux comparer les niveaux de vie entre pays, les statisticiens ont donc inventé le concept de « parité de pouvoir d'achat » (PPA), qui se définit comme la parité permettant d'assurer l'identité de pouvoir d'achat entre pays. On conçoit que le calcul de PPA est extrêmement compliqué, les habitudes de consommation différant notablement d'un pays à l'autre. La PPA choisie pour cette comparaison est celle qu'ont élaborée les services de la Commission européenne.

En termes de parités de pouvoir d'achat (cf. graphiques 20), le dollar apparaît, dans les années cinquante et soixante, massivement surévalué vis-à-vis des monnaies des autres pays : en 1950, la sous-évaluation atteignait 30 % à 40 % pour les monnaies européennes et 60 % pour le yen. Au sein des monnaies européennes, le Deutsche Mark et la lire apparaissent sous-évalués vis-à-vis du FF et de la livre sterling. La parité d'équilibre avec le dollar est atteinte en 1972 par le DM, en 1973 par le FF, en 1977 par le yen et en 1979 seulement par la livre sterling.

Les années quatre-vingt ont vu le dollar effectuer un ample mouvement de balancier à la hausse dans un premier temps, qui l'a conduit en 1985 à une surévaluation de 10 % vis-à-vis du yen et de 25 % à 40 % par rapport aux monnaies européennes, à la baisse ensuite jusqu'à être sous-évalué vis-à-vis de l'ECU et surtout du yen. La monnaie nippone affiche une tendance permanente à l'appréciation, qui l'a conduite d'une sous-évaluation de 40 % en 1950 à une surévaluation de 60 % contre le dollar en 1994.

Si l'on prend pour monnaie de référence l'ECU, le DM fluctue depuis le début des années soixante-dix dans une bande de surévaluation de 10 % à 20 %, alors que la surévaluation du FF tend à se résorber, même si elle a quelque peu rebondi depuis 1990. Enfin, la livre et la lire ont pratiquement toujours été sous-évaluées, par rapport à l'ECU (moins évidemment que l'escudo portugais ou la

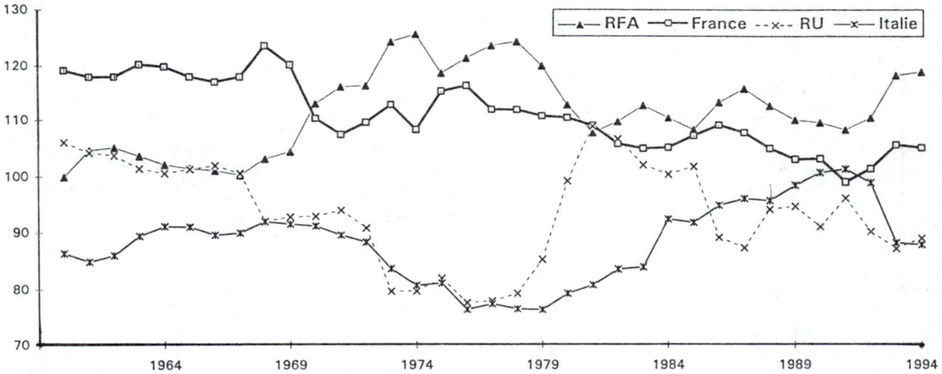

Graphiques 20
Parité effective / parité de pouvoir d'achat (%)

drachme grecque), le taux de sous-évaluation étant de 10 % à 12 % en fin de période.

Ces phénomènes de sur-(sous)évaluation révèlent en général une spécialisation favorable (respectivement défavorable) de l'économie nationale et ne vont pas nécessairement de pair avec des déficits (respectivement des excédents) extérieurs. Ainsi, la montée du yen est-elle régulièrement encouragée par les États-Unis de manière à rééquilibrer les échanges bilatéraux, mais le but n'a pas jusqu'ici été atteint.

Pour en revenir aux comparaisons de PIB par habitant en PPA (cf. graphiques 21, p. 330), elles font apparaître l'inexorable montée du Japon, dont le niveau de vie était inférieur de 40 % à celui de l'Europe et qui le dépasse aujourd'hui de 20 %. A l'intérieur de l'Europe, le niveau de vie des quatre principales puissances tend à converger ; on note toutefois le déclin du Royaume-Uni, dépassé par la RFA en 1961, la France en 1969 et l'Italie en 1980, ce déclin

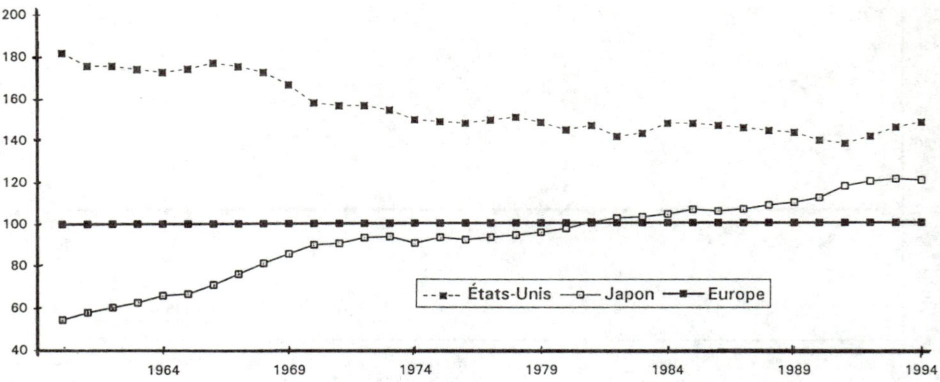

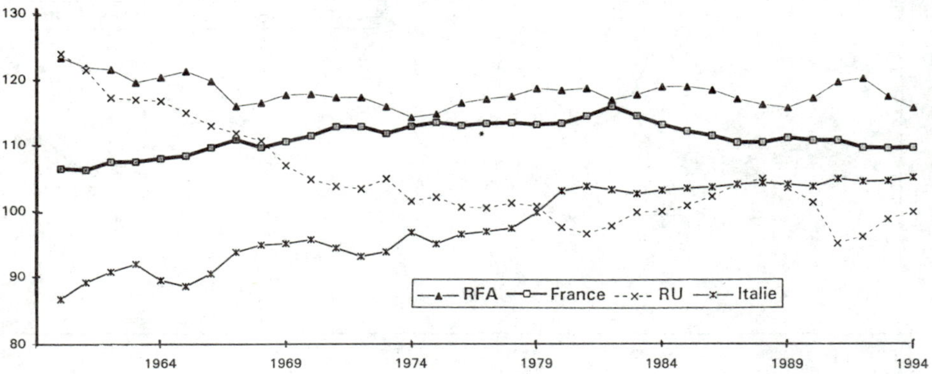

Graphiques 21
PIB / habitant (PPA, Europe des Douze = 100)

ayant toutefois été stoppé depuis, sans qu'une tendance ascendante n'apparaisse réellement. L'Italie affiche une remarquable stabilité depuis 1980, après vingt ans de rattrapage ; l'Allemagne fait tranquillement la course en tête, 15 % à 20 % au-dessus de la moyenne européenne. Quant à la France, sa progression s'est interrompue en 1982, alors qu'elle semblait pouvoir faire jeu égal avec la RFA. Enfin, le déclin des États-Unis n'est que relatif, leur niveau de vie dépassant encore de 50 % la moyenne européenne, le Japon, deuxième du classement, restant encore à 20 longueurs derrière.

Système monétaire international

22 juillet 1944	Accords de Bretton Woods Convertibilité-or 1 dollar = 1/35 once d'or. Parités fixes à ± 1 %
28 juillet 1969	Création des droits de tirage spéciaux. 1 DTS = 33 % dollar + 12,5 % DM + 7,5 % yen + 7,5 % livre + 7,5 % FF + 5 % lire +...
15 août 1971	Suspension de la convertibilité-or du dollar.
24 avril 1972	Entrée du serpent dans le tunnel. Marge de 2,25 % entre deux monnaies du serpent et de ± 2,25 % dans le tunnel autour du dollar.
Mars 1973	Sortie du serpent du tunnel. Taux de change flottants.
7-8 janvier 1976	Accords de la Jamaïque entérinant la fin du système de Bretton Woods et l'abandon de la référence à l'or.

Système monétaire européen

13 mars 1979	Entrée en vigueur du SME. Création de l'ECU et du FECOM. 1 ECU = 0,28 DM + 1,15 FF + 0,09 livre sterling + 0,28 lire +... (En réalité, la livre sterling et la lire sont introduites à un cours fictif, le Royaume-Uni ne participant pas au mécanisme de change et l'Italie disposant d'une marge de fluctuation plus importante.)

Les cours-pivots bilatéraux sont établis par référence à l'ECU ; une marge de fluctuation de ± 2,25 % est autorisée (± 6 % pour l'Italie). Le seuil de divergence appelant des mesures correctives est fixé pour chaque monnaie aux trois quarts de la marge maximale atteinte en s'écartant des huit autres de 2,25 %.

7
Échanges internationaux

Concurrence internationale et équilibres nationaux

Les équilibres nationaux résultent de la confrontation des performances relatives en volume et en prix à l'exportation et à l'importation (cf. tableau 14).

L'élasticité imports/PIB est relativement proche pour les six pays. Elle est de 1,4 pour le Japon et de 1,8 pour le Royaume-Uni ; toutefois, la tendance est, pour le premier pays, à la diminution, illustrant le contrôle du marché intérieur, et, pour le deuxième, à l'augmentation. Elle de 2,0 à 2,1 pour les quatre autres pays.

Au contraire, les élasticités exports/PIB sont très différentes selon les pays. Elle est faible et assez stable au Royaume-Uni (1,0) et aux États-Unis (égale à 1,7) qui ont connu récemment un regain de dynamisme à l'exportation. Elle est moyenne (2 à 2,7) en RFA, en France et en Italie et atteint 3 au Japon.

De 1950 à 1993, la percée relative est ainsi fortement négative au Royaume-Uni, un peu moins aux États-Unis, quasi nulle en France et positive pour la RFA, l'Italie et surtout le Japon. Toutefois la situation s'améliore pour le Japon et se dégrade pour la RFA.

La hiérarchie des hausses de prix du PIB exprimée en dollars allait de 4 % pour les États-Unis à 7,5 % pour le Japon, les quatre pays européens se situant entre 5 % et 6 % (cf. tableau 13, p. 326). Mais la hiérarchie des prix mondiaux à l'importation est beaucoup plus resserrée et traduit l'uniformisation du marché mondial des échanges de matières premières et de produits manufacturés banalisés ; la hausse est de l'ordre de 3 %-4 % pour les six pays. Les États-Unis connaissent une évolution parallèle des prix importés et intérieurs ; les autres pays enregistrent un gain à l'importation, concentré dans les années cinquante et soixante, de 1 % pour la France, le Royaume-Uni et l'Italie, de 1,5 % pour la RFA et 2,5 % pour le Japon.

La hiérarchie des prix mondiaux à l'exportation traduit, au contraire, la position de force relative des pays sur le marché mondial des produits manufacturés de pointe ; elle va de 2,5 % l'an pour le Japon à 4,5 % pour la RFA et le Royaume-Uni, l'Italie et la France se situant à 3 %, les États-Unis à 4 %. L'effort à l'exportation est nul pour les États-Unis – les années soixante-dix ruinant l'effort des années cinquante et soixante –, de l'ordre de 0,5 % pour le Royaume-Uni et la RFA, de 0,5 % pour la France, 1,5 % pour l'Italie et 4 % pour le Japon. Les termes de l'échange marquent une amélioration de plus de 1 % l'an pour la

Tableau 14

Décomposition de la variation du taux de couverture

	1960/ 1950	*1970/ 1960*	*1975/ 1970*	*1980/ 1975*	*1985/ 1980*	*1990/ 1985*	*1993/ 1990*	***1993/ 1950***
Élasticité Imports/PIB								
États-Unis	2,0	2,1	0,2	2,1	3,7	2,3	3,7	**2,1**
Japon	1,9	1,4	1,4	1,1	0,5	2,4	– 0,2	**1,4**
RFA	2,1	1,9	2,6	2,1	1,2	2,0	0,9	**2,0**
France	1,3	1,8	1,9	2,8	2,8	2,4	1,8	**2,0**
Italie	2,2	1,9	1,2	2,3	3,1	2,4	0,6	**2,1**
RU	1,6	1,5	1,8	2,0	2,1	2,3	– 4,9	**1,8**
Élasticité Exports/PIB OCDE								
États-Unis	1,2	1,2	2,1	1,9	– 1,0	4,0	4,4	**1,7**
Japon	3,4	3,1	3,4	3,1	4,1	1,1	3,1	**3,0**
RFA	3,8	1,6	1,9	1,8	2,4	1,5	1,1	**2,2**
France	1,8	1,7	2,8	2,1	1,5	1,5	2,8	**1,9**
Italie	3,7	2,2	2,1	2,0	2,0	1,6	4,2	**2,7**
RU	0,6	1,0	1,4	1,1	1,4	1,2	1,4	**1,0**
Variation du taux de couverture								
États-Unis	0,5	– 1,1	1,5	– 3,7	– 5,9	4,8	0,0	**– 0,6**
Japon	– 1,4	0,7	– 2,4	– 1,2	7,0	– 4,2	+9,1	**+0,4**
RFA	2,4	– 0,2	0,2	– 2,4	2,8	1,6	– 1,4	**+0,6**
France	1,2	– 1,3	0,2	– 2,2	1,7	– 0,1	+3,7	**+0,2**
Italie	0,9	0,4	– 0,6	– 2,0	1,8	0,7	+1,9	**+0,6**
RU	– 1,2	1,1	– 2,2	3,2	– 1,0	– 2,8	+1,8	**– 0,2**
Termes de l'échange								
États-Unis	+0,7	0,5	– 4,7	– 2,6	4,8	– 1,0	1,8	**0,0**
Japon	1,6	0,0	– 6,5	– 6,5	0,2	3,1	4,1	**– 0,3**
RFA	3,6	0,9	– 0,1	– 1,3	– 0,8	2,7	1,3	**+1,2**
France	0,3	0,2	– 1,2	– 0,2	1,5	2,0	3,1	**+0,6**
Italie	– 1,1	0,5	– 4,2	– 0,5	0,2	2,4	0,2	**– 0,4**
RU	1,1	0,3	– 2,8	2,3	0,0	0,4	1,4	**+0,4**
Croissance relative								
États-Unis	2,3	2,6	0,2	– 0,2	– 0,7	0,9	0,4	**1,3**
Japon	– 8,5	– 8,0	– 2,1	– 1,7	– 0,8	– 2,9	0,6	**– 4,6**
RFA	– 8,3	0,6	2,6	– 0,2	1,0	0,6	0,5	**– 1,5**
France	– 0,7	– 1,1	– 1,7	0,4	3,1	1,0	– 0,5	**– 0,2**
Italie	– 3,7	– 1,5	0,9	– 0,7	4,0	1,0	– 0,8	**– 0,6**
RU	2,4	3,3	1,8	3,8	0,6	0,5	– 1,5	**1,9**
Entraînement								
États-Unis	– 2,5	– 4,3	6,0	– 0,9	– 10,3	5,8	– 2,2	**– 2,0**
Japon	5,4	8,7	6,2	7,0	7,6	– 4,4	4,6	**+5,3**
RFA	7,2	– 1,7	– 2,3	– 0,9	2,6	– 1,7	– 4,2	**+0,9**
France	1,6	– 0,4	3,1	– 2,4	– 2,9	– 3,1	1,1	**– 0,2**
Italie	5,7	1,5	2,8	– 0,9	– 2,4	– 2,7	2,4	**+1,6**
RU	– 4,5	– 2,6	– 1,2	– 3,0	– 1,6	– 3,7	2,0	**– 2,5**

Source : OCDE.

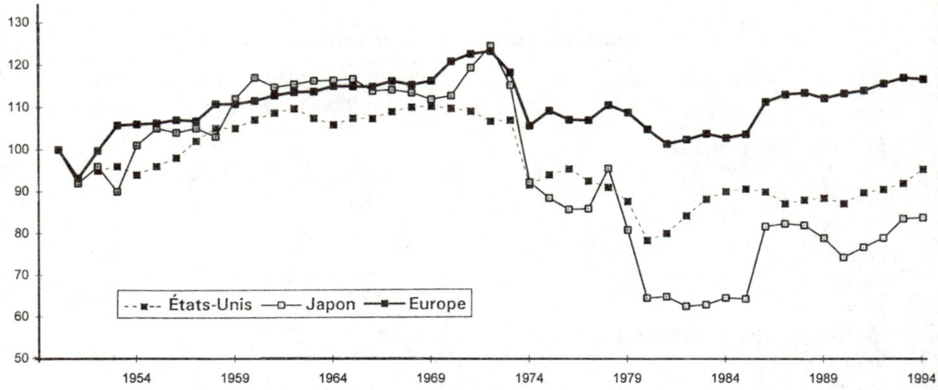

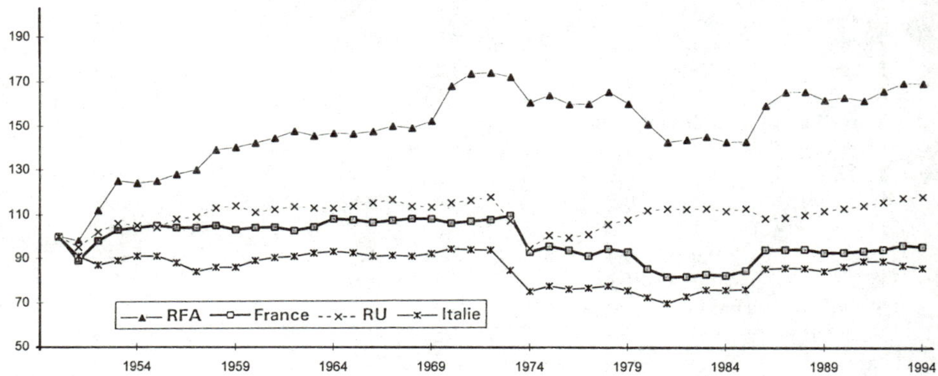

Graphiques 22
Termes de l'échange (base 100 en 1950)

RFA, de 0,5 % pour la France et le Royaume-Uni et une légère détérioration pour l'Italie et le Japon (cf. graphiques 22).

De 1950 à 1993, le taux de couverture en valeur se dégrade de 25 points aux États-Unis, de 10 au Royaume-Uni, s'améliore d'autant en France, de 20 points au Japon, et de 25 points en RFA et en Italie. Mais ces résultats sont obtenus de manière très différente dans les six pays.

La faible progression est le résultat, au Japon, d'un effet d'entraînement très fort, 5 % l'an, l'emportant sur celui de la croissance relative et d'une légère détérioration des termes de l'échange. Le Japon impose ses produits par les prix en début de période et par la qualité en fin de période, tout en contrôlant efficacement son marché intérieur malgré une très forte croissance.

Pour les États-Unis et le Royaume-Uni, la croissance faible permet un effet relatif positif, toutefois dépassé par l'effet d'entraînement négatif ; l'évolution des termes de l'échange est presque sans effet. Pour les trois pays d'Europe

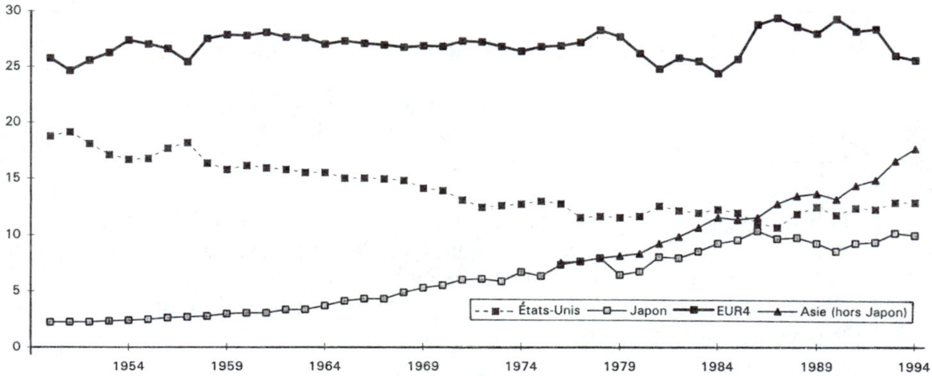

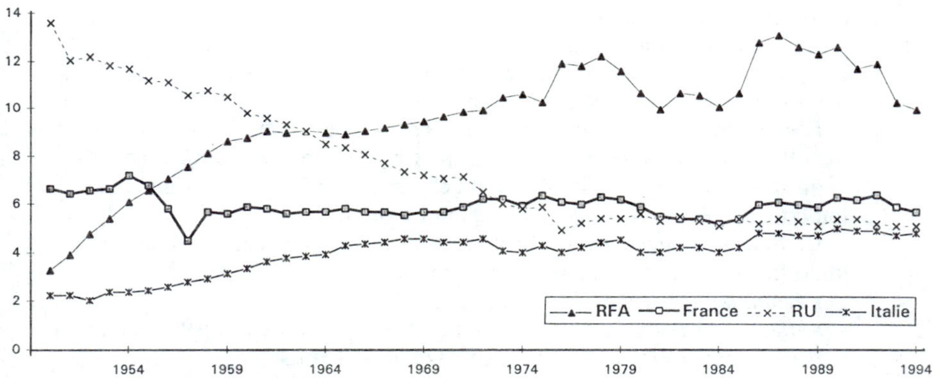

Graphiques 23
Parts de marché (dans le commerce mondial, en %)

continentale, l'effet de croissance relative est négatif et l'effet d'entraînement est positif pour la RFA et l'Italie, et nul pour la France ; l'évolution des termes de l'échange est défavorable pour l'Italie et favorable pour la RFA et la France.

La configuration du Japon, initialement proche de celle de l'Italie, tend à se rapprocher de celle de l'Allemagne : position forte à l'exportation, malgré l'appréciation de la monnaie. L'évolution des parts de marché en valeur (cf. graphiques 23) dans le total des exportations de biens et services de l'OCDE montre, de 1950 à 1994, une perte de 6 points pour les États-Unis, compensée par un gain de 8 points pour le Japon, cependant que la somme des quatre grands pays européens reste stable au-dessus de 25 points ; le mouvement pour les pays européens est toutefois faussé par l'accroissement des échanges intra-communautaires, qui représentent, en 1950, un quart, en 1960, le tiers, et en 1994 plus de la moitié du commerce extérieur de la CEE. Alors que les autres pays en développement et notamment les pays exportateurs de pétrole reculent, les pays

Décomposition de la variation du taux de couverture

L'*élasticité imports / PIB* est le rapport du taux de croissance des importations au taux de croissance du PIB ($em = M/Y$). Plus elle est élevée, plus la pénétration du marché intérieur est forte à croissance intérieure donnée.

L'*élasticité exports/PIB étranger* est de la même manière le rapport du taux de croissance des exportations au taux de croissance du PIB des pays étrangers ($ex = X/Yet$). Plus elle est élevée, plus la poussée des exportations est forte à croissance étrangère donnée.

Si la différence entre les deux, la *percée relative* ($ex - em$), est positive, le pays aura intérêt à participer à une relance concertée.

L'*effort à l'exportation* est l'écart entre l'évolution des prix à l'exportation et des prix intérieurs ($px - py$).

De la même manière, la *perte à l'importation* est l'écart entre l'évolution des prix à l'importation et des prix intérieurs ($pm - py$) ; un gain s'exprimera cette fois par un résultat négatif.

L'*amélioration des termes de l'échange* (cf. graphiques 22), écart entre l'évolution des prix à l'export et des prix à l'import ($px - pm$), exprime enfin, pour un pays, la possibilité d'acheter un volume de produits plus important en échange d'une même quantité vendue.

Le *taux de couverture* est le rapport en valeur des exportations aux importations. Il se décompose en trois termes :

• *évolution des termes de l'échange*,

• *effet d'entraînement*, égal au produit de la croissance du PIB étranger par l'écart des élasticités exports/PIB et imports/PIB,

• *effet de croissance relative*, égal au produit du différentiel PIB – PIB étranger par l'élasticité imports/PIB.

En effet, son évolution peut se décomposer de la manière suivante :

$$\left[\frac{pxX}{pmM}\Big/\left(\frac{pxX}{pmM}\right)_0\right] - 1 = px - pm + (ex - em)Yet - em(Y - Yet)$$

Parités de pouvoir d'achat

Les *parités de pouvoir d'achat* constituent l'indicateur de compétitivité en niveau le plus élaboré. Le niveau est fixé en comparant, pour une année de base donnée, la valeur d'un panier de marchandises commun à différents pays ; l'évolution est celle des prix du PIB exprimés en ECU relativement à celle de la moyenne européenne.

Un indice supérieur à 100 indique un niveau de prix supérieur à celui de la Communauté européenne, une compétitivité défavorable ou une surévaluation de la monnaie vis-à-vis de l'ECU.

d'Asie (hors Japon) émergent progressivement, leur part dans le commerce mondial gagnant 10 points entre 1975 et 1994.

A l'intérieur de l'ensemble européen, la RFA (+ 7 points) prend la place du Royaume-Uni (– 8), l'Italie progresse (+2,5) et la France recule légèrement (– 1).

Excédents et déficits des balances des paiements

Au niveau de la balance commerciale, deux pays, la RFA et le Japon, accumulent sur la période 1950-1993 des excédents formidables, respectivement 1 100 et 800 milliards de dollars. Les États-Unis sont globalement déficitaires de 1 400 milliards, le solde se retournant à la fin des années soixante ; la convertibilité-or du dollar est suspendue en 1971 (cf. tableau 15, p. 338). La France et l'Italie affichent de très faibles déficits cumulés, alors que le Royaume-Uni voit ses comptes se dégrader fortement à partir du milieu des années quatre-vingt.

Le solde des services et transferts vient corriger le solde commercial. Il représente un déficit pour la RFA et le Japon, égal respectivement aux deux tiers et au quart de leurs excédents commerciaux. A l'inverse, le Royaume-Uni et, dans une moindre mesure, la France dégagent un excédent important. Seule l'Italie est déficitaire tant au niveau du commerce extérieur que des services, pour des montants, il est vrai, très limités. Enfin, l'évolution la plus remarquable est celle des États-Unis ; le solde se retourne dans les années soixante-dix et devient fortement excédentaire, en particulier grâce au rapatriement des profits des filiales étrangères.

Au niveau de la balance courante (cf. graphiques 24, p. 339), trois pays, les États-Unis (depuis 1975), le Royaume-Uni et l'Italie, vivent durablement au-dessus de leurs moyens et présentent un déficit important. La France est désormais revenue à l'équilibre. Le Japon aligne des excédents confortables. Quant à l'Allemagne, qui était auparavant dans la même position que le Japon, l'unification a mis sa balance courante en léger déficit.

La seconde partie des années quatre-vingt a vu les mouvements de capitaux s'intensifier très nettement. Le Royaume-Uni, et surtout le Japon, sont prêteurs de capitaux longs, que se partagent pour l'essentiel les États-Unis et l'Italie. Malgré ces efforts, la balance de base des États-Unis reste fortement déficitaire. Des six plus grands pays, seule la RFA parvient à dégager un excédent durable de la balance de base, le Royaume-Uni étant à l'inverse chroniquement déficitaire. Depuis le premier choc pétrolier, les déficits l'emportent largement sur les excédents au sein du G6, ce qui n'est pas sans liens avec les tensions enregistrées sur les taux longs.

Tous les grands pays, à l'exception de l'Allemagne, ainsi que depuis 1990 du Japon, profitent en revanche d'importantes entrées de capitaux à court terme. Malgré ces efforts substantiels, les États-Unis et le Royaume-Uni voient leurs réserves diminuer. A l'inverse, le Japon, l'Italie et, à un degré moindre, la RFA ont pu faire progresser leurs réserves, celles de la France étant restées stables.

Tableau 15
Balance des paiements

Milliards de dollars cumulés	*1950-1959*	*1960-1969*	*1970-1974*	*1975-1979*	*1980-1984*	*1985-1989*	*1990-1993*	**1950-1993**
Balance commerciale								
États-Unis	27,8	40,8	– 10,5	– 94,5	– 266,0	– 669,1	– 411,4	**– 1 383**
Japon	– 6,4	11,9	25,9	58,6	115,9	416,9	440,2	**1 063**
RFA	9,6	31,2	50,2	97,2	99,6	302,0	170,9	**769**
France	– 3,8	2,4	– 0,4	– 5,7	– 51,0	– 35,2	– 9,5	**– 103**
Italie	– 5,2	– 2,5	– 12,3	– 3,6	– 44,1	– 5,4	36,3	**– 37**
RU	– 5,0	– 7,8	– 19,3	– 28,0	6,9	– 115,4	– 95,5	**– 264**
Services et transferts								
États-Unis	– 22,9	– 7,7	17,0	88,1	118,0	1,1	135,6	**329**
Japon	7,3	– 9,1	– 16,1	– 36,9	– 59,2	– 58,3	– 82,7	**– 255**
RFA	– 1,5	– 23,5	– 41,6	– 81,2	– 105,3	– 90,3	– 186,8	**– 530**
France	4,7	– 5,3	– 5,4	1,2	24,6	17,9	+2,7	**40**
Italie	6,0	14,1	6,6	13,8	18,6	– 13,7	– 86,7	**– 41**
RU	8,7	6,7	12,8	19,4	25,8	51,8	+18,0	**143**
Balance courante								
États-Unis	4,9	33,2	6,5	– 6,4	– 148,0	– 668,0	– 275,8	**– 1 054**
Japon	0,9	2,8	9,8	21,7	56,7	358,6	357,5	**808**
RFA	8,1	7,7	16,6	16,0	– 5,7	211,7	– 15,9	**239**
France	0,9	– 2,9	– 5,8	– 4,5	– 26,4	– 17,3	– 6,8	**– 63**
Italie	0,8	11,6	– 5,7	10,2	– 25,5	– 19,1	– 50,4	**– 78**
RU	3,7	– 1,1	– 6,5	– 8,6	32,7	– 63,6	– 77,5	**– 121**
Mouvements de capitaux à long terme								
États-Unis	– 25,1	– 51,8	– 36,9	– 66,4	71,2	397,8	– 39,2	**250**
Japon	0,1	– 1,6	– 20,9	– 29,4	– 86,4	– 530,2	– 133,8	**– 802**
RFA	– 2,4	– 8,6	9,1	– 9,3	– 7,8	– 66,2	94,5	**9**
France	0,3	– 1,7	0,5	– 10,5	– 2,3	+4,4	26,0	**17**
Italie	0,7	– 6,8	3,4	1,2	19,2	32,1	66,4	**116**
RU	– 4,0	– 3,8	9,5	– 4,8	– 81,0	– 44,1	– 79,6	**– 208**
Balance de base								
États-Unis	– 20,2	– 18,6	– 30,4	– 72,8	– 76,8	– 257,6	– 315,0	**– 804**
Japon	1,0	1,2	– 11,1	– 7,7	– 29,7	– 171,6	223,7	**6**
RFA	5,7	– 0,9	25,7	6,7	– 13,5	145,5	78,6	**248**
France	1,2	– 4,6	– 5,3	– 15,0	– 28,7	– 12,9	19,2	**– 46**
Italie	1,5	4,8	– 2,3	11,4	– 6,3	+13,0	16,0	**38**
RU	– 0,3	– 4,9	3,0	– 13,4	– 48,3	– 107,7	– 157,1	**– 329**
Mouvements de capitaux à court terme								
États-Unis	15,1	14,1	26,0	77,0	99,4	132,2	143,0	**508**
Japon	0,3	0,9	20,3	14,0	37,8	253,7	– 169,7	**158**
RFA	– 1,1	2,4	– 3,1	1,5	3,3	– 162,6	– 51,5	**– 211**
France	0,0	6,7	9,2	21,7	34,6	– 7,9	– 23,4	**41**
Italie	1,0	– 2,8	3,9	– 2,0	12,5	19,8	15,1	**48**
RU	1,4	4,8	0,1	24,8	39,5	53,1	139,2	**263**
Variation de réserves								
États-Unis	– 5,1	– 4,5	– 3,6	4,2	22,6	– 125,4	– 172,0	**– 296**
Japon	1,3	2,1	9,2	7,2	5,1	82,1	54,0	**164**
RFA	4,6	1,5	22,6	8,2	– 10,2	– 17,1	27,1	**37**
France	1,2	2,1	3,9	6,7	5,9	– 20,8	– 4,2	**– 5**
Italie	2,5	2,0	1,6	9,4	6,5	32,8	31,1	**86**
RU	1,1	– 0,1	3,1	11,4	– 8,8	– 54,6	– 17,9	**– 66**

Source : OCDE.

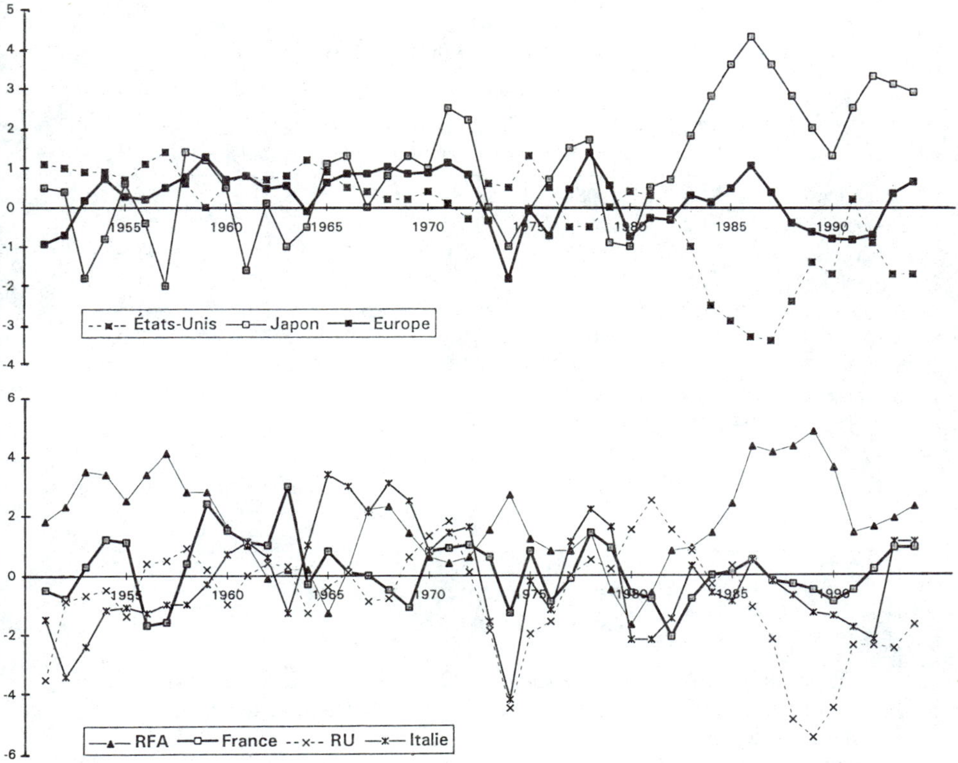

Graphiques 24
Solde courant / PIB (%)

A la fin de l'année 1993, le Japon détenait, en comptabilisant l'or à son prix officiel de 35 DTS l'once, un stock de réserves (or et devises) de près de 100 milliards de dollars, soit 30 % à 40 % de plus que les États-Unis et la RFA, et trois à cinq fois celui de l'Italie, du Royaume-Uni ou de la France. Mais les États-Unis détiennent le quart du stock d'or mondial, trois fois plus que la France ou la RFA, quatre fois plus que l'Italie et dix à quinze fois plus que le Japon ou le Royaume-Uni. L'envolée du prix de l'or a eu pour effet de rétablir la solvabilité de la dette américaine. En comptabilisant l'or au prix du marché de 360 DTS l'once, les États-Unis détiennent 160 milliards de dollars, le Japon et la RFA 110, la France, le Royaume-Uni et l'Italie autour de 50 (cf. tableau 16, p. 340).

Tableau 16
Réserves d'or et de devises à la fin de l'année 1993

	Stock d'or			Devises	Réserves totales	
	Millions d'once	*Milliards de dollars*[1]	*Milliards de dollars*[2]	*Milliards de dollars*	*Milliards de dollars*[1]	*Milliards de dollars*[2]
États-Unis	261,8	10,0	94,6	41,5	72,3	156,9
Japon	24,2	0,9	8,7	88,7	99,3	107,7
RFA	95,2	3,7	34,3	72,7	81,3	111,9
France	81,9	3,1	29,3	20	25,7	51,9
Italie	66,7	1,7	24,0	25,1	29,2	51,5
RU	18,9	0,7	6,8	35,2	38,9	45,0

Source : FMI.

1. 1 once = 35 DTS = 38,4 $ (prix officiel).
2. 1 once = 298 DTS = 360 $ (prix du marché).

Balance des paiements détaillée (nomenclature OCDE)

Exportations FOB (FOB = *Free on Board*, c'est-à-dire hors taxes)
– Importations FOB (par opposition à CAF = *Coût, assurance, fret*, c'est-à-dire y compris taxes)
= *Balance commerciale*
+ Solde des services
= Balance des biens et services
+ Solde des transferts privés et publics
= *Balance courante*
+ Solde des mouvements de capitaux à long terme, privés et publics
= *Balance de base*
+ Solde des mouvements de capitaux à court terme non monétaires, privés et publics
+ Erreurs et omissions (opérations assimilables à des mouvements de capitaux à court terme)
= Balance des mouvements non monétaires
+ Solde des mouvements de capitaux à court terme des institutions monétaires privées (engagements – avoirs)
= Balance des règlements officiels
+ Engagements auprès d'autorités nationales étrangères
= *Variation de réserves* (or, devises, position de réserve au FMI et droits de tirage spéciaux).

8

Palmarès et typologie des six économies dominantes

La synthèse des observations effectuées sur la période 1950-1995 pour les six économies étudiées peut s'effectuer sous le triple aspect des performances, des choix et des caractéristiques structurelles (cf. tableau 17, p. 342).

Le carré magique – croissance, emploi, stabilité et équilibre extérieur – permet de distinguer trois groupes de pays. Le Japon se détache d'abord et aligne la plus forte croissance et le taux de chômage le plus bas ; il vient en deuxième position pour l'équilibre extérieur et en troisième pour la stabilité. La RFA, l'Italie et la France viennent ensuite, très proches, pour la croissance. La RFA vient en première place pour la stabilité et l'équilibre extérieur et en troisième place pour l'emploi ; pour les trois performances, la France occupe en revanche une position moyenne et l'Italie la dernière place. Les États-Unis et le Royaume-Uni viennent en dernier lieu pour la croissance ; les États-Unis occupent la deuxième place pour la stabilité et le Royaume-Uni la quatrième place pour l'emploi.

Les choix économiques permettent de ranger les pays en quatre groupes. Si le Japon et la RFA s'appliquent à maintenir leurs finances publiques proches de l'équilibre, leurs politiques monétaires divergent fortement. La *Bundesbank* mène la politique la plus restrictive des six pays, ce qui conduit la RFA à des taux d'intérêt réels élevés et à une appréciation de la monnaie. Le Japon enregistre des gains de parité réels encore plus marqués, malgré des taux d'intérêt moindres à court et à long terme. Les États-Unis et la France connaissent des déficits de finances publiques limités ; ils enregistrent une variation de change réel faible (par construction pour les États-Unis), leurs taux d'intérêt réels s'inscrivant dans la moyenne : 2 points à court terme et 3 à long terme. Enfin, le Royaume-Uni et l'Italie connaissent des finances publiques largement déficitaires, ils enregistrent une variation de change réel positive, malgré des politiques monétaires relativement laxistes qui conduisent à des taux longs réels plutôt bas.

Les caractéristiques structurelles des six pays permettent de les classer grossièrement en deux catégories. La première, regroupant le Japon, la RFA et la France, connaît les taux d'investissement et d'industrialisation les plus élevés et une spécialisation favorable. Pour le Japon, la percée relative est forte et compense une légère détérioration des termes de l'échange ; pour la RFA, au contraire, l'amélioration des termes de l'échange est forte et s'ajoute à une percée relative importante ; enfin, pour la France, les deux évolutions sont neutres. La seconde catégorie, rassemblant l'Italie, les États-Unis et le Royaume-Uni, enregistre les taux d'investissement et d'industrialisation les plus faibles et une spécialisation défavorable. La percée relative est positive et le gain relatif négatif pour l'Italie, comme pour le Japon ; à l'inverse, la percée relative est négative et le gain relatif neutre pour les États-Unis et le Royaume-Uni.

Tableau 17

Palmarès sur la période 1950-1995

	Croissance[1]	*Chômage*[2]	*Stabilité*[3]	*Équilibre extérieur*[4]	*Équilibre budgétaire*[5]	*Intérêt réel CT*[6a]	*Intérêt réel LT*[6b]	*Change réel*[7]
États-Unis	3,1	6,5	4,2	– 0,4	– 0,9	2,1	3,4	0,0
Japon	6,5	2,4	4,6	1,0	+0,1	1,7	2,0	3,2
Europe	3,5	8,9	6,1	0,6	– 2,1	2,7	2,8	1,3
RFA	4,2	5,2	3,5	2,6	– 0,1	4,8	3,8	1,7
France	3,7	10,2	6,3	0,0	– 0,9	2,3	3,1	1,0
Italie	3,6	10,7	7,7	– 0,8	– 6,5	1,6	1,8	1,3
RU	2,3	9,3	6,7	– 0,6	– 1,9	2,0	2,3	1,1

	Industrialisation[8]	*Investissement*[9]	*Spécialisation*[10]	*Percée relative*[11]	*Gain relatif*[12]	*Enrichissement*[13]
États-Unis	24,7	18,3	10,8	– 0,4	– 0,1	7,3
Japon	30,5	29,3	28,6	1,6	– 0,4	14,6
Europe	28,9	20,9	– 10,5.	0,0	0,4	9,0
RFA	35,7	22,1	ND	0,2	1,2	10,6
France	26,4	21,6	ND	– 0,1	– 0,1	9,4
Italie	26,7	22,7	ND	0,6	– 0,4	9,8
RU	26,2	17,2	ND	– 0,8	0,4	7,7

1. Croissance du PIB en volume, cf. G.1.
2. Taux de chômage (moyenne 1990-1994), cf. G.6.
3. Hausse des prix à la consommation, cf. G.10.
4. Solde courant/PIB, cf. G.22.
5. Solde public/PIB, cf. G.14.
6a. Taux d'intérêt réel à court terme, moyenne depuis 1972, cf. G.12.
6b. Taux d'intérêt réel à long terme, moyenne depuis 1972, cf. G.16.
7. Taux de change réel, contre le dollar, cf. G 20.
8. Industrie/PIB, cf. G.3.
9. Investissement/PIB, cf. G.9.
10. Indicateur de spécialisation sectorielle pour les 3 blocs (part des secteurs à forte demande – 100), cf. T.2.
11. Différence des élasticités exports et imports, cf. T.14.
12. Évolution des termes de l'échange, cf. G.22.
13. Croissance annuelle moyenne du PIB en dollars courants, cf. T.13.

ANNEXE III

Bibliographie

1. Sources statistiques nationales et internationales

États-Unis

Economic Report of the President, Washington.
Statistical Abstract of the United States, Department of Commerce, Washington.
Federal Reserve Bulletin, Board of Governors, Washington.

Japon

Japan Statistical Yearbook, Office of the Prime Minister, Tokyo.
Economic Statistics, Bank of Japan, Tokyo.

RFA

Statistisches Jahrbuch, Statistisches Bundesamt, Wiesbaden.
Jahresbericht, Deutsche Bundesbank, Francfort.

France

Annuaire statistique de la France, INSEE, Paris.
Rapport sur les comptes de la nation, INSEE, Paris.
Bulletin, Banque de France, Paris.

Italie

Annuario Statistico Italiano, Istituto centrale di statistica, Rome.
Bolletino, Banca d'Italia, Rome.

Royaume-Uni

Annual Abstract of Statistics, Her Majesty's Stationery Office, Londres.
Bulletin, Bank of England, Londres.

CEE

Bilans et rapports économiques annuels, Bruxelles.
Bilans. Comptes nationaux 1960-1980, Bruxelles.
Statistiques de base de la Communauté, Bruxelles.

OCDE

Comptes nationaux.
Comptes financiers.
Flux et stocks de capital fixe.
Principaux indicateurs économiques.
Perspectives économiques.
Perspectives de l'emploi.
Études économiques.
Études nationales.

FMI

Rapports annuels.

BANQUE MONDIALE

Rapports annuels

BANQUE DES RÈGLEMENTS INTERNATIONAUX

Rapports annuels

GATT

Rapports annuels.

2. Comparaisons internationales

ACSES, *Crise mondiale du capitalisme*, Vincennes, 1978.

Aglietta (M.), « La notion de monnaie internationale et les problèmes monétaires européens », *Revue économique*, vol. 30, n° 5, septembre 1979.
–, *Les Configurations de l'économie mondiale*, CEPII, 1982.
–, Barou (Y.), Fouet (M.), Orléan (A.) et Sautter (C.), *Quatre Économies dominantes sur longue période*, INSEE, 1978.
–, *La Fin des devises clés*, Paris, Maspero, coll. « La découverte », 1986.
–, Ewenczyk (P.), Oudiz (G.) et Pisani-Ferry (J.), *Contrainte extérieure, Change et Dualité dans cinq économies dominantes*, CEPII, 1982.
–, et Orléan (A.), *La Violence de la monnaie*, Paris, PUF, 1982.
–, Brender (A.) et Coudert (V), *Globalisation financière, l'aventure obligée*, Paris, Economica, 1990.

Albertini (J.-M.) et Silem (D.), *Comprendre les théories économiques*, Paris, Éd. du Seuil, 1984.

Ambros (C.), Baleste (M.) et Tacel (M.), *Économie contemporaine*, Paris, Delagrave, 1982.

André (C.) et Delorme (R.), *L'État et l'Économie*, Paris, Éd. du Seuil, 1983.

Barou (Y.), Gabet (C.) et Wartenberg (E.), « Croissance interne et compétitivité internationale », *Économie et Statistique*, n° 105, 1978.

Beaud (M.), *Histoire du capitalisme*, Paris, Éd. du Seuil, 1981.

Benassy (J.-P.), Boyer (R.) et Gelpi (R.-M.), « Régulation des économies capitalistes et inflation », *Revue économique*, vol. 30, n° 3, mai 1979.

Bernard (Y.) et Colli (J.-C.), *Dictionnaire économique et financier*, Paris, Éd. du Seuil, 1981.

Berthelemy (J.-C.), Besnainou (D.), Brender (A.) et Ewenczyk (P.), « Vers des limites financières à la croissance : une analyse des déséquilibres des paiements internationaux », *Économie prospective internationale*, n° 3, 1980.

Berlin (G.) *et al.*, « Le protectionnisme », *Revue économique*, vol. 33, n° 6, novembre 1982.

Bertrand (H.), « Quelques réflexions sur l'évolution économique en France et à l'étranger de 1950 à 1974 », *Statistiques et Études financières*, n° 25, 1976.

Bourguinat (H.), *Internationalisation et autonomie de décision*, Paris, Economica, 1982.
–, *Finance internationale*, Paris, PUF, coll. « Themis », 1994.
–, Mistral (J.) *et al.*, *La Crise de l'endettement international, Acte II*, Paris, Economica, 1986.

Boyer, (R.), « L'évolution des salaires en longue période », *Économie et Statistique*, n° 103, 1978.
–, « La crise actuelle : une mise en perspective historique », *Critiques de l'économie politique*, n°s 7-8, 1979.
–, « Les transformations du rapport salarial dans la crise », *Critiques de l'économie politique*, n°s 15-16, 1981.
–, *La Théorie de la régulation. une analyse critique*, Paris, Maspero, coll. « La découverte », 1986.
–, et Mistral (J.), *Accumulation, Inflation, Crises*, Paris, PUF, 1979.

Brender (A.), *Un choc de nations*, Paris, Hatier, 1988.
–, Chevallier (A.) et Lafay (G.), « Les conséquences du chacun-pour-soi », *Économie et Statistique*, n° 94, 1977.

Capul (J.-Y.) *et al.*, « Les politiques économiques », *Cahiers français*, n° 245, Documentation française, 1990.

CEPII, *Croissance mondiale et Stratégie de spécialisation*, CFCE, 1976.
–, *Économie mondiale, la Montée des tensions*, Paris, Economica, 1983.
–, *Économie mondiale, les Fractures*, Paris, Economica, 1984.

CEPII, *L'Économie mondiale 1995*, Paris, La Découverte, coll. « Repères », 1994.

–, (dir. M. Fouquin), *Industrie mondiale : la compétitivité à tout prix*, Paris, Economica, 1986.

–, Brender (A.), Gaye (P.) et Kessler (V.), *L'Après-Dollar : analyse et simulation du système multi-devises*, Paris, Economica, 1986.

Claassen (E.), Salin (P.) *et al.*, *L'Occident en désarroi : turbulences d'une économie prospère*, Paris, Dunod, 1978.

Cordellier (S.) et Didiot (B), *L'État du monde 1995*, Paris, La Découverte, 1994.

Coriat (B.), *Science, Technique et Capital*, Paris, Éd. du Seuil, 1976.

Courbis (R.), *Une reformulation dynamique de la théorie des économies concurrencées*, Paris, Archives ISMEA, 1980-1981.

Courcier (M.), *L'Économie mondiale en trois dimensions*, Paris, Calmann-Lévy, 1982.

Debonneuil (X.), *La Politique monétaire et son contexte économique*, Paris, Banque, 1986.

Dehove (M.) et Mathis (J.), *Le Système monétaire international*, Paris, Dunod, 1986.

Flamant (M.), *Histoire économique et sociale contemporaine*, Paris, Montchrestien, 1979.

Gaudemar (J.-P. de), *Mobilité du travail et Accumulation du capital*, Paris, Maspero, 1976.

Godet (M.), *Demain les crises : de la résignation à l'anti-fatalité*, Paris, Hachette, 1980.

Granou (A.), Barou (Y.) et Billaudot (B.), *Croissance et Crise*, Paris, Maspero, 1979.

Greffe (X.), Reiffers (J.-L.) *et al.*, *L'Occident en désarroi : ruptures d'un système économique*, Paris, Dunod, 1978.

GRESI, « La division internationale du travail », *Études de politique industrielle*, n° 9, Documentation française, 1976.

Grjebine (A.), *La Nouvelle Économie internationale*, Paris, PUF, 1980.

–, *et al.*, *Théories de la crise et Politiques économiques*, Paris, Éd. du Seuil, 1986.

Guinchard (P.), « Productivité et compétitivité comparées des grands pays industriels », *Économie et Statistique*, n° 162, 1984.

IFRI (direction A. Bressand), *Ramses 1981* et *1982*, Paris, Economica.

–, (direction T. de Montbrial), *Ramses 1983* à *1994*, Paris, Economica.

Janossy (F.), *La Fin des miracles économiques*, Paris, Éd. du Seuil, 1972.

Kidron (M.) et Segal (R.), *Atlas encyclopédique du monde*, Paris, Calmann-Lévy, 1981.

Lafay (G.), « Compétitivité, spécialisation et demande mondiale », *Économie et Statistique*, n° 80, 1976.

–, *Dynamique de la spécialisation internationale*, Paris, Economica, 1979.

–, Ghymers (C.), Cotta (A.), Dehem (R.) et Siroen (J.-M.), « Liaisons entre rapports internationaux et structures industrielles », *Revue d'économie politique*, n° 1, janvier-février 1981.

–, Brender (A.) et Chevallier (A.), « Trois expériences de spécialisation internationale en France, RFA et Japon », *Statistiques et Études financières*, n° 30, 1977.

–, Fouquin (M.) et Mautort (L. de), « Spécialisation et adaptation face à la crise », *Économie prospective internationale*, n° 1, 1980.

Le Monde, *Bilan économique et social 1982* à *1994* (suppléments aux « Dossiers et Documents »).

Lévy-Garboua (V.) et Maarek (G.), *La Dette, le Boom, la Crise*, Paris, Economica, 1985.

Lévy-Garboua (V.), Oudiz (G.), Sterdyniak (H.) et Villa (P), « Change, inflation et intérêt », *Revue économique*, vol. 29, n° 5, septembre 1978.

Lévy-Garboua (V.) et Weymuller (B.), *Macroéconomie contemporaine*, Paris, Economica, 1981.

Lipietz (A.), *Crise et Inflation : pourquoi ?*, Paris, Maspero, 1979.

Loiseau (B.), Mazier (J.) et Winter (M.B.), « Rentabilité du capital dans les économies dominantes », *Économie et Statistique*, n° 86, 1977.

–, « Répartition, rentabilité et accumulation du capital ; un essai de comparaisons internationales », *Statistiques et Études financières*, n° 25, 1976.

Lorenzi (J.-H.), Pastré (O.) et Toledano (J.), *La Crise du XXe siècle*, Paris, Economica, 1980.

Maldague (R.), Lafay (G.), Aglietta (M.), Orléan (A.), Oudiz (G.), Savary (J.) et Balassa (B.), « Spécialisation internationale et crise », *Revue économique*, vol. 32, n° 4, juillet 1981.

Malinvaud (E.), *Réexamen de la théorie du chômage*, Paris, Calmann-Lévy, 1980.

Martinet (G.), *Sept Syndicalismes*, Paris, Éd. du Seuil, 1979.

Mathiex (J.) et Vincent (G.), *Aujourd'hui (depuis 1945)*, Paris, Masson, 1981.

Mazier (J.), Baslé (M.) et Vidal (J.-F.), *Quand les crises durent*, Paris, Economica, 1984.

Minc (A.), *L'après-crise est commencé*, Paris, Gallimard, 1982.

Mistral (J.), *La Diffusion internationale inégale de l'accumulation intensive et sa crise*, Paris, CEPREMAP, 1980.

–, « Compétitivité et formation du capital en longue période », *in* « Les Grandes Économies dans la crise, défis structurels à long terme, désordres monétaires à court terme », *Économie et Statistique*, n° 97, 1978.

Mistral (J.) *et al.*, « Vers une nouvelle division internationale du travail ? », *Revue d'économie industrielle*, n° 14, 4e trimestre 1980.

Mousel (M.), Le Berre (R.), Cellier (F.), Lapierre-Donzel (C.), Barou (Y.) et Bertrand (H.), « Approches sectorielles de la croissance et de la crise dans les cinq économies dominantes », *Statistiques et Études financières*, n° 44, 1980.

Nivollet (A.) *et al.*, « Découverte de l'économie », Documentation française, 1984 ; 1. « Les concepts », *Cahiers français*, n° 216 ; 2. « Les grilles de lecture », *Cahiers français*, n° 217 ; 3. « Les politiques économiques », *Cahiers français*, n° 218.

Nouvel Observateur, *Atlaseco 1994*, Paris, Laffont, 1994.

OCDE, *Face aux futurs : pour une maîtrise du vraisemblable et une gestion de l'imprévisible*, 1979 (rapports Interfuturs sous la direction de J. Lesourne).

Orléan (A.), « Régulation monétaire et anticipations rationnelles », *Archives ISMEA*, n° 1, 1983.

–, « L'insertion dans les échanges internationaux : comparaison des cinq grands pays développés », *Économie et Statistique*, n° 184, 1986.

Oudiz (G.) *et al.*, « Dualité, change et contraintes extérieures dans cinq économies dominantes », *Économie prospective internationale*, nos 13-14, 1983.

Pascallon (P.) *et al.*, « Croissance et stagnation dans les pays capitalistes, 1973-1980 », *Cahiers de l'ISMEA*, série F, n° 28.

Picard (H.), « Les pays selon leur PIB en valeur réelle », *Économie et Statistique*, n° 111, 1980.

Reiffers (J.-L.) *et al.*, *Économie et Finance internationales*, Paris, Dunod, 1982.

Renversez (F.) *et al.*, « Les systèmes financiers », *Cahiers français*, n° 224, Documentation française, 1986.

Rosier (B.) et Dockès (P.), *Rythmes économiques. Crises et changement social, une perspective historique*, Paris, Maspero, coll. « La découverte », 1983.

Rudloff (M.), *Économie internationale, Itinéraires et enjeux*, Paris, Cujas, 1982.

Santini (J.-J.) *et al.*, « Les privatisations à l'étranger (Royaume-Uni, RFA, Italie, Espagne, Japon) », *Notes et Études documentaires*, n° 4821, Documentation française, 1986.

Soubeyran (A.), « Concept et mesure de la spécialisation et de la concurrence », *Archives ISMEA*, 1979, 4.

Stoffaes (C.), « Quelques applications de la théorie des jeux aux relations économiques internationales », *Revue économique*, vol. 32, n° 2, mars 1981.

3. États-Unis

Brender (A.), Chevallier (A.) et Pisani-Ferry (J.), « États-Unis : croissance, crise et changement technique dans une économie tertiaire », *Économie prospective internationale*, n° 2, 1980.

Brender (A.), Gaye (P.) et Kesler (V.), *L'Après-Dollar*, Paris, Economica, 1986.

Denizet (J.), *Le Dollar*, Paris, Fayard, 1985.

Fouet (M.), *Le Dollar*, Paris, Maspero, coll. « La découverte », 1985.
–, *L'Économie des États-Unis*, Paris, Maspero, coll. « La découverte », 1985.

Leberre (R.), « Une fresque sectorielle de l'appareil productif des États-Unis », *Statistiques et Études financières*, n° 42, 1980.

Marrio (S.), *Les Déficits et le Dollar. L'économie mondiale en péril*, Paris, Economica, 1987.

Pastré (O.), *La Stratégie internationale des groupes financiers américains*, Paris, Economica, 1979.

Soppelsa (J.), *L'Économie des États-Unis*, Paris, Masson, 1981.

Stoffaes (C.), « La fin du modèle industriel américain ? », *Revue française de gestion*, n° 26, 1980.

Valladao (A.), *Le XXIe siècle sera américain*, Paris, La Découverte, 1983.

4. Japon

Allen (G. C.), *Le Défi économique du Japon*, Paris, Armand Colin, 1983.

Barou (Y.), « La croissance japonaise », *Statistiques et Études financières*, n° 39, 1979.

Bouysset (J.), Sautter (C.) *et al.*, « Le Japon : mode ou modèle ? », *Revue française de gestion*, n°s 27-28, 1980.

Bricnet (F.) et Cendron (J.-P.), *Japon : sabre, paravent, miroir*, Paris, Les Éditions ouvrières, coll. « Alternatives économiques », 1983.

Brochier (H.), *Le Miracle économique japonais*, Paris, Calmann-Lévy, 1970.
–, *Le Japon, économie et société*, Paris, Hatier, 1978.

CEPII, *Une économie à la recherche de la spécialisation optimale : le Japon*, Paris, CFCE, 1976.

Dourille (E.), Fouquin (M.), Mautort (L. de) et Saint-Vaulry (A. de), « Le Japon : transformations industrielles, croissance et internationalisation », *Économie prospective internationale*, n° 15, Documentation française, 1983.

Ewenczyk (P.), *Contrainte extérieure, change et dualité. Le cas du Japon*, Paris, CEPII, 1982.

Fouquin (M.) *et al.*, *Pacifique, le recentrage asiatique*, Paris, Economica, 1991.

Maciejewski (E.), « Le Japon : maturité et vulnérabilité d'une expérience économique originale », *Notes et Études documentaires*, n°s 4380-4383, Documentation française, 1977.

Nakane (C.), *La Société japonaise*, Paris, Armand Colin, coll. « Prismes », 1974.

Reischauer (E. O.), *Histoire du Japon et des Japonais*, Paris, Éd. du Seuil, 1973.

Rouilleault (H.), « Le Japon : croissance économique et relations du travail », *Notes et Études documentaires*, n°s 4719-4720, Documentation française, 1983.

Sabouret (J.-F.), *L'État du Japon*, Paris, La Découverte, coll. « L'État du monde », 1988.

Satoshi (K.), *Japon : l'envers du miracle*, Paris, Maspero, 1982.

Schwab (L.), *Le Japon : réussites et incertitudes économiques*, Paris, Le Sycomore, 1984.

5. Europe

Albert (M.), *Un pari pour l'Europe*, Paris, Éd. du Seuil, 1983.

Barou (Y.), Dollé (M.), Gabet (C.) et Wartenberg (E.), « Les performances comparées de l'économie en France, en RFA et au Royaume-Uni », *Entreprises*, n° 69, 1979.

Billaudot (B.) et Laurencin (J.-P.), *La Différenciation des systèmes productifs européens*, Grenoble, IREP, 1978.

Boyer (R.), *L'Europe entre fordisme et flexibilité*, Paris, Maspero, coll. « La découverte », 1986.
–, et Petit (P.), « Emploi et productivité dans la CEE », *Économie et Statistique*, n° 121, 1980.

Capul (J.-Y.) *et al.*, « La France et l'Europe », *Cahiers français*, n° 244, Documentation française, 1990.
–, « L'Europe économique », *Cahiers français*, n° 264, Documentation française, 1994.

Cohen (D.), Oudiz (G.) et Villepin (R. de), « Enjeu du système monétaire européen », *Statistiques et Études financières*, n° 41, 1980.
–, *Les Mutations sectorielles des économies européennes de 1960 à la récession*, Paris, CCE, 1978.

Commission des Communautés européennes (groupe d'experts d'analyses sectorielles sous la direction de R. Maldague), *L'Évolution des structures sectorielles des économies européennes depuis la crise du pétrole, 1973-1978*, Paris, CEE, 1979.
–, *Croissance, Compétitivité, Emploi. Les défis et les pistes pour entrer dans le XXIe siècle*, Livre blanc, Paris, CEE, 1993.

Dahrendorf (R.) *et al.*, *La Crise en Europe*, Paris, Fayard, 1982.

Feron (F.), Thoraval (A.) *et al.*, *L'État de l'Europe*, Paris, La Découverte, coll. « L'état du monde », 1992.

Grando (J.-M.), Margirier (G.) et Ruffieux (B.), *Rapport salarial et Compétitivité des économies nationales. Analyse des économies britannique, italienne et ouest-allemande depuis 1950*, Université Grenoble II, 1980.

Hen (C.) et Léonard (J.), *L'Europe*, Paris, La Découverte, coll. « Repères », 1994.

Lafay (G.), *La Spécialisation industrielle de douze pays européens avant et après 1973*, série FAST, n° 1, CEE, 1980.

Mazier (J.), *Croissance et Crise des économies européennes* (1950-1979), Rennes, Gresp, 1980.
–, Dayon (A.-F.) et Galibert (A.), *Les Ajustements internes et externes des économies européennes face à la crise*, Rennes, Gresp, 1981.

Riché (P.) et Wyplosz (C.), *L'Union monétaire de l'Europe*, Paris, Éd. du Seuil, 1993.

Richonnier (M.), *Les Métamorphoses de l'Europe de 1769 à 2001*, Paris, Flammarion, 1985.

Rollet (P.), *Forces et Faiblesses de la spécialisation internationale dans les pays de la CEE*, Paris, CEE, avril 1979.

Soulier (G.) *et al.*, *Sur l'Europe à l'aube des années quatre-vingt*, Paris, PUF, 1980.

6. République fédérale d'Allemagne

Broclawski (J.-P.), Kenigswald (L.), « Allemagne, année zéro », *Économie et Statistique*, n° 232, 1990.

Cellier (F.), « Déformation sectorielle et évolution économique de la RFA (1950-1975) », *Statistiques et Études financières*, n° 35, 1978.

–, Keizer (B.) et Venet (G.), « Spécificités du modèle allemand », *Statistiques et Études financières*, hors série, 1980.

Cotta (A.) et Crepa, « La France et le modèle allemand », *Revue française de gestion*, n° 18, 1978.

Demotes-Mainard (M.), *L'Économie de la RFA*, Paris, La Découverte, coll. « Repères », 1989.

Keizer (B.), « Les choix de la RFA », *Économie et Statistique*, n° 102, 1978.

–, « Le modèle économique allemand : mythes et réalités », *Notes et Études documentaires*, nos 4549-4550, Documentation française, 1979.

–, *La République fédérale d'Allemagne : le modèle dans l'impasse ?*, Paris, Hatier, 1981.

Kenigswald (L.), *L'Union monétaire, économique et sociale allemande*, Notes bleues du ministère de l'Économie, semaine du 8 au 14 octobre 1990, Paris.

–, « L'unification allemande un an après », *Économie et Statistique*, nos 246-247, 1991.

Lasserre (R.), « Les relations du travail en RFA », *Problèmes politiques et sociaux*, n° 374, Documentation française, 1979.

Mathieu (G.) *et al.*, *Vingt Ans de réussite allemande*, Paris, Economica, 1979.

Maurice (M.), Sellier (F.) et Silvestre (J.-J.), *Politique d'éducation et Organisation industrielle en France et en Allemagne*, Paris, PUF, 1982.

Moine (G.), « Le deutschemark », *Notes et Études documentaires*, nos 4601-4602, Documentation française, 1981.

Samuelson (A.), *Le Mark, histoire de la monnaie allemande*, Paris, Didier, 1971.

7. France

Aglietta (M.), Orléan (A.) et Oudiz (G.), « L'industrie française face aux contraintes de change », *Économie et Statistique*, n° 119, 1980.

Albert (M.), *Le Pari français*, Paris, Éd. du Seuil, 1982.

Azouvi (A.) *et al.*, *Fresque historique du système français*, INSEE, 1974, série E 27.

Bertrand (H.), « Une nouvelle approche de la croissance française de l'après-guerre : l'analyse en sections productives », *Statistiques et Études financières*, n° 35, 1978.

Carré (J.-J.), Dubois (P.) et Malinvaud (E.), *La Croissance française*, Paris, Éd. du Seuil, 1972.

Commissariat général au Plan, *L'Économie française en perspective*, Paris, La Découverte / Documentation française, 1993.
–, *La France de l'an 2000*, Paris, Odile Jacob/Documentation française, 1994.

Dollé (M.), « Les branches industrielles avant et après 1974 », *Économie et Statistique*, n° 108, 1979.

Dubois (P.), « La rupture de 1974 », *Économie et Statistique*, n° 124, 1980.

Guéguen-Baslé (J.) et Baslé (M.), *L'État et la Politique économique en France*, Paris, Hatier, 1982.

Guibert (B.) *et al.*, *La Mutation industrielle de la France*, Paris, INSEE, 1975, série E 31-32.

Guillaume (H.), *Faire gagner la France*, Paris, Hachette, 1986.

Henner (H. F.), « La spécialisation internationale de l'économie française », *Revue économique*, n° 1, 1976.

INSEE, *Le Mouvement économique en France 1949/1979*, Paris, INSEE, 1981.

Keizer (B.) *et al.*, « Découverte des finances publiques », Paris, Documentation française, 1986 ; 1. « Prélèvements obligatoires », *Cahiers français*, n° 225 ; 2. « Dépenses publiques », *Cahiers français*, n° 226.

Lapierre-Donzel (C.), « Étude en sept secteurs de la croissance française », *Statistiques et Études financières*, n° 42, 1980.

Métais (J.) et Szymczak (P.), « Les mutations du système financier français », *Notes et Études documentaires*, n° 4820, Documentation française, 1986.

Mistral (J.), « Vingt ans de redéploiement du commerce extérieur », *Économie et Statistique*, n° 71, 1975.

Parodi (M.), *L'Économie et la Société française depuis 1945*, Paris, Armand Colin, 1981.

Rosanvallon (P.), *L'État-providence*, Paris, Éd. du Seuil, 1981.
–, *Misère de l'économie*, Paris, Éd. du Seuil, 1983.

Villepin (R. de), « Vingt ans de finances publiques », *Économie et Statistique*, n° 139, 1981.

8. Italie

ANACT, *Organisation et Conditions de travail en Italie*, Lille, 1978.

Benenati (A.), *Le Développement inégal en Italie*, Paris, Economica, 1982.

Farina (F.), *L'Accumulazione in Italia 1952/1972*, De Donato, 1976.

Franco (G.), *Sviluppo e Crisi dell' economia italiana*, Milan, 1979.

Gay (F.), Wagret (P.), *L'Économie de l'Italie*, Paris, PUF, coll. « Que sais-je ? », 1990.

Graziani (A.), *L'Economia italiana 1945/1970*, Il Mulino, 1972.

Le Monde, *L'Économie italienne sans miracle*, Paris, Economica, 1980.

Menet-Genty (J.), *L'Économie italienne, les paradoxes d'une réussite*, Paris, Documentation française, 1994.

Negri (T.), *Italie en rouge et noir*, Paris, Hachette, 1985.

Podbielsky (G.), *Italy : Development and Crisis in the Postwar Economy*, Oxford, 1976.

Valli (V.), *L'Economia e la Politica economica italiana (1945-1975)*, Etas, 1977.

9. Royaume-Uni

Barou (Y.), « L'économie britannique en crise, 1949-1974 », *Statistiques et Études financières*, n° 24, 1976.
–, *Le Royaume-Uni, une économie à contre-courant*, Paris, Hatier, 1981.

Barou (Y.) et Venet (G.), « Les finances publiques britanniques : mythes et réalités », *Économie et Statistique*, n° 109, 1979.

Costa (F.), Carboneil (C. O.), Halimi (S.) et Redonnet (J.-C.), *La Civilisation britannique*, Paris, PUF, 1980.

Hobsbawn (E. J.), *Histoire économique et sociale de la Grande-Bretagne. De la révolution industrielle à nos jours*, Paris, Éd. du Seuil, 1977.

Holz (J.-P.), *L'Expérience Thatcher. Succès et limites de la politique économique britannique*, Paris, Economica, 1986.

Leruez (J.), « Le thatchérisme : doctrine et action », *Notes et Études documentaires*, n° 4765, Documentation française, 1984.

Monet (H.) et Santini (J.-J.), *L'Économie britannique. Le libéralisme à l'épreuve des faits*, Paris, Nathan, coll. « Circa », 1993.

Riches (V.), *L'Économie britannique depuis 1945*, Paris, La Découverte, coll. « Repères », 1992.

Santini (J.-J.), « La politique budgétaire britannique », *Économie et Prévision*, n° 73, 1986.

Table

DEUXIÈME PARTIE

L'Asie de l'Est

Dragons et fourmis

TROISIÈME PARTIE

L'Europe

Du puzzle
à l'union politique

Annexes

RÉALISATION : ATELIER GRAPHIQUE DES ÉDITIONS DE SEPTEMBRE À PARIS
IMPRESSION : NORMANDIE ROTO IMPRESSION S.A. À LONRAI (61250)
DÉPÔT LÉGAL : FÉVRIER 1996. N° 23548 (960001)